湖南省重点学科（国际法学）建设项目资助

INTERNATIONAL AND
COMPARATIVE LAW REVIEW   VOL.22

国际法与比较法论丛

第二十二辑

主　　编／李双元
主编助理／欧福永
主　　办／湖南师范大学法学院

中国检察出版社

图书在版编目（CIP）数据

国际法与比较法论丛. 第 22 辑/李双元主编. —北京：
中国检察出版社，2013.5
ISBN 978 – 7 – 5102 – 0899 – 7

Ⅰ. ①国… Ⅱ. ①李… Ⅲ. ①国际法 – 文集 ②比较法 – 文集
Ⅳ. ①D99 – 53 ②D908 – 53

中国版本图书馆 CIP 数据核字（2013）第 091882 号

国际法与比较法论丛（第二十二辑）

主编 李双元

出版发行：中国检察出版社
社　　址：北京市石景山区香山南路 111 号（100144）
网　　址：中国检察出版社（www. zgjccbs. com）
电　　话：（010）68682164（编辑）　68650015（发行）　68636518（门市）
经　　销：新华书店
印　　刷：三河市西华印务有限公司
开　　本：720 mm×960 mm　16 开
印　　张：21 印张　插页 2
字　　数：390 千字
版　　次：2013 年 5 月第一版　　2013 年 5 月第一次印刷
书　　号：ISBN 978 – 7 – 5102 – 0899 – 7
定　　价：35.00 元

目 录

Contents

Public International Law

Private International Law

International Economic Law

Materials on International Law

Invitation to Contribution

［国际公法］

生物多样性国际保护中的若干法律问题研究

——以《生物多样性公约》为主视角

郭玉军　李华成[*]

目　次

"生物多样性"是指所有来源于活的生物体中的变异性,这些来源除包括陆地、海洋和其他水生生态系统及其所构成的生态综合体;还包括物种内、物种之间和生态系统的多样性。[①] 生物多样性蕴含着丰富的生态、遗传、社会、经济、科学、教育、文化、娱乐、美学等多重价值,生物多样性的保护对于进化和保护生物圈的生命维持系统具有十分重要的意义。生物多样性的最终受益者是整个人类社会,而人类活动则是生物多样性的最大威胁,生物多样性的保护只有通过国家、政府间组织和非政府机构之间的区域性和全球性合作,只有通过全世界民众的共同努力才能取得成效。1992 年《生物多样性公约》(Convention on Biological Diversity,CBD)的通过标志着生物多样性保护由此进入了一个崭新的阶段,当前生物多样性已从国别性保护发展为国际性保护,从自愿性保护转变为强制性保护。CBD 通过至今已有近 20 年,以该公约为核心的生物多样性国际保护法律体制已不能完全适应生物多样性保护中遇到的新问题和

---

　* 郭玉军,武汉大学国际法研究所教授,博士生导师,法学博士;李华成,长江大学政法学院讲师,博士研究生,主要从事国际私法、文化产业与文化遗产保护法方面的研究。
　① 参见《生物多样性公约》第 2 条。

新变化，生物多样性国际保护法制应如何应对与完善，本文将对上述问题作一简要探讨。

一、生物多样性国际保护概述

生物多样性国际保护是国际关系和国际法发展到现代的产物，是指国际社会依据公认的价值观和国际法的基本原则，主要通过条约，确立各国一般接受的生物及其多样性保护的规则和原则，要求各国尊重和履行相应的保护义务，并由有关公约所规定的国际机构对其义务实行监督，加以保证。

（一）生物多样性国际保护的由来

对生物及其多样性予以保护并不是从来就有的，传统的经济学观点认为：在人口稀少的过去，人类并不把包括生物在内的自然资源当成是稀缺资源，从经济学角度而言，当时的生物因取之不竭故而是没有价值的。正如美国著名环境经济学家戴利指出，"经济学家习惯地认为，自然界是无穷尽的，是不稀缺的，所以其价格是零"。生物多样性（biodiversity）这一名词最早是在20世纪80年代初出现于自然保护刊物上，① 这一口号的提出反映了在新的时期生物资源的相对稀缺以及生物物种的急剧减少等多种客观事实。

生物的保护和生物多样性的保护是两个相互联系而又存在较大区别的概念。对个体生物的保护属于生物多样性保护的具体范畴。但是，前者强调的是对个体生物的保护，而生物多样性则旨在保护生物整体全部，因此，不能称生物多样性的保护就滥觞于各国早期的动植物保护立法，因为其只是旨在保护个别有经济价值的生物及相关资源而非着眼于整体。

生物多样性的国际保护是生物多样性遭受严重破坏的必然结果，其首先经历了生物多样性的国内保护阶段。自18世纪以来，由于农业、畜牧业的迅速发展以及工业革命所带来的巨大影响，原始森林开始明显减少，生态环境的破坏速度在明显加快，上述现实促使人们必须采取保护地域的形式来保护自然和资源。1872年，美国建立了黄石国家公园，把这一特定原始地区确定为永久性的自然保护区，随后世界各国相继建立了各种形式的自然保护区。② 1948年在联合国教科文组织和法国政府的共同倡议下，成立了"国际自然保护同

① 国家环境保护局《中国生物多样性国情研究报告》编写组：《中国生物多样性国情研究报告》，中国环境出版社1998年版，第11页。

② 秦天宝：《生物多样性保护国际法的产生与发展》，载《江淮论坛》2011年第3期，第103页。

盟"，1956 年改称为"国际自然与自然资源保护联盟"（IUCN），1990 年正式更名为"世界自然保护联盟"。世界自然保护联盟及其前身的成立是生物多样性国际保护一件具有里程碑意义的大事，联合国大会通过的《世界自然宪章》就是由世界自然保护同盟起草的，该文件集中表达了各国政府对保护生物多样性原则的支持。该宪章指出，生物是自然的一部分，生命的每种形式都是独特的，不管它对人类的价值如何，都应当受到尊重。

一般认为，生物多样性的保护属于环境法的范畴，应该说在 20 世纪五六十年代之前，并不存在现代意义上的国际环境法，相应的保护生物多样性的国际立法也处于萌芽状态。这一时期的相关国际立法主要是对个别有重要价值的生物提供保护，而对生物物种的内在价值、生态系统及生物多样性等问题尚未提及。到了 20 世纪下半叶，随着科技的进步和人类活动能力的增强，各国对资源能源的不合理开发利用带来了严重的经济和社会危机，加以环境科学和生物科学的迅速发展，人们认识到，自然界每一个生命或具有潜在生命的物种都应具有某种神圣并且应当受到尊重的价值，以是否可以为人类服务或是否对人类具有直接价值为标准来决定给予保护是对物种的偏见，是不正确的生物保护理念。由此，现代意义的生物保护国际立法正式形成，如 1973 年的《濒危物种国际贸易公约》和 1979 年《保护野生动物迁徙物种公约》，前者旨在加强贸易控制来切实保护濒危野生动植物种，确保野生动植物种的持续利用不会因国际贸易而受到影响；后者旨在保护国家管辖边界以外野生动物中的迁徙物种。上述两公约的共同特点是，以维护物种存在并为其创造良好的生存环境为目的，有别于先前以利用开发物种的经济资源为目的的立法。

生物多样性的国际保护在 20 世纪 90 年代以来取得了根本性的发展，其标志性事件即生物多样性国际保护的纲领性文件 CBD 的通过。为保护地球上生命有机体及其遗传基因和生态系统的多样化，避免或尽量减轻人类活动使生物物种迅速减少的威胁，进行有效的国际规制迫在眉睫。1987 年，联合国环境规划署（UNEP）正式引用了"生物多样性"（Biological diversity 或 Biodiversity）的概念，其内涵包括生物物种多样性、生态系统多样性和种类基因多样性三个主要方面，经过数年努力，1992 年 5 月的联合国内罗毕最终谈判会议通过了《生物多样性公约》，此公约获得了快速和广泛的接纳，150 多个国家在随后的里约大会上签署了这一文件，公约于 1993 年 12 月 29 日正式生效。

（二）生物多样性国际保护的必要性

首先，生物多样性事关全人类的生存和发展，应当对其予以国际保护。生物多样性的丧失直接威胁人类食品的供应，并且损害生态功能从而最终影响人类的生存环境。长久以来，人类向自然界索取药品治疗疾病，把野生植物的抗性基因融入谷物以抵御虫害的暴发，更重要的是生物多样性不同成分广泛的相互作用使地球成为唯一适宜人类栖息的星球。环境学家认为，对人类来说，保护生物多样性比解决臭氧层减少和温室效应等环境危机更为紧迫。① 人类共同生活于同一个地球，生物多样性保护绝不是特定个人和国家的私事，是事关全人类的大事，属于"对一切"的范畴，理应对其予以国际规制。

其次，单一生物多样性国内保护机制的不足，决定了需要对生物多样性予以国际保护。生物多样性的国内保护机制先于国际保护机制产生，并且是生物多样性保护机制中必不可少的重要部分。然而，仅依靠国内保护机制尚不足以维护生物多样性，单一的国内保护存在保护标准的不统一、缺乏全球协作性、缺乏有效的外部监督等弊端，很难使得生物多样性保护取得根本成效。

最后，生物多样性面临的国际性威胁决定了必须对其予以国际保护。当前对生物多样性构成威胁的主要因素具有明显的国际性，比如，不正当的国际贸易、气候变化、荒漠化、外来物种入侵、转基因生物资源的大量出现等均需要国际社会的共同努力克服上述过程中对生物多样性带来的不利因素。

（三）生物多样性国际保护的法律基础

生物多样性保护的法律基础根源于生物多样性自身所具有的极高的价值性。生物多样性是人类生存、发展的主要依靠，是经济、社会发展的物质基础，是人类社会财富的源泉。正如 CBD 序言所明确指出，缔约国"意识到生物多样性的内在价值，以及生物多样性及其组成部分的生态、遗传、社会、经济、科学、教育、文化、娱乐和美学价值"。作为如此重要的对人们具有极大价值而又相对稀缺的资源，法律理应将其纳入规制范围中去。

生物多样性国际保护的法律基础则源于生物多样性的全人类性。CBD 序言还指出，"意识到生物多样性对进化和保持生物圈的生命维持系统的重要性，确认生物多样性的保护是全人类的共同关切事项。"由此可见，生物多样性这一具有重要价值的资源事关整个人类，这一特性决定其不仅需要将其纳入法制轨道，更需要对其进行国际规制。

---

① 陈泉生：《可持续发展与法律变革》，法律出版社 2000 年版，第 30 页。

二、生物多样性国际保护的相关法律文书

生物多样性国际保护的主要依据是国际条约以及其他相关国际法律文件①，生物多样性已是 20 世纪下半叶以来国际社会最为关注的热点之一，有关调整该领域的文件较为庞杂，按其保护对象的范围不同，可分为生物多样性国际保护基本性法律文件和专门性法律文件。

（一）生物多样性国际保护的基本性法律文件：CBD

CBD 是生物多样性国际保护领域直接以生物多样性保护命名的纲领性国际文件，截止到 2010 年 10 月，该公约的缔约方有 193 个，除 CBD 外，还没有一个国际条约明确将对全球范围的所有的生物列为保护对象的。相对于 CBD，其他条约保护对象显得相对单一，就保护类别而言，一般只保护动物或只涉及植物；就保护范围来看，一般只保护陆地生物或是只涉及海洋生物。公约主要由一般性条款（主要包括序言部分）、实质性条款（42 条）和程序性条款（主要是两个附件）三部分构成。公约是生物资源保护领域最重要的国际条约，也是国际环境条约体系的重要组成部分。②

1. 公约的主要目标

为实现生态环境与经济发展的平衡，公约在其第 1 条就确立了以下三个目标，即保护生物多样性、对资源的持续利用以及促进公平合理地分享由自然资源而产生的利益。公约在其序言中就明确"各国有责任保护它自己的生物多样性并以可持久的方式使用它自己的生物资源"。公约在肯定国家对其境内的

---

① 生物多样性国际保护领域非条约性文件主要有：《国际遗传工程和生物技术中心章程》、《关于天然资源之永久主权宣言》、《关于共有自然资源的环境行为之原则》、《关于对生态系统、生境或物种构成威胁的外来物种的预防、引进和减轻其影响问题的指导原则》、《世界自然保护联盟防止因生物入侵而造成的生物多样性损失指南》。

② 2000 年通过的卡塔赫纳生物安全议定书和 2002 年通过的波恩准则，这两个单独的法律文件也是 CBD 重要组成部分。根据 CBD 第 19 条第 3 款和第 4 款、第 8（g）条和第 17 条，缔约方大会 1995 年 11 月 17 日第 II/5 号决定，订立一项生物安全议定书，其具体侧重点应为凭借现代生物技术获得的、可能对生物多样性的保护和可持续使用产生不利影响的任何改性活生物体的越境转移问题，为此，各国政府经过 4 年 10 轮的艰苦谈判，就《议定书》的文本达成一致，2000 年 1 月 29 日在蒙特利尔召开的《公约》缔约方大会特别会议的续会正式通过了《议定书》。CBD 将惠益分享原则确定为保护遗传资源的三大原则之一，基于此，2002 年召开的第六次 CBD 缔约方大会通过的《关于获取遗传资源并公正和公平分享通过其利用所产生惠益的波恩准则》对惠益分享原则作了进一步规定。

生物资源享有主权的同时，也明确生物多样性是全世界的财富，国际社会应共同保护生物资源，分享生物多样性带来的利益。公约的保护生物多样性这一目标在历次缔约国大会得以重申，如 2002 年，在公约第六次缔约方大会上，各国制定了"到 2010 年显著降低生物多样性损失速度"的国际目标，在 2010 年缔约国大会上，会议则希望能够达成在 2020 年前阻止生态系统继续损失的短期目标，以及在 2050 年前建立与自然共生社会的中长期目标。①

2. 公约的基本原则

首先，公约确立了国家主权原则。生物多样性保护的国家主权原则是指，一国对其本国的生物资源享有主权权利，并且对其本国领域内的生物多样性保护负有绝对义务。根据国家主权原则，一国应根据实际情况"为保护和持久使用生物多样性制定国家战略、计划或方案，或为此目的的变通其现有战略、计划或方案"；一国可以根据本国实际情况建立一定数目的保护区，或采取就地保护，或采取移地保护；一国可以"酌情采取对保护和持久使用生物多样性组成部分起鼓励作用的经济和社会措施"。② 此外，在生物多样性保护的国际合作上，也遵循自愿的尊重主权原则，如公约第 15 条"确认各国对其自然资源拥有的主权权利，因而可否取得遗传资源的决定权属于国家政府"，一国与他国合作开发生物资源应尊重来源国的主权。CBD 摒弃了将生物多样性视为"人类共同财产"的早期提法，无疑更有利于调动缔约国对国内生物资源的保护。③

其次，公约明确了有效保护原则。有效保护是指要求国家对生物多样性保护所采取的措施应当是积极富有成效的。公约中许多具体制度均是围绕有效这一原则构建，如公约在序言中就强调的持久使用是解决生物多样性保护与经济发展两者之间矛盾的有效手段。尽管认识到国家在生物多样性保护上的主权不容侵犯，但为达到有效保护，公约对成员国的保护手段还是作出了规制，如重申了成员国的义务，明确了具体保护的手段、设置了报告及监督制度。上述制度对于生物多样性保护目标的实现无疑有积极作用。

最后，公约肯定了国际合作原则。国际合作是指国家或其他国际关系行为体之间由于一定领域内利益与目标基本一致，而进行不同程度的协调、联合和

---

① 参见关注《生物多样性公约》第十次缔约方大会系列报道之一，载 http: // gongyi. ifeng. com/gundong/detail_ 2010_ 10/26/2898525_ 0. shtml，2011 年 3 月 29 日访问。

② 参见《生物多样性公约》第 9、10、11 条。

③ 梁康康、王智：《生物多样性国际保护中所存在的权利冲突》，载《环境保护》2008 年第 12 期。

相互支持的行动。① 生物多样性的保护不单是一个国家的责任,而且是整个国际社会的共同义务,属于"对一切"范畴。公约强调了国际合作在生物多样性保护中的重要作用,公约第 15 条规定的资源的合作开发与整体惠益制度、第 16 条规定的技术合作与转让制度、第 17 条的信息交流与共享制度以及第 20 条的资金资助制度体现了整个国际社会共同承担着对生物多样性的保护责任。

CBD 中的国家主权、有效保护以及国际合作原则三者之间并不是矛盾的。国家主权原则强调国家对其境内生物资源享受主权权利的同时也负主要的保护责任,但其保护应当是积极有效的即国家主权并不是绝对的。国际合作是生物多样性有效保护不可缺少的方式,然而国际合作也必须建立在国家主权基础之上。

3. 公约的主要制度

第一,保护区制度。保护区是指为维护生态平衡而划定的禁止过度开发而使之保持其原有面貌的特定区域。保护生态系统的多样性是保护生物多样性的根本措施,生物多样性的保护不是对生物个体的保护,生态系统的保护能为整个生物群的保护提供合适的生存环境。公约第 8 条认为就地保护应是首选生物多样性保护手段,并督促缔约国应尽可能设置完善保护区维持生态平衡,为生物多样性提供良好的环境。公约第 9 条的易地保护也暗示了原有地区生态的不适当性,表明了建立保护区的重要性。保护区制度通过把重点保护对象在内的一定面积的陆地或水体划分出来进行保护和管理,把因生存条件不复存在、物种数量极少或难以找到配偶等原因而生存和繁衍受到严重威胁的物种迁出原地,移入更适当的区域进行特殊的保护和管理,无疑是非常有效的生物多样性保护措施。目前,绝大多数公约缔约国都建立了数目众多,保护对象侧重不同的保护区,如我国的重点保护大熊猫的卧龙自然保护区、以拥有多样化的植物和野生动物而著称的非洲阿德尔和泰内雷自然保护区。

第二,报告制度。报告是督促、保证国际公约实施的一种有效方式,报告制度主要包括各成员国的自行评估报告、成员国间相互监督报告、相关国际组织监管评估报告三种形式。CBD 主要采用的是成员国自行报告的形式,公约第 26 条规定"每一缔约国应按缔约国会议决定的间隔时间,向缔约国会议提交关于该国为执行本公约条款已采取的措施以及这些措施在实现本公约目标方面的功效的报告"。成员国的定期报告交由缔约国大会进行审查,公约的定期

---

① 刘金质、梁守德、杨淮生:《国际政治大辞典》,中国社会科学出版社 1994 年版,第 15 页。

报告并审查的报告制度对于督促缔约国履行公约义务，采取有效手段保护生物多样性起到了重要的作用。①

第三，遗传资源获取同意与惠益分享制度。公约肯定了生物遗传资源对人类的重要性，遗传资源可带来不可估量的经济效益，公约强调应适度开发、持续、有效使用遗传资源，并认为遗传资源开发中的相关主体均应对其受益。遗传资源的供给者、需求者以及遗传资源提供方和获取方所在的国家在遗传资源市场化中都担任着相应的角色，在遗传资源开发使用中忽略任何一方的利益都是不对的。为此，公约第15条规定了遗传资源的获取同意制和惠益分享制，即强调资源的主权性与稀缺性。

第四，财政资助制度。为督促各国有效保护并帮助发展中国家开展保护工作，公约设立了有效的财政资助制度。公约的资金制度颇有特色：首先，缔约国资金自筹制度。各国均有落实资金开展对本国生物多样性进行有效保护的义务，公约第20条第1项规定"每一缔约国承诺依其能力为那些旨在根据其国家计划、优先事项和方案实现本公约目标的活动提供财政支助和鼓励"。其次，缔约国间资金协助制度。公约为支持发展中国家，规定了发达国家负有一定的资金资助发展中国家的义务。最后，资金资助制度监管制度。公约第20条将资金的筹集、分配、评估等职责交由缔约国大会行使。②

第五，技术转让和合作制度。技术在生物多样性的保护中具有举足轻重的作用，技术发展的不平衡严重影响着技术不发达国家生物多样性的保护水平。为此，公约确立了以保护生物多样性为目标的非完全市场化的技术转让与取得制度。首先，技术的便利转让制度。公约第16条第1款明确要求缔约国间在技术转让取得上应以便利为原则尽量促使转让形成。其次，向发展中国家的技术最有利转让制度。公约第16条第2款规定"技术的取得和向发展中国家转让，应按公平和最有利条件提供或给予便利，包括共同商定时，按减让和优惠条件提供或给予便利"。最后，技术合作交换制度，公约鼓励缔约国间开展技术合作并分享成果，并支持成员国间的人员培训与技术交流。根据公约规定可知，生物多样性领域的技术转让与交流不应完全按照市场原则，而应是在符合

---

① 中国自1993年以来共提交了4次履行公约情况报告书交缔约国大会审查，分别是1998年、2001年、2005年、2008年。

② 最近一次会议即第十次缔约方会议2010年10月在日本名古屋举行，来自193个国家和地区的部长级代表拟确定2010年至2020年的保护生物多样性全球行动计划，但最终在许多问题上仍存在分歧，特别是发达国家如何促进生物多样性的保护方面向发展中国家提供财政支持的问题。

公约目标宗旨下的非市场行为。

4. 公约的相关机构

缔约国大会是公约的最高组织机构，大会通过定期召开会议作出决议并促进公约的执行。① 自 1994 年巴哈马第一次缔约国大会至 2010 年 10 月，缔约国一共召开了 10 次会议。自 1994 年至 2000 年，缔约国大会每年定期召开一般性会议，2000 年，会议程序进行了改变，现在每两年召开一次。② 根据公约第 23 条之规定，缔约国大会是公约众多机构中职责最为广泛的机构。③ 缔约国大会日常工作由公约秘书处负责，秘书处同时还接受联合国环境规划署的指导。该秘书处位于加拿大蒙特利尔。公约秘书处主要职能如下：（1）为第 23 条规定的缔约国会议作出安排并提供服务；（2）执行任何议定书可能指派给它的职责；（3）编制关于它根据本公约执行职责情况的报告，并提交缔约国会议；（4）与其他有关国际机构取得协调，特别是订出各种必要的行政和合同安排，以便有效地执行其职责；（5）执行缔约国会议可能规定的其他职责。④

根据公约规定以及缔约国大会决议，可设立相关附属机构执行公约职能。目前附属机构主要有科学、技术和工艺咨询事务附属机构⑤，财务运行机构等。财务运行机构主要负责资金的获取和利用，包括对此种利用的定期监测和评价。

---

① 此外，经任何缔约国书面请求，由秘书处将该项请求转致各缔约国后六个月内至少有三分之一缔约国表示支持时，亦可举行非常会议。

② 1997 年没有举行定期会议。

③ 主要有：（a）审议缔约国提交的执行公约情况的报告以及任何附属机构提交的报告；（b）审查科学、技术和工艺咨询事务附属机构提供的关于生物多样性的科学、技术和工艺咨询意见；（c）视需要审议并通过缔约国间技术合作议定书；（d）视需要审议并通过对本公约及其附件的修正；（e）审议对任何议定书及其任何附件的修正，如作出修正决定，则建议有关议定书缔约国予以通过；（f）视需要审议并通过本公约的增补附件；（g）视实施本公约的需要，设立附属机构，特别是提供科技咨询意见的机构；（h）通过秘书处，与处理本公约所涉事项的各公约的执行机构进行接触，以期与它们建立适当的合作形式；（i）参酌实施本公约取得的经验，审议并采取为实现本公约的目的可能需要的任何其他行动。

④ 参见《生物多样性公约》第 24 条。

⑤ 科学、技术和工艺咨询事务附属机构则负责：（a）提供关于生物多样性状况的科学和技术评估意见；（b）编制有关按照本公约条款所采取各类措施的功效的科学和技术评估报告；（c）查明有关保护和持久使用生物多样性的创新的、有效的和当代最先进的技术和专门技能，并就促进此类技术的开发和/或转让的途径和方法提供咨询意见；（d）就有关保护和持久使用生物多样性的科学方案以及研究和开发方面的国际合作提供咨询意见；（e）回答缔约国会议及其附属机构可能向其提出的有关科学、技术、工艺和方法的问题。

除上述公约权力和职能机构外，还有许多国际组织与 CBD 关系密切，如全球环境基金、联合国环境规划署、联合国秘书处等。全球环境基金（GEF）是关于生物多样性、气候变化、持久性有机污染物和土地荒漠化的国际公约的资金机制。GEF 通过其业务规划，支持发展中国家和经济转型国家在生物多样性、气候变化、国家水域、臭氧层损耗、土地退化和持久性有机污染物的重点领域上开展活动，取得全球效益。联合国环境规划署更是直接参与了公约的制定、政策的执行和落实等重要环节。联合国秘书长则肩负起本公约及任何议定书的保管者的职责。

（二）生物多样性国际保护的专门性法律文件

生物多样性国际保护专门性的法律文件是指旨在规制生物多样性具体领域的相关国际法律文书。生物多样性具体领域国际保护的法律文件较为庞杂，以其所涉及内容的侧重点不同可分为三类，即专注于遗传多样性即种内多样性保护的文件、侧重于物种多样性即种间多样性的保护的文件以及致力于保护生态系统多样性的文件。① 生物多样性的保护不仅需要有大量的生物物种的存在，而且它们之间的交互也是相当重要的。② 当前，物种多样性和生态多样性是生物多样性国际保护重点关注的领域。物种多样性保护旨在保护特定生物的持续生存为主要目的，又可根据该生物生存场所形态的不同可将该领域条约分为陆地领域的条约如《保护迁徙野生动物物种公约》即 CMS 和海洋领域的《国际捕鲸管制公约》和《联合国海洋法公约》（United Nations Convention on the Law of the Sea，UNCLS）等，此外还有保护不限生物所处领域但其本身处于极度危险状态的《濒危物种国际贸易公约》即 CITES 等国际文件。③ 限于篇幅，本文仅简要介绍物种多样性和生态多样性保护领域的部分条约。

1. 物种多样性保护专门公约

物种多样性是生物多样性的中心，是生物多样性的主要结构和功能单位，是指地球上动物、植物、微生物等生物种类的丰富程度。当前物种多样性的保护的主要任务是对特定物种的持续生存给予保护，这一领域的具有重要影响的

---

① 种内多样性保护公约如《国际植物新品种保护公约》，种间多样性保护的文件如《保护迁徙野生动物物种公约》、《濒危物种国际贸易公约》等，生态多样性保护的文件如《联合国防治荒漠化公约》、《关于特别是作为水禽栖息地的国际重要湿地公约》等。

② Diego P. Vázquez, Daniel Simberloff, "Changes in interaction biodiversity induced by an introduced ungulate", Ecology Letters, Volume 6, No. 12 (December 2003), pp. 1077 - 1083.

③ 专门性生物多样性保护的国际文件，除上述所列条约外还包括《国际植物保护公约》、《粮食和农业植物遗传资源国际条约》、《保护世界文化和自然遗产公约》、《跨界鱼类种群和高度洄游鱼类种群的养护与管理协定》。

国际文件为《濒危物种国际贸易公约》（CITES）和《保护迁徙野生动物物种公约》（CMS）。

CMS（1979年6月23日签订于波恩）又名《波恩公约》，其目标在于保护陆地、海洋和空中的迁徙物种的活动空间范围，是为保护通过国家管辖边界以外野生动物中的迁徙物种而订立的国际公约。公约于1983年12月1日生效，由20条正文和两个附录组成。

公约通过明确迁徙物种及濒危的迁徙物种的界定标准并对相关国家施以养护和管理的责任从而对迁徙野生动物起到保护的作用。公约的主要制度是迁徙物种的双目录制度及相应的不同层级保护制度。根据公约规定，濒危的迁徙物种应列入附录一，处于不利的保护状况的迁徙物种和需要国际协定来保护和管理的迁徙物种，以及其保护状况将根据国际协定进行的国际合作而明显改善的迁徙物种应列入附录二。附录一中的物种不仅生境国家有最大保护义务，而且所有缔约国都应禁止猎取属于该物种的动物，而作为列入附录二的迁徙物种范围目的缔约方义务则是努力在对该物种有利的情形下缔结协定，并将优先考虑处于不利的保护状况的物种。

CMS设立缔约国大会和科学理事会等机构实施公约中相关职能。缔约方大会应是本公约的决策机关，其权力主要为在每次会议上审查本公约的执行情况。① 此外，CMS还设立了专门的具体负责技术咨询的职能机构即科学委员会。②

《濒危物种国际贸易公约》（以下简称"公约"）于1975年7月1日正式

---

① CMS缔约国大会的职责主要有：（a）审查和评价迁徙物种的保护状况；（b）审查针对迁徙物种，特别是列入附录一、二中的迁徙物种的保护所取得的进步；（c）如有必要，为确使科学委员会和秘书处履行其职责做好准备并提供指导；（d）接受并考虑由科学委员会、秘书处、任一缔约方或根据某协定设立的任何常设机构所提交的任何报告；（e）为改进迁徙物种的保护状况向缔约方提出建议，并审查在诸协定下正在取得的进步；（f）在某协定尚未缔结的情况下，向作为某迁徙物种或迁徙物种群范围国的缔约方建议召开会议，讨论为改进该物种的保护状况应采取的措施；（g）为增进本公约的效力向缔约方提出建议；和（h）决定为实现本公约的目的而将要采取的任何附加措施。

② CMS科学委员会的职责是：（a）向缔约方大会、秘书处，并在缔约方大会同意下，向依本公约或某协定而设立的任何机构或向任何缔约方提供科学的咨询意见；（b）建议在迁徙物种问题上进行研究和研究协作，为确定迁徙物种的保护状况对此类研究结果进行评价并就保护状况和改进措施向缔约国大会报告；（c）就将被收入附录一、二的迁徙物种向缔约方大会提出建议，同时指出这些迁徙物种的活动范围；（d）就将被缔结的有关迁徙物种的协定的特殊保护和管理措施向缔约方提出建议；和（e）就解决本公约执行方面的科学问题，尤其是关于迁徙物种栖息地的问题，向缔约方大会提出建议。

生效，截止到 2010 年 3 月，成员国数目已达到 175 个，公约的宗旨是通过各缔约国政府间采取的有效措施，加强贸易控制来切实保护濒危野生动植物物种，确保野生动植物物种的持续利用不会因国际贸易而受到影响。与《生物多样性公约》保护的对象不同，《濒危物种国际贸易公约》保护的是濒危野生动植物物种，是 CBD 保护范围的一部分。生物多样性保护的关键是对濒危野生动植物物种的保护，当前对野生动植物生存构成重大威胁的是不正当的国际贸易，因此，《濒危物种国际贸易公约》是生物多样性保护条约体系中十分重要的组成部分。公约的濒危物种目录制度及国际贸易的许可证制度在濒危野生动植物物种的保护中起到了非常重要的作用。

濒危物种目录是指公约在其附件中设置的对应当予以保护的濒危物种进行的目录式列举。许多美丽的、种类繁多的野生动物和植物是地球自然系统中不可代替的部分，为免遭因国际贸易带来的过度开发利用，对部分濒危物种进行国际保护是必要的。公约根据物种濒危程度不同，设置了 3 个附录分别列举急需保护的濒危物种，附录一主要是那些受到和可能受到贸易的影响而有灭绝危险的物种；附录二包括所有那些目前虽未濒临灭绝，但如对其贸易不严加管理，以防止不利其生存的利用，就可能变成有灭绝危险的物种；附录三则是成员国认为属其管辖范围内，应进行管理以防止或限制开发利用而需要其他成员国合作控制贸易的物种。必须强调的是，成员国的保护不应仅限于附录所列之物种，公约还鼓励成员国自行立法扩大对特殊物种的保护，如美国进行了许多立法对更多的物种进行保护，如《濒危物种法》、《迁移鸟类条约法》、《鱼与野生动物合作法》、《国家野生生物庇护所管理法》、《北美湿地保护法》等，①其保护的范围和力度都超出了公约的规定。

濒危物种目录是对濒危物种实施保护的重要的前提性工作，它明确了保护的对象即客体。濒危目录也不是一成不变的，公约对附录一、二、三的修改也设置了不同的程序制度，附录一、二施行的是集体确定修改，附录三则施行的是成员国单方确定。关于附录一、二的修改，任何成员国可就附录一或附录二的修改提出建议供下次会议审议，所提修正案的文本至少应在会前 150 天通知秘书处。秘书处应依据相关规定，就修正案同其他成员国和有关机构进行磋商，并不迟于会前 30 天向各成员国发出通知；修正案应经到会并参加投票的

---

① 贾谦：《美国对濒危动植物物种的保护》，载《中国药业》2002 年第 6 期，第 30 页。

[国际公法]

生物多样性国际保护中的若干法律问题研究

成员国 2/3 多数通过。① 关于附录三的修改，任何成员国可随时向秘书处提出它认为属其管辖范围内，并由其管理的物种的名单作为附录三的一部分。秘书处在收到该名单后尽快通知所有成员国，发出此项通知之日起的 90 天后生效。提出应将某一物种列入附录三的成员国，可以随时通知秘书处撤销该物种，秘书处应将此事通知所有成员国，此项撤销应在秘书处发出通知之日起的 30 天后生效。比较三个附录的设置与修改程序，不难发现，附录一、二的规定更为严格。

许可证是指缔约方相关机构出具的允许公约附录所列物种进出口的许可文书，主要包括进口许可证、出口许可证、转出口证明书及其他具有同样效力的证明文件。许可证是缔约国通过行政审批手段控制贸易的一种重要方式，对濒危物种的国际贸易应当在严格的政府审批下进行。按照公约规定，不同附录中的物种在国际贸易中受到的具体管制措施有差别，即不同目录下的物种贸易应否取得许可证书以及政府准予发放许可证的条件不尽一致。

附录一所列物种施行的是最为严格的许可证制度。附录一所列物种的国际贸易首先必须有出口许可证。根据公约第 3 条规定，附录一任何标本出口均须获得出口许可证，且发放出口许可证还须满足以下条件，出口国的科学机构认为，此项出口不致危害该物种的生存；出口国的管理机构确认，该标本的获得并不违反本国有关保护野生动植物的法律且任一出口的活标本会得到妥善装运，尽量减少伤亡、损害健康，或少遭虐待以及该标本的进口许可证已经发给。此外，对附录一物种进行国际贸易还需要取得进口许可证，而获得进口许可证则需要具备：（1）进口国的科学机构认为，此项进口的意图不致危害有关物种的生存；（2）进口国的科学机构确认，该活标本的接受者在笼舍安置和照管方面是得当的；（3）进口国的管理机构确认，该标本的进口，不是以商业为根本目的。②

附录二、三的物种进行贸易也需要具备相应的许可证，但其程序和条件要求明显弱于对附录一物种进行国际贸易的要求。许可证制度使得对濒危物种的贸易控制在适度的范围，从而避免对物种造成灭绝，维护生物的多样性。

2. 生态多样性保护专门公约

生态系统的多样性是指地球上生态系统组成、功能的多样性以及各种生态过程的多样性，包括生境的多样性、生物群落和生态过程的多样化等多个

---

① 此处所谓"到会并参加投票的成员国"系指出席会议，并投了赞成票或反对票的成员国。弃权的成员国将不计入为通过修正案所需 2/3 的总数内。

② 参见《濒危野生动植物种国际贸易公约》第 3 条（五）。

方面。物种多样性是生态多样性的基础和组成，而生态多样性则为物种多样性提供了良好的生境。目前，以维护生境为主要宗旨的条约主要是《联合国防治荒漠化公约》和《关于特别是作为水禽栖息地的国际重要湿地公约》。

荒漠化是生物多样的重要威胁，而所有的森林绿地，包括商业种植园，都能为生物多样性的保护和加强提供有益的帮助。[①]《联合国防治荒漠化公约》全称为《联合国关于在发生严重干旱和/或沙漠化的国家特别是在非洲防治沙漠化的公约》，正是在这一理念下1994年6月7日在巴黎通过，并于1996年12月正式生效。目前公约共有191个缔约方。公约的核心目标是由各国政府共同制定国家级、次区域级和区域级行动方案，并与捐助方、地方社区和非政府组织合作，以应对荒漠化的挑战。

公约的组织机构主要有：（1）公约缔约方大会：公约的最高决策机构；（2）科学技术委员会：为缔约方大会提供科学技术方面的建议和信息；（3）履约审查委员会：2001年公约第五次缔约方大会决定设立，负责审查、督促缔约国履行公约；（4）公约常设秘书处，作为缔约方大会的执行机构，负责安排会议、准备会议文件、协调公约内外机构的关系。公约通过有效的资金机制即"全球机制"和全球环境基金来实现其宗旨。全球机制是指资金机制来源的全球化和多元化。根据公约第6条、第20条等规定，资金来源为国家尤其是发达国家的义务性给予，此外，也鼓励从私营部门和其他非政府来源筹集资金。

1971年通过的旨在保护和合理利用全球湿地的公约——《关于特别是作为水禽栖息地的国际重要湿地公约》（以下简称《湿地公约》）目前有158个缔约方。公约主张以湿地保护和"明智利用"为原则，在不损坏湿地生态系统的范围之内可持续利用湿地，现在国际重要湿地数量已近2000个。《湿地公约》的宗旨是通过各成员国之间的合作加强对世界湿地资源的保护及合理利用，以实现生态系统的持续发展。

《湿地公约》的主要制度有缔约国责任制、名录制和国际合作制。缔约国责任制是指各缔约国应制定和执行规划，以促进对列入《国际重要湿地名录》（以下简称《名录》）的湿地的保护，并尽可能地合理使用其领土内的湿地。每个缔约国应作出安排，以便尽早获悉，由于技术发展、污染或其他人为干

---

① E. Margaret Cawsey, David Freudenberger, "Assessing the biodiversity benefits of plantations: The Plantation Biodiversity Benefits Score", Ecological Management & Restoration, Volume 9, No. 1 (April 2008), pp. 42 – 52.

扰，列入《名录》的其领土内的湿地的生态特性已经发生变化，正在变化，或有可能发生变化。名录制是指每个缔约国应指定其领土内适当湿地列入由依第8条所设管理局保管的《名录》，并应当在《名录》湿地上建自然保护区①。国际合作制则是指缔约国应鼓励就湿地及其动植物区系开展研究，交换资料和出版物，特别是在湿地扩及一个以上缔约国的领土或一条水系为数缔约国所共有的情况下，应相互协商。

三、生物多样性国际保护中存在的问题

生物多样性国际保护已有近60年历史，而作为该领域纲领性文件的CBD其通过20年来，生物多样性国际保护已取得了巨大的进展。相对于20年前，生物多样性面临的威胁非但没有好转，相反还有加剧的趋势，无疑，现有的生物多样性国际保护制度存在着一定的问题。

（一）生物多样性国际保护的法律体系尚不完善

生物多样性国际保护的法律体系是指现行的全部相关国际法律文件按照不同的领域部门组合而形成的一个呈体系化的有机联系的整体。法律体系的形成既需要各门类齐全即制度健全，还需要各门类制度之间有机协调。当前，生物多样性国际保护的法律体系存在着不健全和不协调的弊端。

1. 生物多样性国际保护的法律体系暂不健全

首先，生物多样性国际保护基本文件即CBD自身的规定还不够完备。作为一纲领性文件，CBD还未将生物多样性保护中的许多问题纳入规制中来。主要表现在：第一，未将景观多样性列入保护目标。景观是具有高度空间异质性的区域，它是由相互作用的景观元素或生态系统以一定的规律构成的。人类活动改变着土地利用和景观格局，将自然和半自然景观转变成人工管理的农田及工业化的城市区，这就意味着自然种群必然受到农业、工业及城市废弃物的影响，还将受到资源开发的影响，最终全球物种灭绝速率将被加快。CBD中生物多样性内容仅包括物种内部、物种之间和生态系统的多样性，未将景观多样性进行规范无疑是有缺陷的。第二，公约未对某些损害生物多样性的行为进行规制。保护生物多样性是公约的首要目的，持久使用和利益分享目标应建立在保护的基础上，为此公约确立保护区即就地保护和易地保护等有效制度，但是对于损害生物多样性的具体原因及应对策略CBD则有所回避，如，气候变

---

① 目前，全世界列入国际重要湿地名录的达1800多块，中国分五批次共有37块列入该名录。

化的控制、非法国际贸易的应对都未被纳入进去。

其次，生物多样性国际保护基本文件即 CBD 同相关配套制度尚未完全兼容。当前，CBD 相关配套制度或不具有法律效力，或具有约束力但不具有同 CBD 同等的适用范围，上述问题在外来物种入侵和转基因生物安全等领域有所体现。本地物种之间互补对当地生态系统是有积极功能的，而更大地方的多样性可能会阻碍当地的生态系统的功能，应注意监控防止更多不适当生物涌入当地生态环境。① 外来物种入侵②早已引起国际社会的关注，公约第 8 条第 h 款规定，成员国"必须对那些威胁生态系统、栖息地或物种的外来物种进行预防引入、控制或根除"，但截至目前，有关这一领域的国际文件相对较少，现有其主要作用的文件为不具有法律约束力的《关于预防引入对生态系统、生境或物种构成威胁的外来物种并减轻其影响的指导原则》③。此外，转基因生物对人体健康和生态环境都有可能造成不利影响，转基因生物也是 CBD 十分重视的一个问题，④ 在生物多样性公约框架下，缔约方大会于 2000 年在加拿大通过了具有法律约束力的国际文件，即涉及转基因生物安全问题的《卡塔赫纳生物安全议定书》⑤，2010 年缔约国大会又通过一个《补充议定书》，尽管《生物安全议定书》是依据 CBD 的相关条款而制定的，但非常遗憾的是作为两个形式相对独立的文件，国家可以有选择地成为其中当事方，当前，有相

---

① Emily M. Bond, Jonathan M. Chase, "Biodiversity and ecosystem functioning at local and regional spatial scales" Ecology Letters, Volume 5, No. 4 (July 2002), pp. 467 – 470.

② 外来物种入侵是全球化下各国都面临的共同问题，如巴西龟等著名的物种对全球很多国家的生态系统都带来的极大的危害。以中国为例，当前中国正遭受超过 283 种外来物种入侵，每年损失高达 2000 亿元以上，参见：http://finance.ifeng.com/news/hgjj/20090601/724926.shtml，2011 年 10 月 20 日访问。

③ 该文件于 2002 年 4 月，在荷兰海牙召开的《生物多样性公约》缔约方大会第六次会议上通过。

④ 公约第 8 条第 g 款规定："制定或采取办法以酌情管制、管理或控制由生物技术改变的活生物体在使用和释放时可能产生的危险，即可能对环境产生不利影响，从而影响到生物多样性的保护和持久使用，也要考虑到对人类健康的危险。"

⑤ "议定书"是在"公约"下为解决转基因生物安全问题而制定的有法律约束力的国际文件，2003 年 9 月 11 日，在第 50 个国家递交批准加入和核准议定书时，该议定书正式生效。

当多的 CBD 缔约国并没有批准加入《生物安全议定书》①。

最后，生物多样性国际保护专门文件涉及的领域也比较有限。生物多样性国际保护不仅需要一般性针对全球的纲领性文件的保护，更需要有针对特殊生物物种以及针对具体危害生物多样性特定行为的国际性专门文件。尽管当前生物多样性国际保护专门文件数目繁多、涉及领域较广，但仍有部分领域缺乏国际法律依据。现有生物多样性国际保护的专门文件主要保护的是特定物种，针对的是对生物多样性最具威胁的行为，而相对处于"安全"状态的生物以及未对生物多样性造成明显危害的行为从未被考虑进入国际保护，这种立法倾向是不符合生物多样性本质的。生物多样性的基本理念是所有的生物平等，生命都应获得应有的尊重。肆意地在生物物种间进行差别对待，相对漠视部分对生物多样性危害不十分明显的行为，必将最终损害生物多样性。

2. 生物多样性国际保护的法律文书间还不协调

生物多样性国际保护基本文件和专门文件间不够协调。CMS、CITES、UNCLS 等专门文件和 CBD 间在适用上不够协调。CBD 第 22 条规定："本公约的规定不得影响任何缔约国在任何现有国际协定下的权利和义务，除非行使这些权利和义务将严重破坏或威胁生物多样性；缔约国在海洋环境方面实施本公约不得抵触各国在海洋法下的权利和义务。"按照该规定，作为生物多样性国际保护领域的基本文件 CBD，其适用效力不仅低于 CMS、CITES、UNCLS，还低于任何其他国际协定，即使该协定为双边条约，只要其内容不严重破坏或威胁生物多样性。CBD 作为基本文件其适用应当居于优先地位，公约拥有 193个成员国的事实也显示该公约内容理应成为普遍遵循的生物多样性国际保护的基本制度，但 CBD 第 22 条这一规定明显降低了其应有作用，不能起到协调专门领域的公约纲领性文件作用。

此外，生物多样性国际保护的专门文件间不够协调。一般来讲，专门性文件有各自的适用领域和范围，通常它们之间不会产生冲突问题，但专门文件的制定依据不尽一致，冲突在所难免。比如，以保护特定类别物种为宗旨的专门条约就可能会同以保护区域物种的条约发生冲突，以保护生物为宗旨的文书也可能同针对损害行为的国际文书相抵触。如 CITES 保护的是濒危物种，CMS

---

① 我国于 2000 年 8 月 8 日签署了议定书，2005 年 4 月 27 日国务院批准了议定书，成为第 120 个缔约方。以中国成为该议定书缔约方这一年度的统计数据说明，生物多样性公约有 188 个会员国，而生物安全议定书则仅有 121 个缔约方，仍有近 1/3 的 CBD 成员尚未核准议定书。参见环保部网站公告，http://www.mep.gov.cn/ztbd/swdyx/bjjs/200505/t20050519_66694.htm，最后访问时间：2011 年 11 月 28 日。

保护的是濒危的或其他的迁徙野生动物，二者就有可能发生竞合问题，而 UN-CLS 则保护的是海洋生物，则也必然会涉及海洋中的濒危海洋生物问题。相关专门性条约共同集中于同一保护对象，体现了对该物种的重视，是值得肯定的，但必须处理法律间的积极冲突问题。

（二）生物多样性国际保护机制尚不合理

1. 生物多样性国际保护机构数目少、职能有限且缺乏协作

生物多样性国际保护机构是指生物多样性保护中负有如执行、监督、管理等特定责任的机构的总称。机构在生物多样性国际保护的作用非常关键，其直接决定生物多样性保护最终能否取得成效。当前生物多样性国际保护机构以民间组织为主且彼此间缺乏协作，影响了职能的发挥。

首先，专门性的生物多样性国际保护机构非常有限。目前，活跃在生物多样性领域的专门国际机构主要有世界自然保护联盟（以下简称 IUCN）、保护国际（以下简称 CI）、国际野生动物保护组织（以下简称 WCS）等，此外，国际上还有"国际动物保护协会"（以下简称 ISPA）和"国际鸟类保护委员会"（以下简称 ICBP）等许多自然保护组织。① 上述组织并非执行生物多样性相关公约的职能机构，而 CMS、CITES 和 CBD 这些重要的公约均只有缔约国大会这一非常设的临时机构通过每年一次定期会议的方式来行使公约赋予的职权，绝大部分的生物多样性国际保护法律文件未要求设立常设性的国际组织机构是生物多样性国际保护机制的一大缺陷。

此外，多样性国际保护机构以民间组织为主，作用有限。如前述的 IUCN、CI 和 WCS 等目前有影响的国际组织均不是政府间机构。如 IUCN 旨在影响、鼓励及协助全球各地的社会，保护自然的完整性与多样性，并确保在使用自然资源上的公平性以及生态上的可持续发展，是个独特的世界性联盟，是政府及非政府机构都能参与合作的少数几个国际组织之一。再如以保护野生生物及它们的自然栖息地为使命的 WCS，其前身是纽约动物学会这一民间团体。生物多样性国际保护中主要责任主体是国家，国家通过建立常设性政府间组织才能更好地完成这一使命，民间性国际组织在国际保护中因缺乏强有力的国家支持所发挥的作用毕竟相当有限。

2. 生物多样性国际保护的程序不够健全

生物多样性国际保护中的报告制度不规范。以《生物多样性公约》为例，CBD 第 26 条规定："每一缔约国应按缔约国会议决定的间隔时间，向缔约国会议提交关于该国为执行本公约条款已采取的措施以及这些措施在实现本公约

---

① 李振基等：《生态学》，科学出版社 2000 年版，第 422—423 页。

目标方面的功效的报告。"此外，其第 25 条规定，科学、技术和工艺咨询事务附属机构也应"定期向缔约国会议报告其各个方面的工作"。由此可见，缔约国自行报告及附属机构定期报告成为公约督促缔约国履行义务的重要制度，然而，缔约国自行报告的时间具有较强灵活性取决于能否形成缔约国会议决议，这可能会导致报告掺入更多政治因素，即可能会出现部分国家操控大会产生决议从而在不同国家承担不同的报告义务的情况。附属机构应当向缔约国会议提交报告，但其报告的具体内容如能否报告特定缔约国国内情况、能否给出相关批评和建议等未予以明确。

此外，生物多样性国际保护外部监督程序有弊端。仍以《生物多样性公约》为例，缔约国报告的内容应是"关于该国为执行本公约"相关，即缔约国无权对他国情况予以提出，而科学、技术和工艺咨询事务附属机构的报告内容也未予以明确，在此情况下，如何对一国履行公约义务予以外部监督成为空白。监督应是内部监督和外部监督相结合，外部监督尤其重要，CBD 的外部监督程序明显缺位，也正因如此，部分学者称 CBD 为纲领性文件而非法律。如缔约国大会曾承诺到了 2010 年使生物多样性丧失情况得到显著降低，尤其应注重外来物种入侵对生物多样性的危害，但截至目前，CBD 还没有制定出一套标准的方案，以评估外来入侵物种对跨物种群体、生态系统和地区发展的综合影响。[①]

3. 生物多样性国际保护中国家责任不明确

生物多样性保护属于"对一切"的范畴，与"对一切"相关的条约的最大特点是其内容以施以义务为主。CMS、CITES、UNCLS 等专门文件和 CBD 基本文件中均强调缔约国在生物多样性保护领域的职责和义务，然而，上述法规的共同点是，对缔约国违反上述义务拒不履行职责时的责任制度却不甚明确。如 CBD 的 42 条正文中无一涉及法律责任，仅在附件中谈到缔约国间出现公约有关争议予以解决的相关程序问题，生物多样性国际保护立法凸显国际环境法"软法"的特性。

（三）生物多样性国际保护与其他相关国际制度存在冲突

1. 生物多样性国际保护与 WTO 相关规定存在冲突

WTO 作为世界最大的多边贸易体系和贸易规则，着眼于全球经济发展；CBD 公约是多边环境公约，着眼于全球生态环境和生物多样性的保护，它们之间有不同的具体分工和导向。在针对同一事务时，其基本理念上有可能会有

---

① MELODIE A. . MCGEOCH, "A Global Indicator for Biological Invasion", Conservation Biology, Volume 20, NO. 6（December 2006）, pp. 1635–1646.

相冲突的一面。①

WTO 的 TRIPS 与生物多样性国际保护基本文件 CBD 存有冲突。为实现在不同国家间"公平合理分享由利用遗传资源而产生的惠益"的目标，根据 CBD 第 16 条规定的技术转让与取得制度，发达国家应当提供或给予便利，使发展中国家有可能从发达国家处获得技术。发达国家提供或给予便利的最低标准是公平和最有利条件，如果有双方共同协商的机会，则应尽可能为发展中国家提供减让和优惠条件，在必要时可按公约所设财务机制执行。② 由此可见，公约为发展中国家获得"生物多样性保护和持久使用的技术"及"利用遗传资源而不对环境造成重大损害的技术"构建了特别制度，无疑，若这一制度得到落实，发展中国家的生物多样性保护将得到根本改观。TRIPS 是指 WTO 框架下的与贸易有关的知识产权协议，TRIPS 强调各成员方应承认知识产权的私权利性，作为持有知识产权的权利人，其行使权利的自由应受尊重，除非知识产权制度本身另有规定（例如"强制许可制度"），否则国家不应干预。TRIPS 还指出，对同一性质的权利应予以同等保护，不应因技术领域等因素的不同而遭受不同待遇。CBD 要求各缔约国采取一定的措施干预本国私营部门对其知识产权的使用（公约第 16 条 4 款），以促使其将相关技术转让，甚至以非市场的条件转让，显然与 TRIPS 精神相矛盾。目前大多数国家的生物多样性保护所依赖的现代生物技术，绝大多数是借助知识产权制度保护的，所以知识产权制度保护的私人利益和生物多样性保护的公众利益间就发生了矛盾。③ 而分别代表这两种不同利益的 TRIPS 和 CBD 将难以调和。实践中，作为技术转让国的发达国家往往会按 TRIPS 相关要求拒绝履行 CBD 规定的义务，为实现生物多样性保护之目标，适度修改 WTO 之 TRIPS 显然很有必要，即应将涉及生物多样性之技术视为 TRIPS 协议之例外。

此外，WTO 绿色规则严格的实施制度不利于生物多样性国际保护。WTO 绿色规则是指 WTO 法律框架下的各类环保例外条款，是成员方在 WTO 体制下实施环境贸易措施的合法性依据。④ 如在《补贴与反补贴措施协议》中规定，一国为促进现有设施适应新的环境要求而提供的援助不可诉，这些相类似

---

① 赵绘宇：《WTO 与生物多样性公约关系及我国的环境法律应对》，载《郑州大学学报》（哲学社会科学版）2004 年第 1 期，第 102—106 页。

② 此处的财务机制执行是指有公约筹集的资金支持发达国家生物多样性保护技术向发展中国家转移，而发展中国家在获得技术上不需要自行支付资金。

③ 赵瑾：《生物多样性保护与知识产权制度之协调》，载《学术交流》2009 年第 6 期，第 59 页。

④ WTO 绿色规则从自由贸易的角度也被称为"绿色贸易壁垒"。

规定都在表明着 WTO 对于生物多样性保护乃至生态环境保护的重视。尽管 WTO 绿色规则肯定了贸易不应当影响环境，并承认了缔约国可基于环境而实施不利于自由贸易的临时性措施，但是，以自由贸易为主要目标的 WTO 对成员国实施绿色例外措施时却设置了严格的条件和程序。现仅以《补贴与反补贴措施协议》中的环保补贴制度为例加以说明，协议首先肯定了一国环境补贴的合法性，同时如下定义环保补贴，"改造现有设施使之适应法律和（或）法律所提出的新的环境要求而提供的资助，这些环境保护上的要求会对企业构成更大的限制和更重的负担，这些资助须满足：a. 是一种一次性的，非重复性的措施；b. 限制在适应性改造工程成本的 20% 以内；c. 不包括对辅助性投资的安装与投入费用，该项支出必须完全由企业负责；d. 与企业减少废料、污染有直接和适当的关联；e. 不包括任何制造业能够取得的成本和节约；f. 应是能给予所有可使用新设施和/或生产加工的企业。"① 此外，成员国实施上述补贴还需满足特别程序，即符合协议第 2 条第 3 款规定"在执行前通知补贴与反补贴委员会，以便能使其他成员对补贴计划及其条件与标准是否与第 2 款相一致进行评价"。可见，尽管环保补贴为合法，但成员国要通过这一措施改善环境仍是十分艰难的，稍有不慎，即违背 WTO 要求。

WTO 绿色规则的存在无疑对生物多样性的保护具有积极的效果，但烦琐的实施程序和近乎苛刻的实施条件则使得绿色规则基本不可能发挥应有的效果。WTO 如果缺乏具体有效的生物多样性保护制度，则现行的国际贸易体制下生物多样性的前景仍将十分堪忧。这一情况已被越来越多的有识之士认识到，每当 WTO 会议时，会场外总有大批环保组织在发出强烈抵制的声音，WTO 必须尽快对其过于严格的绿色制度作出修订。

2. 生物多样性国际保护与国际保护人权制度存在冲突

首先，生物多样性国际立法和国际人权法中的直接保护对象具有直接的对立性。生物多样性国际保护中的生物是除人之外的一切生物，强调的是除人之外全部生物物种的平等生存权，而承担这一义务的主体则是全人类。国际人权法强调的是一切自然人（包括人的集合）的利益，国际人权法的义务主体也是一切人包括国家。生物多样性国际立法与国际人权法保护的对象具有明显差异，而义务的主体则具有同一性，这一事实决定着这两类目的不同的法律文件在执行中必将会产生某些问题。

其次，人与生物之间的主客体关系的对立性也决定生物多样性国际保护与国际人权法会存在对立。对人类来说，生物多样性具有丰富的直接使用价值、

① 参见《补贴与反补贴措施协议》第 8 条第 2 款 c 项。

间接使用价值和潜在使用价值，人类对生物资源的关注通常都是围绕着生物的经济价值。生物多样性保护的历史告诉我们，人类对生物的保护是出于利己目的。在生物的保护和人类对自身的保护产生冲突的时候，人类必然会为保全自己的权利而损害生物，尽管损害生物多样性最终也会损害人权。

第三，现行生物多样性国际保护制度与国际人权保护制度之间已经存在着"冲突"。以 CBD 为例，其第 16 条关于"技术的取得和转让"中明确规定了"向其他缔约国提供或便利其取得并向其转让有关生物多样性保护和持久使用的技术或利用遗传资源而不对环境造成重大损害的技术"并要求"向发展中国家转让，应按公平和最有利条件提供或给予便利"等制度。对此，发展中国家要求用依据特惠条件的技术转让方式取代商业基础上的技术转让以公约形式明确记录下来，并要求缔约国之间相互保证，与此相对的是，发达国家主张技术转让原则上是通过商业基础上的意见一致来实现的，并以此反对发展中国家的要求。① 事实上，许多生物多样性资源丰富的国家已经将传统知识作为私权的客体加以保护。② CBD 的这一规定明显有希望缔约国削减一般个体人权之意，众所周知，技术属于知识产权的范畴，是人的基本财产权，CBD 要求缔约国制定政策按非完全自愿或非市场方式去公开或转让人的私权明显有违人权保护的基本理念。

3. 生物多样性国际保护与国家主权原则存在冲突

生物多样性必须进行国际保护已是公认的事实，但仍有部分国家认为现行生物多样性国际保护与国际法基本原则之国家主权原则相冲突，并由此有选择地加入相关条约乃至拒不加入任何条约，如美国至今仍未加入 CBD。

生物多样性国际保护的理论基础与传统国家主权观之间存在一定抵触。生物多样性的国际保护的其中一个理论基础认为，生物多样性是"人类共同遗产"、"共同财产"、"共同利益"。这种观点主张生物多样性是人类共同继承的财产，人们获得这个财产是自由的，任何国家都不能以最初发现于该国为理由将野生生物资源（包括地方性物种、传统栽培作物）的利用主张排他性权利，同样，人人都有义务保护这一遗产，以使当今和未来能予以享用。③ 而国家主权观则认为，生物多样性应属于生物所在国单一主权下的一

---

① 三好信俊：《关于生物多样性公约的交涉》，载《环境研究》第 84 号（1992），第 36—38 页。

② 严永和：《论传统知识的知识产权保护》，法律出版社 2006 年版，第 388 页。

③ 梁康康、王智：《生物多样性国际保护中所存在的权利冲突》，载《环境保护》2008 年第 12 期，第 65—67 页。

种经济资源，该国家对此有永久主权，享有专属的开发其自然资源以确保其经济发展的权利。

尽管 CBD 对生物多样性国际保护与国家主权间的关系问题没有回避，但也并没有很好地解决。CBD 提出了一种新的协调机制，它首先强调国家对生物资源的主权，这一观点在其序言和正文中均有提及，序言中"重申各国对它自己的生物资源拥有主权权利"，而正文第 3 条更是将国家主权视为公约基本原则。其次，公约又提出了一个新的观点，认为生物多样性是人类"共同关心的议题"，公约在序言中提到，"意识到生物多样性对进化和保持生物圈的生命维持系统的重要性，确认生物多样性的保护是全人类的共同关切事项。"CBD 既肯定生物资源的国家性又承认其全人类性，同时明确了这两种相悖的立场的共存，无疑在构建制度时会引发争议，并会在解释和适用上产生分歧。

对于生物多样性保护的纲领性文件 CBD，非缔约国美国就对其提出过诸多批评和意见，其认为：（1）在越境环境问题方面，公约没有很好地反映国际法的新发展；（2）公约没有明确规定预防性的原则，这反映在决策机构和缔约国会议有限的监督职能上；（3）公约的主要义务，保护和持久利用，没有很强的规定它们之间有潜在的冲突，并且在实践中很难实施。例如，公约的很多用语，如"尽可能"、"酌情"（第 6 条）、"适当时"（第 9 条）等，都给缔约国不履行公约留下了余地；（4）公约的一个主要目标是将经济利益分配给发展中国家，但技术转让和提供资金的规定能否奏效仍然是个问题。① 尽管，美国对 CBD 的评论是从具体微观领域入手，但上述具体制度无不是生物多样性国际保护理念的制度反应，美国对 CBD 的拒绝也彰显生物多样性国际保护与国家主权原则之间关系需进一步形成共识。

（四）生物多样性国际保护与国内保护存在冲突

缔约国国内法对生物多样性国际保护立法的冲击并未给予及时的应对。CBD、CMS、CITES 等大量生物保护国际公约确立了生物及其多样性保护的新标准、新原则和新制度，无疑作为缔约国乃至非缔约国为实现其生物多样性保护这一"对一切"义务，均应适时调整、制定其国内相关立法。然而，基于利益等多种原因，多数国家的生物保护的国内立法明显滞后于生物多样性保护的国际立法。如 CBD 公约明确提到缔约国有"防止引进、控制或消除那些威胁到生态系统、生境或物种的外来物种"之职责，但目前仍有相当数目的国家无任何外来物种入侵的立法。2000 年 CBD 缔约方大会特别会议上通过并已

---

① 杨国华、胡雪编：《国际环境保护公约概述》，人民法院出版社 2000 年版，第 211 页。

于 2003 年生效的《卡塔赫纳生物安全议定书》，而对于其内容中的义务，多数缔约国缺乏配套的国内立法与政策实施。

此外，缔约国对生物多样性国际保护义务规避依然存在。生物多样性国际保护义务的主要责任者是国家，缔约国应当切实承担公约义务，实践中，缔约国为所谓国家利益而企图规避国际义务事例仍时有发生。以 CITES 为例，2010 年第 15 届缔约国大会上，坦桑尼亚和赞比亚递交提案希望获得 112 吨一次性象牙销售许可，两国也希望为将来重开象牙贸易而将其国内的大象种群从 CITES 附录一降级到附录二，这意味着这些大象将失去最高级别的保护。尽管大会投票决定延续对坦桑尼亚大象的保护，继续将该国大象种群保留在 CITES 附录一中，并拒绝了其一次性象牙销售的要求，但两国的申请表明其对生物多样性保护的漠视，对应负义务履行的不力并正试图规避。

四、生物多样性国际保护体制的完善

生物多样性继续恶化是多方面原因使然，必须强化作为重要规制手段的法律在生物多样性保护中的作用。国际保护和国内保护相结合才是生物多样性保护的最佳方式，作为"事关全人类事项"的生物多样性，应更加重视对其国际保护机制的完善。完善生物多样性国际保护的关键是完善相关法律体制，尤其应当对《生物多样性公约》这一纲领性文件予以完善。

（一）健全完善生物多样性国际保护法律体系

首先，尽可能在生物多样性全部领域进行国际立法。CBD 认为生物多样性主要包括遗传多样性、物种多样性、生态系统多样性，晚近观点认为除此之外还应包括景观多样性。生物多样性国际立法至少应涉及上述四个领域，并应在相应具体领域出台具体条约。如，遗传多样性被认为是生物多样性的核心层次，是物种多样性和生态系统多样性的基础，但目前尚无专门条约进行规制，CBD 仅对其有一般性原则规定；物种多样性，是指物种水平上的生物多样性，通常指一定面积内物种的数量，是最容易被人们认识的多样性层次，但目前对物种保护国际条约仅涉及少数濒危物种和珍稀物种，物种多样性保护制度理应涵盖一切物种；生态系统多样性，是指生物圈内生境、生物群落和生态过程的多样化及生态系统内生境差异、生态过程变化的多样性，目前也主要是通过自然保护区制度来实现，但其力度和范围远远不够；而景观多样性 CBD 根本未提及，目前也未有专门公约规制。

其次，应修订完善生物多样性国际保护的基本法即 CBD。任何法律体系都应有一部核心法律，该核心法律的立法质量对法律体系有着决定性影响。

CBD 无疑是生物多样性国际保护法律体系中的核心法律，其明显的弊端影响了多样性国际保护的效果。尽管美国不加入 CBD 主要是源于利益和政治，但其认为公约存在的四个主要方面问题确实客观存在。CBD 理应在越境环境问题上吸取最新的国际立法即公平原则；应当明确生物多样性保护应以预防性原则为主；应当增强其适用中的可实施性即减少"酌情"、"适当"、"尽可能"等模糊性用语；应当更合理考虑技术转让及资金适用等细节性问题。此外，可能基于历史局限，CBD 尽管体现了生物多样性保护中应做到可持续利用，但未明确将这一制度作为基本原则，未来修订应补充这一当前国际环境法的基本原则。

最后，应完善协调生物多样性国际保护法律间的关系。如前所述，不仅生物多样性国际保护基本文件和专门文件间存在冲突，各专门文件之间也存在冲突，这必然影响条约的实施。国际法律条约冲突的解决比国内法冲突的解决更为复杂，但在生物多样性保护这一领域，应确立最有利于生物多样性保护条约优先适用的原则。CBD、CITES 等重要性的生物多样性国际保护法律文件都规定了各自的修改程序，将这一职权授予各自的缔约国大会，大会也理应主动履行其审查本条约是否与相关条约冲突的职责，从而主动修复以更好地实施条约。

（二）构建合理的生物多样性国际保护机制

首先，应建立完善的生物多样性国际保护机构体系。生物多样性国际保护机构体系的完备与否直接影响保护的效果，当前机构体系凸显政府间机构缺失、民间机构作用不大等问题。应当建立更多的政府间生物多样性国际保护机构，如 CBD 作为生物多样性国际保护法律体系最核心的条约，其职责主要通过定期或临时性会议来实现，缺乏常设性职权组织，极大影响了 CBD 的实施。这一情况在 CITES 同样如此，其同样是通过缔约国定期大会形式解决公约适用中的问题。事实证明，尽管 CITES 自 1973 年至 2010 年一共召开 15 次缔约国大会着力解决相关问题，但过去的 40 年来濒危动植物非法贸易仍呈恶化趋势。必须承认生物多样性国际保护民间机构过去几十年中发挥的重要作用，未来应当继续将其纳入生物多样性国际保护机构体系中，政府间机构应加强与其联系，更好地发挥它们的作用。

其次，应完善生物多样性国际保护程序制度。生物多样性的国际保护和人权国际保护历史发展较为相似，生物多样性的国际保护完全可以借鉴人权国际保护的相关程序。应当确立缔约国定期自行申报义务，缔约国申报本国履约情况应当是法定的、定期的和无条件的，CBD 中的申报以缔约国大会决议为准显然具有较强的主观性，这不符合保护宗旨。应当确立缔约国间相互报告制度，缔约国间相互报告是督促缔约国有效实施公约义务的重要手段，目前已在国际人权领域得到广泛施行。应当确立生物多样性国际机构定期报告制度，机构报告更为公正客观，能准确评判缔约国实施情况。应当适当引入司法监督机制，司法监督是最后的也是最有效的监督，目前在生物多样性国际保护领域尚未引入，应考虑在特定情况下司法解决生物多样性的国际保护争议。

最后，应明确国家及相关主体在生物多样性国际保护中的法律责任。明确严格的责任制度是督促相关主体有效履行职责和义务的重要保证，生物多样性国际保护机制明显不力的重要表现即没有明确的法律责任制度。以 CBD 为例，其对缔约国、缔约国大会、秘书处及其他附属机构的职责给予了明确的规定，但 CBD 整篇缺少对上述主体不履行或不适当履行职责时是否应承担责任及如何承担责任的规定。缺乏法律责任的规定使得 CBD 及其他相关条约看上去如同没有法律效力的宣言或指导意见。作为规范"事关全人类利益"的制度，应当确立更为严格的责任制度，不仅条约的缔约国应当承担不履行义务的法律责任，即使非缔约国也理应恪守相应义务。

（三）明确协调生物多样性国际保护制度在国际法律体系中的重要地位

生物多样性国际保护制度是国际法律体系的重要组成部分，其同国际人权法、WTO 等制度同等重要。国际条约体系比一国国内法律体系更加复杂，各条约的制定者、宗旨、保护利益等不尽一致，条约之间的抵触表现得十分频繁。如前所述，生物多样性国际保护相关条约就同 WTO 相关规定、国际人权条约相关规定存在冲突。

应明确生物多样性国际保护制度优先，WTO 是处理二者关系的基本原则。WTO 是以促进自由贸易为宗旨的国际经济条约，生物多样性本身就含有极大的经济价值同时又是经济发展的前提条件，任何以损害生物多样性为代价的自由贸易措施都是不明智的。关于生物多样性保护与 TRIPS 二者关系，应协调 TRIPS 与 CBD 之间关于技术转让的冲突问题，其可采取的措施是，应将生物多样性保护有关的重要技术规定为强制许可范畴，从而不适用 TRIPS。关于生物多样性保护与 WTO 绿色规则，应放宽对 WTO 绿色规则的实施标准，现行关于绿色条款的规定条件过严，缔约国几乎没有机会实施这一措施以维护绿色生态，这既违背 WTO 绿色规则存在宗旨，也不符合应对生物多样性进行国际保护的发展趋势。

应明确人和其他生物和谐共存是处理生物多样性国际保护制度和人权国际保护制度冲突的基本立场。其他生物同人类一起生活在这一星球，甚至是比人类更早的地球的原居民，其他所有生命体在这一星球的生存权同人类的生存权同等重要。人权和生物多样性之间也并不是一对不可调和的矛盾，生物多样性是人权充分发展的基础，离开生物多样性，人类自身的生存都无法得到充分保障，更不用谈其他人权。将其他生命物种与人类共同视为生命共同体，并平等地对待生命共同体中的每一个成员，从而尊重其他生命物种的生存权利。① 人和其他生物和谐共存才是处理人权和生物多样性制度抵触的唯一正确理念，在此基础上，作为国际立法主导者的人类应以公正的立场处理这一问题。

（四）明确生物多样性国际保护制度在国内法中的优先地位

首先，应明确生物多样性国际制度在国内法上优先适用的地位。从国际法和国内法的关系来看，无论是二元论还是一元论所持的基本态度都是国际义务，应当予以尊重。条约必须信守是国际法的一项基本原则，生物多样性国际保护制度作为重要的国际法律体系，缔约国应当保证该类条约在其境内的效力。不仅如此，生物多样性国际保护制度是着眼于全球利益的立法，维护的是"事关全人类"的利益，其效力理应高于以保护本国利益为宗旨的国内法。

其次，应防止缔约国规避生物多样性保护的义务。现行生物多样性国际保护的一大突出问题就是过于灵活，缔约国在履行相关义务上有较大的弹性。实践中，缔约国为实现特定"小利"，不惜利用上述规则甚至找借口利用所谓"有利"规则规避义务的情况时有发生。如日本是 1946 年通过的《国际捕鲸公约》的缔约国，但其每年在南极捕鲸的数目相当惊人，大量证据表明其已构成商业捕鲸，面对国际社会的指责，日本仍声称其南极捕鲸为科学研究并不违法，符合公约第 8 条之"缔约政府对本国国民为科学研究的目的而对鲸进行捕获、击杀和加工处理，可按该政府认为适当的限制数量，得发给特别许可证。按本条款的规定对鲸的捕获、击杀和加工处理，均不受本公约的约束"。因此，公约首先应当从数量上减少上述有利于缔约国的弹性规则，还应进一步严格控制缔约国利用上述规则的条件。当然，缔约国自身也应树立"生物多样性"是符合其根本利益的理念，做到不找借口任意克减自己的义务。

最后，应明确生物多样性国际保护制度在非缔约国国内的适用。根据"条约对第三国既无损也无益"的条约相对性原则，条约一般只适用于缔约国，目前这一国际法一般原则也同样适用于保护生物多样性相关条约中。但是，应当看到，生物多样性保护不仅仅是少数缔约国的义务，作为公认的"对一切"的范畴，所有国家都有义务维护生物多样性。任何以非生物多样性保护相关公约缔约国为名，任意践踏破坏生物多样性的行为都必须受到国际社会的共同谴责。

---

① 陈泉生：《可持续发展与法律变革》，法律出版社 2000 年版，第 382—383 页。

结　语

　　尽管某些生命体目前给人们带来的只是"烦扰"，但可能若干年后随着科技的进步，其对人类的价值将难以估量。况且，我们也不能以生物个体对人类有无益处从而决定对其进行保护与否，如同人类一样，所有生命体均有平等的生存权。生物多样性国际保护法律体系现已基本形成，目前已确立了以 CBD 为基本文件，并制定了大量的国际文件涵盖陆地生物、海洋生物等几乎全部生命体，然而国际社会生物多样性保护状况仍不乐观。生物多样性国际保护法律体系还存在缺陷，其涵盖的范围仍不全面，部分条约之间也存在抵触情形，未来需要扩大调整范围，并确立 CBD 在生物多样性法律体系中的核心地位。生物多样性国际保护机制仍不合理，主要是民间保护机构在发挥作用，保护程序以缔约国内部自觉遵守为主，未来应构建以政府间保护机构为主，以民间机构为补充的生物多样性国际机构保护体系，应确立缔约国自行定期报告和相互报告及机构报告三者结合的全方位保护制度。生物多样性国际保护制度同其他相关国际制度如 WTO 及国际人权法也存在冲突，未来应确立生物多样性相关条约优先于 WTO 适用，确立人权和其他生命体生存权同等重要的权利理念。生物多样性国际保护制度在缔约国国内执行不力，缔约国规避条约义务时常发生，未来应强化生物多样性相关公约的效力，减少并最终杜绝缔约国利用条约的机会，尤其是应考虑将生物多样性条约适用范围扩大至非缔约国。

论军舰的国际法律地位

林天杰[*]

目　次

引　言

军舰是军队进行海上军事行动的基本力量，也是一国执行海洋战略的重要工具。近年来，随着中国对外交往的逐步加深，海外利益的不断拓展，中国海军逐渐从黄水走向蓝水，从近岸走向大洋，军舰在其中扮演着不可或缺的重要角色。因此，对军舰的国际法律地位进行系统深入研究，对中国海军未来进行平、战时海上军事行动具有重要意义。

对军舰作用的认识、行为的法律规制和相关问题的研究，是随着科学技术和海权观念的发展逐步发展起来的。关于法律规定方面，平时法首推1982年的《联合国海洋法公约》（以下简称《海洋法公约》或《公约》）。《公约》是

---

　* 林天杰，海军东海舰队政治部司法办主任，海军少校，副团职。从事军事法律服务工作和武装冲突法与国际公法的研究，武汉大学在职法律硕士。

海洋法发展历史上一个重要的里程碑，① 其以统一的法典形式对海洋法问题进行了系统规定，基本囊括了所有的平时海洋法的问题。《公约》在以往国际条约法的基础上对军舰的定义作了修订，并设专门章节规定了适用于军舰的规则。② 战时法方面目前没有统一的国际公约，有关的规定散见于各海战法条约。

关于理论研究，目前国内理论和实务界还处于相对被动和分散的状态，一般都是针对特定突发的热点问题展开，缺乏专门系统和超前深入的研究。因此一是理论相对滞后，缺乏前瞻性，不能够有效地对实践进行指导和帮助。二是研究缺乏系统性，关于特定问题探讨的多，系统完整研究的少，对实务部门学习应用和后来者进一步深入研究都造成了困难。此外，当今世界科技飞速发展、军事装备日新月异、政治格局风云变幻，而相关公约条约大多缔结于几十年前或一百多年前，许多规定已日渐与现实不相适应，因此有必要重新进行审视。

本文着重围绕《海洋法公约》的相关规定，并结合其他国际条约的规定、美俄等海洋强国的立场和当代关于军舰的突发热点问题展开研究。由于和平与发展已经成为当今世界的共识，战争和对抗已非主流，因此本文的研究也将以平时法为侧重。

一、军舰的概念

（一）概述

1. 舰船简史

船舶发明于何时已无法考证。但从近代以来的考古发现和目前的研究分析，我们可以得出一个粗略的脉络。早在原始社会，古人就开始认识到水具有浮力的特性，并能够利用浮力制造原始的船舶。据考，制造简单的独木舟应当是最早的船舶之一。古人将巨大的树木砍下后，修剪掉树枝，将木头中间掏空，就做成了最简单的船舶——独木舟。此外，人们还发现古人也尝试用其他材料制造船舶，比如古埃及人用芦苇做船，北美的印第安人用桦树皮做船，还

---

① 截至 2011 年 5 月 31 日，已经有 162 个国家批准或加入了《公约》。目前，除了美国以外，俄罗斯、日本、英国、法国、德国等传统强国皆已加入《公约》。美国虽然没有加入，但也承认《公约》的习惯法地位，因此《公约》之效力事实上已为世界各国所普遍承认。中国于 1996 年加入《公约》。

② 《公约》第二部分第三节 C 分节"适用于军舰和其他用于非商业目的的政府船舶的规则"。

有的地方的古人用兽皮做船。

随着认识和实践的进步，为保持船舶的适航性，古人开始对独木舟等原始船舶进行改进。比如加大独木舟的凹槽以增大浮力，在船体中间安装纵骨和横梁以增加船体稳固性，将船头加工成尖状并使之翘起以减小航行阻力，发明船桨代替以手划水以增强船舶的移动性，在船艉加装桨状装置以操纵航向等。这些改进被保留、沿用并进一步发展，形成了船舱、船舶骨架、舵等装置。随着社会的不断发展，科学技术水平不断提高，人们对自然的认识和利用能力进一步增加，人们活动范围逐渐扩大，对船舶适航性、移动性的要求也越来越高，船舶的发展呈现出三个趋势：

一是适航性越来越好。由于技术的进步，古人能够造出的船越来越大。古希腊时代的人就可以造出 40 多米长的帆船。龙骨、肋骨的采用，使船体越来越坚固，比独木舟和芦苇船更能抗击大风浪。船舶的结构越来越复杂，动力、航海、运载等功能呈现专门化、模块化初步趋势。比如，船舱被从上至下，从船艏到船艉，纵向横向分割成不同的舱室，细分了功能区间。到了 18 世纪，人们已经能够用比重大于水的铁来制造船舶。随着冶炼、焊接和合金等技术的发明和发展，船舶体积、容积进一步增大，坚固程度进一步增强。现代人已经能制造专门破冰的船，船的排水量也可以达到数十万吨。①

二是动力系统不断增强。最早的船舶动力应当是人力，其次是风力。在很长一段历史时间里，船舶的动力系统是风力与人力的混合动力。风力的使用使船舶的活动范围进一步拓展。这一时期，风帆技术得到长足发展。据考证，古罗马人已经能够在 45 度顶风的情况下扬帆前进。而明代的郑和船队七下西洋，更创造了历史上的奇迹。随着科技的进步，人们逐渐将蒸汽机、柴油机、燃气机等现代技术用于船舶，船舶的动力不断加大、续航能力不断加强。而核技术的出现，使得船舶的动力基本达到了全寿命，比如美国的"尼米兹"级核动力航空母舰，续航能力能达到 100 万海里/30 节。

三是航海技术进一步发展。早期的海岸观测定位，使船舶大多只能在近岸航行，一旦远离海岸，失去观测目标，船舶就容易迷失方向。随着天文导航和罗经的使用，人们逐渐摆脱了对用岸基目标观测定位的依赖，即使在茫茫大海上也能分辨方向，活动范围逐渐向大洋深入。到了现代，无线电导航、雷达导航和卫星导航等现代技术不断应用，使船舶定位的速度、精度都大幅度提高。现在普遍使用的基于卫星导航的全球定位系统（GPS），一个人即使是在地球

---

① 如目前世界上最大的油轮"诺克耐维斯"号（Knock Nevis），排水量超过 50 万吨。

某个不为人知的角落，只要能搜索到卫星信号，就能立刻被找出来。

2. 军舰的历史类型

世界上大多数技术出现后往往都是最先运用于军事的，船舶也不例外。随着船舶的出现和发展，人们对资源的争夺也逐渐由陆地转向海洋，战争也逐渐向海上转移，船舶也为适应战争不断变化发展。

最初的海战类似于陆战，交战双方船舶靠近后，士兵跳入对方船舶，用冷兵器歼敌制胜。因此这个时期的军舰和普通船舶差别不大，只是大些或坚固些。到了后来人们认识到将敌船撞沉杀伤力更大，于是就在船头装上锐利的坚角，通过撞沉撞伤敌方船舶，达到杀敌制胜的目的。这时军舰开始表现出与普通船舶不同的发展趋势。火药的出现使远距离杀敌成为可能，海战的方式旋即发生变化，军舰的形制也因此改变，出现了专门装备火器用于作战的舰船——军舰。此后至19世纪，舰船的装甲、排水量和火炮的口径成为体现军舰战力的主要标志，各国纷纷发展以坚船巨炮著称的铁甲舰。20世纪始，鱼雷和航空兵被引入海上作战，铁甲舰的作战空间受到压缩，航空母舰逐渐走上了历史舞台。1941年"珍珠港事件"之后，航空母舰成为真正的"海上霸王"。

随着造船技术和武器技术的进一步发展，军舰的形制也不断发展，并日趋复杂化和多样化。根据军舰的作战空间，可以将军舰分为水面舰艇和潜艇，水面舰艇是目前子类最多分类最复杂的一个种类。根据排水量的大小，可以将水面舰艇分成舰和艇，通常标准排水量500吨以上的称舰，不足500吨的称艇。根据使命任务的不同，还可以进行舰类、舰种、舰型和舰级的分类。按照舰艇的基本使命可以分为战斗舰艇、登陆舰船和勤务舰船等；根据同类舰艇中的基本任务可以区分舰种，如战斗舰艇中的护卫舰、驱逐舰、巡洋舰等；根据同一舰种的构造外形和技战术性能可以进行舰型或舰级划分，比如英国的"23型"护卫舰、国产的"051型"驱逐舰、俄罗斯的"基洛级"潜艇、美国的"尼米兹"级航母等。此外，还可以根据动力装置、船体线型等方式进行划分。

战斗舰艇主要有航空母舰、巡洋舰、驱逐舰、护卫舰、高速快艇和潜艇等。航空母舰是作为海军航空兵的海上活动基地，以舰载机为主要作战力量的大型水面舰艇。巡洋舰是装备导弹、鱼雷、火炮和舰载直升机的具有综合作战能力的大型水面舰艇。驱逐舰和护卫舰是指以导弹、鱼雷、火炮、舰载直升机为主要武器，具有一定作战能力担负特定作战任务的中型水面舰艇。随着技术的发展，原本使命任务、武器装备和排水量上有较大区别的巡洋舰、驱逐舰、护卫舰分界日趋模糊。比如许多新式的驱逐舰也具有了较强的生命力、较高的综合作战和远洋作战能力，其性能不亚于一些老式巡洋舰，如美国的"伯克级"驱逐舰满载排水量9217吨,而其"提康德罗加"级导弹巡洋舰满载排水量也不过9600吨。高速快艇是航速较快、体积较小,作为突击和辅助作战力量使用的一类舰艇的统称,主要有导弹快艇、猎潜艇、鱼雷艇等。潜艇是指在水下活动,担负特定突击作战任务的水下舰艇。

登陆作战舰艇主要有船坞登陆舰、坦克登陆舰、火力支援舰、两栖攻击舰、两栖指挥舰等。主要担负从海到陆的作战力量输送、火力支援等任务。

辅助舰船主要有补给舰(船)、防救船、侦察船、海洋测量船等。补给舰主要是担负海上后勤装备的补给任务,其存在可以大大提高舰艇的生命力和续航能力。防救船全称防险救生船,专门用于执行救援、打捞任务。侦察船主要用于侦察、电子干扰等任务。海洋测量船则是对海洋的水文、海底地貌等情况进行勘测的舰船。①

3. 军舰的特性

军舰的特性,就是军舰区别于普通船舶和其他事物的特有性质。正是这些特性,决定了军舰在国际法律地位上同普通船舶存在巨大差别。

一是主权性。军舰不但是一国军事力量的体现,更是一国主权的海上象征,主权性是军舰与普通舰船的最大区别。一般船舶在海上活动遵循的"船旗国"管辖原则,而军舰则专享的管辖豁免,这种豁免正是基于主权特性。在一国疆域之外的茫茫大洋上,只有军舰可以长时间地游弋存在,展现国家政治军事实力,维护国家海外利益,实施前沿威慑。此外,军舰还可以代表国家执行许多非战争的军事和外交任务,② 因此军舰烙着强烈的主权印记,常常被形象地称为一国的"海上领土"或"浮动领土"。③ 军舰的豁免不但及于军舰本身,同时也及于其上的人和物。

---

① 如美国军事测量船"无瑕"号和"鲍迪奇"号。

② 如海上救援、外交访问、海洋科学考察等任务。

③ [英]劳特派特修订:《奥本海国际法》(上卷第二分册),王铁崖、陈体强译,商务印书馆1971年版,第294页。"浮动领土"说曾作为军舰豁免权的理论依据之一存在,不过该学说已被当代国际实践所扬弃。如在 Chung Chi Cheung v the King Case 中(也译为"钟自强诉英王案"),法官就认为"把外国政府船舶的地位看成是'漂浮的外国领土'的学说是不实际的"。钟自强生于香港,具有英国国籍,在中国税警轮当茶役。1937年1月11日,当该船处于香港领海时,钟自强杀害了船长(船长是担任中国政府职务的英国人)。中国要求根据领事裁判权引渡钟自强,被英国拒绝。后钟在香港被逮捕,并被判处死刑。钟上诉到英国枢密院司法委员会,认为其在中国政府船舶内犯罪,英国法院无管辖权。1938年12月2日,枢密院司法委员会作出判决,认定香港的英国法院有管辖权。参见日本国际法学会编:《国际法辞典》,世界知识出版社1985年版,第680页。

二是军事性。军舰的军事性体现在三方面：第一，军舰是国家武装力量的组成部分；第二，军舰的主要作用是执行军事战略、遂行军事任务；第三，军舰尤其是战斗舰艇上装载有大量的武器设备，使得军舰不仅是一个可移动的海上武器平台，更是一个具有高度集成性、综合战斗力的武器系统和系统武器。

三是高科技性。海军是综合性的军种，而军舰就是这种综合性的集中体现。军舰的建造本身就是一国造船工业实力的体现，此外各国无一不把最先进的航海、航空、航天、通信、电子对抗等技术运用于军舰的武器、通信和电子对抗等系统，从而使军舰实际上成为一国科技综合实力的最集中的体现。

四是经济性。军舰和普通船舶一样，首先是一个物，具有使用价值和交换价值，因此可以作为财产进行占有、使用和交易。不同的是军舰的经济价值比起普通船舶要巨大得多。首先是军舰的设计建造的费用昂贵，一艘军舰从产生概念、开发研究到投入建造、下水试航，往往是一个相当漫长的过程，短则数年长则数十年，其间投入的费用无法计数。其次是军舰加装的各种武器设备昂贵。这些武器设备通常也有一个研发周期，而且绝大多数都是最先进的设备，其研发和制造费用也都相当昂贵。最后是军舰的使用和维护成本昂贵，作为一个移动平台，军舰上装载有大量的先进设备，定期对军舰设备进行维护更新需要大量费用；并且军舰还是一个载人平台，小的军舰载人数十，大型军舰则是成百上千，因此每天的维护成本也是不菲的。

（二）军舰的法律定义

1. 历史上有关军舰的法律定义

一般认为，1907 年《关于商船改装为军舰公约》① 是最早对军舰法律要件作出规定的国际公约。但也有学者认为，最早可以追溯到 1856 年的《巴黎会议关于海上若干原则的宣言》（以下简称《巴黎海战宣言》）。②

1853 年，为争夺巴尔干半岛的控制权，欧洲爆发了克里米亚战争，土耳其、英国、法国、撒丁等先后对俄国开战，战争以俄国战败告终，交战双方于 1856 年在巴黎召开和平会议。4 月 16 日，奥地利、法国、普鲁士、俄国、撒丁、土耳其、英国七国签署了《巴黎海战宣言》。《巴黎海战宣言》是历史上

---

① 即 1907 年《海牙第七公约》（Convention Relative to the Conversion of Merchant Ships into Warships）。

② Wolff Heintschel von Heinegg, "Warships", http://www.mpepil.com/, visited on June 8, 2011, para. 3.

"第一个国际海上武装冲突法条约，也是第一个国际武装冲突法公约"。① 其条款不多，一共四项：第一项是关于取缔私掠船制度的，第二项是关于中立旗帜下敌国货物的拿捕问题，第三项是关于敌国旗帜下中立国货物的拿捕问题，第四项是关于封锁的实效性问题。单从文字上看，《巴黎海战宣言》并未涉及军舰法律要件和定义的问题，但细究其条款和历史渊源，实际上《巴黎海战宣言》和军舰法律要件不无关系。

《巴黎海战宣言》的第一项是关于取缔私掠船制度的。私掠船制度是指由一国政府颁发委任状或特许令，授权和许可私人船舶攻击、掠夺他国船舶及其财物的制度，其实质就是"政府授权的、有针对性的海盗行为"。② 私掠活动在 12 世纪就产生了萌芽，早期只是小规模的无组织的海盗活动，从 16 世纪末英国和西班牙战争起开始快速发展。英西战争期间，由于经济上的窘困、海军力量上的薄弱以及宗教政治等原因，英国女王和海军部开始给私人颁发令状，允许私人针对他国（主要是西班牙）的船只和财富进行掠夺。最初颁发令状名义上是为了保护航海活动中受害的私人船主利益，后来逐渐演变成英女王、政府官员、商人、劳苦大众都参与的英国全民性的针对西班牙的海盗活动。凭借私掠船活动的资格，英国在战前、战时和战后给西班牙海上贸易带来了巨大影响，加速了西班牙的衰落，最终打败了西班牙，成就了海上霸主的地位。17、18 世纪，该制度发展到鼎盛。此后，由于经济和社会发展以及各国的海军力量不断增强，私掠制度弊端日益显现，不但不足以打击敌国，增加本国财富，反而严重影响了正常的海上贸易，阻碍了经济发展。因此，克里米亚战争后，英法主导推动了废除私掠船制度。

《巴黎海战宣言》废除私掠船制度的规定，实际上是排除了私人主体和私掠船的进行掠夺和发动私人战争的资格，将发动战争的主体限制为国家，将海战的适格主体限制在国家所属的军事舰船和飞机，是从否定的角度设定了一个进行海上军事活动的资格，成为军舰的消极要件。因此，说其是第一个涉及成为军舰要件的公约不无道理。但从严格意义上来说，《关于商船改装为军舰公约》才是第一个系统、全面并且直接对军舰的要件作出规定的公约。

《巴黎海战宣言》之后，私掠活动虽然非法化，但是实践中，为了弥补海军力量不足，各国还是存在着使用武装商船和将商船改装为军舰的做法，模糊

---

① 邢广梅：《国际海上武装冲突法形成的标志——1856 年〈巴黎海战宣言〉》，载《军事历史》2007 年第 1 期，第 42 页。

② 黄鹂：《论伊丽莎白一世时期的英国私掠船活动》，湖南师范大学 2007 年硕士学位论文，第 6 页。

了军舰和其他船只之间的界限。为了解决这个问题,1907 年的海牙第七公约《关于商船改装为军舰公约》对改装商船符合军舰要件的问题作了全面具体的规定:商船改装为军舰必须被置于船旗国的直接管辖、控制和负责之下;① 必须具备本国军舰特有的外部标志;② 船长应为国家服役并由主管机关正式任命,他的姓名必须列入战斗舰队军官名册;③ 船员应受军队纪律的约束。④ "该公约虽然没有对改装商船在具体的数量与吨位上进行限制,但条约对各国改装商船在程序与实体上进行了一些规定",⑤ 对控制各国无限制将商船改装成军舰,扩充海军力量,起到了一定限制和约束作用。

《关于商船改装为军舰公约》中有关军舰要件的规定,被编入了 1913 年的《牛津手册》,⑥ 后来又被 1958 年的《公海公约》所吸收和发展。《公海公约》规定:"本条款所称'军舰'谓属于一国海军,具备该国军舰外部识别标志之船舶,由政府正式任命之军官指挥,指挥官姓名见于海军名册,其船员服从正规海军纪律者。"⑦《公海公约》对《关于商船改装为军舰公约》主要作了三个方面发展:一是开宗明义直接给军舰下定义;二是文字更加精练,将原公约的 4 个条文整合为 1 个;三是外延限制更加严格准确,改原来舰船必须"在船旗国管辖、控制和负责之下"为隶属于"一国海军",改军官名字列于"战斗舰队"为"海军名册"。

2.《海洋法公约》的规定

20 世纪以来,人们对海洋的认识、开发和利用愈来愈重视,海洋的国际立法也逐渐提上日程。自 20 世纪 40 年代末起,联合国就开始了早期海洋立法的准备。1949 年联合国国际法委员会第一次年会期间,委员会曾指派 Mr.

---

① 见《关于商船改装为军舰公约》第 1 条。

② 见《关于商船改装为军舰公约》第 2 条。

③ 见《关于商船改装为军舰公约》第 3 条。

④ 见《关于商船改装为军舰公约》第 4 条。

⑤ 陈尚君:《论国家海上力量与国际军控体系建设》,载《军备控制与安全》第 4 卷,2006 年第 2 期,第 36 页。

⑥ 即《牛津海战法手册》。见《牛津手册》第 3 条至第 6 条。

⑦ 见《公海公约》第 8 条第 2 项。英文文本为:For the purposes of these articles, the term "warship" means a ship belonging to the naval forces of a State and bearing the external marks distinguishing warships of its nationality, under the command of an officer duly commissioned by the government and whose name appears in the Navy List, and manned by a crew who are under regular naval discipline. 虽然中文文本也是作准文本,但笔者以为其中 "for the purposes of these articles" 用 "为公约条款的目的" 表达比 "本条款所称" 更准确些。

Francois 作为公海议题的特别报告人，后来他的权限又扩展到领海议题。① 此后，联合国先后组织召开了三次海洋法会议，尤其是第三次海洋法会议，从 1973 年 12 月 3 日开始，历时 9 年 11 期 16 次会议，167 个国家代表团和 50 多个国际组织、民族解放组织和未独立领土代表的参与，终于在 1982 年 12 月 10 日达成了《海洋法公约》。公约共有 1 个序言 17 部分 320 条，此外还有 9 个附件。其中第二部分第三节 C 分节规定了专用于军舰和其他用于非商业目的的政府船舶的规则，第 29 条对军舰进行了明确定义。第 29 条规定："为本公约的目的，'军舰'是指属于一国武装部队、具备辨别军舰国籍的外部标志、由该国政府正式委任并名列相应的现役名册或类似名册的军官指挥和配备有服从正规武装部队纪律的船员的船舶。"②

《公约》关于军舰定义的效力范围虽然被限制在"为本公约的目的"，但鉴于目前包括中国、俄罗斯、日本、英国、法国、德国、意大利等大国在内的 162 个国家已经加入了《公约》，③ 美国虽然没有加入《公约》，但也承认其的国际习惯法地位，④ 因此《公约》事实上已经得到国际社会的普遍承认，并且

---

① "United Nations Conference on the Law of the Sea, 1958", http://untreaty.un.org/cod/diplomaticconferences/lawofthesea – 1958/lawofthesea – 1958.html, visited on June 7, 2011, para. 1.

② 《海洋法公约》第 29 条，英文文本为：For the purpose of this Convention, "warship" means a ship belonging to the armed forces of a State bearing the external marks distinguishing such ships of its nationality, under the command of an officer duly commissioned by the government of the State and whose name appears in the appropriate service list or its equivalent, and manned by a crew which is under regular armed forces discipline。

③ 统计时间截至 2011 年 5 月 31 日。

④ 里根政府于 1983 年宣布，美国将接受除第 11 部分之外的《公约》为"国际习惯法"。参见洪农：《浅析美国对〈联合国海洋法公约〉立场的演变》，载高之国等主编：《国际海洋法的新发展》，海洋出版社 2005 年版，第 85 页。除了承认《公约》习惯法地位外，近年来美国也开始倾向于加入公约。如在 2007 年 10 月 31 日，美国参议院外交关系委员会举行会议，以 17 票赞成、4 票反对的表决结果通过一项议案，建议参议院同意美国加入 1982 年 12 月 10 日《联合国海洋法公约》并批准 1994 年《关于执行 1982 年 12 月 10 日〈联合国海洋法公约〉第十一部分的协定》。参见美国参议院外交关系委员会关于加入联合国海洋法公约的议案，http://china – isa.jm.china – embassy.org/chn/hyfzl/qt/t377024.htm，2011 年 7 月 10 日访问；或参见美国参议院外交关系委员会首席共和党参议员卢格在审议加入联合国海洋法公约时的发言，http://china – isa.jm.china – embassy.org/chn/hyfzl/qt/t377027.htm，2011 年 7 月 10 日访问。

为包括美国在内的大多数国家所反复实践，① 其关于军舰定义的国际法效力，概无争议。此外，由于《公约》关于军舰的定义，实际上是在继承过去海战法条约的基础上发展而来的，② 具有战时法的基础，因此事实上也是适用于战时的。

根据《海洋法公约》要求，船舶之所以成其为军舰，必须符合四个要件：一是隶属要件，必须属于一国武装部队；二是标志要件，必须具有可以辨别其国籍的外部标志；三是指挥官要件，必须是军官，且由政府正式委任，并名列现役名册或类似名册；四是船员要件，必须服从正规武装部队纪律。所有船舶，只要符合以上要件，就是《海洋法公约》意义上的军舰，可以获得相应的法律地位，享受相应的权利（力），承担相应的义务，不论其形状、结构、大小、吨位、装备、担负的使命，也不论其航行在水面、水下，甚至是在有可能的将来航行在空中。③

《海洋法公约》关于军舰的定义继承发展了《公海公约》的相关规定，主要变化有：一是对军舰的隶属要求，由"海军"修改为"武装部队"；二是对军舰指挥官的要求由名列"海军名册"扩展到名列"现役名册或类似名册"；三是对船员的要求从"服从正规海军纪律"修改为"服从正规武装部队纪律"。通过对比可以看出，《海洋法公约》实际上是扩大了军舰的外延。根据《公海公约》，只有海军的舰船才可能被视为军舰，但《海洋法公约》将其扩大到了一国的"武装部队"。这就意味着，除了海军部队外，陆军、空军以及其他武装部队的舰船，只要符合军舰的要件，都可以被视为军舰。

关于"武装部队"一词，公约对此没有作规定，因此根据国际法或不同

---

① 如美国《The Commander's Handbook on the Law of Naval Operations》（2007 版）第 2.2.1 条、德国《Humanitarian Law in Armed Conflicts – Manual》（1992 版）第 1002 条、英国《The Manual of the Law of Armed Conflict》（2004 版）第 13.5 段第 n 项，都采用了和《海洋法公约》相同或相近的定义。中国军队虽然没有类似公开发行的武装冲突法手册，但是许多学术著作和部队有关武装冲突法知识的书籍基本都直接引用了《海洋法公约》关于军舰的定义。

② 《海洋法公约》的规定是建立在《公海公约》的基础上，而《公海公约》的相关规定又是从 1907 年《关于商船改装为军舰公约》发展过来的。《关于商船改装为军舰公约》就是海战法条约。此外，1988 年至 1994 年间，由国际人道主义法研究院召集的，由各国法律专家和海军人士以个人身份参与起草的，旨在重述海上武装冲突国际法的《圣雷莫海战法手册》，也采用了《海洋法公约》的定义。见《圣雷莫海战法手册》第 13 条第 7 项。

③ 笔者以为航行于空中和飞行是有区别的。同样是在空中行进，但航行要能在空中永久至少是长时间悬停，而飞行则是穿越空间行进的意思，不包含悬停的意思。

国家的国内法，可能作出不同的理解。通常，武装即指装备有武器；部队，普通意义就是指军队，但作为法律术语应理解为人员组织相对固定，有固定番号、代号或称谓，承担一定暴力任务的群体。武装部队，应包括正规的武装部队和非正规的武装部队，包括正规军、准军事组织或临时承担一定任务的有组织的武装群体，包括以武装部队命名的组织和不以武装部队命名的组织等。比如说日本的自卫队、美国的海岸警卫队、一些欧洲国家的宪兵队等组织，在我国，除了陆、海、空三军和二炮部队外，还应当包括武警部队和民兵等组织。如果这些组织有舰船，只要有《海洋法公约》规定的标志、指挥官、船员，就是国际法意义上的军舰。另外，有一个武装组织可能会存在争议，即伊朗的伊斯兰革命卫队。伊斯兰革命卫队是独立于伊朗正规军外的一个武装部队，同伊朗正规军一样拥有陆、海、空三军，其地位同伊朗正规军平等。由于《海洋法公约》不禁止一国有两个以上武装部队，所以伊朗伊斯兰革命卫队如有舰船，就应视为军舰。此外还有雇佣军问题，雇佣军是受雇于一定国家和组织，以作战为职业的组织或个人。由于雇佣军不属于"一国"，因此如果雇佣军组织自有的舰船不能被视为军舰，但其服务于特定国家时，操纵该国武装部队舰船，服从该国武装部队纪律，所在的舰船可以被视为军舰。

"外部标志"要件主要是基于平时海洋活动和武装冲突时的"区分原则"的考量。因为军舰具有不同于普通舰船的法律地位，平时享有豁免权、执法权等多种专属权利（力），在大洋上代表国家游弋，显示军事存在；战时又享有交战权，而且是合法的攻击目标，因此必须同普通舰船有明显区别。当然，现代电子技术的发展使得舰船即使没有外部标志，也可以快速准确地被识别，但是取消军舰外部标志的时机并不成熟。因为，第一，并不是所有的国家都掌握了先进的电子识别技术；第二，电子识别技术也不是万能的，一旦受外界干扰影响无法发挥作用，仍必须通过传统手段识别；第三，军舰的外部标志存在已超出了单纯识别功能，在一定程度上成为军舰外观的重要组成部分和军舰特殊身份的一个象征。

对"指挥官"的要求有三：一是应当是 Officer[①]。英文中，Officer 一词既有军官之意，也有官员之意。如理解为"军官"，那么非军官指挥的舰船就不是军舰。在中国，军人分为干部和战士，干部分为军官和文职干部，战士分为义务兵和士官。军官是指排级以上的非文职干部，士官和军士长不是军官。在美国等采取军衔制的国家，军官是指少尉军衔以上的官员，准尉和军士长不是

---

① 《海洋法公约》此处的用词，英文文本为"Officer"，中文文本为"军官"。

军官。① 因此准尉、士官或军士长指挥的舰船就不能算军舰。如果理解为"官员",那么只要是政府正式委任的官员,不论是军官、士官还是其他官员,其指挥的舰船都可视为军舰。由于实际存在着并且实践中也不能完全排除士官或军士长等官员指挥舰船的情况,因此前一种理解过于严苛,而后一种理解更符合实际。二是政府正式委任的。首先必须由政府委任,其他组织和个人委任都不行。武装冲突时期,时常会出现上级指挥官临时任命下级指挥官的情况。一般认为,由于武装冲突时期情况紧急特殊,为了达成军事目的,各级指挥官应当有临时处置权,因此其权限内的临时任命行为应视为代表国家和政府,权限外的行为经追认也可承认其效力。还有下级或部属临时推举指挥官的情况,理论上下级和部属的推举行为不代表国家和政府,不过事后如经追认也应具有法律效力。其次,应当是正式的委任。正式的委任至少包含两层意思,一是程序正规,二是任命机关有法定权限。通常不同国家有不同的委任方式。如在美国,军官委任要有总统的令状和参议院的批准;而在中国,只有较高级别的军官才经国家主席任命,其他级别的军官则由各级机关依法定任免权限进行任免。三是名列现役名册或类似名册。如在中国,军舰的指挥官应名列陆、海、空三军、二炮和武警部队的军官或警官名册,名列民兵组织的官员名册等现役或类似名册。不在这些名册中的官员指挥的舰船不可以被视为军舰。

"船员"要件是要服从"正规武装部队纪律"。该要件没有要求船员一定是武装部队成员,因此不论船员是否是武装部队成员,即使是平民或雇佣军,只要服从正规武装部队的纪律即可。如果船员是军人或武装部队成员,但不服从正规武装部队纪律,所在舰船也不能被视为军舰。此外,还有船员中一部分服从武装部队纪律而一部分不服从的问题。查《公约》规定可知,只要求舰船被服从武装部队纪律的船员"操纵"。由此可知,"船员"要件的要求不在于船员构成比例,而在于操纵主导舰船的船员成分,只要舰船是被服从武装部队纪律的船员操纵下,即使不服从纪律的船员占大多数,也是不可以排除舰船的军舰身份的。

(三)特殊对象的界定

1. 用于非商业目的的政府船舶

根据《海洋法公约》的规定,用于非商业目的的政府船舶(以下简称非

---

① Wolff Heintschel von Heinegg, "Warships", http://www.mpepil.com/, visited on June 8, 2011, para. 13.

商用政府船舶）和军舰的条款完全相同，① 实践中，前者在豁免权、公海上执法权等方面和军舰也没有实质的差异，但二者仍有区分的必要。首先，严格按《海洋法公约》规定的要件，二者有区分的可能；其次，在一般的观念中和国际实践中，军舰的政治象征意义要大于非商用政府船舶，因此对二者进行区分，可以避免过多的舰船以军舰名义进行活动，减少不必要的军事摩擦和风险；最后也是最重要的，从平时法的角度看二者法律地位固然差别不大，但在战时，军舰可以享有交战权，是合法的交战者，而非商用政府船舶则不享有交战权，不能进行作战。

当然，非商用政府船舶和军舰毕竟还有许多相似之处，比如都是用于公共目的，都是由政府任命的官员指挥，都要有特定显著的外部标志，都由服从一定纪律的船员操纵，只不过军舰主要用于军事目的，指挥官是军队的官员，船员服从的不是一般纪律而是武装部队纪律。正是由于这些相似之处，使前者可以在很多场合执行一些军舰不适宜执行的任务，同时一旦有需要，前者也可以经过改装快速转换成军舰。因此，从一定意义上来说，非商用政府船舶扮演着军舰备份的角色，对军舰起着补充作用。

2. 军用船舶

一般来说，军用船舶至少包含两种含义，一是用于军事目的的船舶，二是军队使用的船舶。前者是从其使用目的上进行界定，后者是从使用者的角度进行界定。两种含义所指向的船舶范围大致相同，但也有差异。相同之处在于都可以包含《海洋法公约》意义上的军舰、非商用政府船舶、商用政府船舶、一般船舶等。差别在于用于军事目的的船舶，不一定要军队来使用；军队使用的船舶也可以是用于非军事目的的。

从国际法角度上看，对军舰进行研究的意义大于对军用船舶进行研究。主要理由有：第一，在一般人观念中军舰指的就是军用船舶，军用船舶就是军舰，即使觉得不同，也难以区分；第二，军舰已成为人们对军用船舶约定俗成的称呼，这就好像武装冲突法之于战争法；第三，根据国际法规和国际实践，只有军舰享有特殊的权利（力）和义务，而一般船舶不享有。军用船舶如果符合军舰的要件可以被视为军舰，享有军舰的法律地位，反之则不行。

3. 武装商船

武装商船，指的是装备有一定武器的商船。一般来说，大多数商船都是有一定武装的，如有的船长或某些特殊雇员，会有诸如手枪一类的轻型武器。但

---

① 如《海洋法公约》第二部分第三节 C 分节将用于非商业目的的政府船舶和军舰放在一起规制。

要构成武装商船，通常应当是武装达到了一定程度，具有一定烈度的武力打击能力。由于武装商船不是法律概念，法律上没有明确规定，所以实践中要确定什么样的舰船、武器装备达到何种程度构成武装商船有一定难度。不过，只要商船满足军舰的要件，就可获得军舰的法律地位，不论是否加装武器。历史上，给商船加装武器曾经起到过积极的作用。但是随着武装商船被用于战争，商船和军舰之间的差别逐渐被模糊，武装商船的存在不论是给武装冲突法的执行还是给经济发展都带来了负面影响。1907 年《关于商船改装为军舰公约》规定了商船改装成军舰的条件，从侧面否定了武装商船存在的必要。

4. 医院船

医院船也称医疗船，是专门用于海上救助、治疗和运送伤病员及遇险者的船舶，可分为普通医院船和军事医院船。普通医院船不是军舰，不能取得军舰的法律地位，但可以按照国际公约享有相应的权利和义务。军事医院船可分为符合军舰要件的军事医院船①和不符合军舰要件的军事医院船。后者不符合军舰要件，当然不能被视为军舰，地位和待遇与普通医院船相同。可能有争议的是前者。根据 1949 年日内瓦第二公约《改善海上武装部队伤者病者及遇船难者境遇之日内瓦公约》第 32 条规定："第二十二、二十四、二十五及二十七各条所述之船只，就其在中立国港口停泊而言，不列为军舰。"② 据此，军用医院船在中立国港口可不列为军舰，但如果军用医院船在中立国港口以外的海域，可能被视为军舰。此外，海岸救生艇、医务运输船等其他医务船舶，如具有明确且可以被识别的标识，应得到与医院船同样的尊重和保护。③

5. 沉没的军舰

沉没的军舰不能被视为国际法意义上的军舰。因为沉没的军舰不能实施正常军舰的行为，自然也无法享受相应的权利和义务，因此只能作为一个整体物或者一个物的集合体看待。沉没的军舰具有财产性，根据其毁坏的程度具有不同的经济价值。由于军舰本身是国家财产，这种国家性不因为军舰的沉没而丧

---

① 如中国海军的军事医疗船"和平方舟"号。

② 第 22 条是关于军用医院船的规定，第 24 条是关于各国红十字会和官方承认的医疗船的规定，第 25 条是关于中立国红十字会和官方承认的医疗船的规定，第 27 条是关于用于沿岸救生的小型船只的规定。

③ 见 1977 年《日内瓦四公约关于保护国际性武装冲突受难者的附加议定书》第 22 条、第 23 条。

失，因此军舰虽然沉没，其归属仍然不变，即使处在他国领海之内。①

6. 舰载飞行器

舰载飞行器就是军舰上搭载的飞行器，也称舰载机或舰载飞机，是军用飞行器（飞机）的一种。现代化的大中型水面舰艇一般都配有舰载机，舰载机的使用有效地提高了军舰的作战半径和攻防能力。舰载机与普通陆基飞机的区别在于，舰载机是以军舰为基地和起降平台，因此在设计上和同类陆基飞机相比往往会有一些改变和调整。舰载机种类很多，一般根据机翼是否固定大致可分为固定翼飞机和旋翼飞机（主要是直升机），根据功能使命不同大致可分为歼击机、强击机、反潜机、侦察机等，根据是否载人可以分为有人驾驶飞机和无人驾驶飞机。

在国际习惯法上，② 军用飞机具有独立于军舰的法律地位。但是舰载机略有不同，由于舰载机是依托于军舰开展军事行动的，因此是否具有独立的法律地位还应当看其与军舰联系的紧密程度。通常情况下，载人固定翼飞机的飞行速度快、作战半径大，独立生存能力较强，对舰艇的依赖度小，应当具有独立的地位。无人驾驶固定翼飞机一般需要依托舰艇平台进行操纵，对舰艇依赖度较高，联系较密切，可以视为军舰附属物，享有军舰的法律地位。

旋翼飞机的情况则比较复杂，可能会有争议。单从与舰艇的联系上看，旋翼机比固定翼飞机要密切，比如从飞行速度和作战半径来看，旋翼机对舰艇依赖更高，从使命任务来看，其与舰艇关系也更紧密，似乎可以视为军舰附属物。但由于旋翼机与舰艇联系紧密程度并不决定其独立生存能力，其独立生存能力取决于与岸基的距离。如果远离岸基，旋翼机无法独立生存，将其视为军舰附属物尚可接受，但如果靠近岸基，旋翼机则完全有可能脱离舰基独立生存，再视为军舰附属物则实为不妥。因此不能以与舰艇联系的密切度来确定旋翼飞机的法律地位。考察军舰与军用飞机法律地位之差别，主要源于军用飞机的三个特点：一是高速度，留给防卫方的反应时间少；二是作用范围在空中，

---

① 由于沉没的军舰的国家性，因此对其进行打捞通常较普通的沉船程序更为严格。根据 2001 年联合国教科文组织《保护水下文化遗产公约》，如果沿海国或其国民意欲开发使用本国领水内的他国的沉没军舰，通常应当知会船旗国或与该沉没军舰有历史、文化联系的有关国家；如欲开发专属经济区和大陆架上的他国沉没军舰，通常应当经船旗国同意；而位于国际海底的沉没军舰，非经船旗国同意任何缔约国都不得开发或授权开发。

② 见《空战规则草案》。《空战规则草案》是目前唯一对军用飞机的法律地位作出规定的成文国际法规则，不过该规则只是法学家的草案，没有法律效力，因此只能作为国际习惯法存在的佐证。另据了解，2006 年以来有关国家启动了新的《空战规则》的起草。参见任筱锋：《海上军事行动法手册》（平时法卷），海潮出版社 2009 年版，第 64 页注 12。

不受陆地和海洋等平面疆界制约；三是对动力依赖性高，一旦失去动力则无法长时间滞空。这些特性是所有飞机包括旋翼飞机都具备的，因此将旋翼机的法律地位独立于军舰更为合理。

7. 舰艇抛射物

舰艇抛射物就是通过机械、电子、火药或其他方式和设备，从舰艇上发射、弹射和抛弃的物体和装置。主要有两种，一种是武器装置，另一种是废弃物。武器装置主要有导弹、鱼雷、水雷、深弹和炮弹等。一般情况下舰艇发射或弹射出的武器装置有三种状态，一种是失控状态，按其物理轨迹运行，比如说炮弹、深弹和处于控制时间或范围外的导弹等；一种是程控状态，即程序控制状态，如鱼雷；一种是遥控状态，比如导弹和遥控水雷等。处于失控状态和程控状态的武器装置已实际与舰艇失去联系，成为法律上的无主物，而处于遥控状态的装置由于实际还为舰艇所操纵，应视为舰艇附属物。舰艇废弃物一经抛弃即与舰艇失去法律联系，① 成为无主物。

二、军舰的一般国际法律地位

（一）军舰的权利和义务概述

地位，词典里的意思是"人或团体在社会关系中所处的位置"，② 通常用来表示人在社会关系中层级的高低或者重要程度。法律地位，就是指依法取得的地位或法律上的地位。军舰的国际法律地位，就是指军舰依国际法规定在平、战时海上活动中应当具有的地位。地位是一个抽象的社会概念，现实中一般是通过权力和约束来体现，而法律上地位则是通过法定的权利和义务来体现。研究军舰的国际法律地位，其实就是研究军舰国际法上的权利和义务。

1. 军舰的权利③

相较于普通船舶，军舰在国际法上享有更加广泛而特殊的权利。除了一般的航行权和悬挂本国国旗等权利外，军舰还拥有诸如海上执法权、豁免权等一些重要而且特殊的权利。基于军舰的主权特性和军事特性，其特殊权利主要集中于公权领域；至于在私权领域，军舰的权利反而要受到限制。主要是因为军舰享有许多普通舰船所没有的特权，如果军舰借以从事诸如商业贸易、海洋渔

---

① 这里不考虑因抛弃废物产生的海洋污染问题，只是着重强调废弃物已成为独立的物体，而不再是舰艇的一部分。

② 《现代汉语词典》，商务印书馆 1983 年第 2 版，第 238 页。

③ 本文中军舰的权利，既有权利之意，也有权力之意。

业、海上运输等营利性活动，一是各国政府难以进行有效监管，二是会影响甚至会破坏正常的经济贸易秩序，三是容易模糊军舰和普通船舶之间界限，不利于进行法律规制。

军舰的权利根据所处的海域不同而有所变化。根据国家对海洋的管辖权限，海洋通常被划分为"国家管辖范围的海域与国家管辖范围以外的海域"。① 国家管辖范围以外的海域即无国家主权海域；国家管辖范围的海域又可以根据主权的完全程度，大致分为完全主权海域和准主权海域。② 因此，根据《海洋法公约》的规定，海洋实际可以划分成无主权海域、准主权海域和完全主权海域三种。通常随着海域主权的递增，军舰享有的权利呈逐步递减状态。在非主权海域军舰享有最大的权利和自由，如完全的豁免权；而在主权海域则受限最多，权利和自由最少，如有限制的豁免权。

根据权利的来源，军舰的权利可分为基础权利和派生权利。基础权利是军舰最基本的天然的应有权利，比如说航行权；派生权利是指由基础权利派生出的权利，如航行权派生出了无害通过权和过境通行权等。根据权利的功用不同，可以分为保障性权利和功能性权利。保障性权利就是确保军舰可以正常存在于海上并履行其使命所必需的基础权利，比如航行权和豁免权；功能性权利是指由于军舰担负特殊使命而衍生出的权利，比如海上执法权、交战权等。

由于军舰问题关涉国家政治军事，立法上对其权利进行概括抽象意义重大。也正因为此，三次海洋法会议上世界各国基于自身利益考虑都提出了相应主张，使军舰问题成为海洋法会议最主要的争议焦点之一，最大的分歧介于海洋强国和广大发展中国家之间，前者主张限制沿海国权利扩大军舰权利，而后者主张扩大沿海国权利限制军舰权利。为了促成《海洋法公约》的达成，最终海洋法会议对军舰问题实际上是采取了回避态度，只对争议不大的问题进行罗列规定，没有进行必要的概括抽象。《海洋法公约》中涉及军舰的条款共有11条，其中有7条与军舰的权利相关，分别是第32条、第95条、第107条、第110条、第111条、第224条和第236条，涉及权利有豁免权（公海上的和国家主权水域内的）、扣押海盗权、登临权、紧追权、执行权。

为方便理论研究，也有学者尝试对军舰的权利进行概括抽象。有人认为，

---

① 周忠海：《论海洋法中的剩余权利》，载高之国等主编：《国际海洋法的新发展》，海洋出版社2005年版，第34页。

② 准主权海域包括了专属经济区、毗连区和大陆架。领海一般被视为完全主权海域，但相对于陆地领土，国家在领海的主权通常也会受到一定限制，因此严格来说也可以划入准主权海域。

军舰的权利"包括但不限于"：行使国家自卫权的权利、协助行使或行使国家执法权的权利、海上保安权、根据国家授权遂行其他海上军事活动和海洋活动的权利、战时军舰的交战权及其派生权利。① 也有人将军舰的权利概括为：无害通过权、惩罚海盗权、紧追权、自卫权和紧急避险权。② 这些概括在一定程度上有助于加深对军舰权利的理解认识，但也存在不少问题：一是将不同层次的权利混为一谈。比如自卫权是一个属概念意义上的权利，而无害通过权实际上是同过境通行权一样由航行权这个属权利派生出的种权利。二是没有进行必要法律抽象。如"协助行使或行使国家执法权的权利"，实际就是执法权，至于是行使还是协助行使与权利本质没有关系。三是将行为描述当成法律权利。如"惩罚海盗权"实际上是行使执法权的一个表现，而非严格意义上的法律权利；再如"海上保安权"实际上是军舰维护海上交通线和商船安全、保护海洋环境等权益的海上安保行为，严格说就是执行国内法和国际法的相关规定，即执法权的内容。

根据以上对《海洋法公约》的规定和学者观点的分析可以看出，和平时期，军舰最重要也应无争议的特权至少包括了豁免权、执法权和自卫权这三大类。此外，战时军舰还有实施交战行为的特权，即交战权。

2. 军舰的义务

军舰在进行海上活动时，还应当遵守相应的义务。主要有：（1）遵守船旗国法律法规、武装部队的纪律条令和规章制度；（2）遵守船旗国承认、批准、加入或签署的国际公约；（3）遵守国际习惯法；（4）遵守有关海上航行、避碰等海事规则；（5）在沿海国主权海域和准主权海域活动时，应遵守沿海国关于该海域的符合国际法规范的有关法律规定，尊重沿海国在该海域的历史和法律权利；（6）武装冲突时期，还应遵守武装冲突法中有关军舰的义务。

（二）军舰的豁免权

军舰的豁免权是军舰最重要的特权之一，也是军舰与普通船舶最大的区别之一。军舰的豁免权就是军舰在特定情况下享有豁免的权利。豁免是指"一种不受某种法律后果约束或不受某种法律规范管辖的状态"。③ 实际上不论是

---

① 任筱锋：《海上军事行动法手册》（平时法卷），海潮出版社2009年版，第58—60页。

② 张召忠：《战时军舰与商船的法律地位》，载《中国海洋报》2004年1月20日、2月3日、2月10日、2月17日军事广角版。

③ ［英］戴维·M. 沃克：《牛津法律大辞典》，北京社会与科技发展研究所组织翻译，光明日报出版社1988年版，第433页。

国内法还是国际法都存在豁免的问题，① 不过由于习惯的原因，通常"豁免"一词被专用于国际法。豁免，通常也称为"主权豁免"、"国家豁免"、"管辖豁免"等，称法虽然不同，但实质是相同的。由于实践和理论的发展，豁免的内涵和外延也不断被增加和扩充。从豁免对象上看，从对主权者的豁免扩展到了主权者的财产和主权者的代表；从豁免的内容上看，从司法豁免扩展到了执行和立法豁免。并且，随着时代的发展，"君主权力让位于议会君主制，再让位于共和制。但是，法律的语言却没有改变"，② 原来针对实实在在的君主的豁免被不知不觉地适用于"国家"这一抽象主体时，也被国际社会所接受和认可了。此外，从 20 世纪以来的国际法实践看，豁免理论还呈现出由"绝对豁免"向"功能豁免"③ 发展的趋势。

1. 军舰豁免权的历史渊源

目前已知的关于军舰豁免的案例最早出现在 17 世纪，当时军舰是以主权者的财产的形式得到豁免的。1668 年，三艘位于荷兰港的西班牙军舰，由于西班牙国王的债权人的请求，被荷兰当局扣押。基于西班牙的抗议，荷兰最终释放了这三艘军舰。不过这还不能算是军舰豁免权之先例，其一是因为在该事件中军舰是作为主权者的财产被扣押和释放的，其二也是最主要的原因，根据宾刻舒克的分析，荷兰是出于国家政策的考虑而放弃对西班牙军舰行使管辖权的，而非基于法律原因。④

确立军舰豁免地位最早也是最重要的判例应当是 1812 年的"双桅帆船交易号案"。⑤ 案件始末是：1810 年，美国公民麦克法登等人拥有的双桅帆船"交易"号被法国捕获，未经捕获法院审判就被编入法国海军。次年，该船因海难驶入美国费城港时，麦克法登等人便向联邦地方法院起诉，要求判还该船。联邦地方法院驳回了原告诉求。原告上诉至联邦最高法院。1812 年，最高法院作出终审判决，维持了初审判决。在该案中，马歇尔首席大法官如是判决："The Exchange, being a public armed ship, in the service of a foreign sovereign, with whom the government of the United States is at peace, and having entered an American port open for her reception, on the terms on which ships of war are gen-

---

① 如根据中国刑法规定，犯罪的时候不满 18 周岁的人和审判的时候怀孕的妇女不适用死刑。

② ［美］路易斯·亨金：《国际法：政治与价值》，张乃根等译，中国政法大学出版社 2005 年版，第 381 页。

③ 也称"相对豁免"或"有限豁免"。

④ 宋云霞：《国家海上管辖权理论与实践》，海洋出版社 2009 年版，第 206 页。

⑤ 也称"交易号诉麦克法登案"（即 The Schooner Exchange v McFaddon Case）。

erally permitted to enter the ports of a friendly power, must be considered as having come into the American territory, under an implied promise, that while necessarily within it, and demeaning herself in a friendly manner, she should be exempt from the jurisdiction of the country".① 该案确立的有关军舰豁免权的法律原则，先是被一些国家国内法院所援引实践，后来逐渐为世界各国所接受，并确立为国际习惯法规则。

此后，1926 年《统一国有船舶豁免的某些规则的公约》、1958 年的《公海公约》② 和 1982 年的《海洋法公约》③ 对军舰的豁免权都以条约的形式进行了确认。2004 年通过的《国家及财产管辖豁免公约》，进一步明确了作为军事财产的军舰的豁免地位。

2. 军舰豁免权的理论渊源

从军舰本体出发来考量其豁免权的来源，实际上是找不到任何依据的。考量军舰豁免权的发展历史，会发现军舰的豁免始终是和国家或者主权者的豁免交织在一起的。凡有关军舰豁免的论述，必然是从论述国家或者主权者的豁免开始的，实际上，"国家豁免原则早期的形成是以军舰为主线的"。④ 而国家豁免理论的发展，也是"与军舰及其他国家船只的活动密切相关……随后，豁免延伸至军舰和其他国家船只之外的君主财产"。⑤毫无疑问，军舰之所以有豁免权，是基于其与国家或者主权者之间的某种联系，是国家或主权者享有的豁免权自然地及于军舰的。至于是何种联系，理论和实践则有不同的看法。第一种观点认为军舰是国家机关，⑥ 因此当然享有国家所具有的豁免。第二种观点认为军舰是国家财产，⑦ 因此可以享有国家的主权豁免。比如 1668 年的西班牙军舰事件，还有 1926 年的《统一国有船舶豁免的某些规则的公约》和 2004 年的《国家及财产管辖豁免公约》都是如此。第三种观点认为军舰具有准领

---

① 转引自 Wolff Heintschel von Heinegg, "Warships", http://www.mpepil.com/, visited on June 8, 2011, para. 25。

② 见《公海公约》第 8 条第 1 项。

③ 见下文"《联合国海洋法公约》关于军舰豁免权的规定"。

④ 宋云霞：《国家海上管辖权理论与实践》，海洋出版社 2009 年版，第 206 页。

⑤ ［美］路易斯·亨金：《国际法：政治与价值》，张乃根等译，中国政法大学出版社 2005 年版，第 380 页。

⑥ 王全达：《军舰豁免权研究》，载《西安政治学院学报》2010 年第 6 期。

⑦ 王全达：《军舰豁免权研究》，载《西安政治学院学报》2010 年第 6 期。

土性质,① 即把军舰视为同使馆一样的国家领土的延伸。如《奥本海国际法》认为"依据国际法的习惯规则,任何国家的军舰和其他公有船舶在公海上以及在外国领水内,都应在一切方面被视为它们本国的领土的浮动部分"。② 第四种观点认为军舰是国家或主权者的象征。如马歇尔大法官在"双桅帆船交易号案"中的判决,该判决主要从主权平等的角度论述了主权豁免的理论依据,继而推导出一国对他国的军舰无管辖权,实际上暗含了军舰作为主权者的象征或者代表之意。③

实际上,以上几种观点都有可取之处,从不同侧面说明了军舰所具有的广泛而复杂的豁免权。首先,从国家财产的角度看,军舰是可以免于被强制执行的;其次,正是由于军舰具有准领土性质,所以它的豁免权不但及于自身,还及于其上的人和物,这是其他观点所不能说明的;再次,军舰是国家的一个代表或者象征,可以履行国家才有的一些职权,如海上管辖权;最后,军舰是作为国家的一个机关,有执行国家职权的实际能力。因此,可以说军舰之所以具有豁免权,是因为这些复杂的联系,试图用单一的观点来说明军舰享有国家或主权者所拥有的豁免是不可能也是苍白无力的。

3. 《海洋法公约》关于军舰豁免权的规定

《海洋法公约》涉及军舰豁免权的条文共有 3 个,分别是第 32 条、第 95 条和第 236 条。

第 32 条位于《公约》第二部分第三节 C 分节,④ 是关于军舰在领海行使无害通过权期间的豁免权问题的。该条规定:"A 分节和第三十及第三十一条所规定的情形除外,本公约规定不影响军舰和其他用于非商业目的的政府船舶的豁免权。"A 分节是"适用于所有船舶的规则",从第 17 条到第 26 条共 10 条,分别规定了无害通过权、通过的意义、无害通过的意义、潜水器的规则、沿海国关于无害通过的法律和规章、领海内的海道和分道通航制、核动力船舶和载核载毒船舶的规则、沿海国的义务、沿海国的保护权和沿海国向外国船舶

---

① 王军敏:《论军舰在海洋法中的法律地位》,载《青岛海洋大学学报》(社会科学版)2002 年第 2 期,第 51 页。

② [英]劳特派特修订:《奥本海国际法》,上卷第二分册,王铁崖、陈体强译,商务印书馆 1971 年版,第 108 页。

③ 也有学者将这个案例归纳为"由于军舰出访的友好性使然",但这种观点颇为牵强,并没有体现出军舰和国家或主权者之间的实际联系。参见王全达:《军舰豁免权研究》,载《西安政治学院学报》2010 年第 6 期,第 85 页。

④ 第二部分是关于领海和毗连区的规定,第三节是关于领海无害通过权的规定,C 分节是专门适用于军舰和用于非商业目的的政府船舶的规则。

收费的问题。第 30 条是关于军舰违反沿海国法律规章的处理，第 31 条是关于军舰和非商用政府船舶损害责任。

第 95 条位于《公约》第七部分是关于公海上军舰豁免权的规定，即"军舰在公海上有不受船旗国以外任何其他国家管辖的完全豁免权"。

第 236 条位于《公约》第十二部分第十节。① 该条规定："本公约关于保护和保全海洋环境的规定，不适用于任何军舰、海军辅助船、为国家所拥有或经营并在当时只供政府非商业性服务之用的其他船只或飞机。但每一国家应采取不妨害该国所拥有或经营的这种船只或飞机的操作或操作能力的适当措施，以确保在合理可行范围内这种船只或飞机的活动方式符合本公约。"

《公约》关于军舰豁免权采取的是有限制的豁免原则。② 《公约》第 95 条规定军舰在公海上享有完全豁免权，而第 32 条和第 236 条对军舰在领海内和涉及海洋环境保护保全方面，对军舰的豁免权都附加了一定的限制。在领海内军舰的豁免权是受限于 A 分节和第 30、31 条，实际上就是要求军舰要遵守沿海国制定的符合《公约》和其他国际法规则的法律和规章。在海洋环境保护和保全方面军舰享受主权豁免的同时应当确保以符合《公约》的合理可行的方式进行，至于什么样的方式是属于符合《公约》的合理可行的方式，《公约》没有进行界定，通常各国在实践中都会根据自身利益作出解释。不过至少应当是和平的，并且适当顾及船旗国以外国家在此问题上的相关利益。

不过以上《公约》关于军舰豁免权的限制，并没有实际减损军舰的豁免权，实际上"军舰在群岛水域、毗连区、专属经济区等海域的豁免权与在内水、领海、公海中的豁免权没有实质区别"。③ 只是军舰在相关海区中的权利和自由有所受限，义务有所增加罢了。这些限制规定"merely a declaratory reaffirmation of the flag State's international responsibility"。④

此外，还应当区别军舰的"有限制豁免"与主权豁免理论中的"有限制豁免"。主权豁免理论中的"有限制豁免"即"有限豁免"、"相对豁免"或者"功能豁免"等，是相对于"绝对豁免"而言的，"绝对豁免"是指对国家或主权者的行为一律给予豁免，而有限制的豁免则主张应当视行为的性质而

---

① 第十二部分是关于保护和保全海洋环境的，第十节只有 1 条，即第 236 条，是关于主权豁免的。

② 王全达：《军舰豁免权研究》，载《西安政治学院学报》2010 年第 6 期。

③ 王全达：《军舰豁免权研究》，载《西安政治学院学报》2010 年第 6 期。

④ Wolff Heintschel von Heinegg，"Warships"［DB/OL］，http：//www.mpepil.com/，visited on June 8，2011，para. 23.

定，对公共性质或政府性质的活动可以给予豁免，对私法性的或商业性的则不行。① 而军舰有限制的豁免则是针对军舰在外国国家主权海域内的自由和权利的限制而言，而豁免权本身并未实质受损。并且，军舰的行为不论在"有限豁免"还是"绝对豁免"理论中，一般都是视为主权行为的，即使从事商业行为，船旗国以外国家也不得管辖。

《海洋法公约》关于军舰豁免权的规定和其他涉及军舰豁免权的公约的规定，是军舰豁免权成文化发展的一个重要标志，"在一定程度上强化了关于军舰豁免权规则的国际习惯法特性"。② 但是不论从历史还是当前的实践来看，军舰豁免权主要还是由国际习惯法来调整。因为，首先，关于军舰豁免权已经过国际社会反复实践，成为国际习惯法的一部分，实践中即使没有国际公约的规定，也已经为世界各国所接受，且不依赖国家间单独或特别就部队地位缔结的协定；其次，目前国际公约中关于军舰豁免权的规定也不完善，实践中很大程度上还有赖于国际习惯法。

4. 军舰豁免权的内容

军舰的豁免权是基于主权的，因此是广泛而全面的。从空间上说，不论在公海、他国专属经济区或大陆架，还是在他国的领海、内水或毗连区，军舰都享有完全的豁免。

从豁免的范围来说，不论是民事还是刑事管辖，不论是司法还是行政管辖，任何船旗国以外的国家管辖都予以豁免，当然也不得被采取拘留、搜查、逮捕、扣押等强制措施；并且军舰还"exempt from taxation, as well as from other charges, unless the latter are due to specific services rendered to the ship eg. piloting or refuelling"。③

从豁免的对象上看，不但军舰自身享有豁免权，且这些豁免还当然地无争议地及于其上的人、物以及行为，包括军舰的附属设施，如可以离开军舰进行活动的小艇等。第一，对军舰本身是不得采取上述的所有措施和管辖权的，沿岸国也不得接受对军舰提起的任何对物之诉，包括军舰上的物亦是如此。第

---

① 限制豁免理论是20世纪发展起来的，目前已得到比较广泛的接受和国家实践。不过该理论最大的问题在于行为的判断标准。目前实践中主要有两种方法，一种是根据行为的性质，另一种是根据行为所要完成的职能，但两种标准在实际运用过程中往往会得出相互矛盾的结论。参见［意］安东尼奥·卡塞斯等：《国际法》，蔡从燕等译，法律出版社2009年版，第134—137页。

② 王全达：《军舰豁免权研究》，载《西安政治学院学报》2010年第6期。

③ Wolff Heintschel von Heinegg, "Warships", http://www.mpepil.com/, visited on June 8, 2011, para. 23.

二，发生在军舰上包括其附属设施上的行为（不论是民事的还是刑事的），沿岸国都无管辖权，都不得进行干涉，即使该行为的过程对沿岸国领水和港口的安全和良好秩序造成了影响，行为的后果损害了沿岸国及其国民的利益，沿岸国也不得施以管辖权。第三，未经舰（船）长许可，沿岸国的任何人都不得登舰。第四，沿岸国居民犯罪逃入军舰，沿岸国也不得登舰搜查、逮捕或采取其他任何强制措施，只能要求交付，如果军舰拒绝交付或引渡，只能通过外交途径解决。并且沿岸国居民（即使是暂时）在舰上犯罪的，军舰也可以将其带回船旗国去审判。第五，关于军舰上人员的豁免权比较复杂。一般军舰的舰（船）长或高级指挥官享有外交特权和完全的豁免权，舰上的其他人员登岸执行公务期间享有豁免权。但舰上人员在沿岸国登岸期间的犯罪行为管辖权存在争议。根据国际惯例，通常要区分登陆行为是公务行为还是非公务行为，"如属于公务外的行为，沿岸国有管辖权；属于公务内的行为，则沿岸国承认其享有司法豁免权"。① 并且，如果舰上人员犯罪后回到舰上，即使沿岸国有管辖权，也不得采取任何强制措施，只能要求军舰交付，如果被拒绝，只可以通过外交途径解决。

当然这并不表示军舰就可以为所欲为，军舰在进入他国领水通常要接受沿海国的卫生和防疫检查，它们也"应该自动遵守沿岸国关于港口秩序、抛锚地点、卫生检疫、海关等法律"，② 实际上通常"沿岸国对军舰只可以进行卫生和防疫检查，而应免除海关和边防检查"。③ 不过，由于"友好国家的港口……对武装公船进港的默示许可，应解释为其中含有免除当地国家的管辖权之意"，④ 而且作为主权者代表或象征的军舰"如果不相信将在默示下享有司

---

① 这是国际惯例，也是日本法院在神户英国水兵案中所持的立场。1952 年 6 月 28 日，停泊在日本神户港的英国军舰上的两名英国水兵获准上岸休假。二人在神户的一个酒吧内花光了所带的钱。翌日凌晨，他们乘出租车时，抢劫了出租车司机大宫忠夫。大宫趁两人不备之时逃脱，并报了警，警察找到了英国水兵逃跑时遗弃的出租车，并在出租车附近的酒吧抓住了两名英国水兵。7 月 2 日，神户地方检察厅对二人提起公诉。8 月 5 日，神户地方法院以强盗罪判处二人有期徒刑。对此，英国政府强烈抗议。该案上诉到大阪高等法院后，高等法院基于国际惯例支持了神户地方法院对英国水兵的管辖权，不过在量刑方面对两名水兵作了缓刑。参见日本国际法学会编：《国际法辞典》，世界知识出版社 1985 年版，第 693 页。

② ［英］劳特派特修订：《奥本海国际法》，上卷第二分册，王铁崖、陈体强译，商务印书馆 1971 年版，第 295 页。

③ 宋云霞：《国家海上管辖权理论与实践》，海洋出版社 2009 年版，第 210 页。

④ 日本国际法学会编：《国际法辞典》，世界知识出版社 1985 年版，第 125 页。

法豁免的地位，它就不会进入外国领域"，① 因此军舰遵守沿岸国法律规章的行为都是以自愿为前提，是出于对友好国家的主权和利益的尊重，并不代表军舰放弃管辖豁免。

并且沿海国不得对军舰施以任何暴力或者武力，因为任何针对军舰的暴力和武力行为不但是对军舰豁免权的破坏，还是对其船旗国主权的一种侵犯，可以被视为 "an armed attack in the sense of Art. 51 UN Charter triggering the flag State's right of self – defence"。②

必须强调的是，军舰豁免权同主权豁免一样，豁免的是管辖权和"对法律诉讼程序责任的豁免，而不是对法律责任的豁免"。③ 军舰及其上的人或行为造成的损害，虽然船旗国以外的国家不得进行管辖，但仍可以通过外交方式要求军舰的船旗国承担责任。在"札费罗号案"中，由 3 名法官组成的仲裁法院裁决，因为美国海军船舶"札费罗号"是在"美国的舰队司令官的指挥下"，因此美国政府应对其船上的中国水手在菲律宾港口期间对当地造成的损害承担责任。④《海洋法公约》也有类似的规定，第 31 条规定"对于军舰……不遵守沿海国有关通过领海的法律和规章或不遵守本公约的规定或其他国际法规则，而使沿海国遭受的任何损失或损害，船旗国应负国际责任"。

此外，还应当注意到豁免权与船旗国原则之间的区别。船旗国原则是指"船舶及船上的人和物在公海上时是受船旗国管辖的"，⑤ 但这种管辖权不是绝对的。首先，船旗国原则只适用于公海上，而不适用于他国领海和内水等主权

---

① 日本国际法学会编：《国际法辞典》，世界知识出版社 1985 年版，第 125 页。

② Wolff Heintschel von Heinegg, "Warships", http://www.mpepil.com/, visited on June 8, 2011, para. 17.

③ ［英］戴维·M. 沃克：《牛津法律大辞典》，北京社会与科技发展研究所组织翻译，光明日报出版社 1988 年版，第 433 页。

④ 1898 年 5 月，美国船舶"札费罗号"进入菲律宾港口甲米地装煤时，休假的中国水手登岸后破坏了当地人和另两名英国人的房屋。美国认为该船是商船，船上人员的行为美国政府无须负责。后案件按英美请求被提交由 3 名法官组成的仲裁法院审理。仲裁法院认为：首先，事发时"札费罗号"虽然登记为商船，但是是作为海军加油船，在美国远东舰队司令官统辖下，并由 1 名海军军官指挥，因此美国的辩解不成立。其次，当时该港口因美西战争刚结束，处于无政府状态，美国明知这种情况，也派有负监督责任的高级船员，但仍让水手上岸时实行破坏，属于重大过失。因此，美国政府应当承担赔偿责任。参见日本国际法学会编：《国际法辞典》，世界知识出版社 1985 年版，第 139 页。

⑤ ［英］劳特派特修订：《奥本海国际法》（上卷第一分册），王铁崖、陈体强译，商务印书馆 1971 年版，第 247 页。

水域;① 其次，即使是在公海上，出于保护公海秩序和各国利益的需要，"所有国家的军舰对于所有国家的商船都具有某些权力"，② 比如《海洋法公约》规定的海盗行为、非法广播和贩奴等行为。而军舰则不然，军舰在公海上则是享有"不受船旗国以外任何其他国家管辖的完全豁免权"，③也就是说，即使一国军舰或其他执法船舶怀疑他国军舰正在从事上述的非法广播、贩奴等不法行为，也不得对其行使管辖权。并且军舰还"immune from any exercise of another State's jurisdiction, especially from arrest or search, whether in national or international waters. Such vessels are also immune from foreign taxation······The privilege of sovereign immunity includes protecting the identity of personnel, stores, weapons, or other property on board the vessel"。④

5. 军舰豁免权的丧失

根据《海洋法公约》规定，军舰由于其船员发生叛变并控制该船舶从事《公约》第101条规定的海盗行为，将被视为私人船舶从事的行为，也就是海盗行为。⑤ 军舰一旦从事了海盗行为，实际上就失去了其与国家或主权者之间的联系，其行为就成了主权行为以外的私人行为，因此没有理由再依此获得豁免。基于这个理由，军舰还可能由于诸如退出现役、改装为商船、遇难后为船员所放弃⑥以及船旗国主动放弃⑦等事实或行为，失去与主权者的联系，因而丧失豁免资格。

---

① 见"玛丽亚·洛斯号案"。1872年7月，秘鲁帆船"玛丽亚·洛斯号"运载中国劳工回国途经日本横滨港时，一名华工因无法忍受虐待从船上逃脱，并向英国军舰求救，后被英国交给日本。秘鲁船长认为日本政府对秘鲁船舶没有管辖权，要求交出逃走的华工。日本政府以贩卖奴隶合同违反日本社会秩序和善良风俗为由，拒绝了秘鲁方面的要求，并判决该船长有罪，禁止船舶出港。秘鲁和日本经谈判将案件提交给以俄国皇帝为法官的仲裁庭仲裁，1875年俄皇裁决支持日本主张。此裁决实际上是肯定了沿岸国对其港口内的外国船舶具有一定的管辖权。参见日本国际法学会编：《国际法辞典》，世界知识出版社1985年版，第346页。

② ［英］劳特派特修订：《奥本海国际法》（上卷第二分册），王铁崖、陈体强译，商务印书馆1971年版，第106页。

③ 见《联合国海洋法公约》第95条。

④ 如美国《The Commander's Handbook on the Law of Naval Operations》（2007版）第2.1.1条。

⑤ 见《公约》第102条。

⑥ 王全达：《军舰豁免权研究》，载《西安政治学院学报》2010年第6期。

⑦ 见 Chung Chi Cheung v the King Case 中枢密院司法委员会的判决。参见日本国际法学会编：《国际法辞典》，世界知识出版社1985年版，第680页。

（三）军舰的执法权

1. 概述

军舰的执法权也称军舰的海上执法权，是军舰执行国家关于海洋控制和海上战略的法律法规的权力，这是军舰最主要而且也是最广泛的权力。在人类探索和利用海洋的历史上，曾经有很长一段时间，海上军事力量或者说海军力量被看作是国家控制海洋和维护海上战略利益的"唯一有效的手段"，① 而作为海上军事力量的唯一实体存在，军舰也就成为国家执行海上战略的唯一实体。因此，海洋国家对海权的争夺集中表现为海军力量的竞争和军舰的建造上。然而军备竞赛给各国带来了巨大的压力，② 此后又历经两次世界大战的惨痛教训，各国都深刻意识到了武力解决国际争端的巨大弊端。"二战"后，和平与发展渐成国际社会主流，加上海洋资源的不断发现和科学技术的迅猛发展，各国海洋战略逐渐从控制海上战略通道向"以开发利用海洋资源为核心的海洋边界争夺"方向发展，③ 海上军事力量以外的其他海上执法力量因此兴起。由于海上军事力量的军事和政治特性，实际运用过程中因过于敏感而受限较多，而其他海上执法力量则不在此列，能够弥补海上军事力量的不足，因此日益成为国家海上执法的主要力量。不过海上军事力量仍然是国家海上战略的重要执行者，也是维护国家海洋权益的最后且最有力的手段。在国际实践中，一般近海执法主要是由其他海上执法力量开展，而远洋执法还是主要依靠海上军事力量。

2.《海洋法公约》关于军舰执法权的规定

《公约》直接涉及军舰执法权的条文共有 4 条，分别是第 107 条、第 110 条、第 111 条和第 224 条，规定了军舰有由于发生海盗行为而进行扣押的权力、登临权、紧追权和关于保护和保全海洋环境的执行权力。不过这不表示军舰就只有这四项权力。分析《公约》关于军舰执法权的规定，主要有三种情

---

① 宋增华：《海权发展趋势及中国海权发展战略构想》，载《软科学研究成果与动态》2009 年第 7 期。

② 迫于军备竞赛带来的压力，1922 年英、法、意、美、日 5 个海军强国在华盛顿签订了《限制海军军备条约》（也称"华盛顿海军条约"，条约有效期至 1936 年 12 月 31 日），限制各国发展海军军备。为了对"华盛顿海军条约"进行补充，1930 年五国又签订了《限制和削减海军军备条约》（也称"伦敦海军条约"），进一步裁减缔约国主力舰船数量。基于以上条约，各国终止或取消了战列舰建造计划。1922 年至 1936 年这一段时间也被戏称为"海军假日"。

③ 宋增华：《海权发展趋势及中国海权发展战略构想》，载《软科学研究成果与动态》2009 年第 7 期。

况：第一种是直接明确地规定军舰享有的权力，比如上述四个条文。第二种是在有关军舰执法权的明确规定中间接包含了相关的执法权限。比如第110条是关于军舰登临权的规定，其中第一项的（a）至（e）目规定了军舰对海盗、贩奴、非法海上广播、未悬挂船旗或虚假悬挂船旗5种行为可以实行登临检查，实际上就是赋予了军舰对这5种行为的管辖权。第三种是通过规定国家的管辖权而间接赋予了军舰相应权力，这部分权力是大量的，又是含蓄而不言自明的。比如《公约》在第99条、第100条、第108条和第109条中授予了各国在公海上对贩奴、海盗、贩毒和非法海上广播有普遍管辖权，再比如《公约》关于沿海国在领海和专属经济区内的管辖权。这部分规定虽然是关于国家管辖权的，但是鉴于军舰与所属国之间的特殊联系，因此这部分管辖权也应当是毫无疑问及于该国军舰的。不过由于沿海国和其他国家关于在领海、专属经济区等海域中的国家管辖权争议的广泛存在，因此军舰在相关海域的执法权也相应存在争议，比如军舰在专属经济区内进行军事侦察、调查等军事活动。

此外，必须说明的是，《海洋法公约》中没有关于军舰执法权的直接表述，相关的表述有管辖权、扣押海盗行为的权力、登临权、紧追权以及保护和保全海洋环境的执行权力。虽然表述不同，但并不能改变这些权力的执法权本质。首先，关于管辖权，"管辖权不是一个单一的概念……国家的海上管辖权可以分为三个方面：立法管辖权、司法管辖权和执行管辖权"。① 国家是一个抽象的实体，其管辖权必须由相应的机关施行，立法管辖权一般由专门的立法机关掌握，司法管辖权则是由司法机关履行。很明显，军舰既非立法机关也非司法机关，因此其施行的管辖权只可以是执法权。其次，关于扣押海盗的权力，其实就是对海盗罪行进行管辖的权力，就是执法权的直接体现。再次，关于登临权和紧追权，登临权和紧追权实际上是执法权施行的必要手段和具体体现，军舰海上管辖权的实施必须通过登临和紧追方式予以实现，相较于具体的管辖权而言，登临权和紧追权实际上是执法权中的程序性权力，类似于国内法中的"侦查权"。最后，关于保护和保全海洋环境的执行权力，这是《公约》中最接近"执法权"的表述，因为"执法权"实际就是执行法律的权力。

3. 军舰海上执法的程序

（1）《海洋法公约》的程序性执法权

《海洋法公约》规定的程序性执法权主要有登临权、紧追权、逮捕权、扣押权和调查权等。登临权就是指登上嫌疑船舶并对其进行检查以确定是否采取进一步措施的权力，因此通常也称"临检权"，即登临检查的权力，因为登临

---

① 宋云霞：《国家海上管辖权理论与实践》，海洋出版社2009年版，第7页。

的目的就是要进行检查，否则登临就毫无意义。登临权主要适用于国际条约授权的行为以及《公约》第 110 条第 1 款规定的 5 种情形。基本程序就是派员登临嫌疑船舶，检查船舶文件；如果检查完船舶文件后仍有怀疑，则可以派员在船上进行检查，但采取的检查行为应当尽量审慎，避免给嫌疑船舶造成不必要的损失。登临权必须由军舰、军用飞机或经正式授权并有清楚标识的政府船舶和飞机进行。

紧追权也被称为"追逐权"，就是对不遵守停航要求试图逃离的嫌疑船舶进行追逐，以最终将其拿获的权力。《公约》规定的紧追权主要适用于外国船舶在一国的管辖水域内①违反该国的法律和规章的情形。紧追权必须从一国的管辖水域内开始，当被追逐的船舶进入本国或第三国水域时中止。紧追权必须由军舰、军用飞机或经正式授权并有清楚标识的政府船舶和飞机进行。

逮捕权就是依法对涉嫌违法的船舶或人员强行限制其行动自由的一种权力。《公约》规定的逮捕权主要适用于在领海内的外国船舶刑事和民事管辖、②执行沿海国关于专属经济区内的法律规章、③ 对碰撞和任何其他航行事故进行刑事管辖、④ 对公海上的海盗行为和非法海上广播行为进行管辖⑤以及行使紧追权⑥。逮捕权既可以对人适用也可以对船舶适用⑦。

扣押权主要是对与违法行为有关的物或财产进行控制和限制的权力。《公约》规定可以对在公海上的海盗行为⑧和非法广播行为进行扣押⑨，扣押主要是针对财产进行，比如船舶及其上的财物。

调查权就是通过法定方法和手段对涉嫌违法船舶、人员或事件进行调查了解，以获取事实真相的权力。《公约》规定，调查权适用于在通过领海的外国

① 包括内水、群岛水域、领海、毗连区、专属经济区和大陆架等区域，毗连区内实施紧追必须是外国船舶侵犯设立毗连区所保护的权利，专属经济区和大陆架则是比照实施紧追权，见《公约》第 111 条。

② 见《公约》第 27 条、第 28 条。

③ 见《公约》第 73 条。

④ 见《公约》第 97 条。

⑤ 见《公约》第 105 条、第 109 条。

⑥ 紧追权条款下的逮捕权，适用情形是在一国管辖范围内的水域，见《公约》第 111 条第 7 项。根据《公约》文意推测，此处的管辖范围似乎只包括内水、群岛水域、领海和毗连区，不含专属经济区。

⑦ 比如《公约》第 27 条规定了符合有关情形可以对通过其领海的船舶上涉及有关罪行的人实施逮捕，而第 109 条规定可以逮捕从事非法海上广播的人和船舶。

⑧ 见《公约》第 105 条。

⑨ 见《公约》第 109 条。

船舶上行使刑事管辖权①、对海上碰撞或其他航行事故行使刑事管辖权②、为保护和保全海洋环境防止倾倒造成污染而进行的调查③。

此外，《公约》涉及程序性执法权的表述还有如"检查"④、"搜查"⑤、"扣留"⑥、"拘留"⑦、"羁留"⑧、"行政措施"⑨ 等。实际上，从《公约》的条文上理解，"检查"、"搜查"都应当是"调查"应有之义；"扣留"、"拘留"和"羁留"的意思与"扣押"基本一致；"行政措施"只是各种强制手段的笼统表述，不是具体措施或手段。

（2）海上执法程序

关于海上执法程序性权力，除了《公约》规定外，国际实践中还有一些习惯做法，诸如"查明旗帜"、"追踪权"、"搜索"、"拿捕"⑩ 和"捕获"等。"查明旗帜"实际上《海洋法公约》也有规定⑪，不过公约是作为实体问题来规定的，即对未悬挂船旗或悬挂方便旗的船舶军舰可以依法进行管辖，并未说明程序上如何进行管辖。而"追踪权"实际上就是"紧追权"，"搜索"就是"搜查"，"拿捕"类似于"逮捕"，"捕获"则兼有"拿捕"舰船和"扣押"财产之意，表述虽不同，但实质差别不大。综合《海洋法公约》的规定和国际实践，军舰在平时海上执法活动中可以依照以下程序进行：

第一，查明旗帜，也称"查问权"。"一切国家的军舰……有权要求在公海上可疑的私有船舶展示它们的旗帜，这是一个被普遍承认的国际法的习惯规

① 见《公约》第 27 条。
② 见《公约》第 97 条。
③ 见《公约》第 217 条、第 218 条、第 226 条。
④ 见《公约》第 73 条、第 94 条、第 110 条、第 217 条、第 220 条和第 226 条。
⑤ 见《公约》第 179 条。
⑥ 见《公约》第 73 条、第 97 条。
⑦ 见《公约》第 220 条。
⑧ 见《公约》第 226 条。
⑨ 见《公约》第 219 条。
⑩ ［英］劳特派特修订：《奥本海国际法》（上卷第二分册），王铁崖、陈体强译，商务印书馆 1971 年版，第 113—115 页。
⑪ 见《公约》第 110 条。

则。"①　查明旗帜是军舰进一步进行管辖的基础，因为可疑船舶的国籍对军舰实施管辖权具有重要意义。如果军舰与嫌疑船舶同属一国或者应船长的请求，则不论船舶及其上的嫌疑罪行是何种罪行，军舰可以径直行使管辖权。如果嫌疑船舶与军舰不属同一国，则只有被怀疑的罪行属于《海洋法公约》规定的普遍管辖的罪行，《海洋法公约》及其他国际条约和国际组织授权军舰所属国管辖的事项，军舰才可行使管辖权。

第二，登临检查。如果嫌疑船舶拒绝展示旗帜或查明旗帜后仍有疑惑，军舰可以派员实施登临，进行检查或开展调查，并根据临检的结果，作出释放或者拿捕的决定。对仍在行进中的船舶实施登临检查，可以要求停航，如果嫌疑船舶拒绝停航，军舰可以进行追逐，或者也可以在进行警告后使用武力迫使其停航。

第三，实施紧追。根据《海洋法公约》规定和国际实践，紧追必须是外国船舶位于追逐国的内水、群岛水域、领海、毗连区或专属经济区和大陆架区域内才可以实施；在毗连区开始追逐，必须是外国船舶侵犯设立毗连区所保护的权利；在专属经济区和大陆架上开始追逐，必须是外国船舶违反沿海国按照《公约》制定的适用于专属经济区或大陆架以及大陆架上设施周围的安全地带的法律和规章。追逐在进入被追逐船舶本国或第三国领海之时终止。此外，军舰在公海上对涉嫌普遍管辖的犯罪也可以实施追逐。②

第四，捕获。捕获是临检或紧追之后的可能结果，指的是以强制方式限制嫌疑船舶或人员的自由或扣押财产，将其带回本国，由司法机关进行裁决处理的一种行为或权力。

第五，使用武力。武力的使用也是临检或紧追之后的可能结果。军舰在执法过程中可以使用武力的情况大致有两种："一是出于自卫的目的使用武力反击针对执法人员人身的攻击；二是在执法过程中遇到阻碍而使用武力予以排除。"③　需要注意的是，应当将军舰在海上执法过程中使用的武力与军事武力

①　[英]劳特派特修订：《奥本海国际法》（上卷第二分册），王铁崖、陈体强译，商务印书馆 1971 年版，第 113 页。实际上不只是在公海上，在军舰所属国内水、领海、专属经济区，甚至在他国专属经济区都可如此，当然军舰在他国专属经济区行使管辖权一般会有争议。

②　不过这里的追逐不是《公约》规定的紧追权意义上的追逐，《公约》规定的紧追是一种权力，需要受《公约》和国际习惯规定的约束，而此处的追逐是行使公海管辖权的必然手段，不受紧追权的约束。

③　高健军：《海上执法过程中的武力使用问题研究》，载《法商研究》2009 年第 4 期。

相区别。执法所使用的武力在于维护法律秩序，是一种"警察"武力，权力来源于国家管辖权；而军事武力目的在于保卫国家，其权利来源于国家的自卫权和联合国安理会的授权。①

（四）军舰的自卫权

1. 概述

自卫权，即实施自卫的权利，指的是为保护自身和他人免受非法暴力侵害，针对非法暴力实施阻却行为的权利。自卫权的合法性与合理性，已为古典自然法学派以来的无数法学家所不断反复论证，其理论基础毋庸置疑。自卫权早期主要在国内法律体制中发挥作用，用于调整人与人之间的关系，后来被逐渐引入国际法领域，作为正当化战争的一个理由。②

在法学理论和国际实践中，曾有一个与自卫权比较相近的概念——自保权，大致意思是自我保护的权利。不过在当代国际法中，自保权实际上是已被摒弃和取代的概念，③ 因为"从国际法最初存在之时起，自保就被视为国家侵犯其他国家的许多行为的充分理由"。④ 自保权最初也是作为人的基本权利被提及的，早在1604年格老秀斯就在其《捕获法》中对此有所阐述。明确将自保权引入国际法的是启蒙时期的自然法学派学者，他们认为：自保权是国家的基本权利，自卫权虽然也是国家的基本权利，但是是从自保权派生出来的；自保权是"完全的权利"，国家既可基于自保权进行自我保护，也可以援助别国，并且行使权利的条件完全由行使自保权的国家自行判断。19世纪后，古典自然法学派的这种理论遭到了实证主义法学派的严厉批判：自保权实际上是给了国家一个将侵犯他国行为合法化的借口，因此不应承认自保权，出于自保目的对他国使用防卫武力，在现实的国际法上的权利就是自卫权，也仅此而已。⑤ 自保后来逐渐为自卫、自助等概念所取代。不过进入21世纪以后，自保权似乎又有了复活的倾向，主要是"9·11"事件之后，"A notable minority of scholars have returned to the concept, most obviously in the context of State re-

---

① 高健军：《海上执法过程中的武力使用问题研究》，载《法商研究》2009年第4期。

② 明瑶华：《论国家自卫权的行使对象》，载《苏州大学学报》（哲学社会科学版）2009年第1期。

③ ［英］戴维·M.沃克：《牛津法律大辞典》，北京社会与科技发展研究所组织翻译，光明日报出版社1988年版，第817页。

④ ［英］劳特派特修订：《奥本海国际法》（上卷第一分册），王铁崖、陈体强译，商务印书馆1971年版，第224页。

⑤ 日本国际法学会编：《国际法辞典》，世界知识出版社1985年版，第301页。

sponse to terrorism. The argument has been put forward that, in extreme situations of national emergency, the doctrinal restrictions of international law may be subordinate to a wider principle of self – preservation".①

自卫权和自保权显然含义不同，传统自保权的含义比自卫权要广泛得多，除了自卫权以外，还包括了自助、必要、武力报复等含义，② 但是不论在理论上还是国际实践中，都经常出现混用的情况，比如劳特派特的《奥本海国际法》中，在论述"自保"的章节中，就多处使用"自卫"这一表述；再如"丹麦舰队事件"③ 和"阿美利亚岛案"④，都作为自卫权的先例被引用过，实际上应作为自保权引用更合适些。

军舰的自卫权实际上是一种复合性权利，也就是说军舰通常在两种意义上实施自卫，一是一般意义的自卫，即军舰自身的自卫权，也就是军舰基于自身受侵害而行使的正当防卫权。二是国际法意义上的自卫，即军舰担负的自卫权，也就是军舰基于所属国受到侵害而行使的国家自卫权。

2. 正当防卫权

个人有自卫的权利，国家有自卫的权利，因此作为一个实体存在，毫无疑问军舰也应当有自卫的权利，因为既然是实体存在就有可能遭到侵害。军舰被攻击的情况大多数是出现在执法过程中，当然执法过程外遭受攻击也不是没有

---

① James A Green, "Self – Preservation", http://www.mpepil.com/, visited on July 2, 2011, para. 15.

② James A Green, "Self – Preservation", http://www.mpepil.com/, visited on July 2, 2011, paras. 10—14.

③ 19 世纪初英法争霸，英国担心中立国丹麦的舰队被法国用来进攻英国，因此要求丹麦将舰队交由英国保管，并应允战后归还，并向丹麦建议了防御法国入侵的办法。丹麦拒绝了英国的要求。于是英国以自卫的名义炮轰哥本哈根，并夺取了丹麦舰队。参见[英]劳特派特修订：《奥本海国际法》（上卷第一分册），王铁崖、陈体强译，商务印书馆 1971 年版，第 226 页；或参见日本国际法学会编：《国际法辞典》，世界知识出版社 1985 年版，第 121 页。

④ 位于圣玛丽亚河口的阿美利亚岛原是西班牙领土，1817 年被冒险家麦克格雷哥率领的一群海盗占领。这些海盗不分青红皂白地劫掠西班牙和美国商船。西班牙没有采取有效措施。最后美国以自卫为由，派军舰前往驱赶劫掠者，并占领了该岛。参见[英]劳特派特修订：《奥本海国际法》（上卷第一分册），王铁崖、陈体强译，商务印书馆 1971 年版，第 226 页；或参见日本国际法学会编：《国际法辞典》，世界知识出版社 1985 年版，第 418 页。

可能，① 但毕竟还是少数。因为军舰不但拥有强大的武备系统，而且对其进行武力攻击的行为随时有可能被视为侵犯军舰所属国主权而遭到报复，因此任何试图对军舰进行攻击的行为都需要经过深思，即使是更强大的国家的军舰。

关于军舰进行自卫的条件和要求，现有文献中未见记载，不过鉴于军舰进行自卫的状况与自然人相似，所以可以参照有关自然人自卫或者正当防卫的规定。刑法上关于正当防卫的条件要求主要有五个：防卫意图、防卫起因、防卫对象、防卫时间和防卫限度。② 第一，要有防卫意图，即认识到正在或即将遭受不法侵害，意图通过制止侵害来维护舰艇安全。第二，防卫的起因是不法侵害，即基于不法侵害的发生和存在而作出防卫行为。第三，防卫的对象是实施不法侵害的主体，即防卫必须是针对实施不法侵害的自然人或舰船作出，不能够对其以外的主体进行防卫。第四，防卫必须是在不法侵害已经开始但尚未结束时进行。如果侵害行为是有间隔地逐次实施，则以其最后一次实施完毕视为结束，而不以单次结束为限。第五，防卫要有一定限度，超过限度的行为即为违法，对军舰来说就是使用武力必须受武力使用规则的约束，以能够阻止侵害为限。比如能够摧毁敌船的武器装备即可制止侵害，那么就应当以此为限，不得将敌船击沉，当然附带的击沉不在此限。

3. 国家自卫权

从严格意义上来说，军舰行使国家自卫权是一种执法行为，即行使执法权。作为国家武装力量和军事机关的军舰，依据所属国的法律，担负着抵抗侵略，捍卫国家主权、政治独立和领土完整的职责，因此当国家受到侵略时，进行自卫理当是属于执法。不过一般观念中很难将行使国家自卫权视为普通执法行为，因为行使国家自卫权毕竟和普通执法有着一些重大区别：一是目的不同，前者主要是政治目的，为了保家卫国；后者主要是法律目的，为了维护法律秩序。二是行为依据不同，前者是依据国际法尤其是《联合国宪章》关于自卫的有关规定，而后者则是依据国内法。三是行为性质不同，前者是军事行为，是整个国家行为的一部分；后者是"警察"行为，是具体的一种国家行

---

① "索马里海盗袭击法国军舰事件"就是一个例子。2010 年 4 月 19 日，在距索马里海岸约 300 公里处，有索马里海盗将法国军舰海军燃油补给船"索姆"号（也称"雪月"号）误认为民船，派了两艘小艇试图偷袭。听到"索姆"号鸣枪示警后，两艘小艇试图逃跑，结果其中一艘被追上，最终 6 人被俘。此前的 2009 年 10 月 7 日（也有报称是 10 月 6 日），索马里海盗也将"索姆"号当成民船偷袭，结果有 5 人被捕。参见中新网新闻，http://www.chinanews.com/gj/gj - zd/news/2010/04 - 22/2242277.shtml，2011 年 8 月 28 日访问。

② 高铭暄、马克昌主编：《刑法学》，北京大学出版社、高等教育出版社 2000 年版，第 130—138 页。

为。四是使用武力的方式不同，前者一般是基于军事进攻而被动使用武力；后者则常常是出于执法需要而主动使用武力，当然少数情况下也可能基于执法过程中的自卫需要而被动使用武力。五是武力使用的限度不同，理论上所有使用武力的行为都应当受到限制，但实际并非如此，虽然前者原则上应"受到必要性和比例性的传统要求限制，但事实上它可能不受到限制"。① 而后者的武力使用限度通常受严格控制，即使不受限，其带来的损害程度也比前者要轻微得多。六是后果不同，虽然二者都可能导致国家责任，但前者的责任主要是一种政治责任，而后者虽然也可造成一定政治影响，但还偏向于法律责任。

军舰行使国家自卫权，应当以国家、军队或者上级的命令为限，否则军舰不得也无权对行使国家自卫权的情形作出判断，更不得实施。但是，一旦军舰越权以国家自卫权的名义使用武力，则仍需要对其行为性质及责任后果进行判断。根据联合国国际法委员会 2001 年《国家对国际不法行为的责任条款草案》规定，国家机关出现了逾越权限或违背指示的行为，其行为仍应当视为该国的行为。② 因此可以认为，即使军舰越权行动，其行为后果仍应归责于国家，但是由于其所属国并没有实施自卫的意图，所以军舰的个体行为不得视为国家自卫行为，不得以此排除其行为的不法性，除非其所属国对该行为作出承认。

军舰行使国家自卫权时使用武力，是国家整体使用武力的一部分。国家整体的武力使用，应受国际法关于自卫权的武力使用的限制，但作为个体的军舰，其武力使用的方式和限度只受上级命令的约束，不受国际法的约束，因此除了达到最大作战目标外，通常是没有限度的。但在武力使用的对象上仍应有所选择，即应当遵守武装冲突法和国际人道主义法中"区别原则"，只对作战目标进行攻击，尽量避免对非作战目标的攻击和附带伤害。

三、军舰在特定海域的法律问题

（一）专属经济区内的军事活动

1. 概述

专属经济区内的军事活动是指在专属经济区内的海床、底土以及上覆水域和空域进行的军事活动，包括了沿海国在本国专属经济区内的军事活动和外国

---

① ［美］路易斯·亨金：《国际法：政治与价值》，张乃根等译，中国政法大学出版社 2005 年版，第 181 页。

② 明瑶华：《论国家自卫权的行使对象》，载《苏州大学学报》（哲学社会科学版）2009 年第 1 期。

在沿海国专属经济区内的军事活动两种情况。① 沿海国在本国的专属经济区内进行的军事活动，除了《公约》的规定外，虽然并非所有类型都有非常明确的法律依据，但从目前国际实践来看，并不存在很大争议。② 存在争议的主要是外国在沿海国专属经济区内进行的军事活动。

外国在沿海国专属经济区的军事活动，在 1982 年《海洋法公约》谈判过程中就是一个有争议的问题，比如在第三次海洋法会议期间，中国曾主张在《公约》中规定沿海国有权对专属经济区等沿海国国家管辖海域内外国的军事活动和军事设施进行管制，但最终"由于海洋大国的反对和阻挠，这些重要的建议没有被采纳。而未对专属经济区和大陆架的军事利用问题作出规定被认为是《海洋法公约》的重大缺陷之一"。③ 为此，巴西、印度、马来西亚、巴基斯坦、孟加拉、乌拉圭等国都在批准《公约》时专门对此问题作了声明。④

《公约》对专属经济区内的外国军事活动没有直接规定，相关的条文主要有第 55 条、第 56 条、第 58 条、第 59 条、第 88 条、第 246 条和第 301 条，这也是沿海国和海域使用国在争议中最经常引用到的条文。第 55 条是总括性的规定，第 56 条是关于沿海国的权利和义务的，第 58 条是关于海域使用国的权利和义务的，第 59 条是解决关于专属经济区内权利和管辖权归属的冲突的，

---

① 本节是关于平时的专属经济区内的军事活动，战时专属经济区内的活动有三种情况，一是非交战国之间在对方专属经济区军事活动，这与平时状态没有区别，也是本节讨论的重点；二是交战国之间专属经济区内的军事活动；三是非交战国和交战国之间互相在专属经济区内的活动，属于战时法的范畴，将在第四章中讨论。

② 田士臣：《专属经济区的军事活动——兼评"21 世纪 EEZ 小组"之〈专属经济区航行和飞越指针〉》，载高之国等主编：《国际海洋法发展趋势研究》，海洋出版社 2007 年版，第 140 页。

③ 邵津：《专属经济区和大陆架的军事利用的法律问题》，载《中国国际法年刊》1985 年，第 192、199—200、183、211 页。转引自高健军：《中国与国际海洋法——纪念〈联合国海洋法公约〉生效 10 周年》，海洋出版社 2004 年版，第 72 页。不过在美国学者看来，中国等发展中国家的这种要求是领土化（territorialize）专属经济区的要求，因此才被大多数国家所拒绝；中国在中美专属经济区军事活动摩擦上所做的努力，只是意图挽回其在第三次海洋法会议上主张但又失去的利益。见 Rual（Pete）Pedrozo, "Coastal State Jurisdiction over Marine Data Collection in the Exclusive Economic Zone", U. S. Naval War College, "中海", No. 7（December 2010）, p. 24。

④ 中国在 1996 年批准《公约》时未对此问题提出声明，这也为后来中美在专属经济区军事活动的争议上留下了隐患。参见 Rual（Pete）Pedrozo, "Coastal State Jurisdiction over Marine Data Collection in the Exclusive Economic Zone", U. S. Naval War College, "中海", No. 7（December 2010）, p. 24。

第 88 条是关于公海用于和平目的的，第 246 条是关于专属经济区和大陆架上的海洋科学研究的，第 301 条是海洋和平利用的。

由于以上条文都只是间接涉及专属经济区的军事活动问题，并且相关内容十分模糊，可解释的余地非常大，有的甚至可以作出完全相反或相互冲突的理解，① 这使得各国可以基于自身利益对有关的规则作不同解释，并依此进行国际实践，从而导致了 2001 年的"神秘船事件"、② 2004 年的"马六甲事件"③和中美之间关于专属经济区军事活动的多次摩擦等一系列事件。

2. 中美关于专属经济区军事活动的博弈

从近年国际实践看，目前世界上关于专属经济区内军事活动的摩擦和争端，主要发生在中美之间。中国是世界上最大的发展中国家，也是近 30 年来

---

① 如第 56 条规定沿海国根据《公约》行使权利和履行义务时应适当顾及其他国家的权利和义务，而在第 58 条中又规定其他国家根据《公约》行使权利和履行义务时应适当顾及沿海国的权利和义务，但又没有规定何种情况下应当由沿海国顾及其他国家利益，何种情况下应当由其他国家顾及沿海国利益，并且何种顾及才是适当的，因此沿海国和其他国家都可以作出有利于自己的解释。

② 2001 年 12 月 22 日上午，日本海上自卫队发现一艘不明国籍船只在日本渔业海域内航行，自卫队警告其停船后该船只没有理会，反而向公海逃逸，自卫队舰艇随即便使用机关炮进行恐吓射击，该船起火后并没有停止而是继续向西南方向逃跑。晚上 10 点左右，该不明船只被击沉，沉没地点位于中国专属经济区内。日本虽宣称此举为"正当防卫"，但因法理依据不足，引起了包括中国在内的广大亚洲国家的质疑和关注。参见 http://news. eastday. com/epublish/gb/paper138/71/class013800009/hwz564753. htm，2011 年 8 月 28日访问。

③ 为应对"9·11"事件，美国在阿富汗和伊拉克发起了两场所谓的地面反恐战争，考虑到海上的反恐战争，美国又促使修改了一项国际条约，出台了三项动议，其中一项动议就是 RMSI。RMSI 主要是为防止马六甲海峡和周边海域遭受恐怖袭击，由美国海军提出的构想，在这些海域部署美国海军、海军陆战队和特种部队的计划。这项计划如果得以实现，东南亚海域就可能出现美国海军的海上基地。RMSI 动议公布后，东南亚地区出现了两种不同的反应。赞成派为新加坡和泰国，它们把美国海军的存在视为海洋安全的前提。反对派则是马来西亚和印度尼西亚，它们认为美国在马六甲海峡周边建立海上基地会侵犯本国的主权。2004 年 6 月，马来西亚和印尼在巴厘岛达成协议，同意在马六甲海峡举行联合军演，以共同对付恐怖主义和海盗威胁，并确保经过海峡的外国舰队遵循海洋法公约的适当程序。以此回应美国的 RMSI。参见洪农：《浅析美国对〈联合国海洋法公约〉立场的演变》，载高之国等主编：《国际海洋法的新发展》，海洋出版社 2005 年版，第 91 页；或参见《日学者鼓吹日应借海上反恐名义主导亚洲海洋安全新秩序》，载 http://www. cetin. net. cn/cetin2/servlet/cetin/action/HtmlDocument Action？baseid = 1&docno = 178362，2011 年 8 月 28 日访问。

世界上发展得最快的国家，而美国自冷战之后成为世界上唯一的超级大国，同时也是世界上最发达的国家，因此中美之间关于专属经济区军事活动的争端也是最具代表性的。

美国对中国的海上军事侦察活动由来已久，"自从新中国成立后，美国就从未中断过对我国沿海的侦察飞行。"① 不过在《海洋法公约》之前，海洋只有公海和领海之分。领海只有 12 海里，领海以外全部是公海，公海奉行的是公海自由原则，美国在公海之上针对中国进行军事侦察，中国很难诉诸于国际法。1982 年的《海洋法公约》确立了一项全新的制度，即专属经济区制度。根据《公约》规定，专属经济区是自领海基线量起向海一面不超过 200 海里的一带海域。专属经济区的范围原来是公海海域，是他国针对沿海国军事活动的最主要区域。专属经济区的建立使原来在公海上进行的军事活动变成了在沿海国专属经济区上的军事活动。由于专属经济区的制度既不同于领海，也不同于公海，并且中美基于各自利益对专属经济区作出了不同的法律解读，这使原来公海上军事间谍活动的争端逐渐演变成关于专属经济区上的军事活动合法性的争端。

进入 21 世纪以后，美国对中国的海上军事间谍活动日益频繁，经常抵近中国海岸活动。虽然中国对此多次同美国进行交涉，但收效甚微。2001 年以来，中美之间在专属经济区之间发生了三次较大的军事摩擦事件，这三个事件在世界范围内尤其是中美两个当事国之间激起对专属经济区内军事活动合法性的广泛而深入的讨论，虽然中美之间并未就此达成一致，不过幸运的是，"since the ongoing friction and occasional incidents, tense as they are, are managed and contained by this resort to law rather than to force"。② 也为今后解决类似问题提供了较好的借鉴。

（1）南海撞机事件③

2001 年 4 月 1 日上午，美国一架 EP—3 军事侦察机在中国海南岛东南海域上空进行军事侦察活动，中国派出两架歼—8 战斗机对美机的活动进行跟踪和监视。9 点 7 分左右，当双方飞机位于海南岛东南 104 公里上空时，美机违反飞行规则突然转向，撞上其中一架中国军机，致使中国军机坠毁，一名中方飞行员罹难。受损美机在未经许可的情况下，进入中国领空，并降落在海南陵

---

① 唐家璇：《回忆 2001 年中美南海"撞机事件"》，载《晚霞》2010 年第 6 期。

② Peter Dutton, "Introduction", U. S. Naval War College, "中海", No. 7 (December 2010), p. 3.

③ 参见唐家璇：《回忆 2001 年中美南海"撞机事件"》，载《晚霞》2010 年第 6 期。

水军用机场。按照国际惯例，中国对美国军机和 24 名机组人员进行了控制。经双方多次交涉，4 月 11 日，美方就撞毁中国军机、造成中方飞行员失踪和未经许可闯入中国领空并降落中国机场等问题向中方作了道歉。4 月 12 日，中国释放了美方机组人员。7 月 3 日，美机经拆解后分批全部运离中国。

（2）"鲍迪奇"号事件①

"鲍迪奇"号编号 T - AGS62，是美国海军所属的 5 艘海洋地理勘测船之一，实际上是美国海军的间谍船，主要从事海图测绘、水文调查和水下监听等军事活动。2002 年 9 月，"鲍迪奇"号进入中国黄海海域的专属经济区进行军事作业。中国海、空军及海监部门派出了舰船和飞机对"鲍迪奇"号进行跟踪、监视和拦截。中国军机多次低空飞越"鲍迪奇"号，并用国际通用通信频道向其发出警告，但"鲍迪奇"号置之不理，继续进行军事作业。此后，一艘正在附近海面上作业的中国渔船将"鲍迪奇"号拖曳式声呐上的水下听音器撞飞，"鲍迪奇"号无法继续作业，只能返回在日本的美军海军基地。②

（3）"无瑕"号事件③

2009 年 3 月 8 日，美国"无瑕"号海洋测量船在距中国海南岛南部大约 120 公里处的南海海域的中国专属经济区内，进行水文、地质、地貌测量和水下侦听等军事活动，遭到中方包括一艘海军情报收集船、一艘海事局渔业监督船、一艘国家海洋水文监督船和两艘拖网渔船在内的 5 艘舰船跟踪、拦截。"无瑕"号用船上的消防水龙头向中国舰船喷水，中国舰船采用往水中抛木头的方式进行拦截，最终迫使"无瑕"号紧急下锚停船。这次事件受到国际社会广泛关注，引发了中美官方和学界的激烈争论和交锋。美方称中方侵害了其依国际法享有的公海航行和军事活动自由，并称中方的拦截行为是充满挑衅和不专业的行为；④ 中方则称美方未按《公约》规定征得沿海国同意就在其专属经济区内进行海洋科学研究和军事活动，侵犯了沿海国依《公约》享有的管

---

① 参见徐骏文：《"鲍迪奇"号——游荡在中国海域的间谍船》，载《环球军事》2003 年第 1 期，第 44—45 页；洪农：《浅析美国对〈联合国海洋法公约〉立场的演变》，载高之国等主编：《国际海洋法的新发展》，海洋出版社 2005 年版，第 92 页。

② 事后，虽然中美双方对此争议较大，不过由于美国的主要精力在"伊拉克战争"上，不愿意在此期间影响中美关系，因此没有形成大的外交事件。

③ 张晏瑲：《"无瑕号"冲突事件背后的国际海洋法思考》，载《山东大学法律评论》2010 年第 7 期。

④ Rual（Pete）Pedrozo, "Coastal State Jurisdiction over Marine Data Collection in the Exclusive Economic Zone", U. S. Naval War College, "中海", No. 7（December 2010）, p. 30.

辖权。

3. 法律分析

为弥合分歧,寻找解决问题的途径,2002 年至 2005 年,由美国东西方研究中心联合印尼东南亚研究中心、日本船舶基金会海洋政策研究所等带有官方背景的学术机构,连续组织召开了 5 次关于专属经济区内军事活动的讨论对话;[①]"无瑕号事件"后,中美双方为了增进对互相基本观点的了解、丰富在中美"防御协商协议"和"海上军事协商协议"框架下的对话维度,2009 年7 月在美国纽波特海军战争学院[②]召开了主题为"专属经济区军事活动的战略意义"[③] 的研讨会,来自中美政界、军界、法律界和学术界的 50 名代表参加了会议。[④] 各界对专属经济区的军事活动问题纷纷发表观点。

支持外国在沿海国专属经济区内进行军事活动的理由主要有:(1)专属经济区适用公海航行和飞越自由原则,公海航行和飞越自由包含了军事活动自由,因此外国可以在专属经济区内自由进行任何军事活动;(2)在专属经济区内针对沿海国进行的侦察监听等军事活动,符合海洋和平利用原则,沿海国无管辖权;(3)专属经济区内的水文调查、海图测绘等活动不属于海洋科学研究活动,沿海国无管辖权。反对的理由主要有:(1)专属经济区内的航行和飞越自由不同于公海航行和飞越自由,公海航行和飞越自由不包含军事活动自由;(2)外国虽然可以在专属经济区内进行军事活动,但应尊重沿海国的有关权利(经济性的主权权利和管辖权),遵守《海洋法公约》和有关国际法规则,其中军事侦察、水下监听等活动有害于沿海国的和平、安全和良好秩序,不符合海洋和平利用原则,与公约宗旨不符,因此不得施行;(3)水文测量、海图测绘等行为属于海洋科学研究,沿海国有管辖权。

通过讨论,问题的焦点最终集中在以下五个方面:一是外国在沿海国专属经济区内的航行和飞越自由是否与公海航行和飞越自由相同,完全不受限制;二是航行和飞越自由的含义是什么,是否包含了军事活动自由;三是海洋和平利用原则是否排斥军事活动,外国在专属经济区内针对沿海国的侦察监听活动

---

① 田士臣:《专属经济区的军事活动——兼评"21 世纪 EEZ 小组"之〈专属经济区航行和飞越指针〉》,载高之国等主编:《国际海洋法发展趋势研究》,海洋出版社 2007 年版,第 137 页。

② 即 "U. S. Naval War College"。

③ 原文为 "The Strategic Implications of Military Activities in the EEZ"。Peter Dutton,"Introduction", U. S. Naval War College,"中海", No. 7(December 2010), p. 2。

④ Peter Dutton, "Introduction", U. S. Naval War College,"中海", No. 7(December 2010), p. 2.

是否与海洋和平利用原则不符;四是水文测量和海图测绘等活动是否属于海洋科学研究活动;五是沿海国对专属经济区内的何种外国军事活动有管辖权。

第一,外国在沿海国专属经济区内的航行和飞越自由是否与公海航行和飞越自由相同,完全不受限制。

《公约》第 58 条第 1 项规定:"在专属经济区内,所有国家,不论为沿海国或内陆国,在本公约有关规定的限制下,享有第八十七条所指的航行和飞越的自由,铺设海底电缆和管道的自由,以及与这些自由有关的海洋其他国际合法用途,诸如同船舶和飞机的操作及海底电缆和管道的使用有关的并符合本公约其他规定的那些用途。"第 87 条是关于公海自由的规定。首先,所谓的自由是不可能没有限制的,即使是公海上的航行和飞越自由,也要顾及其他国家和个人的合法利益,不可能包含任何类型的军事活动。① 其次,从第 58 条的规定可以看出,专属经济区的航行和飞越自由,应当是在"公约有关规定的限制下"的,由于沿海国在专属经济区还有与经济开发有关的主权权利和人工岛屿、设施、结构与海洋科学研究、海洋环境保护和保全等管辖权,这些权利和权力不但是《公约》明文规定的,而且也有国际习惯法的效力,因此不管是《公约》缔约国还是非缔约国,在专属经济区内实施航行和飞越自由必然要顾及这些利益,不可能是完全不受限的。

第二,航行和飞越自由的含义是什么,是否包含了军事活动自由。

首先,不论是从国际法和海洋法的发展历史还是理论上看,规定航行和飞越自由的最重要意义在于保障船舶和飞机的通行,也就是说只有以"通过"为目的的航行和飞越才是航行和飞越自由保障的对象,非以"通过"为目的的军事活动不在航行和飞越自由的保障之列。其次,从《公约》的语境来看,航行和飞越自由和与这些自由有关的国际合法用途之间的关系应该是主次关系,即航行和飞越自由应是主,与这些自由有关的国际合法用途应当是次。比如为了航行和飞越而实施必要的停船、下锚等活动,这些活动如果是合国际法的,才是包含在《公约》语境内的"与这些自由有关的海洋其他国际合法用途"。如果二者的关系不是主次关系,是并列关系,或者前者是次后者是主,那么会造成一种情况,任何海上的活动都将与航行和飞越自由扯上关系,因为任何海上的活动都必然涉及航行和飞越。最后,即使是"同船舶和飞机操作"

---

① 根据 20 世纪 60 年代以来的一系列禁止在特定区域进行核武器试验、核不扩散和无核区的条约,公海和专属经济区的核军事活动都是受到限制的。参见田士臣:《专属经济区的军事活动——兼评"21 世纪 EEZ 小组"之〈专属经济区航行和飞越指针〉》,载高之国等主编:《国际海洋法发展趋势研究》,海洋出版社 2007 年版,第 147 页。

有关的国际合法用途也不可能包括军事活动自由。因为海上的军事活动必然要涉及船舶和飞机的操作，但船舶和飞机的操作不一定涉及海上军事活动，如果《公约》规定了海上军事活动的自由，没有规定涉及"船舶和飞机操作"的规定，那么理论上应当是允许进行"船舶和飞机操作"，否则海上军事活动将无法进行。反之，《公约》规定了"船舶和飞机操作"的自由，则不必然包含海上军事活动的自由，否则将造成所有的海上军事活动都是《公约》许可的。

第三，海洋和平利用原则是否排斥军事活动，外国在专属经济区内针对沿海国的侦察监听活动是否与海洋和平利用原则不符。

《公约》第 301 条规定，海洋的和平使用，即缔约国使用海洋"应不对任何国家的领土完整或政治独立进行任何武力威胁或使用武力，或以任何其他与《联合国宪章》所载国际法原则不符的方式进行武力威胁或使用武力"。《联合国宪章》认可的唯一合法的武力使用方式即是第 51 条规定的自卫的武力使用。因此，从文字上理解，《公约》所指的海洋和平使用是非武力威胁和使用武力的行为。

《公约》对"军事活动"没有进行定义，理论和实践中也有不同的理解和分类。① 不过可以肯定的是军事活动并不一定是非和平的。传统意义上军事活动通常与战争相关，以非和平方式出现，但现代的军事活动早已超越了传统范

---

① 比如"21 世纪 EEZ 小组"在《专属经济区航行和飞越指针》中将海上军事活动定义为："军事船舶、航空器和装置运行，包括情报收集、演习、试验、训练及武器联系。"参见田士臣：《专属经济区的军事活动——兼评"21 世纪 EEZ 小组"之〈专属经济区航行和飞越指针〉》，载高之国等主编：《国际海洋法发展趋势研究》，海洋出版社 2007 年版，第 137 页。美军将军事行动按其方式和目的分成大规模作战行动、国土防御、民事支援、打击、袭击、显示武力存在、制裁、保护海运、航行和飞行自由、和平行动、支援反叛乱、反叛乱行动、打击恐怖主义、非战斗人员撤离行动、恢复行动、后果管控、人道主义援助、国家援助、军备控制和裁军、日常例行的军事活动 20 种。参见美参联会 2006 年《联合作战纲要》（JP3—0）。中国学者把军事行动分成战争军事行动和非战争军事行动，非战争军事行动又具体包括了维护社会稳定、维护国家权益、抢险救灾、支援经济建设、维持国家或地区和平、军事合作交流 6 种。参见杜立平、吴云习：《非战争军事行动的内涵与类型区分》，载《中国军事科学》2008 年第 6 期。但无论如何，平时海上军事活动至少应包含但不限于以下几种具体行为：例行性巡航和海军机动、海上军事演习、海上军事试验、海上军事设施的部署和安置、海上后勤支持、海上军事科学研究、海上搜救、军舰出访、海上军事情报搜救等。参见高健军：《中国与国际海洋法——纪念〈联合国海洋法公约〉生效 10 周年》，海洋出版社 2004 年版，第 71 页；田士臣：《专属经济区的军事活动——兼评"21 世纪 EEZ 小组"之〈专属经济区航行和飞越指针〉》，载高之国等主编：《国际海洋法发展趋势研究》，海洋出版社 2007 年版，第 138 页。

畴，其内容和外延比过去要广泛和复杂，其中有不利于和平或不以和平为目的的，也有有利于和平或直接以和平为目的的，比如恢复和平行动、打击恐怖主义、抢险救灾等，联合国安理会也常常会授权会员国执行一些维持和平的军事行动。因此，和平不等于非军事化，而军事化也不等于非和平，和平利用海洋原则并不排斥所有的军事行动，外国在沿海国专属经济区内进行的军事活动只要不是非和平的应当都是可以的。

外国在专属经济区内针对沿海国的侦察监听等情报收集活动肯定是对沿海国不友好的行为，根据《公约》第19条第2款b项，也是有害于沿海国的和平、安全和良好秩序的行为。但是有害于沿海国的活动不一定是不和平的（当然这种活动常常是不和平的或不是出于和平目的的），因此也不能简单地认为一概与海洋和平利用原则不符。

第四，水文测量和海图测绘等活动是否属于海洋科学研究活动。

认为水文测量和海图测绘等海洋测量活动不属于海洋科学研究的理由主要有：其一，海洋科学研究通常被定义为 "those activities undertaken in the ocean and coastal waters to expand scientific knowledge of the marine environment and its processes"，其收集的数据通常是在科学和公共领域共享的；而水文测量等活动通常被定义为 "obtaining of information for the making of navigational charts and safety of navigation"，其目的是为了保障航行安全和进行海图绘制。① 其二，《公约》在多个条文里将海洋科学研究和水文测量活动并列表述，② 表明《公约》文义下海洋科学研究是不包含水文测量的。

不过抛开《公约》的条文看，事实上科学研究是非常宽泛且复杂的概念，包含了一切以科学方式探究客观世界和主观世界的过程。从一般理解和专业理解，水文测量和海图测绘等海洋测量活动毫无疑问是属于海洋科学研究的活动。比如联合国对水文测量定义为一种关于 "measuring and depicting those parameters necessary to describe the precise nature and configuration of the sea‑bed and coastal strip, its geographical relationship to the land‑mass, and the characteristics and dynamics of the sea" 的科学。③ 即使是美国的海洋科学家也承认，"海洋科学研究是一个综合概念，对海观测、资料收集、资料分析和研究是这

---

① Rual（Pete）Pedrozo, "Coastal State Jurisdiction over Marine Data Collection in the Exclusive Economic Zone", U.S. Naval War College, "中海", No. 7（December 2010）, p. 28.

② 见《公约》第19条第2款 j 项、第21条第1款 g 项、第40条、第54条。

③ Rual（Pete）Pedrozo, "Coastal State Jurisdiction over Marine Data Collection in the Exclusive Economic Zone", U.S. Naval War College, "中海", No. 7（December 2010）, p. 28.

个概念中不可缺少的必要环节和步骤。我们的工作方式是'海上一把抓，上岸再分家'"。① 也就是说，在实际的海洋测量过程中，海洋科学研究和基于军事和航行目的的测量是分不开的，只有到了岸上之后才根据数据类型区分不同用途。但是如果严格从《公约》文字来看，水文测量等海洋测量活动是不包含在海洋科学研究之中的。

由以上分析可以看出，不论是支持还是反对专属经济区中的外国军事活动的观点，都有一定的合理性。不过客观地讲，《公约》的规定是有利于主张合法化专属经济区内外国军事活动的国家的。但是从《公约》的谈判过程和《公约》被批准后一系列国家的声明和实践来看，《公约》实际上是"第三世界国家与海洋大国的相互妥协……这种妥协……虽然确保了会议的成功"，②但掩盖了国际社会对专属经济区的外国军事活动问题的不一致，为后来的国际实践埋下了隐患，也造成了中美之间的一系列博弈。

不过换个角度看，《公约》的这种故意遗漏产生的"剩余权利"也给国际实践留下了巨大空间。从发展的角度看，《公约》是在一系列国际实践基础上产生的，因此这种遗漏也未必就是坏事。

（二）军舰的无害通过问题

1. 无害通过

"无害通过"是指他国船舶在不损害沿海国的和平、良好秩序或安全等情况下，可以以通过为目的不经沿海国批准而航经沿海国的领海。无害通过的最大意义就在于各国船舶可以避免复杂烦琐的通报和批准程序而在海洋上自由航行，"这种权利被正确地称为是公海自由原则的一种结果，因为如果没有这种权利，各国船舶在公海的航行将在事实上成为不可能"。③ 无害通过制度一直以来以国际习惯方式被世界各国所实践，并于1958年被写入《领海及毗连区公约》，之后又为《海洋法公约》所吸收。

所谓"无害"是指不得损害沿海国的和平、安全和良好秩序，并符合国际法规则。《海洋法公约》规定了12种非"无害"的行为，包括直接危害沿海国安全的行为和有损沿海国其他利益的行为。前者包括在沿海国领海内对沿海国的主权、领土完整或政治独立进行任何武力威胁或使用武力，进

---

① 任筱锋：《海上军事行动法手册》（平时法卷），海潮出版社2009年版，第191、192页。

② 任筱锋：《海上军事行动法手册》（平时法卷），海潮出版社2009年版，第27页。

③ ［英］劳特派特修订：《奥本海国际法》，上卷第二分册，王铁崖、陈体强译，商务印书馆1971年版，第30—31页。

行任何种类的武器操练、演习，任何目的在于搜集情报使沿海的防务与安全受损害的行为，任何目的在于影响沿海国防务或安全的宣传行为，在船上起降或接载任何飞机，在船上发射、降落或接载任何军事装置等；后者包括任何捕鱼活动，违反《公约》的任何故意和严重的环境污染行为，任何研究和测量行为，任何目的在于干扰沿海国任何通信系统或者任何其他设施或设备的行为，违反海关、财政、移民、卫生等法律规章以及其他与通过无直接关系的行为。①

所谓"通过"是指为了驶入或驶出内水或通过领海不进入内水，而进行的连续不停和迅速的航行，包括通常航行过程所附带发生的必要停船和下锚。

根据《海洋法公约》，无害通过制度主要适用于沿海国领海，此外还适用于原属于领海但由于采用直线基线而被划入内水的一带水域、② 不适用过境通行制度的用于国际航行的海峡、在公海或专属经济区的一个部分和外国领海之间的用于国际通行的海峡③和群岛水域④。

2. 军舰的无害通过权之争

军舰是否享有无害通过权历来都是无害通过制度中最具争议的问题。在海洋法发展早期的国际实践中，军舰无阻碍地通过他国领海的权利虽然没有获得一般承认，也没有遭到任何国家的实际反对，⑤ 但是国际社会还是倾向于军舰不具有无害通过的权利或者军舰通过他国领海应当受到限制。⑥ 自 19 世纪 50 年代的海洋立法起，军舰的无害通过问题就开始逐渐受到关注。由于军舰不同于普通的商船，商船之所以可以享有从航行自由衍生出的无害通过权，是基于其自由航行带来商业贸易的繁荣有利于世界发展，而军舰具有军事性，其作为一国的武力存在本身就是对他国的一种威胁或威慑。军舰通过他国领海"并不是世界一般利益所要求的。这种特权只有利于该个别国家，而常常有害于第

---

① 见《公约》第 19 条第 2 项。

② 见《公约》第 8 条第 2 项。

③ 见《公约》第 45 条第 1 项。

④ 见《公约》第 52 条第 1 项。

⑤ ［英］劳特派特修订：《奥本海国际法》，上卷第二分册，王铁崖、陈体强译，商务印书馆 1971 年版，第 32 页。

⑥ 高健军：《中国与国际海洋法——纪念〈联合国海洋法公约〉生效 10 周年》，海洋出版社 2004 年版，第 46 页。1894 年国际法学会通过的关于领海制度的规则和 1930 年海牙国际法编纂会议的《领海法律地位草案》附件一。

三国；有时也对其通过水域的所属国构成威胁"，① 并且其在领海的通过也不可能是完全无害的②，因此代表新兴海洋势力的国家一般主张军舰不享有无害通过权或军舰通过他国领海应当经事先获得批准或同意，而传统海洋强国则持相反的主张，即认为军舰与普通商船一样享有无害通过权。

关于无害通过制度，《领海及毗连区公约》和《海洋法公约》都作了规定。《领海及毗连区公约》第一编第三节 A 款"适用于一切船舶的规则"下第 14 条第 1 项规定："无论是否沿海国之各国船舶依本条款之规定享有无害通过领海之权。"《海洋法公约》第二部分第三节 A 分节"适用于所有船舶的规则"下第 17 条规定："在本公约的限制下，所有国家，不论为沿海国或内陆国，其船舶均享有无害通过领海的权利。"比较两个规定，可以看出除了措辞上的差别外，基本没有实质差别。

对两个公约是否确立了军舰的无害通过权，目前有三种不同的理解：

（1）军舰的无害通过权两个公约已经明确确立。第一，两个公约都明文规定无害通过权"适用于所有船舶"，军舰毫无疑问是包含在船舶的概念之下。第二，公约规定了潜水艇无害通过领海时的航行方式，③ 由于当时潜水艇多数是军舰，因此可以推断出公约实际赋予军舰无害通过领海的权利。第三，《海洋法公约》第 19 条第 2 项关于非"无害"方式的规定，有些是专门针对军舰的（比如其中 b 目或 f 目），如果军舰被排除在无害通过权外，这些规定就毫无意义。

（2）军舰不享有无害通过权。第一，根据推断军舰享有无害通过权的依据，也可以作出相反推断。因为公约既然在"适用于所有船舶的规则"之外还规定了专门"适用于军舰的规则"，证明了公约对军舰的认识是不同于一般商船的。事实上实践中军舰也的确不同于一般商船，并且军舰的无害通过权事关重大，对如此重要的制度公约应当明确规定才是，而不能以推断进行。第二，虽然关于潜水艇航行方式和非"无害"通过的方式显然是适用于军舰的，但只要公约没有明示规定，就只能作出存疑推断，而不能明确推断为军舰享有

---

① 高健军：《中国与国际海洋法——纪念〈联合国海洋法公约〉生效 10 周年》，海洋出版社 2004 年版，第 55 页。

② 军舰航行时，为了航行安全通常要进行雷达和声纳操作。根据无害通过的要求，船舶进行无害通过时应当停止所有非"无害"的行为，包括非为了航行安全的雷达和声呐的操作等。但一般沿海国很难判断军舰的雷达和声纳操作是否出于航行安全目的，因此就不能排除有害的可能。Wolff Heintschel von Heinegg, "Warships", http://www.mpepil.com/, visited on June 8, 2011, para. 38.

③ 见《领海及毗连区公约》第 14 条第 6 项和《海洋法公约》第 20 条。

无害通过权。①

（3）从公约的准备资料以及国际实践都表明，两公约没有就军舰的无害通过问题作出明确规定。② 从《公约》文义考究，第一、第二种理解都是成立的。单从字面上理解，显然第一种解释更有道理，但从无害通过制度的重要性来看，第二种说法也很有说服力。不过对无害通过这种重要的制度仅从文义上考察，确实显得片面和草率。要真正反映军舰的无害通过权的实际状况，除了考察公约条文外，还应当了解公约制定的过程和当代国际社会的实践。这样一来，第三种理解就显得尤为重要了。

第一次海洋法会议第六期会议上，国际法委员会认为，军舰应当被允许无害通过而不需要事先的同意和通知。不过这种理解显然遭到了反对，因此在1955年的第七期会议上，国际法委员会修正了理解，认为应当强调沿海国要求军舰事先通知或获得批准的权利。这种理解被写进了1956年的草案，并沿续至《领海及毗连区公约》的表决时，不过因为海洋大国的强烈反对而未获通过。从这次会议来看，两种理解都没有被写入《领海及毗连区公约》，因此该公约在军舰的无害通过问题上应当是没有明确规定的。第三次海洋法会议期间，各国就军舰的领海无害通过权又展开了激烈的争论。最后，为了防止会议分裂，提出限制军舰无害通过权的共同提案国没有坚持表决，但在通过《海洋法公约》时发表声明："A/CONF. 62/L. 117 号文件修正案提案国曾建议修正有关案文，以澄清公约草案案文的意义，但为了响应大会主席的呼吁，同意不要求付诸表决。但提案国欲重申，他们的这项决定不影响沿海国依照公约草案第 19 条（无害通过的意义）和第 25 条（沿海国的保护权）采取措施，保障其安全利益。"由此可见事实上各国对《公约》关于军舰的领海无害通过问题是没有达成一致的。③ 国际实践也表明，世界各国对军舰无害通过权并没有形成统一的认识。对军舰通过领海的限制，据统计，截至 1981 年，有 23 个国家要求事先批准或通知，其中 17 个国家要求事先批准，6 个国家要求事先通知；至 1997 年 1 月 1 日，有 41 个国家要求事先批准或通知，其中 28 个国家

---

① 高健军：《中国与国际海洋法——纪念〈联合国海洋法公约〉生效 10 周年》，海洋出版社 2004 年版，第 49 页。

② 詹宁斯、瓦茨修订：《奥本海国际法》（英文版），第 9 版，第 618 页。转引自李红云：《也谈外国军舰在领海的无害通过权》，载《中外法学》1998 年第 4 期，第 88 页。

③ 高健军：《中国与国际海洋法——纪念〈联合国海洋法公约〉生效 10 周年》，海洋出版社 2004 年版，第 46—48 页。

要求事先批准，13 个国家要求事先通知；① 不过到 2008 年 10 月 31 日，统计数据为 39 个国家要求事先批准或通知，其中 27 个国家要求事先批准，12 个国家要求事先通知。② 在批准和通知程序上，各国做法也不尽相同，有的国家只是简单地规定要事先获得许可或批准，有的国家则要求具体提请批准的时间，如尼加拉瓜要求提前 15 天通知，有的国家则对通过的军舰数量有要求，如克罗地亚。

在支持或不反对军舰无害通过的国家中，也不是所有国家都是一致的。有的国家是不反对，而有的国家则是明确声明或以实际行动表示支持的。比如德国、意大利、英国、荷兰在批准《公约》时声明一切船舶都享有无害通过权的，③ 智利和立陶宛则是要求对军舰的无害通过实行互惠，④ 美国虽然没有加入《海洋法公约》，不过在军舰无害通过的立场上一直持支持态度，苏联的立场则是先反对后支持。⑤

从数量上看，虽然支持或不反对军舰享有无害通过权的国家显然占了多数，但是持反对立场的国家数量也不少，而且数据上看自 1983 年以来双方对

---

① 高健军：《中国与国际海洋法——纪念〈联合国海洋法公约〉生效 10 周年》，海洋出版社 2004 年版，第 52 页。不过也有资料显示 1983 年左右，要求事先批准时通知的国家就已经达到 40 个。参见李红云：《也谈外国军舰在领海的无害通过权》，载《中外法学》1998 年第 4 期，第 90 页。

② Wolff Heintschel von Heinegg, "Warships" [DB/OL], http://www.mpepil.com/, visited on June 8, 2011, para. 37.

③ 荷兰要求在其领海内外国军舰不超过 3 艘时不需要事先许可，并且同一艘军舰离境后 30 天内不得再进入荷兰领海。参见高健军：《中国与国际海洋法——纪念〈联合国海洋法公约〉生效 10 周年》，海洋出版社 2004 年版，第 52—53 页。

④ Wolff Heintschel von Heinegg, "Warships" [DB/OL], http://www.mpepil.com/, visited on June 8, 2011, para. 37.

⑤ 在第一次海洋法会议期间，苏联是主张军舰不享有无害通过权的。不过到了第三次海洋法会议的时候，苏联转为支持军舰享有无害通过权。不过当时苏联虽然支持军舰享有无害通过权，但在国内立法上对军舰的无害通过权作了限制，该限制引起了美国的强烈不满。为了重申美国的航行自由权利，美国在黑海实施了一项"自由航行计划"，这项计划导致了苏美之间的不断冲突。1988 年 2 月 12 日，美国"卡隆"号驱逐舰和"约克敦克"号导弹巡洋舰闯入黑海的苏联领海，在距岸 7 至 10 海里处航行，苏方派出了两艘护卫舰进行驱逐，双方舰船发生了碰撞，但没有造成人员伤亡，事后苏美经过外交谈判签署了《Joint Statement by the United States of America and the Union of Soviet Socialist Republics with Attached Uniform Interpretation of Rules of International Law Governing Innocent Passage》，该声明在两国之间进一步确认了军舰享有无害通过权。

比没有发生太大的变化。这表明了这样一个事实，即世界各国对军舰的无害通过并没有达成共识，只在大的方向上形成了两种相对的立场，而由这两种规则构成的一个国际习惯，可以表述为：沿海国可以允许外国军舰的无害通过，也可以为军舰通过其领海设定特殊的限制。

不过不论军舰是否享有无害通过他国领海的权利，军舰在航经他国领海时，不管依国际公约还是国际习惯法的规定，都应当遵守该领海所属国的法律法规，否则沿海国可以要求军舰离开领海，如果军舰不服从沿海国的要求，沿海国可以诉诸一切必要且适当的手段，如登临、检查、拿捕，包括最后使用武力。①

（三）其他特殊海域的军舰存在

除了《海洋法公约》确定的各种海、空域以外，目前世界上还存在一些特殊的海空区域，有的是一国为满足特定的利益和需要而依据国际法或自行划定的，比如军事演习区、防空识别区、海洋环境保护特殊区域等，有的是其他国际条约确定的，如南极、无核区等。这些海空区域类型多样，情况复杂。按设定区域的依据分，可分为有国际法依据的区域和没有国际法依据的区域；按区域存续的时间分，可分为临时性区域和永久性区域；按区域存在的空间分，可分为国家主权区域内的区域，介于主权区域和国际区域间的区域，国际区域内的区域；按区域是否存在争议，可分为有争议的区域和公认的区域等。

1. 南极地区

一般理解，南极地区指的就是南极大陆及周边岛屿。历史上，曾有多个国家对南极提出主权要求。为了防止南极领土主张问题演变成新的国际争端，20世纪50年代，美国、苏联、英国、阿根廷等12国②就冻结南极主权要求、南极非军事化等问题进行了谈判磋商，并于1959年12月1日达成了《南极条约》。根据《南极条约》，南极是指南纬60°以南的陆域和海域，包括冰架；在该条约存续期间，冻结对南极任何形式的领土要求；南极用于和平目的，禁止任何军事性措施；禁止在南极进行任何核爆炸和倾倒放射性废料和物质；鼓励各国在南极科考中进行国际合作。

由于《南极条约》并不阻止为科学研究和任何其他和平目的而使用军事人员或设备，因此出于非军事目的在南极地区的军舰航行、以支持科学研究和

---

① Wolff Heintschel von Heinegg, "Warships", http://www.mpepil.com/, visited on June 8, 2011, paras. 42—43.

② 另外8个国家是澳大利亚、比利时、智利、法国、日本、新西兰、挪威、南非。

其他和平目的而使用军舰，都是国际法所允许的。

2. 北极地区

北极地区指的是北冰洋地区，其地理范围为北纬 66°33′ 以北的海域。由于环北极国家对北极地区的岛屿、专属经济区等海陆区域争端一直很激烈，① 《公约》对北极争端解决的作用有限，所以北极地区目前法律地位尚不确定。军舰在北极地区活动，在环北极各国合法要求的领海和专属经济区等国家管辖海域内，应尊重各国主权和管辖权，遵守各国依《公约》制定的相关法律，其余区域可以按公海自由原则进行活动。

3. 无核区

无核区即无核武器区，是控制和禁止使用核能的地区。目前通过国际条约建立的无核区有拉丁美洲无核区、非洲无核区、南太平洋无核区、东南亚无核区②和中亚无核区③5 个。此外，蒙古在 1998 年在其全境设立了无核区，得到了联合国大会以及中、美、俄、英、法五大国的支持。④

根据建立无核区的国际条约和国际实践，无核区的建立不影响其原有的航行和飞越的有关权利，因此军舰在无核区内，仍可按原有权利进行军事航行和飞越以及其他符合《海洋法公约》的军事活动，但装载有核装置或核动力军舰则应严防进入无核区。有核国家的军舰通过无核区时，一般采取既不肯定也不否定携带核武器的态度。⑤

4. 国际运河

国际运河是人工开凿的重要国际海上通道。目前世界上比较重要的运河有苏伊士运河、巴拿马运河、基尔运河等。国际运河一般位于一国领土内，属于一国内水，运河所在国对其享有完全的主权。由于国际运河通常对国际航行具有重要意义，因此通常遵循特定的通过规则，一般对所有国家的所有船舶

---

① 北极争端主要表现为领土争端、海域划分争端、航道争端、外大陆架争端，十分复杂。参见董跃：《论海洋法视角下的北极争端及其解决路径》，载《中国海洋大学学报》（社会科学版）2009 年第 3 期，第 6—8 页。

② 任筱锋：《海上军事行动法手册》（平时法卷），海潮出版社 2009 年版，第 54 页。

③ 2009 年 3 月 21 日，哈萨克斯坦、吉尔吉斯斯坦、塔吉克斯坦、乌兹别克斯坦和土库曼斯坦 5 国签署的《中亚无核区武器条约》正式生效。中亚继拉美、南太平洋地区、非洲以及东南亚之后，成为世界上第五个无核武器地区，也是北半球建立的第一个无核区。参见 http://baike.baidu.com/view/2582229.htm，2011 年 10 月 5 日访问。

④ 参见 http://news.wenweipo.com/2000/10/06/IN0010060018.htm，2011 年 10 月 6 日访问。

⑤ 任筱锋：《海上军事行动法手册》（平时法卷），海潮出版社 2009 年版，第 222 页。

（包括军舰）都开放。

军舰通过国际运河，应事先向运河所在国提出申请，经批准后通过，并应按规定缴纳管理费和服务费。此外，军舰还应当遵守运河所在国的法律法规、风俗习惯和通过规则等。①

5. 用于国际航行的海峡

海峡是介于两块陆地之间沟通两个海或洋的狭窄水道。据统计，全世界大约有 1000 多个海峡，可用于航行的约有 130 多个，经常用于国际航行的海峡大约有 40 多个。② 由于用于国际航行的海峡的功能意义要优于其地理意义，因此通常实行特殊的通过制度。根据国际法规定，用于国际航行的海峡通过制度有四种：自由通行制度、过境通行制度、无害通过制度和专门条约规定的通行制度。③

根据《海洋法公约》第 36 条，如果穿过某一用于国际航行的海峡有在航行和水文特征方面同样方便的一条穿过公海或穿过专属经济区的航道，则在此航道中适用公海的自由通行制度，如尤卡坦海峡、莫桑比克海峡和台湾海峡等。在这种海峡中通过，军舰比照在公海或专属经济区中的自由和权利享有自由和权利。

如果海峡是领海海峡④，介于公海或专属经济区的一个部分和公海或专属经济区的另一个部分之间，则可能实行过境通行制度或无害通过制度。根据《海洋法公约》第 38 条规定，领海海峡一般实行过境通行制度。但如果领海海峡是由一国的大陆和岛屿构成，并且该岛向海一面有航行和水文特征方面同样方便的一条通过公海或者专属经济区的航道，或者介于公海或专属经济区与一国领海之间的领海海峡，则实行无害通过制度。在这种海峡中，军舰应分别遵守过境通行制度和无害通过制度。

此外，根据《海洋法公约》第 35 条第 2 款（c）项，某些海峡的通过已全部或部分地规定在长期存在、现行有效的专门关于这种海峡的国际公约中，则应适用该国际公约规定的通过制度。这种海峡有黑海海峡、丹麦海峡和麦哲伦海峡等。军舰通过这种海峡，则应遵守该国际公约有关军舰的特殊规定，比

---

① 任筱锋：《海上军事行动法手册》（平时法卷），海潮出版社 2009 年版，第 220 页。

② 任筱锋：《海上军事行动法手册》（平时法卷），海潮出版社 2009 年版，第 37、38 页。

③ 胡城军：《用于国际航行海峡的通行制度》，载《法制与社会》2009 年第 25 期。

④ 即宽度不超过 24 海里的海峡，两岸可以共属一国或分属多个国家。

如黑海海峡，平时非黑海沿岸国的军舰通过海峡时总吨位不得超过 1.5 万吨，潜水艇不得通过，而黑海沿岸国的军舰通过不受吨位限制，但主力舰必须逐个通过，潜水艇可以通过。

6. 海上禁区

根据《海洋法公约》规定和相关国际实践，沿海国为了国防安全、军事需要或者公共安全，可以也通常会在其管辖海域或公海设立一些特殊海空区域，在这些区域内禁止一切或部分的船舶和飞行器进入，这部分海空区域被称为海上禁区。根据划定区域的目的，海上禁区可分为军事类禁区或航行安全类禁区。前者主要是为了国防安全和军事需要等原因，包括军事禁区和军事管制区，后者主要是出于航行安全管理的需要。根据区域存续的时间，可分为临时区域或永久区域。沿海国可以也有权在其领水之内划定永久的海上禁区，但在专属经济区和公海一般只划定临时性的区域。海上禁区的种类比较多，各国的称法也不尽相同，通常包括但不限于军事禁区、军事管理区、海上安全区、禁航区、训练区、武器试验区、联合军事演习区、海上临时检查区等。

合法的海上禁区划定通常应当以一定的国际条约法或国际习惯法为依据，并且应当按照划定海上禁区的习惯程序进行，最重要的是将区域存续的时间、地理坐标、禁止原因和措施在公开媒体上妥为发布，使有关各方都能以适当方式及时知晓。在国家领水之外划定海上禁区通常还避免选址在繁忙的国际航道上，或海峡、运河和通航河口附近，或他国海上训练区附近，或国际空运航线、机场附近，或限制飞行空域，或繁忙的捕鱼区，或生物资源保护区，或专属经济区和公海的各种设施附近，或具有特殊生态意义和环境保护意义的海区上等。①

军舰应当尽量避免在上述区域内出现，如果出现在上述区域内，应当按设定区域国家的要求尽速离开，否则有可能遭到驱逐或者武力攻击，从而将事态上升至国家层面。

7. 海洋环境特殊保护区②

根据 1973 年《防止船舶造成污染国际公约》及其议定书规定，海洋环境特殊保护区是指由于"与其海洋学和生态学状况以及交通特性有关的公认技术原因，需要采取强制性方法防止油类造成海洋污染的海洋区域"。军舰在这种海域航行，应遵守该海域的船舶油污排放标准。

---

① 任筱锋：《海上军事行动法手册》（平时法卷），海潮出版社 2009 年版，第 235 页。
② 任筱锋：《海上军事行动法手册》（平时法卷），海潮出版社 2009 年版，第 223 页。

8. 海上人工装置安全地带①

沿海国为了保证海上航行安全和专属经济区或大陆架内的人工岛屿、设施和结构的安全，可以在这些人工装置的周边设置合理的安全地带。一般此种安全地带的范围从这些人工装置周边各点起算不应超过500米。军舰在海上遇到这种装置时，应当尊重这种安全地带，避免以对这种装置有不利影响的方式进行航行和作业。

9. 飞行情报保障区和防空识别区②

根据《国际民用航空公约》规定，为了飞行安全、空中交通管制和警戒勤务的需要，缔约国可以在领空之外的毗邻空域设立飞行情报保障区，其他国家的飞机进入和离开缔约国领空应当按照相关规定提供飞行信息。飞行情报保障区适用于民用飞机，包括军用飞机在内的国家航空器不适用飞行情报区的规则。通常为了飞行安全，军用飞机也会遵守并利用飞行情报区的服务，但如果是执行特定的紧急、秘密或重大的军事或政治任务，可以例外。军舰附属飞行器如无特殊情况，进入飞行情报区可以遵守该区域的有关规定。

防空识别区也称"空防识别区"或"防空识别圈"，是沿海国为了国家安全和空中防御而划定的特定空域，进入该空域的飞行器应当按照规定向沿海国报告飞行信息，否则会遭到沿海国的拦截。防空识别区一般为领空外毗连领空的一带空域，有时也包括领空的一部分。防空识别区的建立没有国际条约法的依据，一般认为是依照国际习惯法。美国于1950年建立了防空识别区，是最早建立防空识别区的国家。迄今为止，已有包括加拿大、日本、德国在内的30多个国家建立了防空识别区。一般情况下，飞行目的不是进入沿海国领空的飞机，进入防空识别区不必向该国表明身份；飞行目的是进入该国领空的飞机，应当按规定表明身份、飞行性质和目的。③ 通常合理的防空识别区在实践中得到了承认和遵守。军舰的附属飞行器进入防空识别区，可以也应当尊重有

---

① 任筱锋：《海上军事行动法手册》（平时法卷），海潮出版社2009年版，第223页。

② 薛桂芳：《设立空防识别区的法理探讨》，载高之国等主编：《国际海洋法发展趋势研究》，海洋出版社2007年版，第25—35页；J Ashley Roach, "Air Defence Identification Zones", http://www.mpepil.com/, visited on November 23, 2011；高健军：《中国与国际海洋法——纪念〈联合国海洋法公约〉生效10周年》，海洋出版社2004年版，第73、74页；任筱锋：《海上军事行动法手册》（平时法卷），海潮出版社2009年版，第47、48、226、227页等。

③ 也有国家例外，如加拿大不但要求飞临的飞机报告信息，还要求途经加拿大防空识别区飞往其他地方的飞机报告信息。薛桂芳：《设立空防识别区的法理探讨》，载高之国等主编：《国际海洋法发展趋势研究》，海洋出版社2007年版，第26页。

关国家合理的防空识别区规则。

10. 空中禁区和空中走廊

根据《国际民用航空公约》第 9 条规定，缔约国由于军事需要或公共安全理由可以建立空中禁区，一律限制或禁止其他国家航空器在其内的某些地区上空飞行。空中禁区通常建立在缔约国的领空内，包括了禁区、限制区、危险区和禁飞区①等。空中走廊是为飞机进入国境、国内重要地区、飞行频繁地区而划定的通道，宽度一般为 8—10 千米，其目的是便于飞行管制，保证飞行安全。②

根据《海洋法公约》的规定，在进入一国领海的船舶上起落或接载任何飞机的行为将被视为有害。因此军舰的附属飞行器一般不可能涉及他国空中禁区和空中走廊等空域，不过如果军舰的附属飞行器得到他国允许起飞，则应当严格遵守该国有关空中禁区和空中走廊等有关空域管制的规则。

11. 争议海域

争议海域指的是主权或者相关主权性权利存在争议的海域。在他国之间有争议的海域，军舰应避免采取任何有利于其中一方主张权利的方式进行活动；在军舰所属国与他国有争议的海域，军舰应当按所属国的要求进行活动。

四、战时军舰的法律地位

战时即战争时期，与和平时期相对应。

战争是一种集体的、有组织的相互暴力行为，对人类社会的存在和发展具有重要的意义，可以说战争是始终伴随和推动着人类社会的发展的。长久以来，战争一直是合法的。不过自《巴黎非战公约》③ 以后，战争就在法律上被

---

① 除了基于国防理由在领空内建立禁飞区外，还有一种关于禁飞区的国际实践，即作为空中攻势作战设立的禁飞区。具有以下特点：一是以绝对优势的空中进攻力量为基础。二是集空中战略战役威慑和空中战术打击于一身。不但能随时向对方传递威慑信息，而且能根据情况对敏感目标进行打击。三是规模可大可小，进程可快可缓，程度可紧可松，部署、展开、空中巡逻和截击、对敏感目标进行打击、回撤等，均可快速有效地进行。因此，设置"禁飞区"已成为强权国家实施军事干预的一种新手段。如 1992 年 8 月 "海湾战争" 中美军在伊拉克设立的禁飞区、2011 年 3 月联合国安理会在利比亚设立的禁飞区。

② 薛桂芳：《设立空防识别区的法理探讨》，载高之国等主编：《国际海洋法发展趋势研究》，海洋出版社 2007 年版，第 26 页。

③ 即《关于废弃战争作为国家政策工具的一般条约》，又名《白里安——凯洛格公约》，以发起人法国外交部长白里安和美国国务卿凯洛格的名字命名。1928 年 8 月 27 日在巴黎签订，1929 年 7 月 25 日生效。

明确废止。因此理论上在当代社会战争是非法的，不应该存在。不过事实上，军事意义的战争并未从此终止，依然以各种形态存在于国际社会中，而传统的战争法体系也相应地逐渐演变成现代的武装冲突法体系。

本文之所以采用"战时"这一表述，一是出于行文上的简洁方便，二是"战时"一词更通俗易懂。实际上准确的表述应当是"武装冲突时期"，其内涵不仅包括了传统意义上的战争时期，还包括了不构成战争的其他武装冲突时期。

（一）交战国之间的军舰地位

1. 战时海上区域

（1）海战区和中立区

海战区是各交战国用来准备和进行海上敌对行为的区域。海战区与海战场不同。海战场是实际发生敌对行为的那一部分区域，战争期间海战场不一定固定，有可能随着战局的变化而变化；海战区则是所有可能发生敌对行为的区域，战争期间一般相对固定。从国际实践看，① 海战区的范围包括了交战国管辖区域、公海及其上空。早期国家管辖的区域除领陆之外只有内水、领海，《海洋法公约》生效之后，国家管辖水域扩展到了专属经济区和大陆架等区域，因此现代国际海战区当然包括了交战国领陆、内水、领海、专属经济区、大陆架、群岛水域和公海等区域及其上空。由于专属经济区制度将原本属于公海的水域划入了沿海国管辖的范围，因此中立国的专属经济区和大陆架是否构成海战区仍有一定疑问。一般认为，《海洋法公约》只是平时国际法，而战时国际法没有相关的将中立国专属经济区和大陆架排除出海战区的规定和实践，因此中立国的专属经济区和大陆架应当是可以作为海战区的。②

殖民地时代，殖民地的宗主国或母国发生战争，殖民地不论其在宗主国或母国地位如何，也理所当然地属于战区。同样的，由交战国管理、与他国共管、委任统治或者托管之下的领土，虽然不是交战国领土的一部分，但由于这部分领土通常与交战国有实质的行政上或经济上的联系，因此除非交战国明确表示且实际确实没有利用这部分领土遂行交战行为或为交战行为做准备，否则这部分领土将不可避免地卷入战争。交战区并不是绝对的，交战国可以有意识地放弃将一部分领土或公海的一部分视为海战区，只要该部分也确实履行中立

---

① 目前，世界上并没有关于海战法（或海上武装冲突法）的统一国际公约，成文的海战法制度散见于各战争法条约之中，还有很多制度和规则只是国际习惯法或国际惯例。

② 见《圣雷莫海战法手册》第 10 条。

的义务。①

中立区是海战区以外的区域，通常是中立国所管辖的水域，但不包括中立国的专属经济区和大陆架。中立区也不是绝对的，如果中立国加入战争，或者中立国领土本身就是战争的标的，② 那么这部分中立区也将成为海战区的一部分。此外，中立国允许他国在其领土或港口上建立军事基地，如果领土使用国是交战国，则该领土和港口也将不可避免地成为海战区。

（2）海上封锁区和封锁作战区

海上封锁是海上作战的一种重要形式，交战一方为阻断对方的对外交往和贸易，单方宣告对对方所属的全部或一部分海岸、港口或附近海域和空域实施禁航的军事活动。根据 1856 年《巴黎会议关于海上若干原则宣言》，为了使封锁具有约束力，封锁必须是有实效的，也就是必须由一支足以真正阻止船只进入敌国海岸的武装部队维持封锁。1909 年《伦敦海战法规宣言》再次确认了封锁的实效性条款，并进一步规定封锁是否有效，是事实问题；同时还规定，封锁的范围以敌方占有的港口和海岸为限，封锁必须公平地适用于各国船只，封锁必须按规定程序进行宣告等。

封锁作战区是指为维持封锁实效而进行作战的区域。封锁作战区域的范围没有条约法规定，实践中通常是与封锁区毗领的海域和空域，依实施封锁作战的国家的军事实力和军事需要确定，1994 年由各国法律专家和海军人士起草的《圣雷莫海战法手册》也确认了这一原则。《圣雷莫海战法手册》第 96 条规定，"维持封锁的部队有权按照军事需求确定的距离进行驻泊"。

（3）海上禁区

海上禁区是交战国在交战区内设立的，对进入该区域内的舰船和飞机不加区别进行攻击的区域。"'海上禁区'，是一种新的海战实践。"③ 在 1982 年英阿"马岛海战"④ 中，英国先是在马岛周围宣布了 200 海里的"海上禁区"，对在禁区内发现的阿根廷的任何军舰和海军辅助船舶都进行攻击。之后，英国又将"海上禁区"更名为"完全禁区"，对未经英国国防部批准出现在禁区内的任何船舶和飞机都推定为支援阿根廷的武装力量，不加区别地进行攻击。"二战"期间德国在英伦三岛、两伊战争中伊拉克在哈吉岛周边都设定了类似

---

① ［英］劳特派特修订：《奥本海国际法》，下卷第一分册，王铁崖、陈体强译，商务印书馆 1971 年版，第 174 页。

② 如俄日战争中的朝鲜和中国的满州省。

③ 任筱锋：《海上军事行动法手册》（平时法卷），海潮出版社 2009 年版，第 52 页。

④ 马岛即马尔维纳斯群岛，英国称福克兰群岛。

的区域。① 海上禁区的做法虽然受到国际社会的指责，但从实践看，不论是条约法还是习惯法都没有对此作出限制。

战时海上禁区与平时海上禁区是有区别的：前者是一种作战方式，后者是一种海空区域管理方式；前者的划定纯粹出于军事目的，而后者可以是出于军事目的，也可以是出于航行安全目的；前者是作战方式，因此战事结束后区域自然终止，而后者是出于管理需要而划定，因此有临时性区域和永久性区域之分。

（4）军舰立体防御圈②

军舰的立体防御圈，是以军舰为中心，以一定距离为半径划定的球形警戒圈，也称为"立体警戒圈"或"气泡警戒圈"。这种警戒圈一般以军舰或其舰载机的警戒雷达视距范围为半径，凡从空中、水面和水下接近或进入该警戒范围的舰船和飞行器都被视为具有敌意，可能遭受打击。

2. 交战权

战时最重要的权利是交战权。交战权即交战的特权，根据战争法，拥有交战权意味着可以在战区内实施合法的攻击行为，即"其杀害或伤害敌方战斗员，或毁坏敌方的其他军事目标，都是得到许可的"。③ 虽然这些行为在和平时期都是严重的犯罪行为，但是在战争时期拥有交战权的主体实施这种行为是得到国际习惯法和条约法认可的，是合法的行为，不会因此而被起诉。正因为如此，交战权的主体是受到严格限制的，只有符合法定条件的合法的战斗主体（战斗员）才可以行使交战权。

海战时，只有军舰和军用飞机是合法的作战主体和载体，即合法战斗员。因此除了军用飞机外，只有军舰才享有交战权，可以遂行交战国的海上作战任务。没有取得军舰资格的舰船无权行使交战权，其实施的海上攻击行为是与国际法不符的，可能引起国家违反国际法的责任，也可能使舰船上的指挥人员和主要责任人面临战争罪的指控。

交战权必须在战争期间和战区内行使。战争发生之前和战争结束之后的交战行为都是严重的犯罪行为；在战区之外的交战活动也是违反国际法的，是受到严格禁止的。中立国有权采取一切手段防止在战区之外的中立国区域发生交

---

① 任筱锋：《海上军事行动法手册》（平时法卷），海潮出版社 2009 年版，第 52 页。

② 任筱锋：《海上军事行动法手册》（平时法卷），海潮出版社 2009 年版，第 53 页。

③ 泛美人权委员会，《关于恐怖主义和人权的报告》，2002 年 10 月 22 日，第 68 段。转引自 KNUT D·RMANN：《"非法的/无特权的战斗员"的法律境遇》，载《红十字国际评论》2003 年第 849 期，第 45 页。

战行为。

在非交战国的专属经济区内或大陆架遂行交战活动，应适当顾及沿岸国的权利与义务，特别是要顾及沿岸国在专属经济区和大陆架进行经济资源勘探与开发的主权性权利以及对海洋环境的保护和人工岛屿、设施、建筑物的管辖权。在公海上遂行交战活动，同样应当适当顾及各中立国对国家管辖区域以外的海床、海底及其底土的中立资源实施勘探与开发的权利，并且应注意避免破坏海床上敷设的并不专为交战国服务的电缆和管道。

交战权的对象，也就是受攻击目标同样是受到严格限制的。根据战争法确立的区分原则，攻击只能针对军事目标进行，禁止不加区别地对军事目标和非军事目标进行攻击。① 军事目标是指"那些其性质、位置、目的或用途对军事行动能产生积极效能，如果对其进行全面或部分摧毁、夺占或压制，在当时情况下能产生明显的军事效益的目标"。② 军舰合法的战斗员身份也使他们成为适格的军事目标，可以受到攻击。在交战区内，对军舰合法的攻击所造成的军事财产和军事人员的损害，都将被视为战争行为的一部分，不受追究。

行使交战权还应当遵循军事必要原则。禁止造成过多伤亡或不必要痛苦的交战行为，禁止对自然环境进行非军事必要的破坏和摧毁。在选择作战方法和手段时，应采取措施以避免或最大限度地减少附带伤亡或破坏；如果交战行为可能造成的附带伤亡和破坏超过军事必要，或者是过度的，就应取消或中止攻击。

3. 临检和拿捕

临检和拿捕是交战权的派生权利。战时，只有享有交战权的主体才可以行使战时海上的临检和拿捕。战时的临检和拿捕与平时的临检和拿捕形式上虽然相同，但实质不同，因为前者是基于交战权，而后者是基于执法权；前者是实现作战目的，而后者是为了维护法律秩序；前者只能由军舰和军用飞机执行，后者还可以由非商用政府船舶执行。

临检和拿捕要遵循一定的程序。通常的程序是拦截、临检、搜查、拿捕。对可疑船舶或飞机，首先是进行拦截，拦截之后可以进行临检。如果临检不足以消除怀疑还可以进行进一步的搜查。如果在海上进行临检、搜查不可能或不安全，交战国军舰可以命令商船或飞机改变航向驶往一个合适的海区、港口或机场，以便进行临检和搜查。临检或搜查之后，如果可疑船舶或飞机被证实是敌方船舶或违反交战国根据战争法设立的禁令，可以进行拿捕，否则应立即释

---

① 见日内瓦公约第一附加议定书第 51 条。

② 见《圣雷莫海战法手册》第 40 条。

放。可疑船舶或飞机拒不服从军舰有关停航、改变航向和临检等命令或抗拒拿捕，则军舰可以进行武力攻击，直至其服从命令或被击沉、击落。如果当时军事环境不允许军舰将被捕获船舶或飞机扣押或送交审判，则在保证被捕获船舶乘客和船员安全、保护好被捕获物有关文件和证件的情况下，可以将其摧毁或击沉。

临检和拿捕是强制措施，因此被捕获物的权属不因被捕获发生改变。一般情况下，军舰、军用飞机和政府公用船舶被捕获后，拿捕国可以直接予以没收获得被捕获物所有权；而私有船舶被捕获后，应当经拿捕国的捕获法院审判，依判决确定被捕获物所有权。

(二) 交战国与中立国间的军舰地位

1. 交战方的军舰在中立区

根据国际习惯法，中立区由中立国的领土、内水、领海和群岛水域及其上空构成。交战国在中立区应当遵守战争法有关中立区域的规定。

中立国有权允许或禁止一切交战国的军舰和辅助船舶进入其内水和位于其领土上的人工运河，交战国不得要求这么做，但是一些特殊的国际运河和国际河流除外。①

交战国军舰不得在中立区遂行敌对行为，包括不得攻击拿捕位于中立区水面、水下和空中的舰船、飞机和人员等目标；不得以中立区为基地，对中立区之外的军事目标和人员进行拿捕和攻击；不得在中立区布设水雷；不得在中立区实施拦截、临检、搜查、迫使改变航向、拿捕等行为。交战国不得以中立国水域作为庇护所。中立国有权在平等的基础上，制约、限制或禁止交战国军舰和辅助舰船进入或通过其中立水域。除非由于气象条件恶劣或者损坏确实很严重等不可避免的原因，交战国的军舰和辅助舰船通过中立区，或在中立区进行航行必要的补给和修理时，不得超过 24 小时。

和平时期适用于国际海峡和群岛水域的通行制度，在战时继续适用。交战国依照此种通行制度通过中立区水域，不影响中立区的中立。交战国通过时，不得对沿岸国和群岛国使用武力或武力威胁，或以不符合《联合国宪章》的方式行为，也不得对敌方实施敌对行为，也不得以此为基地或庇护所。在此前提下，交战国在通过时可以采取必要的安全防护措施，如起降飞机、组成战斗队形或实施必要的监视。还有一些的海峡，由于历史原因，形成了一些特别的

---

① 如苏伊士运河和巴拿马运河，虽然处于一国领土内，但由于其地理位置，一向被视为国际水道，当沿河国中立的时候，交战国军舰有权要求通过。

通行制度，① 战时军舰通过这些海峡，必须严格遵循相应的通行制度。对交战国按通行制度实施的通过行为，中立国不得中止、阻碍或妨碍。

中立国对交战国在中立区的违法行为可以也必须采用一切手段制止，当然包括使用武力。否则，中立区有可能因交战国的行为而失去中立地位，变成交战区；交战国也可以通过自助方式予以纠正。②

2. 中立方的军舰在交战区

中立国军舰和辅助舰船可以依照交战国的规定进入其领水或通过其管辖下的运河；有权在交战国国际海峡和群岛水域的水面、水下和上空行使一般国际法规定的通行权，作为预防措施，该中立国应及时将其行使通行权一事通知该交战国。

中立国的军舰和辅助舰船进入公海、本国或交战国的专属经济区，应尽量按照交战国依照国际法指定的线路或划定的区域通行，避免进入海战场。如果误入海战场或交战国划定的海上禁区或其他特殊区域，不论该区域是否有国际法依据，都应按国际惯例或交战方的要求及时通报情况，并尽速离开。中立国军舰遵守交战方的规定不表示中立国承认交战国违法划定的区域或违反战争法行为，只是出于避免误伤的原因。

中立国的军舰和辅助舰船不得为交战一方的商船护航，不得为交战一方运送战时禁制品，不得为交战一方提供掩护，不得庇护交战一方的战斗员（但遇船难者或因病因伤失去战斗力者除外），不得破坏、介入或有意影响交战一方的战场准备和布置，不得为任何其他有损于中立地位的行为。

3. 国内战争

国内战争也就是国内武装冲突，通常发生在一国陆地领土上，也不排除扩展到海上的可能。在一国国内武装冲突中，外国国家的地位在法律上类似于国

---

① 如根据 1936 年的《蒙特勒公约》，战时各交战国的军舰只有履行国际联盟盟约规定的义务，或是依照在国际联盟盟约范围内达成的对土耳其有拘束力的互助条约前往协助被攻击国的情形下，才可以通过黑海海峡（达达尼尔海峡和博斯普鲁斯海峡）。[英] 劳特派特修订：《奥本海国际法》（上卷第二分册），王铁崖、陈体强译，商务印书馆 1971 年版，第 46 页。

② 在"阿克玛特"号案中，挪威当局允许了德国辅助舰"阿克玛特"号进入其领水。当英国提出要搜查该船以查明船上是否有英国战俘，遭到了挪威的拒绝。英国认为"阿克玛特"不仅是通过挪威领水，而是以其为庇护所，因此其军舰不经挪威允许就直接驶入挪威领水，将"阿克玛特"号上的英国战俘释放并送回英国。参见 [英] 劳特派特修订：《奥本海国际法》，下卷第二分册，王铁崖、陈体强译，商务印书馆 1971 年版，第 180—182 页。

际武装冲突中的中立地位，① 通常应当依照中立的规定享有权利和履行义务。如果外国国家主动加入或支持冲突一方，那么其与另一方的关系就是敌对关系。该国军舰在友军的控制范围内享有与友军约定的权利和义务，在敌方控制范围内则应当按国际武装冲突的规定享有权利和履行义务。

结　　语

作为船旗国在海洋上的代表和象征，军舰同其他非商用政府船舶一样，享有诸多普通船舶所没有的特权。这些权利的大小，通常取决于军舰所处的海域，一般是随着海域的国家管辖权递增而递减。在公海上，军舰享有的权利最完全，受的约束最少；而在他国的内水，其特权最少，受到限制也最多。

军舰的特殊身份也决定了在许多敏感的问题上，比如专属经济区的军事利用、领海的无害通过等问题，各国（尤其是发达国家和发展中国家之间）基于自身的利益提出了不同的主张。从目前国际条约法的规定和国际实践看，在这些问题上，国际社会没有也不可能在短期内达成一致，将来还可能会继续发生争议和摩擦。这些争端，还需要当事各国本着和平与发展的思路，在互谅互让的基础上，充分发挥人民的智慧逐步推动解决。实际上，这些争端不仅是法律和国家利益上的矛盾，也体现了不同政治制度、不同民族文化之间的碰撞，短期内可能形成国家的对立和矛盾，但长远来看，通过不断的斗争妥协，不断的交流融合，将会促成新的更合理的制度的出现，因此不乏积极意义。

当前，中国正不断地从黄水走向蓝水，从近岸走向大洋，军舰在其中起着至关重要的作用。中国海军和学术界应当加强对海洋法和军事法问题的研究，为未来军舰走向更广阔的海域打下基础。同时中国海军也要积极参与国际实践，推动国际法、海洋法和战争法朝着有利于维护国家利益，有利于促进世界和平与发展的方向前进。

---

① 但在政治上外国不一定中立，如在 2011 年的利比亚国内武装冲突中，许多国家开始是支持卡扎菲政府，但后来又转而支持反对派政府。

［国际私法］

论欧盟合同冲突法中的强制性规则[*]

何其生　张　喆[**]

目　次

引　言

作为契约自由在合同法律适用领域的扩展，当事人意思自治理论已为世界各国所普遍承认和接受，并在各国的立法及司法实践中得到充分的体现。然而，当事人意思自治并不表明合同的法律选择可以全无拘束，强制性规则正是对意思自治原则的一种限制。自 20 世纪初开始，各国便以"市场失灵"、"维护公共利益"、"确保公民福利或安全"和"保护弱方当事人利益"等为理由制定了大量的强制性规则。这些强制性规则的适用不因当事人的法律选择协议而受到减损，有些强制性规则甚至可以撇开冲突规范的指引直接适用于涉外合同法律关系。因此，在合同法律适用中，强制性规则的存在会对合同准据法的确定产生重要的影响。

* 本文受教育部人文社会科学重点研究基地 2009 年度重大研究项目"国际私法中的公法适用问题"（项目批准号：2009JJD820008）资助。

** 何其生，武汉大学国际法研究所，教授、博士生导师，武汉大学国际法"70"后团队负责人。张喆，北京万商投资发展有限公司法务人员。

目前在我国，强制性规则尚未形成独立完善的体系。在《涉外民事关系法律适用法》通过之前，强制性规范的概念一直被包含于法律规避和公共秩序保留制度之中，而《涉外民事关系法律适用法》虽对强制性规则有专条规定，但这一规定相对简单。从技术上看，强制性规则与法律规避和公共秩序保留之间确实存在紧密的联系，但是把某些方面的问题确定为强制性规则，从而在这些问题上排除当事人的法律选择，比运用法律规避和公共秩序保留而言更加具体和明确。由于强制性规则制度的缺失，在我国的涉外民商事司法实践中，时常出现法院错误运用法律规避或不当地通过公共秩序保留制度排除当事人法律选择的情形，这无疑是不利于我国跨国民商事活动开展的。再者，尽管判断何种法律规范为强制性规则属于法官自由裁量的范围，但是由于缺乏对强制性规则的统一定义，在不同案件中对这一特殊规则的判断也会呈现出较大的个案差异，从而有损法律适用的一致性和可预见性。因此，我国需要借鉴国外有关强制性规则的最新立法和司法实践，弥补我国在该问题上的不足之处。

有关强制性规则的立法实践，颇具代表性的就是欧盟的统一合同法律适用规则。2008 年 6 月 17 日，欧洲议会和欧盟理事会通过了第 593 号条例，即《关于合同义务法律适用的罗马条例》，正式将 1980 年欧共体的《关于合同义务法律适用的罗马公约》转化为共同体立法。相比《罗马公约》而言，条例进一步增强了合同法律适用的确定性、可预见性，有利于在共同体层面上实现争议解决结果的透明性。而条例的成果之一就是为合同法律适用中的强制性规则建立起一个较为完整的体系，对强制性规则作出了清晰的界分，明确了优先强制性条款的概念，对强制性规则的不同类别进行了区分，使不同类别的强制性规则的适用情形更加明晰。《罗马条例 I》代表了强制性规则的最新立法，而欧盟各国法院也在强制性规则的适用问题上积累了丰富的实践经验，研究欧盟合同冲突法中的强制性规则，期待对我国的立法及司法实践有一定的参考价值。

一、《罗马公约》及《罗马条例 I》中的强制性规则立法简述

意思自治原则作为确立合同准据法的一项核心原则，已经为越来越多的国家和地区所普遍接受和认可，并在立法和司法实践中得到了充分的体现。然而，当事人自由选择合同适用的法律并不意味着这种选择可以随心所欲，毫无约束。当事人选择合同的准据法也需要受到诸如空间、时间和选法内容等多方面的限制，而强制性规则就是对当事人选法自由的限制之一。

一般来说，强制性规则是指"不依赖于当事人的意志而必须支配当事人

行为的规则"①。在国际私法中,强制性规则并不是新生事物,但是在过去的很长一段时间内,围绕这一概念产生的争论却从未断绝,各国对强制性规则的理解和界定并不一致。

(一)《罗马公约》的强制性规则

1.《罗马公约》中的相关规定

在众多涉及强制性规则的立法尝试中,1980 年欧共体相关成员国制定的《关于合同之债的法律适用公约》(以下简称《罗马公约》)可算是一个典型的范例。

《罗马公约》确立了合同法律适用的基本原则,即当事人自由选择合同的准据法,在当事人没有选择的情形下,合同受与之有最密切联系国家的法律的调整。但是,当合同的所有因素都只与一个国家有关时,当事人选择适用外国法不得减损该内国法中强制性规则的适用;同时,对于一些特殊合同,当事人选择的法律不得排除特定国家强制性规则对弱者当事人的特殊保护。再者,当案件同某一国具有密切联系时,无论合同准据法为何,该国的某些强制性规则必须得到适用。② 后面这几种意思自治的例外情形即为《罗马公约》中的强制性规则制度。具体而言,《罗马公约》中有关强制性规则的条款集中体现在第3 条第 3 款、第 5 条第 2 款、第 6 条第 1 款、第 7 条和第 9 条第 6 款中。

《罗马公约》的第 3 条第 3 款③明确了在纯内国合同案件里,当唯一的涉外因素是当事人选择适用外国法时,这种选择协议不得排除内国强制性规则的适用。在公约的制定过程中,有关这一问题是存在争论的。一方观点认为,当案件不具有其他涉外因素时,选择外国法本身不足以当然产生适用该法的效果。而以英国为代表的另一方却认为,如果当事人对合同准据法的选择是正当合理和出于善意的,这种选择就应该受到尊重,只有在极为特殊的情形下才能限制当事人的选法自由。④《罗马公约》最后中和了两派的观点,既肯定了当事人能够就纯国内合同选择适用外国法,同时也强调了这种选择

---

① 肖永平:《国际私法原理》,法律出版社 2007 年版,第 182 页。

② See Commission Opinion of 17 March 1980 concerning the draft Convention on the law applicable to contractual obligations, EU: Opinion 80/383/EEC.

③《罗马公约》第 3 条第 3 款规定:不论当事人是否同时选择了外国法院,只要当事人选择了某一外国法律,而且在选择时,一切与当时情况有关的其他因素都只与一个国家有联系,这个事实不应该影响该国法律中不得由合同所减损的那部分法律规则的适用。以下称为"强制性规则"。

④ See Mario Giuliano and Paul lagarde, Report on the Convention on the Law Applicable to Contractual Obligations, available at http://eur-lex. europa. eu/LexUriServ/LexUriServ. do? uri = CELEX:31980Y1031 (01):EN: HTML, visited on June 24, 2012.

不得减损适用内国的强制性规则。

《罗马公约》的第 5 条第 2 款①和第 6 条第 1 款②旨在维护传统交易中处于弱者地位的当事人的利益。第 5 条第 2 款针对的是消费者合同，强调当事人选择的法律不得有损消费者惯常居所地国强制性规则给予其的特殊保护；③而第 6 条第 1 款规制的是个人雇佣合同，认为当事人选择的法律不得排除其在未作选择时，合同所应适用法律给予受雇者的特殊保护。

《罗马公约》第 7 条④规定了一类强制性程度较高的规范，这类规范不仅不能被当事人的协议所减损，而且无须考虑当事人的选择和冲突规范的指引，直接适用，学理上被称作优先强制性规则或国际强制性规则。《罗马公约》具体将其分为与案件情形具有密切联系的第三国的强制性规则和法院地强制性规则。这类规范体现出对其他国家立法政策的尊重和考量，具有高度的创新性，但是也伴随着诸多争议。尽管《罗马公约》第 7 条只是将已经存在于共同体成员国的原则具体化，内国法院在特定情形下不顾当事人的选择和冲突规范的

---

① 《罗马公约》第 5 条第 2 款规定：尽管有第 3 条的规定，当事人所作的法律选择不得剥夺消费者惯常居所地国法律的强制性规则对其提供的保护：如果合同在该国订立，在订立合同前向消费者发出了专门邀请或刊登了广告，而且消费者在该国订立合同已采取了一切必要的步骤；或者如果另一方当事人或其代理人在该国收到了消费者的订单；或者如果合同是为了货物的销售，而消费者是从该国到另一国并在那里递交其订单，并且消费者此项旅程是卖方为了吸引消费者购买货物而安排的。

② 《罗马公约》第 6 条第 1 款规定：尽管有第 3 条的规定，在雇佣合同中，当事人作出的法律选择不得剥夺受雇者在没有作出选择时，依照第 2 款所要适用法律的强制性规则对其提供的保护。

③ 值得注意的是，只有在消费者合同符合公约第 5 条第 2 款中规定的三种情形时，该条方可适用。也就是说，如果一个因为旅行离开自己惯常居所地国的消费者在外国购买了一件产品，其并不能依据公约该条的规定寻求惯常居所地国强制性规则的特殊保护。参见王军、王秀转：《欧盟合同法律适用制度的演进》，载《清华法学》2007 年第 1 期，第 13 页。

④ 《罗马公约》第 7 条规定：

1. 在依照本公约适用某国法律时，若案件与另一国家有密切联系，并且该国法律规定，无论合同适用什么法律，这些强制性规则都必须予以适用，则可以适用该国法律的强制性规则。在考虑是否适用这些强制性规则时，应注意到其性质和目的，以及适用或不适用这些强制性规则所产生的后果。

2. 本公约任何条款不得限制法院地法强制性规则的适用，不论合同适用什么法律。

指引，适用其他国家的强制性规则早已在学术著述和法律实践中得到充分反映。① 但是仍然有一些国家以第 7 条的适用可能导致法律适用的不确定性为由，在签署公约时据此提出了保留。②

《罗马公约》第 9 条第 6 款③是针对合同形式方面的规定，指出订立不动产合同时，如果不动产所在国对合同形式方面作出了强制性规定，则不论当事人如何选择合同的准据法，这些形式强制性规则必须得到满足。

以上条款构成了《罗马公约》中强制性规则的主要内容。其中，有的是不得因当事人协议而减损的一般性内国法强制性规则；有的是为保护特定当事人利益的保护强制性规则；还有的则是不考虑当事人的选择和冲突规范的指引必须直接适用的优先强制性规则；这些强制性规则对合同准据法的确立产生了重要的影响。

2. 对《罗马公约》强制性规则的评析

《罗马公约》形成了较为独立的强制性规则体系制，是强制性规则立法的重大发展。不过，《罗马公约》关于强制性规则的部分规定也存在着一些问题。

首先，《罗马公约》的英文文本在术语表述上有失明确，容易引起歧义。从《罗马公约》有关强制性规则的不同条款中，可以看出这些规则的内涵和适用情形是有很大差别的。在法文文本中，第 3 条第 3 款中的强制性规则被表述为"dispositions impératives"，第 7 条中的强制性规则被表述为"lois de police"。在德文文本中，也有"zwingende Bestimmungen"和"zwingende Vorschriften"之别。④ 而《罗马公约》的英文文本却没有对不同类型的强制性规

---

① 在立法实践中，1969 年《比荷卢统一国际私法规则条约》第 13 条和 1978 年海牙《代理法律适用公约》第 16 条中都有类似规定。而司法实践中，1966 年荷兰最高法院就 Alnati 案所作的判决也体现出对该原则的认可。See Mario Giuliano and Paul lagarde, Report on the Convention on the Law Applicable to Contractual Obligations, available at http: //eur - lex. europa. eu/LexUriServ/LexUriServ. do? uri = CELEX：31980Y1031 (01)：EN：HTML, visited on March 4, 2012.

② 鉴于适用该条可能导致法的不可预见性，英国、爱尔兰、卢森堡和德国等在缔约时根据公约第 22 条就该条内容作出了保留。

③ 《罗马公约》第 9 条第 6 款规定，尽管有本条第 1—4 款的规定，标的为不动产所有权或不动产使用权的合同，应受不动产所在地国法律对形式强制性要求的管辖；如果根据该法律，不论合同在何国订立或适用何法律，这些形式要求必须得到遵守。

④ See Richard Plender, The Rome Convention - on the Law Applicable to Contractual Obligations, in Angleichung des materiellen und des internationalen Privatrechts in der EU, 1ˢᵗ ed. by Ole Lando, Peter Lang Europaischer Verlag der Wissenschaften, 2003, p. 33.

则加以区分，而是统一冠之以"mandatory rules"，这种术语表述上的混乱显然不利于正确理解条款内容，也容易引发实践中的问题。

其次，《罗马公约》没有对第 7 条规定的特殊强制性规则进行具体界定，法院在判断何种规则为优先强制性规则，以及应否适用该种规则时被赋予了极大的自由裁量权，从而在一定程度上影响了法律适用的确定性和可预见性。从第 7 条自身的规定来看，适用优先强制性规则需要满足以下几个条件：（1）案件同某国存在密切联系。这种联系是指作为一个整体的合同同该国之间的联系，而且应当是一种真实的联系，模棱两可的联系是不够的。比如，当合同的履行地在该国或当事人的住所在该国时，这种联系即可被认定为是存在的。①（2）依据该国的法律规定，这些强制性规则至关重要，无论合同准据法是什么，都必须得到适用。（3）需要结合规则的性质、目的、适用或不适用所可能产生的后果，来综合考察是否适用这类强制性规则。

因此，法院如果适用优先强制性规则，既要认定密切联系的存在，也要考虑该规则的性质特征，同时还要判断适用的后果。这无疑是一项极其复杂的工作，而"法院通常欠缺足够的配备和能力去分析外国法的目的和特征，也无力去判断外国强制性规则的适用与不适用的后果"。②这就导致不同的法院在认定优先强制性规则时难以达成一致，从而平添了法律适用的不确定性。正因为如此，在《罗马公约》的缔约过程中，这项创新型条款并没有赢得太多缔约国的青睐。

（二）《罗马条例 I》中的强制性规则

自 1997 年《阿姆斯特丹条约》生效后，原属于欧盟"第三支柱"中需要由各成员国协商的"民事方面的司法合作"事务被纳入"第一支柱"的管辖范围，欧盟理事会因此取得了该领域的直接立法权，③得以避开公约谈判、签

---

① See Mario Giuliano and Paul lagarde, Report on the Convention on the Law Applicable to Contractual Obligations, available at http: //eur – lex. europa. eu/LexUriServ/LexUriServ. do? uri = CELEX: 31980Y1031（01）: EN: HTML, visited on March 4, 2011.

② 杨永红：《论欧盟区域内的强制性规则》，载《当代法学》2006 年第 4 期，第 44 页。

③ 欧盟的整个法律制度框架由"三根支柱"组成。其中，第一支柱是由原欧洲经济共同体、欧洲煤钢共同体和欧洲原子能共同体组成的欧洲共同体；第二支柱由共同外交和安全政策构成；第三支柱由司法与内务领域的合作政策组成。第一支柱内，共同体有权享有直接立法权，而第二支柱和第三支柱是政府间支柱，共同体无权直接立法，必须在成员国间进行协商。See Qisheng HE, The EU Choice of law Communitarization and the Modernization of Chinese Private International Law, RabelsZ, Vol. 76（1）, 2012, p. 51.

署、批准等复杂程序，采用欧盟理事会的条例、规则或指令的模式，发布统一国际私法的有关法规，直接在成员国境内发生效力。

考虑到《罗马公约》自身存在的问题，欧盟委员会计划对其中个别条款进行修订。2003年，欧盟委员会提交《关于将1980年〈合同之债法律适用的罗马公约〉转化为共同体文件及其现代化的绿皮书》，就《罗马公约》的现存问题征求各界意见。2005年，欧盟委员会发布了《欧洲议会和欧盟理事会关于合同义务法律适用的条例（议案）》，经过部分修改，2008年6月17日，欧洲议会和欧盟理事会正式通过《合同义务法律适用的593/2008条例》（以下简称《罗马条例Ⅰ》），该条例于2008年7月24日生效，并已自2009年12月17日起适用于除丹麦以外的所有欧盟成员国。

1. 《罗马条例Ⅰ》中的相关规定

《罗马条例Ⅰ》中的强制性规则制度以《罗马公约》中的规定为基础，进行了部分的调整和修改。具体而言，《罗马条例Ⅰ》中关于强制性规则的条款主要存在于条例第3条第3款和第4款，第6条第2款，第8条第1款，第9条和第11条第5款中。

《罗马条例Ⅰ》第3条第3款①和第4款②是有关内部强制性规则的规定。其在条文表述上与《罗马公约》第3条第3款并无二致，但是《罗马条例Ⅰ》在《罗马公约》的基础上，扩展了内部强制性规则的适用范围。其不仅针对纯内国案件中的内国强制性规则，同时还包括欧共体内部案件中的共同体强制性规则。也即当案件的所有因素只与共同体的一个或多个成员国相关时，当事人选择适用非成员国法律作为合同的准据法不得减损共同体法中的强制性规则。第4款的规定将欧盟视作一个整体，体现出对共同体法律规则的尊重，防止合同的当事人通过选择非成员国法律，规避共同体内的强制性规则。

---

① 《罗马条例Ⅰ》第3条第3款规定：当作出法律选择时，所有与当时情况相关的其他因素仅与非合同准据法所属国的另一国有联系，当事人的选择不得影响该国法律中不得被协议减损的法律规则的适用。

② 《罗马条例Ⅰ》第3条第4款规定：当作出法律选择时，所有与当时情况相关的其他因素在一个或多个成员国内，如果当事人没有选择某一成员国的法律，则当事人选择不得影响共同体法律中不得由协议减损的法律规则的适用，只要适用该法律规则对法院地成员国而言是适当的。

《罗马条例Ⅰ》第6条第2款①和第8条第1款②是维护弱者当事人利益的保护强制性规则。其中涉及个人雇佣合同的部分，条例基本延续了公约第6条第1款的规定；至于消费者合同，《罗马条例Ⅰ》的突出贡献就在于扩大了强制性规则对消费者的保护范围。只要作为自然人的消费者在欧盟成员国内有居所，而且被认为是在其职业或贸易范围之外，与另一在其职业和贸易范围之内的人缔结合同，则该合同通常要受消费者惯常居所地法律的调整，即便当事人依据条例规定选择了合同的准据法，这种选择也不能剥夺消费者惯常居所地法中强制性规则给予其的保护。

《罗马条例Ⅰ》第9条③专门就优先强制性条款的适用作出了规定，是《罗马条例Ⅰ》相对《罗马公约》而言颇为明显的一处变动。《罗马条例Ⅰ》试图对优先强制性条款进行定义，明确了其内涵。同时，《罗马条例Ⅰ》还结合司法实践，将在具体案件中适用的优先强制性规则限定于法院地强制性规则和合同履行地强制性规则，力图在法律的确定性和灵活性之间实现均衡。

《罗马条例Ⅰ》第11条第5款④是有关特定合同形式方面的强制性规则。《罗马条例Ⅰ》在该问题上基本沿用了公约的规定，只是进一步强调，这些规则无须考虑合同订立地和合同准据法必须得到适用，同时也不得为当事人的协

① 《罗马条例Ⅰ》第6条第2款规定：尽管有第1款的规定，当事人根据条例第3条，选择了符合第1款要求的合同准据法，但是这种选择不得剥夺在当事人没有作出选择时，依照第1款所应适用的法律中不得被协议减损的法律规则对消费者提供的保护。

② 《罗马条例Ⅰ》第8条第1款规定：个人雇佣合同受当事人依据条例第3条选择的法律的调整。但是这种选择不得剥夺在当事人没有作出选择时，依照该条第2款、第3款和第4款所应适用的法律中不得被协议减损的法律规则对受雇者提供的保护。

③ 《罗马条例Ⅰ》第9条规定：(1) 优先强制性条款是指对维护一国诸如政治、社会或者经济组织等公共利益方面至关重要的规则，以至于对属于其适用范围的所有情况，不论根据本条例适用于合同的是何种法律，它们都必须予以适用。(2) 条例中的任何规定都不得限制法院地国强制性规则的适用。(3) 当合同义务将要或已经在一国履行，一旦该国的优先强制性规则认为此种履行为非法，那么，该国的优先强制性规则的效力就应当予以考虑。在决定是否承认此种规则效力时，法院应当考虑该强制性规则的性质、目的以及适用或不适用所可能产生的后果。

④ 《罗马条例Ⅰ》第11条第5款规定，尽管有本条第1款至第4款的规定，合同标的如为不动产所有权或不动产使用权时，应服从不动产所在地国法的强制性形式要求：(1) 这些要求不论合同在何国订立，也不论支配合同的法律为何，都应得到适用；(2) 同时，这些要求也不得被当事人协议所减损。

议所减损。①

《罗马条例Ⅰ》由《罗马公约》转化而生,在制度的整体安排和强制性规则的类型划分上基本保留了原有的框架。不过相比之前的《罗马公约》而言,《罗马条例Ⅰ》自身有不少创新之笔,条文表述更加简洁明确,体系结构也更为严整清晰。

2.《罗马条例Ⅰ》中强制性规则的新发展

《罗马条例Ⅰ》较之《罗马公约》而言,主要的变化体现在两方面:

首先,《罗马条例Ⅰ》修正了强制性规则的术语表述,严格区分了普通强制性规则和优先强制性规则。对于《罗马条例Ⅰ》第3条第3款、第4款中的内部强制性规则和第6条第2款、第8条第1款旨在保护弱者当事人利益的保护强制性规则,《罗马条例Ⅰ》没有以"强制性规则"(mandatory rules)笼统称之,而是采用了"不得被协议所减损的条款"(provisions which cannot be derogated from by agreement)的表述方式;对于《罗马条例Ⅰ》第9条中不考虑当事人选择和冲突规范指引必须得到适用的强制性程度很高的这类规则,《罗马条例Ⅰ》则将其明确定义为"优先强制性条款"(overriding mandatory provisions)。这样的调整使不同强制性规则间的区别更加清楚,适用更加明确。同时,也使得《罗马条例Ⅰ》的英文文本能够与其他语言文本相对应。②

其次,《罗马条例Ⅰ》创造性地对优先强制性规则进行了定义,并限定了外国强制性规则的适用情形。尽管优先强制性规则的内涵在早前的理论学说和法院判决中都有所反映,③ 并不是一个新提法。但是,国内外已有的立法文件

---

① 本文对强制性规则的论述主要是针对合同实体意义上的强制性规则,对于合同形式方面的强制性规则讨论较少。

② 参见谢宝朝:《论〈罗马条例Ⅰ〉对欧盟合同冲突法的发展及对我国的启示》,载《西南政法大学学报》2010年第3期,第99页。

③ 1960年,希腊著名的国际私法学家弗朗西斯卡基斯(Francescakis)在他的著述中阐释了"直接适用的法"(lois d'application immediate)这一理论。他认为在一国的法律体制内,存在着一类为维护国家利益和社会经济利益而适用于特殊法律关系的强制性规则。这些强制性规则可以撇开传统冲突规范的援引,直接适用于涉外民事关系。这同条例中优先强制性规则的定义是很相似的。

另外,在1999年的Arblade案中,欧洲法院在判决中认为,比利时法律中的警察治安法应当被理解为对保护成员国政治、社会和经济秩序至关重要的一类规则,因此,需要适用于该成员国内的所有人和境内的全部法律关系。这一表述可谓是优先强制性规则定义的前身。See Andrea Bonomi, Overriding Mandatory Provisions in the Rome I Regulation on the Law Applicable to Contracts, Yearbook of Private International Law, Vol. 10, 2008, pp. 287 – 288.

尚无对优先强制性规则进行定义。①《罗马条例 I》的规定阐明了优先强制性条款的作用和适用范围,这对于非精于国际私法领域的从业者而言,具有积极的意义。

同时,《罗马条例 I》第 9 条第 3 款明确了适用第三国优先强制性规则的情形,肯定了赋予外国优先强制性规则效力的可能,并对适用的情形作出了严格的限制:(1)《罗马条例 I》对外国优先强制性规则的范围进行了规定。在《罗马公约》的语境下,只要该规则属于与案件有密切联系的特定国家的法律体系,无论该规则规制的具体事项为何,均可由法院根据自由裁量予以适用,而《罗马条例 I》则明确了这类规则只能是认定合同履行行为为非法的相关强制性规则。(2)《罗马公约》规定在适用第三国优先强制性规则时,只要求该国同案件具有密切联系。存在密切联系的第三国可能是指合同履行地国、当事人惯常居所地所在国或主要营业地所在国等。但在《罗马条例 I》中,第三国仅指合同义务履行地所属国。这样的修正可谓是《罗马公约》第 7 条的赞成方和反对方彼此妥协的结果,② 意在减轻原先的规定对合同法律适用确定性的不利影响。

二、《罗马条例 I》中的普通强制性规则

普通强制性规则在《罗马条例 I》中具体表现为第 3 条第 3 款和第 4 款的内部强制性规则和第 6 条第 2 款、第 8 条第 1 款中的保护强制性规则,这类规则通常属于合同法意义上的强制性规则,而非冲突法意义上的强制性规则。只有在某些特定的情形下才会优先于当事人的选择,适用于具有涉外因素的案件。

(一)内部强制性规则

内部强制性规则,是指一国或一个特定区域内不得为当事人协议所减损的强制性规则。这种规则来源于国内或是区域内的实体法规范。一般而言,其并

---

① See Andrea Bonomi, Overriding Mandatory Provisions in the Rome I Regulation on the Law Applicable to Contracts, Yearbook of Private International Law, Vol. 10, 2008, p. 287.

② 在《罗马公约》中,第 7 条有关优先强制性条款的规定属于公约明确允许保留的范畴。缔约国在加入该公约时有权依据相关规定作出保留,排除其适用。而该《罗马公约》转化而成条例后,作为共同体直接立法的《罗马条例 I》是不允许成员国作出保留的。所以赞成方和反对方就优先强制性条款,特别是第三国优先强制性条款的适用达成了妥协,仅将其适用范围限定为合同履行地国认为合同履行行为非法的有关强制性规范。See Andrea Bonomi, Overriding Mandatory Provisions in the Rome I Regulation on the Law Applicable to Contracts, Yearbook of Private International Law, Vol. 10, 2008, p. 295.

不具有域外适用的特征，同国际私法问题也没有什么关联。① 但是在例外情形中，如当事人就纯内国合同案件或纯共同体内部合同案件选择适用外国法，那么出于维护内部政策和保护当事人利益的需要，内部强制性规则的适用就非常必要。② 适用内部强制性规则并不意味着对合同的否认，只是强调强制性规则要优先于当事人的选择，法院仍旧会适用当事人所选法律中与强制性规则无涉的内容。③

1. 内国强制性规则

《罗马条例 I》第 3 条第 3 款中的内部强制性规则，针对的是不得为当事人协议所减损的所有内国强制性规则。那么在实践中，这种规则如何识别呢？

首先，有些条文本身可能直接作出了适用范围的规定，表明了强制适用的特性。比如英国 1977 年《反不公平契约条款法》第 27 条第 2 款即规定，不论合同的任何条款规定其适用或意图适用外国法，本法均具有效力：（1）该合同条款的全部或主要目的是让当事人规避适用本法；或（2）在缔结合同时，一方当事人作为消费者在英国有惯常居所；且缔结合同所必需的重要步骤都发生在那里，不管缔结合同是由他本人抑或是其代理人实施。这一规定在英国 1967 年的《反虚假陈述法》和 1977 年的《房屋租赁法》等多个法律文件中都有所体现。

其次，在条文本身没有规定其适用范围时，可以"结合法条的内容和制定该法条所要实现的目的、该法律条文所在的法律文件的上下文及违反法律规

---

① 在《罗马公约》的最初草案中，并没有关于适用内部强制性规则的规定。由于公约的范围后来涵盖了纯内国合同案件的情形，因此，当事人针对内国案件选择适用外国法的自由是否应受到内国强制性规则的限制，也就成为工作小组的议题，并最终形成了目前的规定。See Michal Wojewoda, Mandatory Rules in Private International Law, Maastricht Journal of European and Comparative Law, Vol. 7, No. 1, 2000, p. 199.

② 之所以会出现这一问题，是因为公约和条例本身没有要求当事人必须选择与合同具有客观联系的法律。当事人可以选择他们共同了解的，共同认为是最完善、最公平、最能保护双方利益的任何国家的法律，而不必局限于选择他们的国籍国法、住所或居所地国法、合同缔结地法、合同履行地法、合同标的物所在地法。于是就出现了内国案件可能适用外国法的情况。参见王军、陈洪武：《合同冲突法》，对外经济贸易大学出版社 2003 年版，第 67 页。当然，如果当事人选择某一国际条约作为合同的准据法，内部强制性规则就不再适用。这主要是因为国际条约在内国法院具有优先适用的效力，当事国不得通过援引国内法规定不履行条约。

③ See Gina M. McGuinness, The Rome Convention: the Contracting Parties' Choice, San Diego International Law Journal, Vol. 1, 2000, p. 157.

则的后果等因素进行考察"①。比如，有些法律旨在为当事人的法律行为设立权限，违反这些法律可能直接影响合同的效力，则此类规则就应得到遵守；②又如，有些法律是为维护交易中的特定当事人——消费者而制定，违反这些法律会损害消费者的权益，那么，即便条文没有明示其适用范围，该规则也应优先于当事人的选择而得到适用。

2. 欧共体内部强制性规则

在欧共体法律体制内，存在着大量保护特定当事人权益和共同体内部利益的强制性规则，但是《罗马条例I》第3条第3款却无法保证这些规则在特定情形下的适用。试想，对于一项国际合同，当事人选择的准据法不再受第3条第3款的限制，尽管合同中的涉外因素只与两个或多个欧盟成员国相关，当事人有可能选择适用欧共体法之外的第三国的法律，从而规避共同体法中强制性规则的适用。在这种情形下，除非共同体的强制性规则属于条例第9条项下的优先强制性规则，或是符合公共秩序保留的要求，否则就无法得到适用。③ 这对于维护欧盟内部法律体系而言无疑是很不利的。

考虑到欧盟的整体性和共同体法本身的超国家性，《罗马条例I》在第3条第4款中对纯共同体内案件适用共同体的强制性规则的情形作出了具体规定：如果合同订立时所有的其他因素仅与一个或多个成员国相关，当事人选择非成员国法作为合同的准据法并不能排斥欧共体法律中强制性规则的适用。

条款中的共同体法不仅指在成员国内直接适用的共同体条例，同时还包括已转化为国内立法的指令。事实上，在欧盟合同法领域，存在着大量具有强制性特征的指令，比如1985年的《关于产品责任的85/374号指令》、1984年的《关于误导广告的84/450号指令》、1985年的《关于在营业场所外缔结合同方面保护消费者的第85/577号指令》、1987年的《关于消费者信贷的第87/102号指令》、1990年的《关于一揽子旅游的第90/314号指令》、1993年的《关

---

① 李凤琴：《论合同冲突法中强制规则的适用》，载《海峡法学》2010年第3期，第94页。

② 比如，我国《物权法》第77条规定：业主不得违反法律、法规以及管理规约，将住宅改变为经营性用房。业主将住宅改变为经营性用房的，除遵守法律、法规以及管理规约外，应当经有利害关系的业主同意。第165条规定：地役权不得单独抵押。土地承包经营权、建设用地使用权等抵押的，在实现抵押权时，地役权一并转让。第232条规定：法律规定或当事人约定不得留置的动产，不得留置。此类规范要求当事人在实施法律行为时，不得超过法律所规定的权限范围，否则合同的效力会受到影响。

③ See Andrea Bonomi, The Rome I Regulation on the Law Applicable to Contractual Obligations - Some General Remarks, Yearbook of Private International Law, Vol. 10, 2008, p. 172.

于消费者合同中不公平条款的第 93/13 号指令》等。这些共同体立法对维护欧盟内部市场中货物、人员、资金和服务的自由流通有着重要意义，体现了欧盟层面的共同政策，因而在纯共同体内部案件准据法的确立上应被充分考虑。另外需要注意的是，第 3 条第 4 款中提及的"成员国"包括欧盟的所有成员国，甚至是不适用《罗马条例 I》的丹麦。① 这也就意味着，当与案件情形有关的其他因素指向丹麦及其他成员国时，当事人选择适用非欧盟成员国法同样不能规避共同体法中的强制性规则。②

体例的规定将原有的内部强制性规则由内国法扩展至欧共体法，从而有效地保证了欧共体法强制性规则的适用。

（二）保护强制性规则

20 世纪以来，伴随着国际经济贸易的发展，现代国际私法由冲突正义向实质正义的转向，弱者当事人的权益保护问题已受到国内外社会越来越多的重视和关注。具体到合同冲突法领域，大量的法律文件都对消费合同、雇佣合同和保险合同等合同中的弱者当事人给予了倾斜保护。在《罗马条例 I》第 6 条和第 8 条中，消费者合同和雇佣合同已被归为法律选择原则的一般例外。对于这两类合同，准据法的选择必须同国家的保护性政策和所保护的利益相协调，从而保证处于弱者地位的消费者和个人受雇者的利益免受不利法律的影响，维护司法公正。③

1. 消费者合同中的保护强制性规则

（1）《罗马条例 I》对消费者保护范围的扩大

《罗马公约》中，立法者通过强调消费者合同与消费者惯常居所地国的联系，保证了消费者可以获得该国强制性规则的合理保护。但是在公约的语境下，这种保护的范围实际上是非常狭窄的。

---

① 《罗马条例 I》第 1 条第 4 款特别规定：在条例中，"成员国"这一术语系指适用本条例的成员国，但是第 3 条第 4 款和第 7 条中的"成员国"是指欧盟的全体成员国。

② 有学者指出，部分国家，比如挪威、冰岛等虽然并非欧盟成员国，但却是《欧洲经济区协定》（Agreement on a European Economic Area）的成员。而这一协议旨在扩展欧盟内部市场的范围，促成欧盟内部法律制度在这些国家的实施。因此，当合同的所有其他因素定位于《欧洲经济区协定》成员国时，即使当事人选择第三国法，欧盟内部市场中不能为当事人协议所减损的规则也应得到适用。See Helmut Heiss, Party Autonomy, in Rome I Regulation: The law Applicable to Contractual Obligations in Europe, 1ˢᵗ ed., by Franco Ferrari and Stefan Leible, European Law Publishers, 2009, pp. 6 – 7.

③ 参见杨永红：《论契约冲突法中的保护性强制性规则——以欧盟为例》，载《南京政治学院学报》2008 年第 8 期，第 72 页。

首先，《罗马公约》针对的只是特定的消费者合同，并非涵盖消费者合同的全部类型，像运输合同、异地提供劳务合同等没有被涵盖在内。①

其次，《罗马公约》为消费者惯常居所地国保护强制性规则的适用设定了严格的情形，只有在《罗马公约》规定的三种情形下，保护强制性规则方可适用。第一种情形是销售者为推销商品或提供服务已经在消费者惯常居所地国采取了一特定的行动，比如通过报刊、收音机、电视、商品型录等做广告，或是通过中间人和民意调查专门制作了商业企划;② 第二种情形是卖方及其代理人在该国收到了消费者的订单;③第三种情形是售货合同中，消费者离开其惯常居所地国到另一国提交订单，而消费者的旅程系由卖方为吸引消费者购买货物而安排，这实际上针对的是跨境旅行消费合同的特殊情形。对于那些因旅行离开惯常居所地，在外国购买产品或接受服务的"移动消费者"，第5条第2款就无法适用了。在此情形下，如果消费者不能依据《罗马公约》第7条获得优先强制性规则的保护，那么其权利无疑就陷于一种危险状态。

最后，随着经济的发展，实践中诸如电子商务合同的各类新型合同层出不穷，而《罗马公约》的规定难以为这些合同中的消费者提供有效的保护，也没有同欧共体有关消费者保护指令中的规定相协调一致。

《罗马公约》第5条因对消费者的保护范围过窄而在理论和实践中屡受诟

---

① 《罗马公约》第5条第4款规定：本条的规定不适用于：（1）运输合同；（2）对消费者提供劳务的合同，其提供劳务地系完全在另一国家而不在消费者有其惯常居所地的国家。

② 比如，一家法国公司在德国的出版物上刊登了广告，一个德国公民据此与其缔结了合同，那么该合同就是受第5条第2款第1项调整的。反之，如果该德国公民是在美国的出版物上看到广告，继而与卖方缔结合同，即使商品在德国销售也不适用此情形之规定，除非广告登载在专以欧洲消费者为受众的专刊上。See Mario Giuliano and Paul lagarde, Report on the Convention on the Law Applicable to Contractual Obligations, available at http: // eur - lex. europa. eu/LexUriServ/LexUriServ. do? uri = CELEX: 31980Y1031（01）: EN: HTML, visited on March 31, 2011.

③ 第一种情形和第二种情形在实践中常有重叠之处，但并非完全重合。比如，消费者参加了在某外国公司的惯常居所地国举办的博览会或展览会，或是通过外国公司在其惯常居所地国的永久分支机构或代理商与之缔结了合同，而该外国公司并不符合第一种情形中要求的在其惯常居所地国刊登广告，就只能适用第二种情形。See Mario Giuliano and Paul lagarde, Report on the Convention on the Law Applicable to Contractual Obligations, available at http: //eur - lex. europa. eu/LexUriServ/LexUriServ. do? uri = CELEX: 31980Y1031（01）: EN: HTML, visited on March 31, 2011.

病。1997 年，德国联邦法院就 Gran – Canaria – Fälle 案①根据《罗马公约》的规定所作的判决，就受到了人们的质疑。在该案中，一批德国旅客赴西班牙加那利群岛度假。度假期间，一家主要营业地位于马恩岛（英国皇家属地，系自治独立地区）的公司通过派送香槟和 T 恤衫吸引旅客参加了一项活动，借此向这批旅客推销位于特内里非岛（加那利群岛众岛屿之一）一个新社区的不动产，并订立了不动产分时段使用权合同，② 双方约定合同为不可撤销合同，并受马恩岛法支配。这批旅客返回德国后，要求撤销该合同。公司方遂向法院起诉要求旅客赔偿其为准备履行合同支付的金钱和维修费，而旅客方则反诉原告要求其返还定金。

德国联邦法院查明案情后认为，尽管德国国内法转化了欧盟相关的消费者保护指令，且依据其中的强制性规则，消费者享有合同的撤销权。③ 但是德国通过转化《罗马公约》第 5 条规定而形成的《民法典施行法》第 29 条第 1 款却不能适用于本案，给予消费者强制性规则的保护，原因主要在于：本案中的不动产分时段使用合同仅涉及不动产使用权的转让，缺乏提供服务的特征。不属于公约界定的"提供货物或服务"的消费者合同。④ 再者，本案中的德国旅客不是公约要求的"被动消费者"，消费者缔结合同的行为发生在其离开惯常居所赴西班牙度假期间，且其旅程并非卖方为吸引消费者专门安排。所以联邦法院最后判决支持原告的诉讼请求。⑤ Gran – Canaria – Fälle 案的判决结果虽无违公约之规定，却有悖于国际实践中保护弱者利益的趋势，从而引发了人们关于扩大公约对消费者权益保护范围的思考。

《罗马条例 I》有关消费者的保护强制性规则以《罗马公约》的规定为蓝本，结合消费者合同的现实发展，进行了较大幅度的修改，在一定程度上弥补

---

① Bundesgerichtshof, 19 March, 1997.

② 在德国民法中，不动产分时段使用权合同被称为"不动产部分时间居住权合同"，是指以消费者在一年中的某个确定的或待确定的时间段出于休息或者居住的目的，通过支付一笔总价金为对价，与经营者订立合同，从而取得或者允诺使其取得在至少 3 年的期间内使用某一住宅建筑物的权利。参见邹国勇：《德国国际私法的欧盟化》，法律出版社 2007 年版，第 121 页。

③ 在欧洲议会及欧盟理事会通过的《关于不动产分时段使用权合同的 94/47 号指令》中，第 5 条即明确肯定了买受人在特定情形下享有对合同的撤销权。

④ 参见邹国勇：《德国国际私法的欧盟化》，法律出版社 2007 年版，第 121 页。

⑤ See Richard Plender, The Rome Convention – on the Law Applicable to Contractual Obligations, in Angleichung des materiellen und des internationalen Privatrechts in der EU, 1ˢᵗ ed. by Ole Lando, Peter Lang Europaischer Verlag der Wissenschaften, 2003, pp. 45 – 46.

了公约的不足，同时促进了与欧盟现有的消费者保护指令的一致。这种修改主要体现为扩大消费者合同中保护强制性规则的适用范围。

转化后的《罗马条例I》几乎不论合同的类型及其标的，适用于除运输合同和保险合同之外的所有消费者合同。原先不得适用公约规定的合同种类，比如借贷合同、不动产分时段使用权合同等，都被囊括在《罗马条例I》消费者合同的范畴内。同时，新规定不再限制交易对象须为动产和有体物，不动产和无体物同样也可以成为合同的标的。① 当然，《罗马条例I》有关消费者保护强制性规则的立法仍然遗留了一些问题。比如，条例依然欠缺对移动消费者的保护，而且条例的有关规定与共同体内其他特殊的冲突法规则兼容性不强，协调度不够。但是不可否认的是，条例相比公约在扩大保护强制性规则的适用范围，增强消费者保护力度的道路上走得更深更远。

（2）《罗马条例I》第6条第2款的适用

首先，《罗马条例I》第6条第2款的规定并非适用于任何类型的消费者合同。虽然条例扩展了强制性规则对消费者合同的辐射范围，但是仍旧对其适用范围作出了限制，排除了几种特殊合同适用的可能性，诸如，在消费者惯常居所地国外为消费者提供服务的合同，除一揽子旅游合同外的运输合同，涉及不动产所有权和使用权的合同等。②

其次，《罗马条例I》第6条第2款对消费者提供的保护应当因循"有利消费者原则"。条例在肯定当事人选法的同时，也充分考虑到消费者惯常居所地的强制性规则，这种制度设计旨在为消费者提供相对有利的保护。这意味着：如果当事人选择的准据法中有保护消费者利益的强制性规定，而消费者惯常居所地法中无此规定或者保护程度更低时，则适用当事人所选的准据法；如果当事人选择的准据法中有保护消费者利益的强制性规定，而消费者惯常居所地法中的规定明显更优时，则适用当事人惯常居所地国的强制性规则；如果当事人选择的准据法中无保护消费者利益的强制性规定，而消费者惯常居所地法有此规定时，适用消费者惯常居所地国的有关规定。③ 换言之，只要消费者惯常居所地的强制性规则相对当事人选择的法律而言，能够为消费者提供更高标

---

① See Francesca Ragno, The Law Applicable to Consumer Contracts under the Rome I Regulation, in Rome I Regulation: The law Applicable to Contractual Obligations in Europe, 1ˢᵗ ed. , by Franco Ferrari and Stefan Leible, European Law Publishers, 2009, pp. 138 – 139.

② 参见《罗马条例I》第6条第4款。

③ 参见邹国勇：《德国国际私法的欧盟化》，法律出版社2007年版，第125页。

准的保护，则该强制性规则就应得到适用。①

实践中，法院在处理一起具体案件时，会先确认当事人是否根据条例选择了有效的合同准据法，再确认当事人的这种选择有否剥夺当事人依据其惯常居所地法中的强制性规则所能获得的保护。为此，法官需要对当事人惯常居所地法中的强制性规则同当事人选择的准据法进行比较，看看何者提供了更高标准的保护。这种比较判断并非建立在抽象的基础上，而是要考虑将不同规则适用于具体案件后可能产生的结果。用于比较的规则不仅包括专门针对消费者制定的实体法规范，也包括能够对消费者保护产生有利影响的一般性冲突法规则。②

最后，《罗马条例 I》第 6 条第 2 款意义下的保护强制性规则有别于条例第 9 条中的优先强制性规则，其无须具备排除当事人选择和冲突规范援引必须适用的特征。这类强制性规则并不是在任何情况下都必须适用，而是只有在被当事人协议减损的危险时，才能优先于当事人的选择。

2. 个人雇佣合同中的保护强制性规则

《罗马条例 I》在第 8 条第 1 款中规定了个人雇佣合同中的保护强制性规则，强调雇佣合同的当事人不得通过法律选择，排除应将适用于合同的法律所提供给个人受雇者的保护。"其目的在于防止雇主利用优越于受雇人的地位，把对自己有利的法律选择条款强加给受雇人。"③ 这也是保护弱者利益原则的题中之义。

论及该条款的适用，首先，条例的规定针对的是个人雇佣合同（individual employment contracts），即特定的雇主和受雇者之间订立的合同，而不包括由工会代表职工同雇主订立的集体合同。④ 其次，条文中所指的保护强制性规

---

① 也有学者认为，在某些情况下，即便当事人选择的准据法没有为消费者提供足够的保护，但是结合案件的具体情形，此种保护已经相当有益于消费者，则仍应适用当事人选择的法律。See Trevor C. Hartley, Mandatory Rules in International Contracts: the Common Law Approach, Recueil Des Cours, Vol. 267, 1997, p. 371.

② See Francesca Ragno, The Law Applicable to Consumer Contracts under the Rome I Regulation, in Rome I Regulation: The law Applicable to Contractual Obligations in Europe, 1ˢᵗ ed., by Franco Ferrari and Stefan Leible, European Law Publishers, 2009, pp. 151 – 152.

③ 王军、陈洪武：《合同冲突法》，对外经济贸易大学出版社 2003 年版，第 210 页。

④ 但是，根据条例第 2 至第 4 款的规定，适用于合同准据法中的强制性规则如果将一个集体合同中的特定条款视作个人雇佣合同的一部分，而这部分条款赋予了个人受雇者某些权利，则仍应适用条例第 8 条的规定。See Trevor C. Hartley, Mandatory Rules in International Contracts: the Common Law Approach, Recueil Des Cours, Vol. 267, 1997, p. 371.

则，不仅是与雇佣合同直接相关的条款，同时也包括特定成员国属于公法范畴的涉及工业安全和卫生的规定。最后，条文规定了当事人选择的法律不能减损在其未作选择时，合同所应适用的法律提供给个人受雇者的保护，同时通过运用互补性连结因素①，确立了当事人在未作选择时合同的准据法。即优先考虑个人受雇者为履行合同而（所在的或来源的）惯常工作的国家的法律，即使其暂时受雇于另一国；在准据法无法依此确定时，再考虑其所受雇的营业所所在地国家的法律；但如果合同与另一国存在更密切的联系时，那么合同应适用该国法律。

同消费者合同不同的是，《罗马条例Ⅰ》有关个人雇佣合同保护强制性规则的规定基本沿用了《罗马公约》的做法，主要变化体现在条文表述更为明确，层次更加清晰。② 有关实质内容的调整并不明显，但存在一个值得关注的变化，那就是明确了在当事人没有选择法律时，个人受雇者惯常工作所在地法的适用范围。

依据《罗马公约》的规定，如果受雇者缔结合同后，一直在同一国家履行其工作任务，该国即可被认定为是其惯常工作地所在国，且不因受雇者暂时受聘于他国而改变。这种判断并不复杂。然而对于某些特殊情形，如何适用公约的相关规定就显得颇为棘手。比如，受雇者从事的是国际运输业务，可能在多个国家履行其工作任务，但在每次完成任务后会规律性地返回一个国家，同时也在这个国家安排工作计划，那么该国能否因此被认定为受雇者的惯常工作地国呢？还是说在这种情况下不存在受雇者惯常工作地，只能适用其所受雇的营业所所在地国家的法律或与合同有更密切联系的国家的法律？在司法实践中，就曾经出现因无法确定惯常工作地所在国的范围，而导致当事人不能获得惯常工作地国法律中强制性规则保护的情况，不过在新近的相关案件里，这一现象已有所改变。

---

① 互补性连结因素是指，当某一法律关系只确定一个连结因素往往无法满足法律关系发展的需要时，人们会对同一类法律关系确定几个连结因素，依次适用各连结因素所指定的法律，各连结因素相互补充，共同调整某一类法律关系。参见韩德培主编：《国际私法》，高等教育出版社、北京大学出版社 2007 年版，第 104 页。

② 这种变化主要体现在两方面：第一，公约第 6 条的标题使用的是个人雇佣合同（individual employment contracts），而正文中却使用了雇佣合同（a contract of employment），并没有从条文表述上明确合同的适用范围，容易引起歧义。而条例统一了标题和正文的表述，使用个人雇佣合同的概念，明确将集体合同排除在外。第二，条例将公约第 6 条第 2 款规定的在当事人没有选法时确定合同法的三种情形分列出来，各成一款，使条文的层次更加明晰。

在 1998 年的 Koelzsch v. Luxembourg 案①中，住所在德国奥斯纳布吕克的 Koelzsch 先生被卢森堡一家运输公司 Gasa Spedition 聘为国际卡车司机。双方缔结了雇佣合同，约定卢森堡法院对合同争议享有专属管辖权，同时约定合同受卢森堡法律调整。Gasa Spedition 公司的主要业务是将鲜花等植物从奥登、丹麦运往主要位于德国的目的地，运输所用卡车是在卢森堡登记，停放在德国。2001 年，Koelzsch 收到了主管的解雇通知，雇佣合同终止。他认为，作为 Gasa Spedition 公司企业委员会的候补委员，公司的解雇行为违反了《德国解雇保护法》中的强制性规则。② 尽管根据法律选择条款，卢森堡法律适用于雇佣合同，但是依据《罗马公约》第 6 条第 2 款之规定，德国是其惯常工作地所在国，其保护受雇人利益的强制性条款，是不能被当事人协议减损的，应当得到适用。

Koelzsch 向卢森堡劳动争议法院起诉，后又向上级法院上诉，法院认为卢森堡法应适用于整个合同，因此驳回了 Koelzsch 的起诉。Koelzsch 认为卢森堡法院的判决违反了《罗马公约》第 6 条第 1、2 款，没有考虑德国法对企业委员会成员的保护，损害了受雇人的利益，属于不良行政行为，因此根据 1988 年《卢森堡关于国家和公共组织民事责任法》在地区法院对卢森堡大公国提起诉讼。地区法院以诉讼不成立驳回，后来案件到了上诉法院，上诉法院认为卢森堡并没有禁止此类诉讼，而上诉法院的规则也没有规定当事人的诉求是不允许的，因此，上诉法院决定先请求欧洲法院对《罗马公约》第 6 条第 2 款（a）项中的"惯常工作所在地"作出解释，再在欧洲法院先行裁决的基础上对案件作出判决。

本案中需要对《罗马公约》规定予以明确的是：当受雇者在一个以上的国家工作，却规律性地返回其中一个国家时，该国可否被认定为受雇者惯常工

① Heiko Koelzsch v. état du Grand – Duché de Luxembourg, Case C – 29/10（2011）.

② 《联邦德国解雇保护法》第 15 条第 1 款规定，企业委员会、青年及学徒代表组织、船员代表组织或海运企业委员会的成员禁止被解雇，除非雇主出于重要理由则无须遵守解雇期限而提出解雇，并且企业委员会等代表机构根据企业组织法第 103 条对此予以同意或法院判决应予以解雇。尽管本案中 Koelzsch 不是企业委员的正式成员，但是德国联邦劳动争议法院已通过判例将该条的适用范围扩展至候补委员。See Opinion of Advocate General Trstenjak on Heiko Koelzsch v. état du Grand Duchy of Luxemburg, available at http：//eur – lex. europa. eu/Notice. do？ val = 548473：cs&lang = en&list = 561452：cs, 548473：cs, 361703：cs, &pos =2&page =1&nbl =3&pgs =10&hwords = mandatory% 20rules ~ &checktexte = checkbox&visu = JHJtexte, visited on June 4, 2012.

作地。各方在这一问题上分歧很大，① 法院综合各种考量后认为：当受雇者在一个以上成员国从事活动时，其为履行合同而惯常进行工作的国家是指，根据构成该活动的全部要素，受雇人履行其对雇主绝大部分义务所在的或来源的国家。② 这一裁决实际扩大了公约中惯常工作地所在国法的适用范围。

较之雇主营业所在地，惯常工作地是受雇者履行其经济和社会义务的地方，当地的商业、政治环境深刻影响着受雇者的活动，因此，扩大对惯常工作地的解释，在雇佣合同中增强惯常工作地法对受雇人的保护是必要的。考虑到这一点，《罗马条例Ⅰ》第8条第2款③在原先"受雇者所在的（in which）惯常工作地国"的基础上增加了"受雇者来源的（from which）惯常工作地国"的情形，从而扩展了在当事人没有选择时，个人受雇者惯常工作地法的适用范围，使其可以适用于包括空勤人员合同在内的国际运输业受雇者合同。具体而言，比如空勤人员经常在航空器上工作，但只要存在一个固定的基地，供其安排组织工作和履行其他的工作任务，比如进行地面安检，则该基地可被认为是

---

① Koelzsch 认为，在这种情况下，该国可以被确认为当事人的惯常工作地。首先，《布鲁塞尔公约》中有类似规定，而欧洲法院对其的解释肯定了当事人在多个成员国工作时，并非其工作的每一国家都对案件有管辖权，主管法院应是当事人所在或来源的主要履行其义务国家的法院，或是工作活动的有效中心所在国法院。因此，《罗马公约》中该条的解释也应同欧洲法院在《布鲁塞尔公约》中的解释相一致。其次，在国际运输的案件中，司机通常会在某国待的时间最长，也是在那里组织和安排工作，并周期性地返回该国，可以说工作活动的有效中心是位于该国的，因此，该国应被认为是惯常工作地所在国。卢森堡政府则认为，Koelzsch 并不符合惯常性地在一国工作的情形，因此，即使当事人没有选择准据法，合同的客观准据法也应是其受雇的营业所所在地国的法律，即卢森堡法。See Opinion of Advocate General Trstenjak on Heiko Koelzsch v. état du Grand Duchy of Luxemburg, available at http：//eur – lex. europa. eu/Notice. do? val = 548473：cs&lang = en&list = 561452：cs, 548473：cs, 361703：cs, &pos = 2&page = 1&nbl = 3&pgs = 10&hwords = mandatory%20rules ~ &checktexte = checkbox&visu = JHJtexte, visited on April 4, 2011.

② See Judgment of the Court Concerning the Interpretation of Article 6 (2) (a) of the Convention on the Law Applicable to Contractual Obligations, available at http：//eur – lex. europa. eu/LexUriServ/LexUriServ. do? uri = CELEX：62010J0029：EN：HTML, visited on June 26, 2012.

③ 《罗马条例Ⅰ》第8条第2款规定，在当事人未对合同准据法作出选择时，合同应适用受雇者所在的为履行合同而惯常工作国家的法律；若受雇者没有惯常工作地国，则由其来源的惯常工作地国法律调整。惯常工作地不应受雇者暂时受雇于另一国而改变。

受雇者的惯常工作地，从而使第 8 条第 2 款得以适用。① 这一变动更加契合条例为受雇者提供充足保护的目标，促进了受雇者惯常工作地法保护强制性规则适用的可能性，具有重要的实践意义。

三、《罗马条例 I》中的优先强制性规则

(一) 对优先强制性规则的界定

优先强制性规则具体体现在《罗马条例 I》第 9 条中，与普通强制性规则不同的是，这类规则不仅不得为当事人协议所减损，而且可以撇开当事人的法律选择和冲突规范援引得到直接适用。优先强制性规则属于严格的冲突法意义上的强制性规则，由于这类规则强制性程度较高，因而，对于合同准据法的确定有着极为重要的影响。在公约和条例的语境下，优先强制性规则主要分为法院地国优先强制性规则和第三国优先强制性规则。

相比《罗马公约》而言，《罗马条例 I》的一大创新之笔就在于其试图对优先强制性规则进行界定。其第 9 条第 1 款规定："优先强制性条款是指对维护一国诸如政治、社会或者经济组织等公共利益方面至关重要的规则，以至于对属于其适用范围的所有情况，不论根据本条例适用于合同的是何种法律，它们都必须予以适用。"这一定义吸收了弗朗西斯卡基斯"直接适用的法"的合理内涵，直接脱胎自欧洲法院关于 Arblade 案② 的判决，明确了优先强制性规则的特征和作用，有助于对优先强制性规则的理解和判定。但是具体到在实践中，应如何确认某一条款是否属于第 9 条第 1 项定义的优先强制性规则呢？

一般而言，如果某一条款明确表明其不考虑合同准据法而应当得到适用，那么，此种表述便构成该规则对一国的公共利益非常重要的初步证据，除非有相反证据证明该规则同一国的公共利益没有重要相关性，否则其就属于条例第 9 条意义上的优先强制性规则。如果条款本身没有明示其适用范围，那么，就

---

① See Peter Mankowski, Employment Contracts under Article 8 of the Rome I Regulation, in Rome I Regulation: The law Applicable to Contractual Obligations in Europe, 1ˢᵗ ed., by Franco Ferrari and Stefan Leible, European Law Publishers, 2009, p. 177.

② 欧洲法院在该案中指出，涉及公共秩序的法律即对保护成员国政治、社会或经济秩序至关重要而要求在其国内范围内所有人都必须遵从的国内法律规范。See Jean – Claude Arblade and Arblade & Fils SARL and Bernard Leloup, Serge Leloup and Sofrage SARL, Joined cases C – 369/96 and C – 376/96, E. C. R. I – 8453 (1999). 有关该案见下文。

需要由受案法院来决定该规则是否具有优先强制性：若法院适用其内国法，当然依据法院地国的相关规则来解释；而当法院适用外国法时，对该条款的判定则有两种可能的做法：一是依照与该规则适用范围相关的规则来解释，二是交由欧洲法院统一解释。虽然从理论上看，欧洲法院的解释能够增强法律的确定性，统一各国对优先强制性规则的实践。但是，对优先强制性规则的判断实际上带有较强的主观性，各个国家都有其自身的侧重和考量。如果欧洲法院针对一起具体案件，认定某一类规则为优先强制性规则，并因此要求其他成员国均将该类规则视为优先强制性规则，这无疑是不合适的，也会导致实践中的矛盾。①

那么，哪些领域的立法可以归入《罗马条例Ⅰ》第 9 条中定义的优先强制性规则呢？关于这一问题，欧盟成员国有着各自不同的评判标准。② 比如，在德国，只有将保护公共利益作为主要目标的法律才能被认定为具有优先强制性，比如对德国经济形势有重要影响的进出口管制规则、价格和外汇管制规则、反垄断规则以及承租人保护规则、对残疾雇工的保护规则等有关保护个人的社会规则，才可被认定为优先强制性规则。而有关消费者信贷的法律，缩短临时雇工工作时间的法律和不公平解雇的法律都不属于优先强制性规则的范畴，因为这类规则主要是为了平衡合同主体间的私人利益。而法国对优先强制性规则的认定则更为宽松一些。法国法院肯定保护弱者利益的规则具有优先强制性，同时还认可有关作品披露的著作权法也属于优先强制性规则。

不过从目前欧洲法院的司法实践来看，涉及对工人的社会保护、对消费者的保护以及维持高水平的公共健康和高质量的医疗服务等的法规，都属于条例规定的维护一国公共利益的规则。另外需要明确的是，并非只要同公共利益有关的规则都能被认定为优先强制性条款。如果一项规则不是旨在实现公共利益，那么该规则就不符合《罗马条例Ⅰ》的要求。判断某一特定条款是否具有公共利益的目的，法院不仅要考虑条文内容的表述，更要关注立法可能取得的实际效果。

（二）法院地国优先强制性规则

考虑到维护法院地国利益的需要，公约和条例中都强调了任何条款都不得限制法院地国优先强制性规则的适用，不论合同准据法为何。事实上，法院地

---

① See Richard Plender & Michael Wilderspin, The European Private International law of Obligations, Thomson Reuters（Legal）Limited, 3rd ed., 2009, pp. 337 – 339.

② See Richard Plender & Michael Wilderspin, The European Private International law of Obligations, Thomson Reuters（Legal）Limited, 3rd ed., 2009, pp. 340 – 341.

国在案件审理中适用法院地的优先强制性规则，已经在不少国家和地区的立法中有所体现。

谈及法院地国优先强制性规则，一个与其紧密联系的概念就是法院地的公共秩序。当法院以外国某规则的内容违反了法院地的公共秩序而拒绝适用时，也可以说法院是适用了内国的某项强制性规则排除了当事人的法律选择。这两种制度操作起来有如硬币的两面，实践中确实容易令人产生混淆。不过就理论层面来看，强制性规则和公共秩序的适用机制是有差异的。强制性规则的适用是一个积极选择准据法的过程，是法院为合同的一部分选择应当适用的法律；而公共秩序保留则是一个相对消极的拒绝适用准据法某一特定规则的过程。①

（三）第三国优先强制性规则

第三国优先强制性规则，顾名思义就是除合同准据法所属国和法院地国外，与案件情形有密切联系的某一外国法律体系中的相关强制性规则。这一规则旨在维护第三国的社会公共利益，或多或少都可能带有公法的性质，而受"公法禁止原则"的影响，在很长一段时期内，接受和适用具有公法性质的外国法律在实践中被认为是不适当的。② 再者，认可这一规则可能有损欧陆国家一贯秉持的法律的确定性和可预见性的价值诉求。因此，适用第三国优先强制性规则往往面临着极大的分歧和争议。如果将优先强制性规则喻为一片充满未知的森林，那么第三国优先强制性规则无疑就是其中阴郁的泥沼。

1. 欧洲国家关于第三国优先强制性规则的早期实践

当《罗马公约》第 7 条还孕育在摇篮之中时，已有学者对该条规定表示担忧。他们认为，认可第三国优先强制性规则的适用是一次太过大胆的冒险，缺乏既有司法实践的支持，必会引起理论界和实务界广泛的质疑。③ 然而，在《罗马公约》制定以前，第三国优先强制性规则在司法实践中得到运用并非前所未有，只是非常鲜见，仅在极为特殊的情形下才有适用的可能。

---

① 这里提到的公共秩序保留条款仅指具有否定作用的、采取直接限制立法模式的公共秩序保留条款。如果是具有肯定作用的采取间接立法模式的条款，实际上就是强调一国法律中的部分法律规则因其属于公共秩序的范畴，而在该国具有绝对效力，从而不考虑外国法的适用。笔者认为，这种肯定式的公共秩序保留条款同强制性规则的运用机制实际上是一致的。

② 参见卜璐：《外国公法适用的理论变迁》，载《武大国际法评论》2008 年第 8 卷，第 124 页。

③ See Ivana Kunda, Internationally Mandatory Rules of a Third Country in European Contract Conflict of Laws: The Rome Convention and the Proposed Rome I Regulation, 2007, p. 64.

（1）荷兰

在荷兰，1966 年有关 Alnati 一案①的判决，就体现出荷兰最高法院对第三国优先强制性规则的合理关注。该案中，双方当事人缔结了一份运输合同，约定将一批法国土豆从比利时安特卫普港运往巴西的里约热内卢。随后，承运人在安特卫普港签发了提单，并于提单第 31 条约定合同适用荷兰法。当货物抵达目的港后，被发现已有部分损坏，货主的保险公司支付了赔偿金，继而在鹿特丹地区法院就此损害向承运人提起诉讼。

诉讼时，荷兰尚未批准 1924 年海牙规则，其国内法对于非涉及荷兰港口的运输也没有关于承运人责任的强制性条款，但是比利时商法典中却有相关规定，并将其归为比利时的公共政策。初审法院判定当事人选择荷兰法无损比利时法中的强制性规则，应当是有效的。上诉法院维持了初审法院的判决，②案件后来到了最高法院。最高法院强调，当事人选择合同准据法意味着合同只能受该法调整。其他法律体系，包括合同客观准据法体系中的规则都应被排除适用。然而后文中，最高法院却又特别指出："一些案件中，对外国国家而言，在其领土外遵守其某些特定规则显得尤为重要。不管是内国法院抑或荷兰法院都应对此予以充分考虑，并给予这些规则优先于当事人的选择而适用的法律效力。"

由此可见，荷兰最高法院虽然没有在本案中适用比利时的相关法律，但是荷兰法院对于第三国优先强制性规则却是接受和认可的，只是在法院看来，比利时的有关规定欠缺优先强制性，尚不足以达到排斥当事人的选择得到直接适用的程度。这一观点在其后的 Sewrajsing 案和 Sensor 案中也有所反映。

在 Sewrajsing 案中，住所在库拉索岛（荷属安地列斯群岛之一）的卖方，同住所在苏里南的买方签订了一份不动产买卖合同，其中不动产位于库拉索岛。后来卖方对合同的有效性提出质疑，因为根据苏里南《1947 年交易管制条例》，在合同缔结时，买房只有获得许可证，才可取得对位于国外的不动产的所有权。荷兰最高法院在该案中指出，尽管苏里南法中存在有关许可证的规

---

① Van Nievelt, Goudriaan and Co's Stoomvaartmij N. V. v. N. V. Hollandische Assurantie Societeit and Others, See Ivana Kunda, Internationally Mandatory Rules of a Third Country in European Contract Conflict of Laws: The Rome Convention and the Proposed Rome I Regulation, 2007, pp. 66 – 69.

② 上诉法院认为，当事人在提单中选择适用荷兰法，这项法律选择是有效的。不过，本案中装载货物、签发提单都发生在比利时，比利时同本案具有密切联系。如果当事人没有选择合同准据法，比利时法当然应得到适用；但当事人既已作出法律选择，则应适用当事人所选的准据法，况且这一选择未与比利时内国法中的强制性规则相冲突。

定。但是本案中，不动产位于荷属安地列斯群岛，与合同有主要利益关联的是该岛，因此合同应当适用安地列斯岛法，而不适用苏里南法中认定合同无效的条款。法院通过比较苏里南和安地列斯岛在本案中享有的利益，最后判定苏里南法中的强制性规则不具有优先于合同准据法的属性。①

在 Sensor 案中，双方当事人签订了一项检波器串买卖合同，约定在特定期限内以 FOB 形式，在鹿特丹港装货运至苏联。合同的卖方是美国一家公司在荷兰的子公司，买方是一家法国公司。与此同时，美国总统里根公布了《美国出口管理条例》，禁止在美国管辖内的自然人、公司或其他组织将涉及天然气和石油生产及使用的技术或设备出口到苏联境内，违反此规定将受到刑事制裁。卖方因此没有履行合同项下的义务，买方请求海牙地区法院签发禁止令，要求卖方履行义务，卖方以美国政府限制性规定系不可抗力为由抗辩，但法院最后命令卖方履行义务，将货物运送给买方，并承担因迟延履行给买方造成的损失。法院分析认为，本案的客观准据法为荷兰法，美国的有关条例纯粹是服务于其对外政策的，缺乏优先强制性规则要求的正当合理的目的，其域外适用的理由是不充分的，因此荷兰法院不需要考虑该条例的规定。②

对于法院而言，是否适用第三国优先强制性规则，关键在于权衡外国国家在案件中所涉利益是否优位于法院地国的利益。

（2）德国

与荷兰不同，德国联邦法院一般对境内适用外国公法持否定态度。但是这并不影响德国法院处理具体案件时将第三国优先强制性规则作为事实加以考虑。

1972 年，德国联邦法院审理一起有关艺术品出口的保险合同案件——Kulturguterfall 案③。该案中，一批艺术品由尼日利亚出口至德国汉堡，当事人为此向保险公司投保。结果运输途中，部分艺术品下落不明，当事人遂要求保险公司按照合同的约定理赔。根据合同准据法德国法的规定，保险合同是有效的，而尼日利亚法中关于禁止文化物品出口的限制性规定却认定该合同为无

---

① See Ivana Kunda, Internationally Mandatory Rules of a Third Country in European Contract Conflict of Laws: The Rome Convention and the Proposed Rome I Regulation, 2007, pp. 69 – 71.

② Compagnie Européenne des Pétroles v. Sensor Netherland B. V., See Ivana Kunda, Internationally Mandatory Rules of a Third Country in European Contract Conflict of Laws: The Rome Convention and the Proposed Rome I Regulation, 2007, pp. 72 – 73.

③ Bundesgerichtshof, 22 June 1972; BGHZ 59, 82.

效。德国法院认为，根据《德国民法典》的相关规定①，如果一项合同违反了包括国际层面上的共同道德，则该合同无效。本案中尼日利亚的强制性规则先于合同而制定，并且同保护国内艺术品的国际趋势是一致的，应当被认定是合理的。法院最后承认了尼日利亚强制性条款的效力，判决保险公司无须承担赔偿责任。②

同样，在 1984 年的一起啤酒供应案③中，联邦法院也肯定了外国限制酒精饮品进口的强制性规则的效力。④ 不过从德国的司法实践来看，其并非真正承认第三国优先强制性规则的法律性质，使之在案件中得到直接适用，而是将其视作一项事实最后导致德国国内法的适用。⑤

（3）法国

对法国而言，公约生效前，涉及外国优先强制性规则的成文法规定和判例实践极为少见，不过仍有一些案例体现出法国法院对此类规则的态度。在 1965 年的 Freuehauf Corporation v. Massardy 案中，Freuehauf 公司位于法国的子公司 Freuehauf – France S. A. 同 Automobiles Berliet S. A. 公司签订了一份再出口合同。而美国财政部依据《对敌贸易法》颁布了一项禁令，禁止 Freuehauf 公司履行关于运输 60 辆坦克到中国的合同义务，双方当事人因此发生争议。初审法院认为本案无须考虑美国的贸易限制性规定，并指定了临时管理人负责合同的履行，上诉法院后来支持了一审判决。法国法院没有承认美国对外贸易的强制性规则，认为该规则是基于美国特定时期的政治外交策略而制定，缺乏域外适用的合理性，这与荷兰法院在 Sensor 案中的主张颇为相似。⑥

---

① 《德国民法典》第 138 条第 1 款规定，违反善良风俗的法律行为无效。

② See Ivana Kunda, Internationally Mandatory Rules of a Third Country in European Contract Conflict of Laws: The Rome Convention and the Proposed Rome I Regulation, 2007, pp. 75—76.

③ Bundesgerichtshof, 8 February 1984, IPRax, Vol. 6, 1986.

④ 1977 年，位于德黑兰的伊朗进口商与德国一家啤酒厂签订了啤酒供应合同。后因伊朗领袖阿亚图拉·霍梅尼领导下的新什叶派政权颁布了禁止酒精饮品进口的法令，伊朗方提出终止合同，不再接受德国方的啤酒供应，双方发生争议。德国联邦法院承认了伊朗法令的效力，认为伊朗方的给付不能是由于不可归责于他的事由，遂免除其给付义务。See Ivana Kunda, Internationally Mandatory Rules of a Third Country in European Contract Conflict of Laws: The Rome Convention and the Proposed Rome I Regulation, 2007, p. 78.

⑤ 参见谷馨：《第三国家的强制性规则简论》，载《深圳职业技术学院学报》2010 年第 4 期，第 22 页。

⑥ See Ivana Kunda, Internationally Mandatory Rules of a Third Country in European Contract Conflict of Laws: The Rome Convention and the Proposed Rome I Regulation, 2007, p. 80.

而在 1975 年的一起不动产买卖案中，法国法院则肯定了第三国强制性规则的效力。该案中，一名法国公民同法国政府缔结了一份不动产买卖合同，其中不动产位于越南境内。根据越南法，不动产交易缺少行政许可，合同应被认定为无效。而按照当事人选择的法国法，合同是有效的。法国法院认为，由于作为合同标的物的不动产位于越南，且越南法的相关规定属于公共政策的范畴，适用这些法律对维护越南利益而言至关重要，因此，越南法中的有关强制性规则应当优先于当事人的选择得到适用。① 从法院的分析中不难推断，法国也是肯定第三国优先强制性规则的存在的，只不过较之直接适用这类规则而言，法国更倾向于通过公共秩序保留的制度来认可这些规则。

（4）英国

在英国早期的司法实践中，已经存在一些涉及优先强制性规则的案件。1920 年的 Ralli Brothers v. Compania Naviera Sota y Aznar 案②中，来自西班牙的托运人和来自英国的租船人缔结了一份合同，合同约定将货物由印度的加尔各答运至西班牙的巴塞罗那，运费为每吨 50 英镑，在巴塞罗那支付。然而在货物运输期间，西班牙颁布了一项运费限制法令，规定运费不得超过每吨 10 英镑。英方当事人遂据此付款，双方发生争议，案件由英国法院受理。英国上诉法院在 1920 年的判决中认为，尽管根据合同自体法，当事人的约定是合法的，但只要合同履行地法将此种履行行为认定为非法，则合同是无效的。本案中的合同虽受英国法调整，但是当事人约定在西班牙支付运费的金额大大超过了西班牙法律规定的最高限额，因此合同是不可实施的，被告无须支付多余的运费。

在 1957 年的 Regazzoni v. KC Sethia（1944）Ltd 案③中，上议院就肯定了外国一项禁运措施的域外效力。该案中，双方当事人签订了一份黄麻制品的买卖合同，约定将货物由印度运至热那亚再转售至南非。而根据印度 1946 年的一项立法，将黄麻由印度出口到南非属于刑事犯罪，并且当事人缔约时都了解该法的规定。英国法院遂以履行该合同违反公共秩序为由，判决合同不具有可履行性。该案虽然运用的是公共秩序保留制度，却在一定程度上体现了英国法院对印度优先强制性规则的接受和认同。

从各国有关第三国优先强制性规则的早期实践可以看出，尽管大部分国家

---

① See Ivana Kunda, Internationally Mandatory Rules of a Third Country in European Contract Conflict of Laws: The Rome Convention and the Proposed Rome I Regulation, 2007, p. 81.

② Ralli Bros v. Compania Naviera Sota y Aznar, 2 K. B. 287 (1920).

③ Regazzoni v. KC Sethia, (1944) Ltd., A. C. 301 (1958); 3 W. L. R. 752 (1957); 3 All E. R. 286 (1957).

并没有在实践中直接适用这类规则，但已经开始关注这类规则与特定国家之间的利益关系，并将其作为一项事实或是公共政策加以考虑。

2. 欧洲法院关于第三国优先强制性规则的晚近实践

自《罗马公约》的第一、第二议定书肯定了欧洲法院对公约的解释权后，法院开始显露出对强制性规则内涵的极大兴致。在 Ingmar 案和 Arblade 案的先行裁决中，欧洲法院丰富和发展了第三国优先强制性规则的内涵。

在 2000 年的 Ingmar GB Ltd. v. Eaton Leonard Technologies Inc. 案①中，作为代理人的英国公司与作为委托人的加利福利亚公司签订了一份商业代理合同，合同明确约定适用加利福利亚州法。合同终止时，代理人要求委托人支付因终止合同产生的损害赔偿。根据欧共体理事会《关于独立商务代理人的 86/653 号指令》的规定，② 代理人的此项主张是合法的。问题的关键在于，当合同准据法所属国是非成员国，且委托人位于非成员国时，代理人在成员国境内开展主要活动能否导致欧盟指令相关规定的适用。欧洲法院认为，当合同情形与共同体存在密切联系时，共同体的法律就应当得到适用，而不受当事人法律选择的影响，本案中代理人的活动是在成员国境内进行的，因此共同体带有优先强制性的指令应被适用。Ingmar 案的最大意义在于其扩展了第三国优先强制性规则的外延，使其不再局限于第三国国内规则，同时也包括共同体法中的优先强制性条款。

1999 年的 Jean - Claude Arblade and Arblade & Fils SARL and Bernard Leloup, Serge Leloup and Sofrage SARL 案③中，比利时公司 Sucrerie Tirlemontoise de Wanze 同一家法国公司 Atelier de Construction Metallique du Bocage 签订了一份合同，约定由法国公司建造一个容积为 4 万公吨的筒仓，用于储存白糖。法国公司将其中金属配件的制造工作分包给多个公司，其中就包括 Arblade 公司。Arblade 公司派遣了一批工人赴比利时工作。1993 年，比利时有关部门要求 Arblade 依据比利时劳动与社会保障法办理证明文件，Arblade 拒绝了此种要求，强调工人们

---

① Ingmar GB Ltd. v. Eaton Leonard Technologies Inc. , C - 381/98, E. C. R. I - 9305 (2000).

② 《关于独立商务代理人的 86/653 号指令》第 17 条第 1 款规定，成员国应当采取措施，确保在代理合同终止后，代理人有权依据本条第 2 款或者第 3 款主张赔偿。该指令第 18 条规定，在下列情况下，不得主张补偿或者损害赔偿：（1）根据成员国的法律，系因为代理人的过错而导致解除代理合同；（2）系代理人解除合同，但是因为被代理人的原因，或者代理人自身的年龄、体弱、疾病而导致其无法继续从事代理合同的除外；（3）在被代理人同意的情况下，代理人将其代理合同中的权利义务转让给第三人。

③ See Jean - Claude Arblade and Arblade & Fils SARL and Bernard Leloup, Serge Leloup and Sofrage SARL, Joined cases C - 369/96 and C - 376/96, E. C. R. I - 8453 (1999).

虽然在比利时提供服务，但仍然服从法国社会保障法。比利时相关部门认为他们的行为违反了比利时法，遂向法院对其提出多项刑事控告，比如，Arblade 没有依照比利时法向工人支付最低补偿，没有设立员工登记处等。本案的关键在于，比利时劳动社会保障法中的强制性规则是否能够，或者说在多大程度上能够限制《欧共体条约》第49条关于服务自由流动的规定。欧洲法院指出，成员国国内的公共秩序立法都应服从《欧共体条约》的规定，只有那些"对保护成员国政治、社会或经济秩序非常重，以至于要求所有在成员国境内的人都必须遵守的国内规则"，才能够优先于《欧共体条约》规定而适用。欧洲法院在判决中有关此类规则的表述就是《罗马条例 I》中优先强制性规则定义的雏形。

尽管第三国优先强制性规则的适用在各国都或多或少有所体现，但从以往的司法实践来看，大多数国家对适用第三国优先强制性规则仍然持审慎态度。有的国家虽然承认第三国强制性规则适用的可能，但是对该规则的判断采取了非常严格的标准；有的国家则选择通过公共秩序保留这一制度来达到认可外国某一规定的效果。然而，不可否认的是，尊重第三国在特定案件中的利益和政策已逐步成为国际国内立法的趋势所在。考虑到多数国家既有的司法实践，以及适用该规则可能带来的法律的不确定性和不可预见性，《罗马条例 I》在《罗马公约》的基础上对第三国强制性规则进行了修正，调整了第三国强制性规则的范围，将其仅仅局限为合同履行地国的优先强制性规则，而不再是任何与案件情形有密切联系的国家的优先强制性规则，从而在一定程度上弥合了不同国家在此问题上的分歧。

四、欧盟合同冲突法的强制性规则对我国的启示

（一）我国有关强制性规则的法律实践

在《中华人民共和国涉外民事关系法律适用法》（以下简称《涉外民事关系法律适用法》）通过之前，我国尚无统一的国际私法法典，有关合同法律适用的冲突规范散见于《民法通则》及有关的司法解释中，而其中的强制性规则也没有形成独立系统的体制，其概念内涵被涵盖于法律规避①及公共秩序保

---

① 最高人民法院《关于贯彻执行〈中华人民共和国民法通则〉若干问题的意见（试行）》第194条规定：当事人规避我国强制性或者禁止性法律规范的行为，不发生适用外国法律的效力。同样，2007年最高人民法院《关于审理涉外民事或商事合同纠纷案件法律适用若干问题的规定》第6条也规定：当事人规避中华人民共和国法律、行政法规的强制性规定的行为，不发生适用外国法律的效力。

留制度①之下。尽管法律规避和公共秩序保留制度同样能够限制当事人意思自治，维护我国重要的公共利益和保护弱者权益，且同强制性规则具有紧密的联系，但是相比强制性规则简捷明确的适用方式而言，法律规避和公共秩序保留制度的适用显得更为复杂和抽象。

首先，公共秩序保留制度虽然发挥着维护国家公共利益的安全阀作用，但是这一制度运用起来比较抽象，而且就目前的实践来看，已经出现了限制和减少消极公共秩序适用的趋势。② 在国际民商事交往中，动辄搬出"国家主权"的挡箭牌似乎也有损国家的信誉和司法权威。其次，国际私法上的法律规避制度有其严格的构成要件，③ 只有当事人的行为符合这些要件，法院才得以运用禁止法律规避的条款对当事人的行为作出否定性评价。而实践中认定当事人的主观意图涉及"对人的内心意识的侵入"，往往难以得到可靠的结论，这也就增加了法律规避制度适用的难度。④ 在我国法院的司法实践中，就曾经出现误用法律规避的案件。

在 2005 年的北京京皇国际大厦有限公司与中国人寿保险（海外）股份有限公司香港分公司借款合同纠纷上诉案⑤中，京皇公司作为借款方与贷款方寿保香港分公司签订了《贷款协议》，并约定借款人应办理以寿保香港分公司为受益人的财产抵押手续，在协议的适用法律条款中，当事人约定除财产抵押适用中国法律并依中国法律解释以外，每一份担保文件将适用香港法律并依香港法律解释。协议订立后，寿保香港分公司依约向京皇公司发放了 6000 万元贷款，协议到期后，京皇公司未能如期偿还贷款本金和利息，双方后又签订了《还款协议》，然而协议期限届满，京皇公司仍未履行偿还义务，双方产生争议。

---

① 《民法通则》第 150 条规定：依照本章规定适用外国法律或者国际惯例的，不得违背中华人民共和国的社会公共利益。

② 公共秩序保留在很大程度上是各国主权观念的需要，尽管目前公共秩序适用的范围、对象有扩大的趋势，但消极公共秩序的适用条件越来越严，适用的限制越来越多，适用的机会也越来越少。参见肖永平：《法理学视野下的冲突法》，高等教育出版社 2008 年版，第 224 页。

③ 参见韩德培主编：《国际私法》，高等教育出版社、北京大学出版社 2007 年版，第 137 页。

④ 参见肖永平：《法理学视野下的冲突法》，高等教育出版社 2008 年版，第 156 页。

⑤ 参见北京京皇国际大厦有限公司与中国人寿保险（海外）股份有限公司香港分公司借款纠纷上诉案，资料来源于：http://vip. chinalawinfo. com/case/displaycontent. asp? Gid＝117518239&Keyword＝北京京皇，2012 年 5 月 12 日访问。

法院在查明案件事实后认为，内地合资企业京皇公司向寿保香港分公司的借款构成外债，而我国对外债实行登记管理制度①，当事人在协议中选择适用香港法律是对我国外汇管理强制性规则的规避，根据最高人民法院《关于贯彻执行〈中华人民共和国民法通则〉若干问题的意见（试行）》第194条的规定，规避行为不发生法律效力，因此案件应当适用中国法。但是从该案中可以看出，当事人并没有故意改变构成连结点的事实因素以期规避法律的行为，并不符合法律规避的构成要件，而受案法院却适用了有关法律规避的条款，这显然是不合适的。如果法院能采用强制性规则，直接适用我国有关外债登记的规定，那么问题也就迎刃而解了。

2010年10月，《涉外民事关系法律适用法》已获通过，并于2011年4月1日起施行。值得一提的是，《涉外民事关系法律适用法》在第4条中规定："中华人民共和国法律对涉外民事关系有强制性规定的，直接适用该强制性规定。"该规定将强制性规则从公共秩序保留的规定中分离出来，并且肯定了法院地优先强制性规则的存在，无疑是我国强制性规则立法实践中的一大进展。

（二）《罗马条例Ⅰ》中强制性规则的启示

尽管目前的国际私法立法肯定了强制性规则的适用，但我国尚未建立起完整系统的强制性规则体系，强制性规则在保护我国的公共利益和维护弱者当事人权益上发挥作用的空间有限，而且既有的规定也存在着不足。

一方面，《涉外民事关系法律适用法》没有对强制性规则的概念作出界定。从条文的字面理解，该法所指的强制性规则应当是冲突法意义上的可以撇开当事人选择和冲突规范援引而直接适用的强制性规则，有别于一般合同法意义的强制性规则。由于法律本身没有对强制性规则作出区分，因而实践中就可能出现错将普通强制性规则视为优先强制性规则的情形，导致该条不适当地扩大适用。

另一方面，从《涉外民事关系法律适用法》的这一规定来看，目前的立法是通过单边规范的形式对我国强制性规则的域外效力予以肯定，对于外国强制性规则的适用问题条文中未有提及。

《罗马条例Ⅰ》自生效至今并不太长，其有关强制性规则的规定仍然需要接受实践的考察和检验，并不能说这一制度就是尽善尽美的。不过对我国而言，《罗马条例Ⅰ》的相关做法或可提供一种可能的思路。

---

① 我国《外债统计监测暂行规定》第5条规定：中外合资经营企业、中外合作经营企业和外资企业的对外借款，借款单位应当在正式签订借款合同后15天内，持借款合同副本向所在地外汇管理局办理登记手续并领取逐笔登记的《外债登记证》。

首先，我们需要明确将强制性规则制度化、体系化的必要性。目前，已有越来越多的国际私法立法对强制性规则作出了反应，尽管强制性规则同法律规避制度和公共秩序保留制度存在天然的紧密联系，但是适用强制性规则既不需要法律规避中的构成要件要求，也不存在滥用公共秩序保留之虞。只要某一项规则被界定为强制性规则，那么对其的适用就是直接明确的。因此，将强制性规则制度独立于法律规避和公共秩序保留加以规定，明确其内涵和外延，对于合同准据法的确定和涉外司法实践都是十分有益的。

其次，我们要进一步充实完善我国现有的强制性规则立法。《涉外民事关系法律适用法》有关强制性规则的规定相对简单，我国可以适当地借鉴《罗马条例I》中相关规定，在现有立法的基础上逐步建立强制性规则制度，明确冲突法意义上强制性规则的内涵，将其同一般合同法意义上的强制性规范区别开来。同时在涉及弱者当事人的消费者合同和雇佣合同中，要适当考虑消费者经常居所地法和劳动者工作地法中的强制性规则对其的特殊保护。至于第三国强制性规则的问题，从我国已有的实践来看，我国在涉外案件中适用外国法的比例非常少，① 因此，就现阶段来看，我国法院在审判实践中承认外国强制性规则效力的可能性相对较小。不过立法作为行为的指向标，其规定可以优先于实践，我国宜在一定条件下考虑适用外国强制性规则的可能，赋予法院在此问题上的自由裁量权，以期在法律适用的确定性、案件的公正处理和尊重其他国家的立法政策中寻求一个最佳的制衡点。

---

① 相关统计和论述参见何其生、许威：《浅析我国涉外民事法律适用中"回家去的趋势"》，载《武汉大学学报》（哲学社会科学版）2011年第2期，第5—9页。

非洲国际私法过去 10 年（1997—2007）实证分析（第二部分）[*]

Richard F. Oppong　著　朱伟东　何石美　译^{**}

> 这些材料（冲突法材料——译者注）很松散且分布不集中，因此需要从许多渠道搜集。而这些资料赖以获取的渠道对于普通法系国家的学生来说不仅不具有吸引力，而且极为令人生厌。
>
> ——约瑟夫·斯托雷《冲突法评论》（1834 年）

目　　次

---

* 本文第一部分原文发表在《国际私法年刊》（Yearbook of Private International Law）2007 年第 9 期，第 235—255 页，译文发表在《湘江法律评论》第 10 卷。本文第二部分发表在《国际私法年刊》2007 年第 10 期。第二部分是关于解决外国判决的承认和执行、国际程序、司法和行政的合作。

** Richard Frimpong Oppong，法学学士（加纳大学）、法学硕士（剑桥大学、哈佛大学）、法学博士（加拿大不列颠哥伦比亚大学），曾任英国兰卡斯特大学法学院讲师，现为加拿大汤姆森里佛斯大学（Thompson Rivers University）法学院教授。朱伟东，法学博士、教授，湘潭大学非洲法律与社会研究中心副主任，首尔国立大学法学院客座研究员，2008 年 6 月至 2009 年 5 月在剑桥大学法学院进行博士后研究。何石美，湘潭大学法学院国际法专业硕士研究生。

一、外国法院判决和仲裁裁决的执行

（一）国际司法管辖权

外国货币判决的执行根据有两种：一种是根据普通法进行，另一种是根据成文法对来自指定国家的判决进行登记。① 当外国法院的判决不是来自于某个特定国家时，则该判决只能根据普通法来执行。因此，在 Mileta Poku v. Rudnap Zambia Limited 案②中，赞比亚法院根据赞比亚第 76 号法律《外国判决（互惠执行）法》判定一项来自南斯拉夫的判决不能得到执行。同样，在 Heyns v. Demetriou 案③中，津巴布韦法院认为，一项南非法院的判决不能根据津巴布韦 1922 年《英国及英联邦判决法》或 1992 年《判决扩展法》予以登记。南非法院对 Heyns v. Demetriou 一案的判决也被认为是不予承认的。在上述两个案件中，南斯拉夫和南非都不是上述两国法律所指定的外国国家。

上述两种外国判决执行的方式都有实体上和程序上的要求，执行外国法院判决之前必须严格地按照这些要求。在博茨瓦纳法院受理的 Barclays Bank of Swaziland v. Koch 案④中，由于原告没有在申请博茨瓦纳法院作出临时判决的请求书中附上外国法院判决书，赞比亚法院认为这一疏漏使判决难以执行。在 Shona – Jason Nigeria Limited v. Omega Air Limited 案⑤中，尼日利亚法院认为，它有权撤销对外国判决已经作出的登记，即使在进行判决登记申请时进行了适当通知，并且判决债务人当时也没有反对对该判决进行登记的申请。尼日利亚法院根据《外国判决（互惠）法》所享有的管辖权是不可否认的。但是，由

---

① 根据成文法作出的判决有：Ssebaggala & Sons Electric Centre Ltd. v. Kenya National Shipping Line Ltd. ［2000］L. L. R. 931；Northern Executive Aviation Ltd. v. Ibis Aviation Ltd. , Civil Case No. 1088 of 1998,（High Court, Kenya, 2001）；Re The Foreign Judgment ［2001］L. L. R. 1429；Patel v. Bank of Baroda ［2000］L. L. R. 3413；Patel v. Bank of Baroda ［2001］1 E. A. 189；The Society of Lloyd's v. Charles Julian Burton Larby ［2005］eK. L. R. ；Transroad Ltd. v. Bank of Uganda ［1998］UGA J. No. 12；Ghassan Halaoui v. Grosvernor Casinos Ltd. ［2002］17 N. W. L. R. 28；Shona – Jason Nigeria Ltd. v. Omega Air Ltd. ［2005］22 Weekly Reports of Nigeria ［W. R. N. ］123；Thelma Hyppolite v. Dr. Joseph Egharevba ［1998］11 N. W. L. R. 598.

② ［1998］Zam. L. R. 233.

③ High Court, Malawi, 2001.

④ ［1997］B. L. R. 1294.

⑤ ［2005］22 W. R. N. 123.

于判决债务人当时没有反对对判决进行登记，尼日利亚法院不应当再行使管辖权。在此情况下，应遵守一般的禁止反言原则。

执行外国货币判决的基本条件是，根据执行法院国的国际私法规则，外国法院必须具有国际司法管辖权。① 外国法院仅仅根据本国司法管辖规则而具有司法管辖权是不够的。本报告所研究的国家对国际管辖权有不同的标准。南非法院审理的 Erskine v. Chinatex Oriental Trading Co 案②涉及一项针对上诉人提起的、要求执行英国法院作出的缺席判决的申请。法院承认这个案件在国际管辖权方面存在争议，但它认为住所可以构成国际管辖权的依据。请求执行外国法院判决的当事人有责任证明，判决债务人在外国法院管辖范围内有住所。这种国际司法管辖权依据似乎是罗马—荷兰法所特有的。根据普通法，当事人的实际出现地、居所或接受外国法院管辖足以成为行使国际司法管辖权的依据。

也许这方面最引人关注的案例是 Richman v. Ben - Tovim 案，③ 在该案中，南非最高上诉法院解决了一个普通法国家近来尚无定论的问题。被告即判决债务人在伦敦的一个宾馆的短暂停留时被送达传票应诉。法院认为，在英国法院诉讼程序提起时被告在英国的短暂出现及对其进行送达的事实，足以使英国法院对该案行使国际司法管辖权。上述判决具有多重意义。这是南非法院对该问题作出的首次确定的司法判决。审理案件的南非法院认为，"有令人信服的理由"得出上述结论，但该法院并未指出这些理由是什么，只是泛泛认为，这

---

① 通常，在执行外国判决的诉讼中，一般认为国内法院对被告有管辖权。但情况并非总是如此。在 Zwyssig v. Zwyssig 1997（2）S. A. 467 案中，被告没能成功说服南非法院不要受理要求执行外国判决的临时判决申请，因为他在南非没有住所和居所。同样，虽然在所分析的大部分案件中，国际管辖权是一个重要考虑因素，但在 C. Hoare v. Runewitsch 1997（1）S. A. 338 案中，被告却未能根据外国判决不是终局判决为由阻止南非法院执行一项英国判决。

② 2001（1）S. A. 817. 在该案中，法院认为被上诉人未能证明英国法院有国际管辖权。该案是一个来自 Chinatex Oriental Trading Co. v. Erskine 1998（4）S. A. 1087 案的上诉。

③ 2007（2）S. A. 283. 一审法院认为，仅有当事人的出现不足以确立国际管辖权。See Richman v. Ben - Tovim 2006（2）S. A. 591. 另一个有趣的案例是 Adwork Ltd. v. Nigeria Airways Ltd.［2000］2 N. W. L. R. 415 案。该案涉及作出判决的原审法院与被请求执行判决的法院之间的关系。

有利于国际贸易和商业的发展。① 英国法院是否会执行相似的判决还令人怀疑。②

实际上，在欧洲，为了保护住所在欧洲的被告的利益，《有关民商事事项管辖权与判决承认与执行的布鲁塞尔条例》已经排除适用这一过度的管辖权标准。③ 而在加拿大，最高法院明确承认当事人的出现（presence）是国际管辖权的判定标准之一。④ 不过，卡斯特尔（Castel）和沃克（Walker）指出，现在似乎只有通常居所（ordinary residence）才符合 Morguard v. De Savoye 案⑤所确立的宪法原则。考虑到这一国际背景，南非 Richman 案所确立的标准能否为可能成为这一过度管辖权的受害者的南非人提供足够的保护，还有争议。⑥该案可被看作为南非法院执行外国法院判决方法指明了一个新的具有弹性的方向。但在沿着这一方向前进时，需小心谨慎，以确保促进国际贸易和保护个人权利的多种有时是冲突的利益，都能得到满足和平衡。

该报告分析的所有国家都承认接受外国法院的管辖（submission to the jurisdiction of a foreign court）是行使国际管辖权的基础。许多法院判决都采用了这一标准。⑦ 接受外国法院的管辖可由当事人通过协议明确作出，也可通过当事人的行为推断出。对外国法院审判权的服从可以以协议明确化，也可以从双

---

① Richman v. Ben – Tovim 2007 (2) S. A. 283, 289.

② 许多英国判例看来，支持只有当事人的出现就足以确立国际管辖权。不过，在诺斯和佛赛特教授看来，此种国际管辖权依据是不可取的。参见 North P. M and Fawcett J. J., Cheshire and North's Private International Law, London 1999, pp. 408 – 409。

③ Article 3 (2).

④ Morguard Investments Ltd. v. De Savoye (1990) 76 D. L. R. (4th) 256 at [43]，在该案中，"被告在诉讼提起时在法院的事实" 被认为是法院为承认加拿大另一州法院作出的判决而行使管辖权的适当标准。

⑤ CASTEL J – G. And WALKER J., Canadian Conflict of Laws, Lexis Nexis Butterworths 2001 p. 14. 5. c.

⑥ 我在一篇论文中对此有更详尽的论述，参见 OPPONG R. F., "Mere Presence and International Competence in Private International Law", in: Journal of Private International Law 2007, pp. 331 – 332.

⑦ Purser v. Sales; Purser v. Sales 2001 (3) S. A. 445; Blanchard, Krasner & French v. Evans 2002 (4) S. A. 144; Mashchinen Frommer GmbH & CO KG v. Trisave Engineering & Machinery Supplies (Pty) Ltd. 2003 (6) S. A. 69; Richman v. Ben – Tovim 2006 (2) S. A. 591; Ghassan Halaoui v. Grosvernor Casinos Ltd. [2002] 17 N. W. L. R. 28; Transroad Ltd. v. Bank of Uganda [1998] UGA J. No. 12.

方当事人的行为推断出来。在 Blanchard, Krasner & French v. Evans 案①中，合同中的一条条款规定，合同按照加州法律解释并受加州法律支配，因合同引起的诉讼应适用加州民事诉讼法审理，南非法院由此认为，这一条款等同于当事人已接受加州法院的管辖。

这些判决中一个有争议的问题是，需要什么程度的证明标准才能认为已从当事人的行为中推断出他们接受法院的管辖。在 Blanchard, Krasner & French v. Evans 案②中，南非法院推翻了原审法院的判决，即接受法院管辖必须作为法律确定性事项予以证明。③ 上诉法院认为，接受法院管辖必须通过盖然性来证明。在 Richman v. Ben – Tovim 案④中，法院确立了这样的标准，即这一行为必须明确表明当事人无条件接受并承认法院的管辖。从这些案例中似乎可以看出，尽管南非法院已经认同接受法院管辖可以是明示的，也可以是默示的，但是对此却设置了很高的认定标准，尤其是在当事人接受管辖是通过他们的行为来推断的情况下。其他法域是否也遵循同样高的判断标准是让人怀疑的。可以肯定的是，在乌干达和尼日利亚案件中，当对接受法院管辖权有争议时，外国法院判决被拒绝执行。⑤

在乌干达最高法院所审理的 Transroad Ltd. v. Bank of Uganda 案⑥中，一个很有趣的问题是，当事人在判决后的行为是否等同于接受了法院的管辖。该案是针对在乌干达对一项英国法院判决进行登记的决定提起的上诉。虽然上诉人在英国的诉讼程序中得到了送达，但他既没有出庭，也没有为此诉讼辩护。判决作出后，他申请英国法院撤销该判决，却没有成功。不过，他获得了一项同意令（consent order），以解除针对其英国银行的到期债务和利息的财产扣押令。上诉人还和被上诉人进行了协商，以清偿债务。在此上诉案中，上诉人辩称他没有接受英国法院的司法管辖。乌干达最高法院认为，上诉人在判决后的行为不能被解释为接受了英国法院的管辖。奥得法官（Justice Order）则指出，被告在出庭后或在缺席判决作出后的行为可视作对司法管辖权的接受。他举出

---

① 2002 (4) S. A. 144.

② 2002 (4) S. A. 144.

③ See Blanchard, Krasner & French v. Evans 2002 (4) S. A. 87.

④ 2006 (2) S. A. 591, 602. 最高上诉法院没有对此判决进行评论。

⑤ Transroad Ltd. v. Bank of Uganda [1998] UGA J. No. 12; Ghassan Halaoui v. Grosvernor Casinos Ltd. [2002] 17 N. W. L. R. 28.

⑥ [1998] UGA J. No. 12 on appeal from Transroad Ltd. v. Bank of Uganda [1996] VI K. A. L. R. 42.

一个例子证明上述行为是受缺席判决约束的对司法管辖权的接受（明示或暗示）。① 本文认为，这样的行为不能等同于接受了法院司法管辖，因为这些行为是在法院行使管辖权后作出的。然而，它可以在判决债务人和判决债权人之间构成一份可执行的合同。

在这些案例中反映出的有关国际司法管辖权行使的基础的问题和争论，凸显了当今国际环境下现行法律的不足。② 加拿大法院尝试了另一种判定国际司法管辖权的标准，即真实、重要联系标准（real and substantial connection）。③ 在南非法院审理的 Supercat Incorporated v. Two Oceans Marine 案④中，当事人援引了这一标准，但未能成功。原告请求针对被告南非公司执行美国佛罗里达州法院作出的判决。佛罗里达州法院以诈骗侵权发生在它的司法管辖范围内为由行使了司法管辖权。在诉讼提起时，被告在佛罗里达没有住所，也没有居所。不过，被告出庭并对佛罗里达州法院的管辖权提出异议，此后，它没有继续进行抗辩。南非法院认为，根据南非法律，佛罗里达法院没有国际司法管辖权。原告律师援引了几个加拿大案件后认为，运用传统方式来承认外国法院的判决已经不合时务，国际贸易的快速发展需要采用新的执行外国法院判决的方法。南非法官认为，上述加拿大案件具有很强的启发意义，但是感到"不愿，或者说作为一名独任法官有权对这一国家（加拿大）的权威司法判例置之不理"。⑤

（二）公共政策

公共政策是执行外国法院判决和适用外国法律的抗辩理由。在本报告研究的年份里，法院一直和此种抗辩理由智斗并对公共政策的范围进行界定。⑥ 在 Eden v. Pienaar 案⑦中，被告以以色列法院的判决违背南非的公共政策为由，对此判决的承认和执行提出质疑。该判决包含一个联系条款（linkage provi-

① Transroad Ltd. v. Bank of Uganda［1998］UGA J. No. 12 at［98］.

② See generally BRIGGS A. , "Crossing the River by Feeling the Stones: Rethinking the Law on Foreign Judgments", in: Singapore Yearbook of International Law 2004, pp. 1 – 22.

③ Morgaurd Investments Ltd. v. De Savoye［1990］3 S. C. R. 1077; Beals v. Saldanha［2003］3 S. C. R. 416. See generally BLOM J. and EDINGER E. , "The Chimera of the Real and Substantial Connection Test", in: University of British Columbia Law Review 2005, pp. 373 – 422.

④ 2001（4）S. A. 27.

⑤ Supercat Incorporated v. Two Oceans Marine 2001（4）S. A. 27 at 31.

⑥ 例如参见 Dale Power Systems plc v. Witt & Busch Ltd. ［2001］8 N. W. L. R. 699 案，在该案中法院将公共政策界定为是在全国范围内适用于公共道德、健康、卫生、福利及类似事项的集体意识和公共信仰。

⑦ 2001（1）S. A. 158.

sion)，以确保以色列货币的贬值不会让判决债务人从中得利。一审法院拒绝执行该判决，理由是该条款使债务的表面价值无法确定并且该诉讼所依据的以色列法律（该法规定不诚信磋商需要承担法律责任）与南非法律冲突。在准许当事人对此提起上诉时，法院认为联系条款属于币值重估（revalorization）的一个方面，它增加了债务的表面价值，却没有影响债务的实际价值。债务的购买力保持不变，币值重估这一行为没有什么不合理或者违背良心的。法院进一步指出，外国法律中含有南非法律并不认可的概念这一事实本身，不能构成拒绝执行外国判决的理由。要求当事人因恶意磋商而支付损害赔偿并不违背南非公共政策。

在 Patel v. Bank of Baroda 案①中，上诉人以英国判决违反肯尼亚的公共政策为由，请求撤销对英国判决的登记，因为该判决据以作出的担保是在肯尼亚《外汇管制法》（已废除）实施时期办理的。该法要求外汇交易必须获得部长同意，以确保外汇储备。法院认为公共政策通常在议会不时通过的法案中有所体现。但由于《外汇管制法》已被废除，仅因为担保是在法案废除前办理的就认为仍然需要取得部长的同意，是不正确的。肯尼亚法院决定给予英国法院判决完全诚信（full faith and credit），以期待英国法院也会给予肯尼亚法院判决完全诚信。②

（三）针对国家的判决的执行

原告在请求执行针对外国国家的法院判决时面临两个主要困难。③ 这两个主要的困难分别是国家享有在请求执行外国法院诉讼中的管辖权豁免和判决执行豁免。博茨瓦纳法院审理的 The Republic of Angola v. Springbok Investment (Pty) Ltd. 案④涉及一项要求撤销扣押大使馆银行账户中资金的扣押令，以执行一项对原告有利的缺席判决。申请人认为，根据主权豁免原则，外国的外交账户在民事程序里免于被执行。审理该案的博茨瓦纳法院撤销了扣押令，并指出，虽然博茨瓦纳没有专门立法规定国家豁免权，但国际习惯法律规则，包括那些有关主权豁免的国际习惯规则，都自动纳入博茨瓦纳法律中。博茨瓦纳坚持有限的主权豁免原则，根据该原则，国家的商业行为不享有主权豁免。但在因商业行为引起的诉讼中作出的判决不能针对外国国家的所有财产予以执行。在该案中，没有证据显示涉案银行账户是全部或部分用于商业目的，该账户属

---

① [2001] 1 E. A. 189.

② 关于最近英国执行肯尼亚判决的案例，参见 Pattni v. Ali [2006] UKPC 51.

③ 本节所援引的案例都是国内判决，但判决所包含的原则与国际案件是密切相关的。

④ 2005 (2) B. L. R. 159.

于申请人为维持"外交职能和尊严"所需的财产范围。因此，根据国际法，该账户免予扣押。

在乌干达法院审理的 Emmanuel Bitwire v. The Republic of Zaire 案①中，原告成功地对刚果民主共和国大使馆提起诉讼，要求返还拖欠的租金、利息、中间收益和诉讼费。原告随后请求针对以大使馆名义占用的、实际为大使馆的会计人员及其家属居住的房屋而执行该判决。法院认为，该房产要想根据1961年《维也纳外交关系公约》获得豁免，被告就必须证明，该房屋是外交人员的私人住所。像会计这样的职员不属于外交人员。因此，该房产可予扣押。

在 Frans Edward Prins Roothman v. President of the Republic of South Africa 案②中，原告请求南非政府以政府名义帮助他执行法院的判决。原告在南非法院进行诉讼中获得一份针对刚果民主共和国的判决，在此诉讼中刚果民主共和国接受了南非法院的司法管辖权。无论在南非国内还是国外，原告都无法使判决债务得到完全清偿。原告援引不同的宪法条款包括获得司法的权利、法治、国家保障法院高效运作以及协助公民实现其权利的义务，来支持自己的主张。原告获得了一项宣告性裁决，③ 即国家应采取合理措施以协助他使判决得到执行。而在被告看来，该问题应由有关外国法院判决执行的国际私法制度来调整，原告应根据该制度寻求救济方。南非法院认为，国家制定了针对商业债权人的判决执行机制。因此，在涉及公民与另一国家的商业合同的案件中，没有理由要求国家采取额外措施。所以，国家没有义务以原告的名义进行干预。这一案件十分重要。如果原告获得成功，这将创造一个有趣的法律先例。原告援引的宪法条款同样可以在许多非洲国家的宪法里找到。不可否认的是，即使国家没有司法上的义务，也可以向本国公民提供外交帮助，以帮助他们针对外国国家实现其判决债权。

在国家为原告的案件中，为克服针对外国国家执行判决的困难，被告可以采用的一个方法是，请求法院判令原告国家提供费用担保。在肯尼亚法院审理的 State of Israel v. Somen 案④中，以色列针对被告位于内罗毕的财产提起诉讼。法院认为，根据外交豁免法，如果被告胜诉，他将很难使相关费用得到执行。因此，法院下令，原告应对被告的相关费用提供担保。

---

① ［1998］I K. A. L. R. 21.

② ［2006］South African Supreme Court of Appeal 80.

③ 在原审法院中，原告请求法院作出指导性命令，让国家确保该判决得到执行。

④ ［2001］L. L. R. 5932.

（四）诉讼时效和货币转换

在许多案件中，时效、外币规则和外国法院判决的执行制度交织在一起。① 在 Society of Lloyd's v. Charles Julian Burton Larby 案②中，法院专门分析了根据肯尼亚《外国判决（互惠执行）法》当事人应在多长时间内对外国判决进行登记。③ 该案中，原告在 2004 年 3 月 10 日提起一项申请，请求法院对一份英国法院于 1998 年 3 月 11 日作出的判决进行登记。肯尼亚《外国判决（互惠执行）法》第 5 条第 1 款规定，"判决债权人可在判决作出后的 6 年内请求高等法院对判决进行登记"。问题是，判决登记申请应在判决作出后的 6 年内提出还是登记应在 6 年内完成。法院认为，该时间是从提出申请的时候计算，而不是从登记完成时计算。例如，当提起诉讼时，时效中断。如果不是这样的话，就对申请执行外国判决的原告不利，因为司法过程会有延误，而原告对这种延误几乎没有控制力。该案具有重要意义，因为许多非洲国家有关外国法院判决执行的立法中都有类似的条款。

在 Ssebaggala & Sons Electric Centre Ltd. v. Kenya National Shipping Line Ltd. 案④中，原告请求在肯尼亚对一份乌干达法院判决进行登记并予以执行，该判决债务是以英镑计算的。此申请是根据肯尼亚《外国判决（互惠执行）法》提出的。⑤ 本案有两个问题需要解决：判决应以哪种货币登记以及货币转换的时间。法院认为，根据该法第 7 条，外国外币判决可以按照登记之日的汇率转换为肯尼亚等值的货币进行登记。而且，外币转换的时间是指判决登记之日而不是判决执行之日。

货币兑换问题对于双方都具有重要的经济意义，尤其是在汇率频繁变动时期。当一方请求对外国法院判决进行登记时，一些国家的法律规定，必须将判

---

① See e. g. Eden v. Pienaar 2001（1）S. A. 158；Society of Lloyd's v. Price 2005（3）S. A. 549；Society of Lloyd's v. Price 2006（5）S. A. 393；Society of Lloyd's v. Romahn 2006（4）S. A. 23.

② ［2005］eK. L. R.

③ Cap 43, Laws of Kenya. See also Macaulay v. Raiffeisen Zentral Bank Osterreich Akiengesell Schaft（RBZ）of Austria［2003］N. W. L. R. 282 on limitations and foreign judgments in Nigeria.

④ ［2000］L. L. R. 931.

⑤ Cap 43, Laws of Kenya.

决债务转换为执行法院地的货币。① 这与肯尼亚法律不同，对外币判决进行登记时不允许行使自由裁量权。具有讽刺意味的是，这些国家的法院都有权作出外币判决。本文建议，在将来对这些法律进行改革时，应给予判决债权人选择权，由他们选择是否以原判决中的货币对判决进行登记。②

（五）国际仲裁裁决

截至 2007 年 7 月，有数十个非洲国家加入了《承认和执行外国仲裁裁决纽约公约》。③ 在许多案件中，申请人是根据实施该公约的国内立法来请求执行仲裁裁决的。④

在 Seton Co. v. Silveroak Industries Ltd 案⑤中，南非法院认为，可根据当事人是请求执行的外国法院判决还是仲裁裁决，来对他们适用不同的标准。在法院看来，外国法院判决的承认不同于仲裁裁决的承认。在执行外国法院判决的情况下，通常是被告不愿成为不熟悉的外国法律体系中的被动的诉讼当事人。而在仲裁裁决的情况下，双方通常自愿达成协议将他们的纠纷提交仲裁解决，并且他们对所适用的实体法、仲裁员和仲裁地的选择以及其他方面有很大的控制权。因此，只有在例外的情况下，法院才不会承认仲裁裁决的效力。这种区分的标准是模糊的。有的外国法院判决和仲裁裁决一样是基于当事人明示的管辖权协议作出的，并且和仲裁一样，双方当事人可以选择诉讼所适用的法

---

① Botswana: Judgments (International Enforcement) Act 1981 Ch. 11: 04, sec. 5 (5); Namibia: Enforcement of Foreign Civil Judgments Act 1994, Act 28 of 1994, sec. 3 (4); Tanzania: Foreign Judgments, Reciprocal Enforcement Ordinance 1935, sec. 4 (3); Ghana: Courts Act 1996, Act 459, sec. 82 (7); Zambia: Foreign Judgment (Reciprocal Enforcement) Act, Chapter 76, sec. 4 (3); Uganda: Foreign Judgment (Reciprocal Enforcement) Act, Chapter 9, sec. 3 (3); Nigeria: Foreign Judgments (Reciprocal Enforcement) Act, Chapter 152 LFN 1990, sec. 4 (3).

② See e. g. Australia: Foreign Judgment Act 1991, sec. 6 (11) (a); New Zealand: Reciprocal Enforcement of Judgment Act, 1934 sec. 4 (3).

③ 阿尔及利亚、贝宁、博茨瓦纳、布基纳法索、喀麦隆、中非共和国、科特迪瓦、吉布提、埃及、加蓬、加纳、几内亚、肯尼亚、莱索托、利比里亚、马达加斯加、马里、毛里求斯、摩洛哥、莫桑比克、尼日尔、尼日利亚、塞内加尔、南非、突尼斯、乌干达、坦桑尼亚、赞比亚、津巴布韦。参见 http: //www. uncitral. org/uncitral/en/uncitral_ texts/arbitration/ NYConvention_ status. html (last visited 24 July 2007)。

④ Seton Co. v. Silveroak Industries Ltd. 2000 (2) S. A. 215; Bauman, Hinde and Company Ltd. v. David Whitehead & Sons (MW) Ltd. Civil MSCA Civil Appeal No. 17 of 1998, (Supreme Court of Appeal, Malawi, 2000); Tanzania Cotton Marketing Board v. Cogecot Cotton Company SA [1997] T. L. R. 165.

⑤ 2000 (2) S. A. 215.

律。这种区分的重要性可能在于它指示当事人在纠纷解决过程中优先选择仲裁，因为仲裁裁决更易执行。①

在 Christ for All Nations v. Apollo Insurance Co. Ltd 案②中，肯尼亚法院分析了在执行仲裁裁决时公共政策抗辩理由的范围。法院认为，在下列情况下，仲裁裁决将会被认为违反了肯尼亚的公共政策：（1）仲裁裁决与肯尼亚宪法或者肯尼亚的其他法律相抵触，不管是成文法还是不成文法；或（2）有损肯尼亚的国家利益；或（3）违反公正或道德。法院认为，第二类利益包括国家国防和安全利益、与友好国家的良好外交关系以及肯尼亚的经济繁荣。第三类事项包括如下考虑：仲裁裁决是否因贪污、欺诈作出，或裁决是基于违反公共道德的合同作出。在 Glencore Grain Ltd. v. TSS Grain Millers Ltd. 案③中，肯尼亚法院指出，如果合同的履行意味着向肯尼亚市场投放玉米，而这些玉米是被证明不宜人食用的，那么执行一项因该合同而作出赔偿的仲裁裁决会违背肯尼亚的公共政策。

在 Zimbabwe Electricity Supply Authority v. Maposa 案④中，津巴布韦法院认为，对公共政策抗辩所采用的方法应是对其进行限制性解释，以保持和认可所有仲裁裁决的终局性这一基本目标。只有违反了法律或道德的某些基本原则，才可以支持公共政策抗辩。在 Seton Co. v. Silveroak Industries Ltd. 案⑤中，南非法院认为，在诸如存在欺诈等案件中需要外来证据证明仲裁裁决违反公共政策时，被告最好在仲裁裁决作出地法院寻求司法救济。在该法院看来，这一做法符合《承认和执行外国仲裁裁决纽约公约》的精神，并且符合这样一种实用的考虑因素，即仲裁裁决作出地法院能够更好地判断最初的仲裁裁决是否以欺诈获得。

南非法院审理的 Telcordia Technology Inc. v. Telcome SA Ltd 案⑥涉及对一项国际仲裁裁决进行审查的申请。法院对南非宪法和南非仲裁法之间的关系进

---

① Telcordia Technology Inc v. Telcome SA Ltd, Case No 26/05, (Supreme Court of Appeal, South Africa, 2006) at [4] it was held that the South African courts have since the 19th century consistently given due deference to arbitral awards and that an approach was indeed part of a worldwide tradition. For a comment on this cases see BURROW A. , "Telcordia Technologies Inc. v. Telkom SA Ltd: A Fresh Start for International Arbitration in South Africa?", in Arbitration International 2008, pp. 337 – 343.

② [1999] L. L. R. 1635. 该案涉及一项国内仲裁裁决的执行。The court interpret for the first time section 35 (2) (b) (ii) of the Arbitration Act of 1995. Under section 2 of the Act, it applies to domestic arbitration and international arbitration.

③ [2002] K. L. R 1.

④ 1999 (2) Z. L. R. 452.

⑤ 2000 (2) S. A. 215.

⑥ Case No 26/05 (Supreme Court of Appeal, South Africa, 2006).

行了分析。法院注意到，当事人并没有对仲裁法的合宪性产生争议，但是该法应根据人权法案条款来阐释，条款的含义必须有助于促进人权法案的精神、意旨及目标。在法院看来，南非宪法第 34 条有关诉诸于法院的权利并没有防止当事人为解决纠纷而对公平含义进行界定，至少是在基于私下协议解决的纠纷中。① 当事人可以放弃南非宪法第 34 条规定的权利，除非弃权行为违反其他宪法原则或者其他的道德准则。例如，对于涉及私人纠纷，双方可以达成妥协，从而放弃南非宪法第 34 条规定的权利。通过约定仲裁解决纠纷，双方当事人放弃了他们的某些权利。他们通常放弃公开审理的权利。这样的弃权行为是允许的，也不损害南非宪法第 34 条规定的公正审判的权利。

（六）对外国非货币判决的承认

非货币判决已日益成为国际诉讼的重要部分。此类判决的承认和执行可能产生很多难题，包括域外管辖权、主权、国家司法资源的合理使用以及第三方的权利。在许多案例中，法院纠结于上述问题。② 在 Kobina Hagan v. Sam Aboagye Marfo 案③中，原告试图在加纳法院的诉讼程序中递交一份由美国康乃迪克州沃特伯里高等法院作出的、不准在美国及其他地方的诉讼程序中使用的法定声明。被告对提交这份声明的行为提出质疑。法院认为将会承认美国的限制令，并阻止原告以违反该命令的方式递交声明。法院认为，尽管加纳和美国没有执行彼此间判决的互惠协议，但美国法院已经接受并且遵守加纳法院作出的法定声明④且两国都是普通法系国家的事实使法院认为应承认美国法院的命令。

在 Minister of Water Affairs and Forestry v. Swissborough Diamonds Mines（Pty）Ltd 案⑤中，莱索托的高等法院曾向原告、南非国家官员及代表发出传票，要求他们在法院提起的一项申请中提供证据。上述传票也要求他们向莱索托法院提供一些文档。其中一些文档正在南非的诉讼程序中使用。有些文件还是正式的政府文件。南非地方法院法官根据 1962 年《外国法院证据法》第 7 条批准了该传票。该条规定，对于来自指定国家包括莱索托的传票可予批准，并在南非得到执行。原告请求南非法院裁定，对本案中传票的批准是无效的，因为第 7 条对国家及其官员和代表没有约束力，并且不能适用于证人带同文件作证传票（subpoenas duces tecum）。南非法院认为，该条规定不约束国家及其

---

① "每个人都有权将可以通过适用法律解决的争议在法院内通过公正的公开审理得到解决，或在适当情况下，在另一个独立公正的法院或法庭内得到解决。"

② See further the section on Foreign Evidence and Service Abroad（below）.

③ Suit No. M 745/02,（High Court of Justice, Ghana, 2002）.

④ 此处的考虑风马牛不相及，因为此处的文件不是加纳法院的判决或裁定。

⑤ 1999（2）S. A. 279.

官员和代表。南非法院还认为，该法无意要求南非的证人将书证和文件随身带到外国或者法院。这种推论限制了使用该法作为从南非取证的一种方式。

在 Mtui v. Mtui 案①中，原告和被告都是坦桑尼亚人，他们在坦桑尼亚结婚，但住所和财产在博茨瓦纳。作为被告的丈夫从坦桑尼亚法院收到离婚判决，该判决还判定，因为夫妻双方的财产在博茨瓦纳，所以该法院无权对财产进行分割，并判令财产按照博茨瓦纳法律分割。在本诉讼中，原告从博茨瓦纳高等法院获得如下裁定：法院应该适用博茨瓦纳法律分配婚姻期间的财产。博茨瓦纳法院认为，尽管博茨瓦纳没有承认外国离婚判决的成文法，但是根据普通法，此类判决是可以被承认和执行的，并且只有结婚时夫妻双方的住所地法院作出的此类判决才能得到承认。法院还指出，既然双方都住在坦桑尼亚，坦桑尼亚法院有权作出离婚判决，但无权对位于博茨瓦纳的财产进行分割，这些财产应该根据博茨瓦纳法律来分割。

二、国际诉讼程序、司法及行政合作

（一）国际儿童诱拐

截至 2007 年 7 月，有 4 个非洲国家加入了《关于国际儿童诱拐民事事项的海牙公约》。② 在许多案件中，申请人请求将被非法转移出儿童惯常居所地国的儿童归还给他们。③

---

① 2000 (1) B. L. R. 406.

② 南非、布基纳法索、毛里求斯和津巴布韦。

③ See e. g. WS v. LS 2000 (4) S. A. 104；Sonderup v. Tondelli 2001 (1) S. A. 1171；Smith v. Smith 2001 (3) S. A. 841；Chief Family Advocate v. G 2003 (2) S. A. 599；Pennello v. Pennello (Chief Family Advocate as Amicus Curia) 2004 (3) S. A. 117；Senior Family Advocate, Cape Town v. Houtman 2004 (6) S. A. 274；Central Authority v. Houwert Case No 262/06，(Supreme Court of Appeal, South Africa, 2007) [2007] S. C. A 88；The Family Advocate of Cape Town v. Kudzaishe Chirume, Case No 6090/05 (High Court, South Africa, 2005)；Central Authority (South Africa) v. A 2007 (5) S. A. 501；Secretary of State v. Parker 1998 (2) Z. L. R. 400；Kumalo v. Kumalo, HC 226 1/04 (High Court, Zimbabwe, 2004)；Posen v. Posen, HC 16238/98 (High Court, Zimbabwe, 2002). 在 S v. H 2007 (3) S. A. 330 案中，法院认为，就《国际儿童诱拐民事事项海牙公约》第 3 条的目的而言，南非法院是监护权的拥有方。当有关监护的申请提出但在审理中时，法院就具有此类权利。在本案中，一位未成年人被从南非移转至瑞士，南非法院认为，这位未成年人的父亲根据南非法律没有监护权，但可以为获得监护权向法院提出申请。这位父亲在根据《海牙公约》向瑞士法院提出申请前，有权请求法院作出这样的宣告：监护权授予南非法院。

在 Sonderup v Tondelli 案①中，南非为执行海牙公约而制定的《关于国际儿童诱拐民事事项海牙公约法》经受了合宪性质疑的考验。被告声称，该法要求法院以与宪法第 28 条第 2 款规定不一致的方式行事，该款规定，在每一个涉及儿童事项中，与儿童的最佳利益是最重要的考虑。法院驳回了被告的质疑。法院的理由是，该公约明确地承认和保护儿童的最佳利益。即使假设存在有不符合该款规定的行为，法院也会主张这种不一致根据宪法第 36 条也是正当的，该条要求在判定对基本权利的限制的合理性时，应该采取均衡分析和权衡相关因素。对于可能成为该公约缔约方的国家，该判决具有重要意义，因为在其他许多非洲国家的宪法里，存在有与南非宪法第 28 条第 2 款和第 36 条相同的条款。

Sonderup 案②的判决并不是意味着在根据公约提出归还儿童的申请时，与儿童的最佳利益毫不相关。在 Senior Family Advocate, Cape Town v. Houtman 案③中，法院告诫，考虑到南非宪法的特殊规定，不要盲目遵循其他法域的判例。然而，法院强调在根据公约提出儿童返还申请时，对儿童最佳利益的分析不同于监护申请时的做法。④ 公约的推定是，将非法移转的儿童返送至其官场居所地符合儿童的最佳利益。公约正是在此假定的基础上运作的。

在这些案件中一个颇有争议的问题是，如果一方希望援用公约第 13 条来对抗返送儿童的申请，那该方应提供何种程度的证明。⑤ 在 WS v. LS 案⑥中，法院认为，根据该条规定反对申请的人的证明责任不会比民事案件中通常采用的证明责任重。第 13 条所使用的短语"严重伤害"（grave risk）并没有引进比普通民事程序采用的更为严格的证明责任，而是意味着必须要有一个重要而

---

① 2001 (1) S. A. 1171.

② 2001 (1) S. A. 1171.

③ 2004 (6) S. A. 274.

④ 在 Kuperman v. Posen 2001 (1) Z. L. R. 208 案中，请求获得儿童监护令的申请人以前曾将本案中的儿童从津巴布韦转移至以色列，后来以色列法院命令他将儿童返送至津巴布韦。现在该儿童居住在津巴布韦。法院认为，申请人以前的行为在处理该监护申请时是一个重要的考虑因素。

⑤ 根据公约第 13 条，被请求国家的司法或行政当局没有义务下令返送儿童，如果反对返送申请的人、机构或其他团体能够证明：（1）在带走或扣留儿童时，应当照顾该儿童的个人、机构或其他团体实际上并未行使监护权，或对其带走或留住已经事先同意或事后默认；或者（2）其返回会使儿童在身体上或心灵上遭受伤害的重大危险，或会使儿童置于不能忍受的境地。

⑥ 2000 (4) S. A. 104.

有合理根据的理由来说明，如果儿童被返送将出现令人难以容忍的局面。对于审理案件的南非法院而言，考虑到南非的《人权法案》，南非法律并不要求采用英国法院所确立的高度难以容忍标准。①

B v. S 案②的判决产生的一个问题涉及公约的效力或成为该公约的缔约方后对该国法院固有管辖权的影响。当上述法院根据国内法有司法管辖权时，它们能否针对将儿童非法移转至另一缔约国的人作出属人判决？或它们是否应遵守公约规定让儿童所在地的缔约国法院作出儿童返送判决？在 B v. S 案③中，南非法院认为它无权下令居住在美国的人将从南非拐到美国的儿童返送至南非。在该法院看来，这样的判令将无法实施，因为它不能执行该判令，并且根据公约，应该作出返送令的法院是美国相应的法院。之前的 Brown v. Stone 案④也得出了同样的结论。在该案中，一审法院将临时监护令授予被申请人的父母。该法院还判令申请人——一位居住在美国的南非人——将非法拐到美国的儿童返送至南非。南非最高上诉法院认为，返送儿童的判令是不能实施的，因为作出判令的一审法院不能执行该判令，因此，它无权作出此类判令。南非最高上诉法院认为，应由美国的司法机关和行政机关判令将儿童返送至南非，以及决定在什么条件下返送儿童。

B v. S 案和 Brown 案都没有回答的问题是，如果外国法院，如上述案件中的美国法院，拒绝判令返还儿童，而南非法院对将儿童拐到外国的人有属人管辖权，那么，这种情况下应怎么办？南非法院能下令该人返送儿童吗？⑤ 有争议的是，公约第 18 条似乎表明该法院有此类管辖权，该条规定它并不限制司法机关和行政机关在任何时候下令返送儿童的权力。如果是这样的话，将会出现公约缔约国的判决相互冲突的情况，这样会对公约的运作产生负面影响。

这些案件产生的另一个问题是公约和国内民事诉讼规则之间的纠结，尤其是民事诉讼规则对快速返还非法诱拐儿童的影响。其中一个此类例子是 Secretary for Justice v. Parker 案⑥。在该案中，根据津巴布韦《法院规则》第 249 条，在受理有关返送儿童的申请时，该论证内容是在对儿童问题提出申请时，津巴布韦法院规则的第 249 条要求指定一名诉讼官应指定一名临时监护人进行

① Compare Secretary of State v. Parker 1998 (2) Z. L. R. 400.

② 2006 (5) S. A. 540.

③ 2006 (5) S. A. 540.

④ Case No 489/05, (Supreme Court of Appeal, South Africa, 2005).

⑤ 例如，参见 G v. G 2003 (5) S. A. 396 案，在该案中，津巴布韦高等法院下令离婚诉讼中的被告将她非法带至加利福尼亚的子女返送至津巴布韦。

⑥ 1999 (2) Z. L. R. 400.

调查并提交报告以供参考。① 这样的程序将会延误诉讼。其他此类例子还包括：对于返送儿童的判令可以上诉，或者申请对中央机关作出的要求返送儿童的决定进行司法审查。② 公约无意推翻国内民事诉讼中诸如有关上诉和司法审查的规则，这些规则有时是具有宪法基础的。在 Central Authority v. Houwert案③中，儿童被非法诱拐已有三年半时间，南非法院一直为此困扰。这个延误部分是由于南非国内诉讼规则导致的。④ 遵守这些法律规则可能在很大程度上是不可避免的。但是在执行这些规则时若有一些自由裁量权，那么法院应行使这些自由裁量权，以加快儿童的返还，这也是公约的目的所在。

对于非公约缔约国，当法院对非法移转儿童的人具有属人管辖权时，就可下令返还儿童。在 Sello v. Sello（No. 2）案⑤中，博茨瓦纳法院判令返送从博茨瓦纳被拐至莱索托的两个儿童。当事人主张，由于小孩不在博茨瓦纳法院管辖范围内，该法院对此案没有管辖权。博茨瓦纳法院驳回了这一主张。这种属人管辖权应谨慎行使，因为它是一种可能影响位于外国的儿童的主动行为。上述诱拐儿童的行为不可能不被外国当局包括其法院发现，作为其司法管辖区的儿童的监护人，法院可以抑制这种诱拐行为的发生。这会使诱拐儿童的人陷入难以克服的法律困境中，因为无论他作出哪种选择都会面临藐视法庭的诉讼。这是解决国际司法冲突的妙方，但是对儿童也可能有负面的影响。因此，笔者建议，有关外国国家内的行为或物的域外救济方面的一些基本考虑因素不应一成不变地适用于有关儿童的案例中。

（二）跨国收养

自 2007 年 7 月起，有 8 个非洲国家加入了《儿童保护和跨国收养合作的

---

① 1999（2）Z. L. R. 400，403. 不过，法院认为，在适用公约时，可能有些情况需要有专家报告的协助，如有关儿童健康的问题等。

② 在此方面，一个可比较的、有趣的案例是 Kolbatschenko v. King No 2001（4）S. A. 336案。本案中要求返送儿童申请的基本原因是刑法方面的。不过，法院的裁决对于国际民事诉讼程序也是相关的，特别是在国家或其机构需要对其域外的事情进行干预时。本案中的主要争论是，由于请求国际双边协助的申请是向外国国家提出的，在国际关系中，此类请求的提出基本上是一个政治行为，因此构成一种不可进行司法审理的外国事务。在该案中，法院认为，签发请求书是一种行政行为，只有在及其例外的情况下，法院才会进行干预。这似乎表明，中央机关作出的有关返还儿童的请求书可以受到司法审查。

③ Case No 262/06（Supreme Court of Appeal, South Africa, 2007），[2007] S. C. A. 88.

④ 法院还发现南非中央机关存在管理、培训及人员不足。法院下令将一份判决书送交给南非司法和宪法发展部以及中央机关主任，以引起他们的关注。

⑤ 1999（2）B. L. R. 104，on appeal from Sello v. Sello 1998 B. L. R. 502.

海牙公约》。① 许多案子涉及跨国儿童收养问题。② 大多数此类案件来自肯尼亚。但这不是说跨国收养问题在其他地区不存在。其他国家所报道的跨国收养案件不多可能与以下事实有关：在收养申请被交到法院批准之时，这些申请已经经过了许多的非司法的审查程序，这些申请也就不会产生什么严重的可报道的问题。③

在本报告研究的年度间，跨国收养在南非和纳米比亚被立法禁止的数年后得到司法的支持。在 Detmold v. Minister of Health and Social Services 案④中，审理案件的纳米比亚法院指出，禁止非纳米比亚人收养纳米比亚儿童的《儿童法》第 71 条第 2 款违宪。这个判决为外国人收养纳米比亚儿童开辟了广阔前景。南非宪法法院在早些时候也对类似的条款作出了相似的判决。⑤

跨国收养的一个基本问题就是需要确保被收养儿童得到足够的保护，包括确保收养判决在国外能得到承认。在 De Gree v. Webb 案⑥中，南非最高上诉法院强调，尽管收养父母具有慈善和个人的动机很重要，但是为了确保被收养的儿童能够受到保护，这些动机也不能代替法律规定的恰当程序。法院认为，希望收养南非儿童的非南非公民需要符合 1983 年《儿童管护法》第 74 条规定的收养制度，并且需要向儿童法院提出申请。⑦ 非南非公民不可以为了以后在国外收养儿童，而以向高等法院申请有关儿童的单独监护权方式规避以上条款。⑧

当 De Gree 案的判决被上诉到南非宪法法院时，法院确认了上诉法院的判决。然而，该法院认为在例外的情况下，忽略儿童法院的程序可能也是合法的。该法院还指出，跨国收养案件的出发点和总的指导原则必须总是优先考虑

---

① 南非、布基纳法索、布隆迪、几内亚、肯尼亚、马达加斯加、马里和毛里求斯。

② In Re SK（An Infant）［2007］eK. L. R.；In Re Baby P. A.（Infant）［2005］eK. L. R.；In Re EJ（An Infant）［2004］eK. L. R.；In Re A. A. R. E（A Child）［2005］eK. L. R.；In Re EC（an Infant）［2006］eK. L. R.；In Re Baby W B（A Child）［2004］eK. L. R.；In Re AW（A Child）［2006］eK. L. R.；In Re Edith Nassaazi［1997］VI K. A. L. R. 42.

③ 所有肯尼亚的案例都是在网上报道的。不同于法律报告，在网上有足够的空间足以报道每个案例。

④ 2004 N. R. 175.

⑤ Minister for Welfare and Population Development v. Fitzpatrick 2000（3）S. A. 422.

⑥ 2006（6）S. A. 51 affirmed in De Gree v. Webb 2007（5）S. A. 184.

⑦ 截至 2007 年 12 月，该法的修正案尚未生效。

⑧ See AD v. DW 2008（3）S. A. 183 at［34］.

让儿童在其出生地国家及社区成长。这是一条辅助性原则。然而，辅助性原则必须被看作是服从于使儿童最佳利益成为压倒所有有关儿童的问题的最高标准的最高原则。这意味着每个儿童必须被当作单个的个人，而不是抽象的整体。这也意味着过度严格地坚持技术问题，例如谁承担证明责任，应该发挥着相对较小的作用。法院本质上是在保护儿童的利益，而不仅仅是解决诉讼当事人间的纠纷。

从非洲人的角度看来，De Gree 案的判决尤为重要，因为非洲可以看作是跨国收养儿童的出口国。由于该大陆上社会经济的压力，将儿童送出去和简化收养程序的趋势确实存在。的确，在对肯尼亚案例进行分析后，人们不得不对这么一个重要的问题的草率分析方式担忧。在这些案例中，没有对诸如外国收养的承认及在这些国家被收养儿童的法律地位和权利的基本问题给予密切的关注。也许，人们认为在 2001 年的《儿童法》和 2005 年的《儿童（收养）管理法》对这些程序的粗略规定下，当向法院递交申请时上诉问题已经解决了。

在所分析的肯尼亚案例中只有一份申请被法院驳回。相当简洁的判决使我不能作出结论说其他的判决结果可能会不同。Re A. A. R. EA Child 案①是关于一份提起收养一个肯尼亚儿童的诉讼程序的委托申请。申请人是个西班牙公民，也是一个天主教的牧师，自 1997 年起一直在肯尼亚居住，并且和申请收养的儿童自 2002 年起一直共同生活。法院还是驳回了该收养申请。法院认为，2001 年的《儿童法》第 158 条禁止授予外国单身男性收养令，该规定就是为了保护儿童免于该申请人将来很可能把他带到法院管辖权范围以外的地方。该条规定也是为了保护儿童免于被一个未组建家庭的外国的单身男性收养。尽管该法没有对"外国人"进行界定，但是法院采纳了律师的观点，即认为外国人就是非肯尼亚公民。因此，尽管这个案件中的申请人已经在肯尼亚居住了 7年，但他仍然被视为外国人。随着肯尼亚最近对《海牙收养公约》的批准，被收养儿童有望获得更大的保护，② 法院也有望对收养申请进行更认真仔细的审查。其他非洲国家因此也受到了鼓舞，决定批准有关此类问题的公约，因为这类问题应该被认为是有关所有非洲儿童的重要问题。

（三）域外取证和文书送达

国际司法管辖中的一个巨大难题就是动态司法权的实现和确保当事人双方都能利用在司法管辖区内外获得的有利于诉讼的证据。这类问题包括海外文书的送达和证据的调取以及国内诉讼程序中有关外国文书调取的规定。非洲法院

---

① ［2005］eK. L. R.

② 肯尼亚在 2007 年 2 月批准公约，2007 年 6 月该公约对肯尼亚生效。

一直在设法解决这些问题。自 2007 年 7 月起，9 个非洲国家加入了《关于免除外国文书认证的海牙公约》，① 4 个非洲国家加入了《民商事领域司法和司法外文书域外送达的海牙公约》，② 2 个非洲国家加入了《民事商事事项域外取证的海牙公约》。③

在肯尼亚法院审理的 Fonville v. Kelly III 案④中，当事人所面临的向域外的被告进行送达以及由此产生的漫长的送达程序所带给当事人的难题，引起广泛关注。该案涉及一份关于在美国缔结的股票买卖合同的纠纷，该合同旨在将根据得克萨斯州法律设立的 Fonville 股份有限公司及其 2 个肯尼亚的子公司的股份出售。该案 3 个被告的住所在美国。由敦豪速递公司（一家私有的国际快递公司）向这 3 个被告送达了传票。3 个被告提起了异议与抗辩，特别是上述传票没有适当、合法地送达给他们。法院认为，一审法院下令由敦豪速递公司进行域外送达是无效的。根据法院规则（Order V Rule 27），正确的程序应是，原告应该按规定形式提出正式送达请求。肯尼亚司法部长会将具有规定格式的送达请求书交给肯尼亚外交部长，然后通过外交途径送达给美国政府请求司法协助。美国政府会通过外交途径进行文书送达或作出相应行为。该案可与坦桑尼亚法院审理的 Willow Investment v. Mbomba Ntumba 案⑤作一比较。在 Willow Investment v. Mbomba Ntumba 案中，法院下令由敦豪速递公司对居住在扎伊尔的申请人进行送达。法院将上述传票的送达行为视为是《民事诉讼法》第 5 章第 30 条所规定的邮递送达方式。

在肯尼亚法院审理的 Microsoft Corporation v. Mitsumi Computer Garage Ltd 案⑥和 Pastificio Lucio Garofalo SPA v. Security & Fire Equipment Co. 案⑦件提出了外国宣誓书是否可予接受的问题。在 Pastificio 案中，法院认为肯尼亚没有关于外国法院作出的宣誓书的程序要求和认可标准的特别立法。然而，根据

---

① 南非、博茨瓦纳、利比里亚、莱索托、马拉维、毛里求斯、纳米比亚、塞舌尔、斯威士兰。

② 埃及、博茨瓦纳、塞舌尔、马拉维。

③ 南非、塞舌尔。

④ ［2002］1 E. A. 71.

⑤ ［1997］T. L. R. 47.

⑥ ［2001］K. L. R. 470.

⑦ ［2001］K. L. R. 483.

《证据法》① 第 88 条 （ Section 88 of the Evidence Act） 以及相关的英国法律规则，② 在英联邦国家作出的宣誓书在肯尼亚是被认可的，而不需要对接受宣誓人宣誓的官方机构的印章进行证明。但是在英联邦以外的地区没有这样的对宣誓书的推测。因此，在这种情况下，人们认为在意大利那不勒斯所作的宣誓，就得证明是在意大利作出的宣誓书，或者需要由一个公证人和宣誓书上所附的印章来证明。在 Microsoft 案中，由微软公司的一个员工在英国所作的宣誓被采纳了。关于这样的宣誓书的法律效力，人们认为在没有法律规定的情况下，文书只要不违反英国法律就具有法律效力。

在 Mashchinen Frommer GmbH & CO KG v. Trisave Engineering & Machinery Supplies （Pty） Ltd 案③和 Blanchard, Krasner & French v. Evans 案④中，南非法院讨论了有关外国文书真实性规定的性质、相关性及后果，认为这些规定是用来确保这些文书可在南非法院使用之前已经具有真实性，还认为不需要办理规定的所有手续，办理规定的手续只具有公示的作用。对于法院，外国文书的真实性可基于盖然性原理用直接证据或者间接证据或者直接证据和间接证据的结合来证明。⑤ 南非法院的处理方式和赞比亚最高法院对 Lamus Agricultural Services Co. Ltd. v. Gwembe Valley Dev Ltd 案件的处理方式形成鲜明的对比。⑥ 赞比亚最高法院认为，有关外国文书真实性认证的规定是强制性的，如果文书没有进行认证，它就不能在赞比亚用于任何目的。法院还认为，需要认证的文书可在任何时候得到认证，但是文书的鉴定结果不应具有追溯力。在 Slyvanus Juxon – Smith v. KLM Royal Dutch Airline 案⑦中，加纳最高法院指出，在没有对外国官方文书认证时，它不能作为证据使用。不管对此证据的可采性有无异议，法院都可能会排除这种证据的使用。

---

① 当在法院提交任何文件时，如果该文件根据英国当时有效的法律可在英国法院接受为证据使用，而无须证明证实该文件真伪的印章或签字或该文件的司法或官方性质的情况下——（a）法院应推定此类印章、签字是真实的，并且签署该文件的人认为在签署该文件时，该文件具有司法或官方性质；并且 （b）该文件可以同样目的在英国得到接受。

② Order 41 Rule 12 of the Rules of the Supreme Court.

③ 2003 （6） S. A. 69.

④ 2004 （4） S. A. 427. See also Chinatex Oriental Trading Co. v. Erskine 1998 （4） S. A. 1087.

⑤ See also Zhou v. Hong 2006 （1） N. R. 85. 该案还涉及在纳米比亚法院的诉讼程序中所翻译的外国文书的使用问题 （本案中的文书以中文作成）。

⑥ [1999] Zam. L. R. 1.

⑦ Civil Appeal No. J4/19/2005 （Supreme Court of Justice, Ghana） .

　　尽管外国证据对一个案子的正确判决具有决定性的意义，但是各国对于证据调取的方式及时间却是有法律限制的。在 Kells v. Ako Adjei 案①中，法院认为，根据加纳民事诉讼法规定，法官无权去外国向任何证人取证。但在高级专员辖区的建筑物内向证人取证是没有问题的。如果证据是向海外的证人取得的，法官的责任就是决定这样的证据是否必要。然后，法官必须作出必要的命令，以便由专员调取必要的证据，或作出委托调查取证的请求书。

　　这些案例表明，现行法规不足以应对日新月异的变化，不能满足国际诉讼的要求。如上所述，并不是很多非洲国家都加入了这方面的国际公约。而且，从报道的案例来看，一些非洲的国家法律制度似乎还缺少或者难以使用。就非洲的国际民事诉讼而言，问题不仅仅存在于国外文书的送达和取证、外国证据的采纳以及认证是否必须。在 Raytheon Aircraft 案②中，被告因违反法院管辖协议而被诉至肯尼亚法院。关于该被告如何对高等法院的管辖权提出异议缺少法院规定，肯尼亚法院对此表示担忧。对于法院，这是诉讼中的一个重要问题，因此不能再久拖不决。法院建议法律委员会在此方面采取适当的系统的诉讼规定，这样有助于司法权的行使。

　　（四）外国原告和费用担保

　　包括主权国家在内的外国原告，对当地被告提起诉讼时需要提供费用担保。③ 在博茨瓦纳法院审理的 Geborone v. Lowrenco 案④中，法院认为，要求撤销针对外国人被告作出的判决的申请不能被视作是提起了诉讼，因此，不能强制被告提供费用担保。在 Botswana Insurance Company Ltd. v. Matan Trucking Company 案⑤中，申请人为一家在博茨瓦纳注册的公司，对位于津巴布韦的被申请人（被告）在博茨瓦纳提起诉讼。申请人要求被告提供费用担保。法院认为该份申请有误，因为不是被申请人（被告）去法院申请以获得援助。被申请人是被申请人拉到法院的。因此，当申请人已经先选择了管辖的法院时，法院就不能再听该申请人抱怨自己的劣势地位。

　　提供费用担保对于外国当事人可能是个巨大的经济负担，这可能会迫使一些当事人放弃诉讼，寻求调解。如果外国人认为费用担保的申请被用来阻碍合法的诉讼请求，这是对法律制度的误解。笔者认为，为了确保本国被告的法律

---

① Case No. CA 8/2000 (Supreme Court, Ghana).

② [2005] eK. L. R. at 9—10.

③ State of Israel v. Somen [2001] L. L. R 5932.

④ 1999 (1) B. L. R. 11.

⑤ 2003 (2) B. L. R. 380.

利益免受滥诉的侵害，法院应行使自由裁量权，下令提供合理的费用担保，并且不会给外国原告造成过大的困难，否则，会损害司法的目的。①

在 Fasco Trading Co Ltd. v. Goodearth Ltd 案②中，被告要求法院判令原告——一家日本注册的外国公司，根据肯尼亚民事诉讼法第 1 条第 25 项的规定提供费用担保。原告在肯尼亚没有代理人也没有财产。法院认为完全依据自由裁量权来批准费用担保。在这种情况下，法院考虑到原告为外国公司，在肯尼亚又没有营业地和财产，《外国判决（互惠执行）法》在肯尼亚和日本之间没有约束力。③ 法官将外国判决执行制度看作这个申请的相关因素，④ 这是很有意思的。这表明法院对国际私法的各种分支始终存在的互联性是很有鉴别力的。遗憾的是，法官没有站在法律以外的角度考虑在肯尼亚和日本之间没有互惠协议的情况下，日本法院是否会执行以日本人为原告的肯尼亚法院作出的判决。不可否认，即使日本法院可能会执行这样的判决，为了执行肯尼亚判决，是否应该将国内被告传唤至日本而承受诉讼开销和由此带来的不便，这是有争议的。

鉴于非洲有无数的地区经济一体化的行动方案，在经济区内的住所地也已成为申请费用担保时考虑的有关因素，这是鼓舞人心的。在乌干达法院的 Shah v. Manurama Ltd 案⑤中，被告申请法院判令原告支付抵押损失费用。原告为肯尼亚居民。被告认为原告住在国外的事实是判令支付损失费优先考虑的理由。原告辩称考虑到东非共同体已经重新建立起来，⑥ 因此需要重新审视为了判令费用担保而需考虑的住所地问题。法院拒绝了此份申请。法院解释道，在东非，法院不可能下意识地和顽固地假定判令为东非共同体居民的原告提供费用担保。对于乌干达法院，位于东非共同体内的住所的事实，要求我们对关于执行要求原告支付费用担保的法律的司法思维进行重新评价。法院作判决时

---

① See generally, B & W Industrial Technology Ltd. V. Baroutsos 2006 (5) S. A. 135; SCHULZE C., "Should a Peregrine Plaintiff Furnish Security for Costs for the Counterclaim of an Incola", in: South African Mercantile Law Journal 393—399.

② [2000] L. L. R. 1236.

③ 在 Ugandan case of Noble Builders (U) Ltd. v. Sandhu [2004] 2 E. A. 228 案中，法院针对加拿大被告得出了同样的结论，该被告在肯尼亚没有投资或财产。

④ See also Parmex Ltd. v. Austin & Partners Ltd. [2006] eK. L. R. 法院认为，两国间存在有判决执行机制是法院行使自由裁量权许可提供担保的一种相关考虑因素，而非决定性因素。

⑤ [2003] E. A. 294.

⑥ 东非共同体现由肯尼亚、乌干达、坦桑尼亚、布隆迪、卢旺达组成。

所考虑的因素就是《建立东非共同体条约》① 明确规定统一和协调成员国法律的条款。该条款包括东非共同体内的法院判决的标准化，在成员国间建立一个共同的准入门槛（即跨境的法律做法），以及制定成员国间的判决互惠执行制度。Shah 案件和肯尼亚法院审理的 Healthwise Pharmaceuticals Ltd. v. Smithkline Beecham Consumer Healthcare Ltd. 案② 可以形成鲜明的对比。在 Healthwise 案件中，肯尼亚法院拒绝了申请人的以下主张：申请人为东非共同体的居民，因此，被告将可以毫不费力地追回在判决中可能产生的损失。

三、来自所分析的案例的经验

（一）导论

Uche 教授在国际法海牙研究院呼吁创作一部真正基于非洲的和具有非洲影响力的关于冲突法的作品。③ 他将这部作品描述成不仅仅是一部 Cheshire 教授、Dicey 教授和 Morris 教授充满非洲案例的杰作的复制品。依笔者看来，这样的作品，我在此附上相关司法判例，尽管不是在减少非洲外的资料的相关性，但是应该从非洲汲取主要的法律资源（判例法、立法和学术评论）。而且，还应该将这类论述置于非洲现在面临的困难的环境之下。这些困难包括地区经济一体化、促进贸易及发展、法律的统一化、移民、宪政、人权及法律多元化。国际私法可以通过解决由这些难题产生的问题而作出贡献。同时，这些问题也会影响到国际私法。的确，我认为除了创作一部真正基于非洲的和具有非洲影响力的关于冲突法的作品，非洲还需要建立一些地区性的，也许是大陆性的国际私法制度。

国际私法的主要渊源就是司法判例。尽管世界上的一些国家和地区对条约和立法日益重视，④ 但是非洲及非洲的法律制度在很大程度上偏离了这样的经

---

① reaty for the establishment of the East African Community, 30 November 1999, 2144 U-nited Nations Treaty Series I—37437.

② [2001] L. L. R. 1279.

③ UCHE U. U. , "Conflicts of Laws in a Multi – Ethnic Setting: Lessons from Anglophone Africa", in: Recueil des Cours 1991, p. 273. Compare GONIDEC P. F. , "Towards a Treatise of African International Law", in: African Journal of International and Comparative Law 1997, pp. 807 – 821 (suggesting that an "African international law" regime has emerged) .

④ See e. g. ZHU W. , "China' s Codification of the Conflict of Laws: Publication of a Draft Text", in: Journal of Private International Law 2007, pp. 283 – 308; Fiorini A. , "The Codification of Private International Law: The Belgian Experience", in: International and Comparative Law Quarterly 2005, pp. 499 – 519.

验。因此，在创设一种非洲的国际私法制度时，紧密关注判例法就显得颇为重要。正如本文第一部分提到的，这样做面临的一个困难就是，很难得到法院判决。法律报告在该报告的来源国以外的地区几乎难以获得。即使有这样的报告，这些报告也很少是最新的。因此很少有人尝试系统地记录或者研究非洲的国际私法案例，① 也就不足为奇了，这是令人遗憾的。这种资源获取上的困难造成的结果是，现在的非洲课本仅局限于某一法域。② 这些课本往往集中阐述一个国家，而很少利用其他法域的判决或者法律传统。③ 有着 53 个国家和多元的法律传统，④ 非洲国际私法制度的发展将需要学术界和司法界了解本国范围内的一些资料。

正是在这样的背景下，我开始记录过去 10 年非洲联邦地区的司法判决。目前，我记录了在 30 个国家发生的 350 个案例，并进行了初步的分析。⑤ 在这个总结的部分，我探讨了许多问题，并且总结了上述工作成果。

（二）非洲国家间的国际私法问题

让我们从本土开始分析。非洲法律制度之间多久才会在国际私法问题上交锋一次？对于住所或居所在彼此法域内的人他们是否行使司法权？他们是否适用彼此的法律？他们是否对在彼此国度里的诉讼进行司法协助？这些问题很重要。国际私法为衡量一国的法律制度与其他法律制度通过诉讼互动程度提供了"晴雨表"。国际私法在没有统一法律制度的情况下为法律制度之间建立了联系。由于法律制度的相互联系加深，公民间的互动也变得频繁，因此，理论上，国际私法问题应该会增多，解决这些问题的需要应该会变得更为迫切。不可否认，这只是法律制度相互作用的手段之一。即使这是唯一的手段，也不可能完全准确地描述这一手段。许多跨国争端不会诉诸法院解决，对于那些被提

---

① An exception to this may be KUTNER, P. B., Common Law in Southern Africa: Conflict of Laws and Tort Precedents, New York 1990.

② The only recent text that is multi – jurisdictional is SCHULZE C., On Jurisdiction and the Recognition and Enforcement of Foreign Money Judgments, UNISA Press 2005. The countries studied are Botswana, Malawi, Namibia, Swaziland, Tanzania, Uganda and Zambia.

③ See e. g. FORSYTH C. F., Private International Law the Modern Roman Dutch Law including the Jurisdiction of the High Court, Cape Town 2003; KIGGUNDU J., Private International Law in Botswana, Cases and Materials, Gabarone 2002.

④ 普通法、大陆法、罗马—荷兰法、伊斯兰法和习惯法传统。

⑤ 此处唯一没分析的前英国殖民地和普通法传统的国家是冈比亚和塞拉利昂。就塞拉利昂的情况而言，在本文写作之际，该国正处于内战，因此，可以认为，在此阶段该国没有重要国际私法事件出现。

交给法院的纠纷，法院也可能忽略了重要的国际私法问题。①

过去 40 年来，非洲人一直致力于非洲的统一。② 地区经济一体化过程追溯到 1910 年，同年，南非关税联盟成立。因此通过非洲国家间的国际私法问题这面镜子，过去的 10 年向我们传达了哪些关于非洲法律制度互联程度的信息？从分析的案例来看，有一点很明显：仅有少数的案例（不到 10%）涉及非洲国家间的当事人、其他非洲国家法院的判决或其他非洲国家的法律。③

非洲国家间案件中的一个难题是外国判决的执行。④ 在少数案件中，来自非洲国家的法院判决被非洲兄弟国家拒绝承认和执行。⑤ 在某些案件中，这是由于在有关国家之间没有互惠判决执行的制度。⑥ 这些判决反映了一个更大的问题，即根据所分析的国家有关外国判决执行的法律，并没有很多非洲国家被

---

① See e. g. Mohammed Ali v. Abdullahim Maasai [2005] eK. L. R.，在该案中，肯尼亚法院没有对涉及在乌干达发生的事故的案件的法律适用问题进行分析。

② 非洲统一组织（现在的非盟）在 1963 年成立，根据《非洲联盟宪章》第 2 条第 1 款（a），成立该组织的主要目的是"推动非洲国家的统一与团结"。

③ See e. g. Ssebaggala & Sons Electric Centre Ltd. v. Kenya National Shipping Line Ltd. [2000] L. L. R. 931（enforcement of judgment from Uganda）；Willow Investment v. Mbomba Ntumba [1997] T. L. R. 47（enforcement of judgment from Zaire）；Mtui v. Mtui 2000（1）B. L. R. 406（recognition of divorce decree from Tanzania）；Molly Kiwanuka v. Samuel Muwanga [1999] Swaziland High Court 13（maintenance of a child in Uganda）；Sello v. Sello（No 2）1999（2）B. L. R. 104（order to return child in Lesotho to Botswana）.

④ 对于本文所分析的时间范围以外的案例，参见 Italframe Ltd. v. Mediterranean Shipping Company [1986] K. L. R. 54 案，在该案中，肯尼亚法院撤销了对来自坦桑尼亚高等法院判决的登记，理由是肯尼亚《外国判决法》提到的是坦各尼喀高等法院而非坦桑尼亚高等法院。

⑤ Minister of Water Affairs and Forestry v. Swissborough Diamonds Mines（Pty）Ltd. 1999（2）. S. A. 279，在该案中，南非法院拒绝执行莱索托高等法院签发的传票，该传票要求申请人在莱索托法院作证。

⑥ Heyns v. Demetriou [2001] Malawi High Court 52（一份南非判决根据马拉维 1922 年《英国和英联邦判决法》和 1922 年《判决拓展法》未能得到登记）；Barclays Bank of Swaziland v. Koch 1997 B. L. R. 1294（一份斯威士兰判决根据博茨瓦纳《判决（国际执行）法》未能得到执行，因为根据该法第 3 条，该判决不能得到登记）. See also Willow Investment v. Mbomba Ntumba [1997] T. L. R. 47（坦桑尼亚法院拒绝执行来自扎伊尔的判决）；SDV Transmi（Tanzania）Ltd. v. MS STE Datco Civil Application No. 97 of 2004（Tanzania, Court of Appeal 2004），在该案中，坦桑尼亚和刚果民主共和国不存在判决互惠执行安排，法院因此下令中止执行针对居所在刚果民主共和国但在坦桑尼亚没有财产的被申请人即判决债权人的判决。

指定从该制度中受益。①

经过数年对经济一体化和非洲统一的推动，上述问题令人担忧。一些非洲国家的法律对其他加速和简化执行外国判决的法律程序的非洲国家的判决不予承认。肯定的是，这里并不是主张非洲每一个国家的判决都必须在其他任何的非洲国家得到执行。此处的主张是，如果有更简化和高效的外国判决的执行程序，比如通过判决的登记来承认和执行外国法院判决，那么人们会期待决心促进非洲人民和非洲国家统一、团结、和谐及合作②的行政部门，③ 也会使这一程序用于来自其他非洲兄弟国家的判决。④ 在非洲所有的地区经济共同体中，只有东非共同体的创始成员国⑤之间的判决可以相互登记。

笔者建议，为了尽早解决这个问题，非洲国家应指定更多的其他非洲国家从外国判决登记制度中受益。非洲政府可以拟订的一个更远大的计划就是制定一个非洲判决执行公约。⑥ 但是，考虑到有关非洲国家间判决执行的案例稀少，现有的有关外国判决执行的国内立法规定的相似性，协商制定判决执行的国际公约所面临的挑战，⑦ 以及对非洲国际私法问题普遍的矛盾心理，通过立

---

① 例如，南非法律制度仅指定了纳米比亚一国；纳米比亚法律制度仅指定了南非；斯威士兰有关外国判决承认和执行的制度可适用于莱索托、博茨瓦纳、津巴布韦、赞比亚、桑给巴尔、马拉维、肯尼亚和坦桑尼亚；加纳仅指定了塞内加尔；坦桑尼亚指定了莱索托、博茨瓦纳、毛里求斯、赞比亚、塞舌尔、索马里、津巴布韦和斯威士兰；肯尼亚指定了马拉维、塞舌尔、坦桑尼亚、乌干达、赞比亚和卢旺达。

② Preamble, Constitutive Act of the African Union, reprinted in (2005) 13 African Journal of International and Comparative Law 25.

③ 根据有关外国判决登记的法律制度，行政部门会指定哪些国家法院的判决可以进行登记。

④ See e. g. Ssebaggala & Sons Electric Centre Ltd. v. Kenya National Shipping Line Ltd. [2000] L. L. R. 931 and Pioneer General Assurance Society Ltd. v. Zulfikarali Nimji Javer [2006] eKLR（在该案中，肯尼亚法院根据《外国判决（互惠执行）法》对来自乌干达的判决进行了登记）。

⑤ 它们是坦桑尼亚、肯尼亚、乌干达。布隆迪和卢旺达最近加入了该组织。See generally S. Thanawalla, "Foreign Inter Partes Judgments: Their Recognition and Enforcement in the Private International Law of East Africa" (1970) 19 Int' l & Comp. L. Q. 430.

⑥ But see OPPONG R. F. "Private International Law in Africa: The Past Present and Future", in: American Journal of Comparative Law 2007, p. 704 where I suggested "it is time we begin discussing the possibility of an international foreign judgments enforcement convention for Africa."

⑦ 海牙国际私法会议曾试图制定一个这样的国际公约，但失败了，就证明了这一挑战。

法指定更多的非洲国家从判决登记制度中受益，可能是唯一可行的选择，至少在不久的将来是这样。这是一条较易走的路，并且可以马上进行。尽管可以借鉴欧洲共同体和美洲国家组织等其他组织的有益经验，但通过谈判制定一个在非洲范围内生效的判决执行的公约可能还是需要数年的时间。

在少数案例中，① 选择另一非洲国家法院和法律的法院选择协议和法律选择协议引起争议。② 在所分析的国家里，法院一般都尊重当事人的意思自治。在非洲法律还没有实现实质上的统一化时，③ 法院对法律选择条款和法院选择条款的执行，可以使双方当事人通过这种方式来调整他们交易所适用的法律。不可否认的是，这种方式有其局限性。其一是违反法院强制性规范的法律选择协议可能不会得到认可。④ 其二是如果法律选择条款起草粗糙，将会使法院无

---

① 在没有此类协议时，法院采用过包括履行地和真实、密切联系等方法。例如，在 Georgina Ngina v. Inter Freight East Africa Ltd. [2006] eK. L. R. 案中，合同是在基加利（卢旺达）缔结的，但合同履行地在肯尼亚。法院认为肯尼亚法院有管辖权。Roger Parry v. Astral Operations Ltd. Case No. C 190/2004（Labour Court, South Africa, 2005）案，本案中涉及一项在马拉维履行的劳动合同，争议的问题是，该合同适用哪一法律。南非法院驳回了被告的主张：合同应适用马拉维法律，因为马拉维是合同的履行地。法院认为，合同与南非有更密切联系，因此应适用南非法律。

② Friendship Container Manufacturing Ltd. v. Mitchell Cotts（K）Ltd. [2001] E. A. 338（法院支持了提单中包含的排他性法院选择协议，该协议规定南非法院有管辖权）；tBarlows Central Finance Corporation（Pty）Ltd. v. Joncon（Pty）Ltd. Case No. 2491/99（Swaziland, 1999）（该案买卖合同中含有选择南非法律和南非法院的条款。斯威士兰法院支持了法律选择条款，但拒绝执行法院选择条款）。See also, Afinta Financial Services（Pty）Limited v. Luke Malinga T/A Long Distance Civ. Case No 123/2001.（该案中的租赁合同规定"本合同应受南非共和国法律和斯威士兰王国法律支配，并据此进行解释"。斯威士兰法院适用了斯威士兰法律。法院指出，该合同是由住所、居所和营业地均在斯威士兰的当事人在斯威士兰缔结的，并且合同完全在斯威士兰履行。）

③ 目前，非洲商法协调组织（OHADA）成员国正在进行这种统一化的尝试。本文所分析的国家没有 OHADA 成员国。

④ See e. g. Roger Parry v. Astral Operations Ltd. Case No. C 190/2004（Labour Court, South Africa, 2005）.（本案中的劳动合同没有包含法律选择条款，但即使含有此类条款，法院一般也不会支持此类条款，除非该条款没有剥夺雇员根据南非法律中的强制性规范所获得的保护。）

法探究当事人的真实意图。①

（三）比较法和非洲国际私法

比较法和对外国材料的比较使用可以丰富司法判决的内容。对于国际私法学者而言，在没有国际公约的情况下，使用上述手段被看作一条通向法律融合（法律统一化）的道路。② 南部非洲为比较法如何有助于国际私法的融合（在此指的是地区性的）树立了典范。③ 南部非洲国家的法院主要是南非法院的判决，④ 在南部非洲国家以各种方式被援引。造成这种情况的部分原因可能是由于它们具有相同的法律传统，并且这一地区的一些主要法域法律报道制度十分完善。⑤

东非和西非的普通法系国家里没有明显的互相援用判例法律的迹象。⑥ 这些国家主要的比较法的渊源来自英国。这是令人担忧的。来自其他普通法域如加拿大和澳大利亚的判例也对国际私法发展出很多创新性的方法，但它们很少

---

① See e. g. Afinta Financial Services（Pty）Ltd. v. Luke Malinga T/A Long Distance, Civ. Case No 123/2001（本案中的法律选择条款规定"本合同应受南非共和国法律和斯威士兰王国法律支配，并据此进行解释"）；Ekkehard Creutzburg v. Commercial Bank of Namibia Case No 29/04（Supreme Court of Appeal, South Africa, 2004）. （本案中的法律选择条款规定："本保证所有方面应受南非共和国法律和/或纳米比亚共和国法律支配，并据此进行解释，所有与本合同有关的争议、诉讼和其他事项均应根据上述法律处理。"）

② FORSYTH C. F., "The Eclipse of Private International Law Principle? The Judicial Process, Interpretation and the Dominance of Legislation in the Modern Era", in: Journal of Private International Law 2005, pp. 93 – 113.

③ See e. g. American Flag plc v. Great African T – shirt Corporation 2000（1）S. A. 356, 在该案中，法域指出，当外国被告已接受法院管辖时，对其财产进行扣押不但不必要而且是不能准许的。博茨瓦纳法院在 Bizy Holdings（Pty）Ltd. v. Eso Management（Pty）Ltd. 2002（2）B. L. R. 125 案中遵循了这一判决。

④ 在 Silverston（Pty）Ltd. v. Lobatse Clay Works 1996 B. L. R. 190 案中，Tebbutt 法官（Justice Tebbutt）指出："博茨瓦纳的普通法是罗马—荷兰法，博茨瓦纳法院为了使普通法适应现时的需要，从来不犹豫考虑南非法院所使用的方法以及南非学者的权威著作。"

⑤ 南非、纳米比亚、博茨瓦纳和津巴布韦。

⑥ But see Eastern and Southern African Trade v. Hassan Basajjabalaba［2007］Uganda Commercial Court 30. 乌干达法院提到两个有关法律选择协议对法院管辖权的效力的判决，这两个案件是：Fonville v. Kelly［2002］1 E. A. 71 and Tononoka Steels Ltd. v. East & Southern African Trade & Development Bank［2002］2 EA 536。法院就其中一个案件作出了这样的评论："这是来自兄弟国家的案例，有一定的比较意义。该判决虽然对乌干达高等法院没有拘束力，但有一定的说服力。"法院遵循了该判决。

受到关注。① 而且，随着英国国际私法的日益欧洲化，现在的课本里反映出致力于传统规则的发展趋势，因此，非洲普通法系国家应将其法律渊源多样化。笔者认为，南非可能是一个值得关注的国家。普通法和罗马·荷兰法的共同点很多。的确，本文已经阐述了南非最高上诉法院最近作出的两个判决，这些判决揭示了普通法和罗马—荷兰法进一步融合的趋势。② 致力于提炼这些非洲法律传统之间的共同核心原则的研究，将是此领域的重要举措。

　　总之，前面所分析的案例中所涉及的非洲国家之间的比较法微乎其微，尤其是在法院面对难题和新问题时更是如此。两个相邻的国家面对相似的法律问题却得出两个不同的结论的现象司空见惯，③ 其中一种结论明显优于另一种结论。④ 非洲国际私法制度的发展要求非洲法官和律师具有更强的比较法意识。而且，比较法的适用不应该局限于外国判例。法官和律师还必须意识到日益增加的国际私法公约的数量，如果非洲国际私法制度不想被孤立，更需要如此。在

---

　　① 在 Supercat Incorporated v. Two Oceans Marine 2001（4）S. A. 27 案中，法院拒绝在南非采用加拿大的真实、重要联系标准。

　　② 参见 Richman v. Ben – Tovim 2007（2）S. A. 283 案，在该案中，法院将当事人出现认定为是国际管辖权的标准，这一标准在普通法久已确立，但广受批评；Bid Industrial Holding v. Strang 2008（3）S. A. 355 案废除了将拘押外国人被告作为确立管辖权的标准，将当事人的出现接受为管辖权的标准，并讨论了适用不方便法院原则的可能性。

　　③ But see Coutts v. Ford 1997（1）Z. L. R. 440 and Society of Lloyd's v. Price 2006（5）S. A. 393，在这两个案件中，津巴布韦法院和南非法院在解决有关实体和程序问题的识别漏洞时，都采用了中间方法（via media approach）。Detmold v. Minister of Health and Social Services 2004 N. R. 175 and Minister for Welfare and Population Development v. Fitzpatrick 2000（3）S. A. 422，在这两个案件中，纳米比亚法院和南非法院都批准了外国人的跨国儿童收养，并判定他们本国有关禁止此类收养的国内立法违宪。

　　④ Healthwise Pharmaceuticals Ltd. v. Smithkline Beecham Consumer Healthcare Ltd.［2001］L. L. R. 1279 versus Shah v. Manurama Ltd［2003］E. A. 294（该案涉及这一问题：一个居所在东非共同体国家的原告是否应被下令为他在另一东非共同体国家内提起的诉讼提供费用担保）。Metlika Trading Ltd. v. Commissioner, South African Revenue Service 2005（3）S. A. 1 versus Bozimo Trade and Development Co Ltd. v. First Merchant Bank of Zimbabwe Ltd 2000（1）Z. L. R. 1（该案涉及的问题是，法院是否可以行使管辖权针对本国人在另一国的行为发布属人禁令）。

所分析的案例中，法官和律师已经意识到有关条约，这是具有重要意义的。①

（四）宪法、人权法和非洲国际私法

宪法和人权法对国际私法发展的影响已经在某些法域反映出来，对此问题学术界也日益关注。② 非洲一直很容易受到这些法律的影响，但是目前对此问题的学术兴趣似乎不够浓厚。在许多案例中，主要是南非的案例，③ 法院已经

---

① See e. g Sello v. Sello (No. 2) 1999 (2) B. L. R. 104 at 109；De Gree v. Webb [2007] S. C. A. 87 at [11], [17], [47] — [55], [85] — [94], [98]；Minister for Welfare and Population Development v. Fitzpatrick 2000 (3) S. A. 422 at [26]，南非福利和人口发展部部长认为，1983 年《儿童管护法》的改革应包含"《海牙收养公约》中所含有的保障和标准"。南非在 2003 年加入该公约。K v. K 1999 (4) S. A. 691（涉及《海牙诱拐公约》尚未并入南非法律中时该公约的适用）；Roger Parry v. Astral Operations Ltd. Case No. C 190/2004（Labour Court, South Africa, 2005）（就本案劳动合同的法律适用，法院准备援引《合同义务法律适用罗马公约》第 6 条所确定的方法）；Kisko Products (GH) Ltd. v. Delmas America Africa Line Inc. Civil Appeal No J4/28/2005 Supreme Court of Justice Ghana (2 March 2004)（法院认为《海上货物运输的联合国公约》特别是有关承运人责任的第 5 条规定有"参考意义"，虽然当时该公约尚未纳入加纳法律中）。

② See generally FAWCETT J. , "The Impact of Article 6（1）of the ECHR on Private International Law", in: International and Comparative Law Quarterly 2007, pp. 1 – 48；JURATOWITCH B. , "The European Convention on Human Rights and English Private International Law", in: Journal of Private International Law 2007, pp. 173 – 199；EECKHOUT V. V. D. , "Promoting Human Rights within the Union: The Role of European Private International Law", in: European Law Journal 2008, pp. 105 – 127.

③ See e. g. Frans Edward Prins Roothman v. President of the Republic of South Africa [2006] S. C. A. 80, [2007] 2 L. R. C. 229（申请人请求南非法院下令南非政府给其提供外交帮助，以针对刚果民主共和国政府执行一份判决。申请人提出了不同的宪法主张，如接近司法的权利、法治、国家确保法院运作的义务以及协助国民执行其权利的义务，但未能成功）；Telcordia Technology Inc. v. Telcome SA Ltd. Case No 26/05（South Africa, Supreme Court of Appeal, 2006）（在该案中，法院认为，必须根据《权利法案》的规定对《仲裁法》进行解读，必须有助于促进《权利法案》精神、宗旨和目标）。

设法解决宪法和国际私法的相互作用带来的挑战。① 人权也被用来质疑某些国际私法原则的继续适用。②

宪法和人权法强制性的特点使得它们对国际私法问题的解决的参与既有趣又令人担忧。宪法规则可看作是强制性的规则。实际上，各国宪法通常被称为国内的最高法。③ 正如 Martinek 提到的："作为最高的国内法，普遍存在的宪法规则因而优于所有的包括国家的冲突法律规则在内的国内法，也优于一国的国际私法。冲突规则及其适用必须符合宪法的规定。"④ 无论法院地的冲突规则指定适用哪国法律，法院地的强制性法规都必须被适用。⑤ 强制性法律限制了当事人选择所适用的法律的权利，因此有损普通法的当事人意思自治的基本

---

① Sonderup v. Tondelli 2001 (1) S. A. 1171（涉及一项不成功的有关《海牙国际儿童诱拐民事事项公约法》违宪的争议）；Bid Industrial Holding (Pty) Ltd. v. Strang 2008 (3) S. A. 355（对拘押外国人以确立或确认法院管辖权提出违宪异议，获得成功，该规则必须予以废除）。Earlier cases questioned obiter the constitutionality of arrest. See Himelsein v. Super Rich 1998 (1) S. A. 929 at 936；Naylor v. Taylor 2006 (3) S. A. 546 at 557；Tsung v. Industrial Development Corporation of SA Ltd. 2006 (4) S. A. 177 at 181. See also Raytheon Aircraft Credit Corporation v. Air Al – Faraj Limited [2005] 2 K. L. R. 47 and Eastern and Southern African Trade v. Hassan Basajjabalaba [2007] Uganda Commercial Court 30（该案涉及宪法所保护的国内高等法院在民事事项方面享有不受限制的初审管辖权和法律选择与法院选择协议之间的关系）。

② See e. g. Emmanuel Rotimi Sadiku v. Grace Jumai Sadiku Case No 30498/06 (High Court, South Africa, 2007) and Esterhuizen v. Esterhuizen 1999 (1) S. A. 492（在该案中，法院质疑，在一个性别平等的社会，适用丈夫的住所地法来确定婚姻财产后果这一规则是否可以接受）；In Nku v. Nku 1998 B. L. R. 187（该案涉及普通法中已婚妇女结婚时取得丈夫的住所这一规则是否对妇女造成歧视，是否应通过司法予以废除）。

③ See e. g. Malawi Constitution, art. 1 (5)；Sierra Leone Constitution, art. 171 (15)；South Africa Constitution, art. 2；Nigeria Constitution, art. 1 (3)；Gambia Constitution, art. 4；Zambia Constitution, art. 1 (3)；Kenya Constitution, 1963, art. 3；Uganda Constitution, art. 2 (2)；Tanzania Constitution, art. 64 (5)；Zimbabwe Constitution, art. 3；Lesotho Constitution, art. 2；Swaziland Constitution, art. 2 (1)；Eritrea Constitution, art 2 (3)；Ethiopia Constitution, art. 9 (1)；Mauritius Constitution, art. 1 (2)；Seychelles Constitution, art. 5；Rwanda Constitution, 2003, art. 200；Sudan Constitution, art. 3.

④ MARTINEK M. G. , "Look back before you Leap? Fateful Tendencies of Materialization and of Parallelism in Modern Private International Law Theory", in: Journal of South African Law 2007, p. 282.

⑤ BONOMI A. , "Mandatory Rules in Private International Law – The Quest for Uniformity of Decisions in a Global Environment", in: Yearbook of Private International Law 1999, p. 218.

原则。以保护个人利益为宗旨的人权法也往往可以作出多种解释，在国际私法判决中需要谨慎地适用。因此，在没有思考的情况下就将宪法和人权法用于国际私法问题的解决，必然会有很大的风险。①

考虑到这些情况，我们不得不承认宪法和人权法规则对非洲国际私法制度发展的影响以后还会增加。② 因此，可能受影响的领域包括对民事伴侣或婚姻效力的承认、③ 已婚妇女和儿童的住所、④ 有关要求外国原告提供费用担保的规则、支配婚姻后果的规则、扣押外国人的财产以确立或确认法院管辖权的规则、⑤ 不方便法院原则、法律选择和法院选择协议的实施、外国判决的执行及主权和外交的司法豁免和执行豁免。

（五）国内法院和非洲国际私法

就国际私法问题而言，大多数非洲国家的法律制度都是欠发达的。各国的法律（立法和判例法）如此的不完善，以致不能解决很多重要的问题。例如，在国际民事诉讼法领域，现行的法律往往非常滞后，大多数非洲国家没有利用

---

① See e. g. Papco Industries Ltd. v. Eastern and Southern African Trade and Development Bank [2006] eK. L. R.（该案中，被告成功辩称，因为本案合同受英国法调整，所以肯尼亚法院没有管辖权。肯尼亚法院的理由是，"肯尼亚法院有义务维护肯尼亚宪法，因此，可以认为，本法院不能对英国法进行解释"）。

② 它们对相邻学科"内部冲突法"的影响也日益显现，许多普通法和习惯法原则有待发展。See recently Frans v. Paschke [2007] Namibia High Court 49 declaring unconstitutional the Roman – Dutch rule that an illegitimate child cannot inherit intestate from his father.

③ 南非最近通过了 2006 年《民事伴侣法》，使民事伴侣合法化。

④ 例如，参见肯尼亚《住所法》（Law of Domicil Act Cap 37）第 7 条："妇女在结婚时取得她丈夫的住所。"不过，根据该法第 8 条第 3 款，"成年已婚妇女因其结婚可以获得一个独立选择住所。"并且该法第 8 条第 4 款规定："成年已婚男子不能因为获得选择住所而改变其妻子的住所，但在丈夫获得选择住所时，妻子在选择住所地和丈夫在一起，或在随后来到该国和丈夫生活在一起，这一事实就可提出可反驳的推定：妻子已获得该住所。"

⑤ In Bid Industrial Holding Ltd. v. Strang 2008 (3) S. A. 355 at [38]，在该案中，法院认为，扣押财产通常不会侵犯宪法权利（例如，在没有扣押丈夫的生活来源时）。

此领域的国际发展的优势。的确，已分析的案例表明，这个领域还面临许多难题。①

在此方面，非洲的学术专家可以发挥重要作用。我已经强调了我们在非洲任何地方的国际私法的发展所起的重要作用，在此就不再赘述了。② 在此我关切的是，在学术圈之外，还应该采取什么措施。是否应该由国家立法机关和法律改革委员会参与制定各自的一套法律制度规则，以解决现行法律不足以解决的问题？还是应该由法院通过判例法来逐步完善呢？上述两条道路都荆棘密布。这两条道路也提出了一个更大的宪法问题，即有关立法机关和司法机关在法律发展中应发挥什么样的适当作用。

在所分析的许多案例中，法官遇到法律欠完善或者完全不公正的问题时，选择留待立法机关对此进行改革。③ 其他的案例中，主要是来自南非最高上诉法院的案例，法院在没有请示立法机关的情况下进行造法。④ 在 Bid Industrial

---

① 从判例来看，明显存在困难的领域包括：文书域外送达程序（Fonville v. Kelly III [2002] 1 E. A. 71；Willow Investment v. Mbomba Ntumba [1997] T. L. R. 47）；域外取证程序（Kells v. Ako Adjei Case No CA 8/2000 (Supreme Court Ghana)）；域外获得的证据在本国法院的可接受性问题（Microsoft Corporation v. Mitsumi Computer Garage Ltd [2001] K. L. R. 470；Pastificio Lucio Garofalo SPA v. Security & Fire Equipment Co [2001] K. L. R. 483）；有关域外文书认证的规则的效力问题（Blanchard, Krasner & French v. Evans 2004 (4) S. A. 427；Lamus Agricultural Services Co. Ltd. v. Gwembe Valley Dev Ltd [1999] Zambia L. R. 1；Slyvanus Juxon – Smith v. KLM Royal Dutch Airline Civil Appeal No. J4/19/2005 (Supreme Court of Ghana)）；外国原告提交费用担保问题（Fasco Trading Co Ltd. v. Goodearth Ltd [2000] L. L. R. 1236；Noble Builders (U) Ltd v. Sandhu [2004] 2 E. A. 228；B & W Industrial Technology (Pty) Ltd v. Baroutsos 2006 (2) S. A. 135）.

② OPPONG R. F., "Private International Law in Africa: The Past, Present and Future", in: American Journal of Comparative Law 2007, p. 699.

③ In Drive Control Services (Pty) Ltd. v. Troycom Systems (Pty) Ltd. 2000 (2) S. A. 722（在该案中，南非法院指出，如果外国当事人成功申请撤销了毫无根据的财产扣押令，法院作出了有利于该外国当事人的支付费用的命令，而该费用支付令可予以扣押，这样的原则是不公正的，但法院并没有通过司法对这一规则进行改革）；in Nku v. Nku, 1998 B. L. R. 187（该案中，法院拒绝改革这一规则，即已婚妇女结婚时取得丈夫的住所）。Raytheon Aircraft [2005] 2 K. L. R 47（该案中，审理案件的肯尼亚法院发现，肯尼亚缺乏这样的法院规则，即因违反法院选择协议而在肯尼亚被起诉的被告该如何对法院的管辖权提出异议。不过，该法院并没有发展出这样的规则，来填补这一漏洞）。

④ See e. g. Bid Industrial Holding v. Strang 2008 (3) S. A. 355 and Richman v. Ben – Tovim 2007 (2) S. A. 283. 根据南非宪法第 173 条，南非宪法法院、最高上诉法院和高等法院有发展普通法的固有管辖权。

Holding 案中，法院废止了在金钱诉讼案件中可以拘押外地人以确立或确认法院管辖权的规则。该法院还认可了南非法律中原来并不存在的有关国际事项的管辖权标准。南非最高上诉法院认为："如果被告在南非被送达传票，并且从法院审理案件的适当性和便利性角度来看，诉讼和南非相关法院的管辖区有充分的联系，南非就有权受理该诉讼。"①

管辖权是颇受争议的问题。政策、实用的或政治和外交方面的考虑通常交织在一起。因此，尽管南非宪法规定南非法院有发展普通法的固有管辖权，但我们怀疑司法机关是否有干预立法的勇气。② 在英国法院审理的 Siskina（Cargo Owners）v. Distos S. A 案③中，迪普罗克爵士（Lord Diplock）认为丹宁爵士（Lord Dennin）提出的应扩大对外国被告的管辖权的建议很有道理。然而，他指出，此种扩大管辖权的做法需要通过立法予以规定，法院不应行使此立法功能。④ 英国、南非及其他许多非洲国家的宪法和法律可能不尽相同。然而，对于非洲法官在面临管辖权这一具体问题以及法官在发展国际私法中的作用这一概括问题时，是否不应该这么严肃地思考这个建议，还是一个值得探讨的问题。

由此引发的另外一个问题是，如何在立法者和司法者对国际私法问题的反应之间作出适当的平衡。目前，国际私法学科在非洲看来并没有因为"议会立法者的软弱无力之手"而带来痛苦。⑤ 非洲还没有激情洋溢地接受有关国际

---

① 2008（3）S. A. 355 at ［56］. 法院作出了这样的补充：适当性和便利是灵活的概念，应根据个案情况分析。如果诉因发生在法院管辖权内，就可认为案件与法院有最强联系。

② 例如，许多学者包括我自己都对 Richman 案的判决提出批评：See SCHULZE C., "International Jurisdiction in Claims Sounding in Money: Is Richman v. Ben – Tovim the last Word?", in: South African Mercantile Law Journal 2008, p. 61 – 73; OPPONG R. F., "Mere Presence and International Competence in Private International Law", in: Journal of Private International Law 2007, p. 321 – 332. But see EISELEN S., "International Jurisdiction in Claims Sounding in Money", in: South African Mercantile Law Journal 2006, p. 45.

③ ［1979］A. C. 210 at 260.

④ See also ［1979］A. C. 210 at 262 per Lord Hailsham.

⑤ Preface to Cheshire's Private International Law（1st ed., 1935）. 唯一的例外在外国判决的执行方面。所考察的所有非洲国家除普通法外，还制定有有关外国判决执行的立法。

私法的国际公约。① 然而，国际公约可能是推动非洲国家国际私法立法的有益起点。因此，现在可能需要更为全面地审视法律和国际公约对非洲国际私法制度发展所起的作用。国际企业需要事先了解法律的内容，并根据法律的要求对交易进行调整，这样，企业才会繁荣兴旺。法律的确定性至关重要。如果当事人在非洲面对的是尚未定型的法律体制，并且必须依赖法院的未来"预言"行事，这将不利于促进非洲国际商业的发展。考虑到国际私法在非洲的现状，已没有时间等待司法机关逐步（通常及其缓慢）发展国际私法，立法机关必须采取行动。

　　国际私法的司法发展应该意识到独特的国情或者独特的国家环境。但同时，不应该是国家民族主义的、歧视的或者保护主义的。② 可能在某些情况下，法官将需要回避通行的原则，而考虑国情。的确，在某些情况下，国家法律可能必然导致忽略通用原则的结果。例如，在 WS v. LS 案③中，法院认为在诱拐儿童案件中，考虑到南非的《人权法案》，英国法院所确立的有关难以容忍性的高标准在南非法律中没有作此要求。同样，在 Sonderup v. Tondelli 案④中，南非法院认为考虑到《人权法案》，在适用外国法院作出的有关《儿童诱拐海牙公约》的解释和适用的判决意见时，需要特别谨慎。在 Grindal v. Grindal 案⑤中，南非法院认为，根据 1992 年《住所法》第 3 条，普通法中的住所恢复原则（doctrine of revival of domicile）不是南非法律的一部分，要想证明原始住所的存在，当事人必须证明他在该地合法出现（lawfully present），并

---

　　① 这些公约中接受最多的公约当属 1958 年《外国仲裁裁决承认和执行的纽约公约》。下列非洲国家都是该公约的成员国：阿尔及利亚、贝宁、博茨瓦纳、布基纳法索、喀麦隆、中非共和国、科特迪瓦、吉布提、埃及、加蓬、加纳、几内亚、肯尼亚、莱索托、利比里亚、马达加斯加、马里、毛里塔尼亚、毛里求斯、摩洛哥、莫桑比克、尼日尔、尼日利亚、塞内加尔、南非、突尼斯、乌干达、坦桑尼亚、赞比亚和津巴布韦。http://www. uncitral. org/uncitral/en/uncitral_ texts/arbitration/NYConvention_ status. html（last visited 3 February 2008）. See generally OPPONG R. F.，"The Hague Conference and the Development of Private International Law in Africa: A Plea for Cooperation"，in: Yearbook of Private International Law 2006，pp. 189－212.

　　② See Adel Kamel Barsoum v. Clemessy International [1999] 12 N. W. L. R. 516 at 526，法院在该案中指出，"在确定管辖权时，法院不能仅仅因为涉及本国人就采用或依赖纯感性的方法"。

　　③ 2000（4）S. A. 104.

　　④ 2001（1）S. A. 1171 at 1185.

　　⑤ 1997（4）S. A. 137.

且打算在此永久居住。① 当事人必须合法出现这一事实，也与最近确立的一项普通法原则相冲突，根据该原则，非法居民也可获得选择住所。②

（六）非洲国际私法中的国际意识

处理国际私法争议时应具有的"国际主义的政策意识"（Internationalist policy consciousness）③ 是指基于国际主义的视野或目标处理问题的一种方式。这些国际目标包括促进国际商贸的发展、推进法律的国际统一化或者融合及加强国际间的关系。可通过两种方式增强国际私法改革中的国际意识：一是采纳国际公约，二是司法机关在作出判决时应考虑上述目标。考虑到非洲国家仅参加了为数不多的国际私法公约，④ 它们没有成为非洲国际私法改革的重要源泉。因此，我们必须依赖判例法来发展这种国际意识。

许多判决已经反映了国际主义的政策意识。这种意识的目标也为某些改革提供了根据。但是，必须承认的是，法院解决这些问题的方式往往还很肤浅，没有对有关目标作出任何详尽的评价。⑤ 由 Richman 案和 Bid Industrial Holding

---

① Toumbis v. Antoniou 1999（1）S. A. 636，该案表明，一旦合法出现，居住是不确定的或申请人做了非法事情，都无关紧要。在该案中，当事人从事商业活动，这与他的暂住资格不符合。

② Mark v. Mark［2006］1 A. C. 98；FORSYTH C. F.，"Domicile of the Illegal Resident", in: Journal of Private International Law 2005, pp. 335 – 343.

③ WAI R.，"International Trade Agreements, Internationalist Policy Consciousness, and the Reform of Canadian Private International Law", in: The Measure of International Law: Effectiveness, Fairness and Validity The Hague 2004, p. 123；WAI R.，"In the Name of the International: The Supreme Court of Canada and the Internationalist Transformation of Canadian Private International Law", in: Canadian Yearbook of International Law 2001, pp. 117 – 209.

④ See generally OPPONG R. F.，"The Hague Conference and the Development of Private International Law in Africa: A Plea for Cooperation", in: Yearbook of Private International Law 2006, pp. 189 – 212.

⑤ See e. g. Barclays Bank of Swaziland v. Koch 1997 B. L. R. 1294 at 1297（"国际礼让和国际商业要求外国判决尽量在其他国家得到承认和执行"）；Sunrise Travel and Tours Ltd. v. Wanjigi［2002］L. L. R. 5933 at［12］（法院在该案中建议，"在一个日益全球化的时代"，在被告住所地法院对被告提起诉讼是不错的选择）；Metlika Trading Ltd. v. Commissioner, South African Revenue Service 2005（3）S. A. 1 at 18（在该案中，法院指出，因快速增长的商业和金融的复杂性所产生的问题具有共性，法院在处理这些问题时应考虑其他国家法院的做法）；Society of Lloyd's v. Price 2006（5）S. A. 393 and Coutts v. Ford 1997（1）Z. L. R. 440（在该案中，对"国际判决一致性"和"国际礼让"的考虑使法院决定采用"中间途径方法"（via media approach）以解决有关实体和程序问题识别过程中所产生的识别空缺问题）。

案所引发的南非法律的激进改革，在某种程度上被国际主义的目标证明是合理的。在 Richman v. Ben – Tovim 案①中，法院指出"有信服的理由表明，在当代社会传统的国际管辖权标准应合理拓展，以适应国际商业发展的需要"。在 Bid Industrial Holding 案中，律师和法院都不能查明还有哪些国家以拘押外国人作为对外国人被告行使民事管辖权的依据，② 这一事实可能已经对法院决定废除将拘押外国人作为管辖权的依据产生了影响。

不过，由国际主义视野激发的最重要的改革也许发生在乌干达法院审理的 Shah v. Manurama Ltd 案③中。在该案中，法院指出，考虑到东非共同体的再次成立，法院不会再自动地、固执地假定：应该判令住在东非共同体内的原告在对乌干达居民提起诉讼时应提供费用担保。在 Shah 案件中，我们第一次见证了地区经济一体化对非洲国际私法制度的潜在影响。这是一种孤立的但令人鼓舞的发展。的确，国际私法和非洲地区经济一体化的相互作用还是一个没有引起系统性学术关注的领域。

我们可以合理地质疑国际主义目标的范围和基于此作出国际私法判决的合法性。国际主义目标有时候可能使当事人的利益不正当地受制于以统一、礼让和确定性形式出现的制度利益和国家利益。在瓦伊（Wai）看来：④ "在英联邦国家传统中，国际私法传统上一直关注个体当事人之间利益和喜好的冲突。在促进国际体系目标实现中存在的一个重要危险是，个体当事人的利益和价值观得到不公正的处理。"

例如，我曾指出 Richman 案的判决潜在地损害了被告接受公正审判的权

---

① 2007（2）S. A. 283 at 289.

② 2008（3）S. A. 355 at［46］. 法院认可这一点的事实是不幸的，通过考察南非周边国家的法律就可发现一些国家也要求将拘押作为对外国被告行使管辖权的依据，如津巴布韦《高等法院法》第 15 条规定："在任何高等法院可以基于通过对人员或财产采用拘押后扣押方式而行使管辖权情况下，高等法院可在法院确定的时间内许可或指导这种程序，以将传票在津巴布韦内或津巴布韦之外进行送达，而无须作出拘押令或扣押令。如果高等法院确信所涉财产或人员在津巴布韦境内，并可予以扣押或拘押，而且高等法院的管辖权需要确立或确认，高等法院就可签发拘押令或扣押令。"莱索托 1980 年《高等法院规则》规则六第 8 条规定，在收到莱索托当地人的申请后，法院可在一定条件下拘押暂时位于法院辖区内的外地人。

③ ［2003］E. A. 294.

④ WAI R. , "In the Name of the International: The Supreme Court of Canada and the Internationalist Transformation of Canadian Private International Law", in: Canadian Yearbook of International Law 2001, p. 187.

利，使被告对于审判的合法期望化为须有。① 不可否认的是，在解决非洲国际私法问题时，对于国际主义目标我们不能视而不见。国际私法存在的基础就在其中的这些目标中。② 不过，我们应该认识到在处理国际私法问题时，多种利益相互较量：当事人的利益、第三人的利益、国家的利益甚至是国际社会的利益。③ 在我们援引、捍卫和适用国际主义目标时，应该注意到上述利益。

（七）非洲国际私法制度价值十诫

因此，从这些案例中可以看出，非洲国际私法制度已经形成或者正在形成。我头脑中的第一个反应是，与欧美、美洲间国家组织和南锥体共同市场相比，非洲大陆要发展出"真正立足非洲并真正被非洲所影响的"国际私法制度可能还需要数年的时间。现在，这些案例揭示了一个正在出现的以司法为主导的、不受学界关注的、政治者表现不积极的国际私法制度，它为许多国际法问题提供了足够的、合适的和公正的解决办法。它也接受了诸如人权、宪政、国际主义以及比较性的外国材料的使用等外部价值的影响。同所有的处于发展中的制度一样，非洲国际私法制度目前也充满着困难的、尚未解决的和有待发展的领域。

在一定程度上，国际私法制度的充分发展与非洲地区经济一体化过程具有不可分割的联系。④ 也需要立法机构和学术机构的推动，以补充国家司法机关的作用。在此方面，值得一提的有：非洲国际私法研究所（Institute for Private International Law in Africa）⑤ 的目标是为南部非洲发展共同体和/或非盟起草一份合同国际私法法典，南非大学的外国法与比较法研究所的目标是维护并完善

---

① OPPONG R. F. , "Mere Presence and International Competence in Private International Law", in: Journal of Private International Law 2007, pp. 321 – 332.

② "对于商业和一般的国际交往而言，由于法律的不同，如果在一国依法有效的权利而在另一国被认为无效，没有比这更为不便的了。" 参见 DAVIES D. J. L. , "Influence of Huber's De Conflictu Legum on English Private International Law", in: British Yearbook of International Law 1924, p. 66. 维护国际商业的一国根深蒂固的规则是主权管辖权豁免原则的商业行为例外规则。对于该例外的适用，参见 African Reinsurance Corp. v. Aim Consultants Ltd. [2004] 11 N. W. L. R. 223。

③ See generally WAI R. , "Transnational Liftoff and Juridical Touchdown: The Regulatory Function of Private International Law in an Era of Globalization", in: Columbia Journal of Transnational Law 2002, pp. 209 – 274.

④ See OPPONG R. F. , "Private International Law and the African Economic Community: A Plea for Greater Attention", in: International and Comparative Law Quarterly 2005, p. 911 – 928.

⑤ http: //general. rau. ac. za/law/English/ipr/ipr. htm.

一个国际私法数据库，尤其在家庭法方面。① 海牙国际私法会议也值得一提，该组织在约翰内斯堡大学建立了一个信息中心，还计划在贝宁共和国再建立一个信息中心。

在促进非洲国际私法制度完善过程中，我建议应该考虑以下价值：

1. 非洲国际私法制度不应该是孤立主义的，它应关注并参与到国际私法的国际过程中。

2. 非洲国际私法制度应该强调全非洲国际私法统一化和/或协调化的重要性。这可以通过在解决国际私法问题时援用国际公约和积极适用比较性的外国资料实现。

3. 非洲国际私法制度应该承认在解决国际私法问题时存在多种利益衡量，因此，应该尽量优先考虑纠纷中的当事人的利益。

4. 非洲国际私法制度不应该带有明显的歧视，但是在处理国际私法案件或采纳新的法律规则时，也应该对住所或居所在非洲的当事人的利益有所倾斜。

5. 非洲国际私法制度应该确保在该学科的司法发展和在那些不存在相关法律制度、法律制度不完善或不确定的领域所进行的立法干预之间保持适当的平衡。

6. 非洲国际私法制度应该具有满足国际人权法需要的法律规则。

7. 非洲国际私法制度应该通过采纳和提供有助于国际贸易发展的法律规则，来致力于使非洲成为一个解决国际贸易纠纷的有吸引力的地方。

8. 非洲国际私法制度应该通过提供有利于推动选择性纠纷解决过程的法律规则，包括支持性的司法救济方式，积极响应并接受纠纷解决的替代方式，如国际仲裁。

9. 非洲国际私法制度应该尊重国际贸易中当事人的意思自治，保护当事人通过选择法律和管辖法院的协议来规范他们交易的权利。

10. 非洲国际私法制度应该通过认可、支持和推动在此领域工作的专家学者和学术机构的工作，来关注该学科的制度性发展。

四、结　　语

过去的十年见证了从非洲法院发展出来的非洲国际私法学的重要意义。这些案件没有表明非洲国际私法制度已经形成。在非洲国家之间与非洲国家和外

---

① www. unisa. ac. za/Default. asp? Cmd = ViewContent&ContentID = 675.

部世界之间都存在法律交融和分歧的地方，有些领域的法律还不确定，有些领域的法律看来还不能较好地满足非洲参与跨国商业和跨国诉讼的要求。

英国法律仍然是这些非洲国家主要的比较法渊源。这些国家的国际私法在很大程度上与英国国际私法的普通法规则一致。在南部非洲的罗马—荷兰法域，南非判例被广泛采用。不过，非洲普通法域的国家看来似乎没有关注彼此国家法学的发展。在许多情况下，地理上接近的国家的法院在处理相似的问题时，并没参考其他国家已有的先例。所分析的非洲国家的国际私法也表明了这些国家的法院意识到某些国际私法公约的存在。在许多情况下，一些非洲国家的法院援引了这些国际公约，即使这些公约尚未纳入国内法中。

令人遗憾的是，这些案例一直被外界所忽视。这篇论文对一些案例进行了分析，以期引起学者对这片法学处女地的兴趣和研究。本篇论文刚好发表在本卷《国际私法年刊》中，这一卷年刊刚好也标志着该期刊已发行 10 周年。

论国际商事仲裁取证的法院协助

崔起凡[*]

目　次

引　言

在大多数国家的国际商事仲裁中，仲裁庭有权依申请或自行命令当事人提供证据，尤其是于己不利的书证。对于仲裁庭的这一权力，有些国家的仲裁立法有明确规定，比如 1996 年《英国仲裁法》第 34 条第 2 款 d 项和《美国联邦仲裁法》第 7 条。国际律师协会（IBA）《国际仲裁取证规则》第 3 条对于国际商事仲裁中仲裁庭命令当事人提供于己不利的书证及其条件明确地进行了规定。另外，一些仲裁规则虽然没有明确规定，但它们对于仲裁庭一般性的授权也应当解释为包括这方面的内容。[①]在国际商事仲裁实践中，为查明案件事实，仲裁庭常常行使这种权力。

有些情况下，国际商事仲裁所需要的证据是由仲裁外第三人持有或控制的。在这种情况下，如果当事人要求仲裁外第三人提供书证或证言，而后者未

　＊　崔起凡，华东政法大学博士研究生。本文节选自崔起凡的博士论文《国际商事仲裁中的证据问题》，并进行了适当的修改，特别感谢本文写作过程中丁伟教授进行的指正。

　①　比如，《UNCITRAL 仲裁规则》第 24 条第 3 款，《ICC 仲裁规则》第 20 条第 5 款，《LCIA 仲裁规则》第 22 条第 1 款，《瑞士国际仲裁规则》第 24 条第 3 款等。

能配合，仲裁庭通常不能为此发布命令，因为它不享有对仲裁外第三人的管辖权。①

如果当事人拒绝遵守仲裁庭要求提供证据的命令，或者仲裁外第三人不配合提供书证或证言，仲裁庭自身所能采取的措施是有限的。所以，有时在国际商事仲裁中的取证客观上需要法院的协助，否则仲裁程序可能无法获取查明事实所需要的证据。

从广义上讲，法院协助国际商事仲裁取证包括采取证据保全措施。证据保全是指在证据可能灭失或以后难以取得的情况下，仲裁庭或法院依据当事人的申请或依据职权采取一定措施对证据加以固定的取证措施。证据保全措施除了具有固定证据这一基本功能以外，也具有收集证据的功能。当采取了证据保全措施以后，仲裁庭便可以接触证据，即使是由法院来执行国际商事仲裁中的证据保全，它仍然会将证据交仲裁庭处理，当事人也有机会知悉证据的内容。可以说，证据保全既是证据收集中的一个环节，也是证据收集的一种特殊形式。

不过，国际商事仲裁中的证据保全属于一种临时措施，尽管它与国际商事仲裁中的财产保全、行为保全在功能上各有不同，但从理论和制度上看，这几种临时措施的共性大于个性，比如，它们都涉及管辖权的分配、临时措施的承认与执行、发布临时措施的条件，以及临时措施的担保等共同问题。因此，学者们通常将国际商事中各种临时措施一并研究，而且国内外相关研究成果已经非常丰富。② 因此，本文对于证据保全"点到即止"，不作重点论述。另外，法院对于本国国际商事仲裁和外国仲裁的协助不能等量其观，前者有助于提升本国作为国际商事仲裁的中心地位，而后者从狭隘的观点看只是为别人做"嫁衣"，对本国没有直接的利益。因此各国立法对于两者的态度完全不同。由于笔者对于后者已另文论述，③ 在此只探讨法院对本国国际商事仲裁取证的协助问题。

---

① 美国和英国的仲裁立法是例外，《英国仲裁法》第 34 条第 2 款 d 项和《美国联邦仲裁法》第 7 条赋予仲裁庭命令第三人提供书证和证言的权力，不过如果该第三人不遵守仲裁庭的命令，法院的取证协助仍然是必要的。

② 比如 Ali Yesilirmak, Provisional Measures In International Commercial Arbitration, Kluwer Law International, 2005；刘晓红主编：《国际商事仲裁专题研究》，法律出版社 2009 年版，第 19—22 章；任明艳：《国际商事仲裁中临时性保全措施研究》，上海交通大学出版社 2010 年版。

③ 参见拙著：《论法院对外国仲裁取证的司法协助》，载《仲裁研究》2011 年第 4辑。

一、法院协助国际商事仲裁取证的理论依据

国内法院为国际商事仲裁提供取证协助的理论基础是国际商事仲裁具有司法性。另外，由于仲裁庭缺乏强制性权力，国际商事仲裁实践需要国内法院的取证协助，这种协助的提供是各国执行支持仲裁政策的一种表现。另外，法院为国际商事仲裁提供取证协助本身是以公平为价值取向，同时兼顾了效率价值。

（一）国际商事仲裁兼具司法性和契约性

关于国际商事仲裁的性质，学术界存在四种理论，即契约论、司法权论、混合论以及自治论。① 司法权论认为仲裁员是"临时法官"，代行审理案件的职责或者仲裁员的权威来自职责履行地法。这种观点过分强调仲裁地法的作用以及仲裁地法对仲裁的控制，把仲裁与司法主权紧密联系，不利于仲裁的国际化发展。而且将仲裁权与法院的审判权混为一谈，为法院肆意扩大对仲裁的干预大开方便之门。② 自治论认为仲裁的产生与发展是商人们商业实践的结果，仲裁协议和裁决具有约束力是因为它是处理国际商事关系所需的惯例。这种观点实际上要求仲裁具有超国家的性质，过于理想化，因为各国国内法院介入国际商事仲裁常常是必要的，也被国际商事仲裁的一般实践所认可。契约论认为裁决是仲裁员作为当事人的代理人作出，强调仲裁协议和裁决的效力属于合同约束力的范畴。它忽视了仲裁员的任务是审理案件并作出有拘束力的裁决这一方面，而且仲裁裁决的效力常常依附于仲裁地，这从《纽约公约》的相关规定中可见一斑。③

现在得到普遍认同的观点是混合论，即国际商事仲裁兼具契约性和司法性，其中契约性是国际商事仲裁的本质属性，占主导地位。④ 因为仲裁起源于仲裁协议，仲裁协议是仲裁的基础。当事人不仅可以选择实体法，而且可以选

---

① 关于仲裁性质的四种学说的述评，可参见宋连斌：《国际商事仲裁的契约性》，载《国际私法问题专论》，武汉大学出版社 2004 年版，第 325—331 页；于喜富著：《国际商事仲裁的司法监督与协助——兼论中国的立法与司法实践》，知识产权出版社 2006 年版，第 75—78 页。

② 赵健：《国际商事仲裁的司法监督》，法律出版社 2000 年版，第 2—3 页。

③ 《纽约公约》第 5 条第 1 款第 5 项规定，当"裁决对当事人还没有约束力，或者裁决已经由作出裁决的国家或据其法律作出裁决的国家的管辖当局撤销或停止执行"时，被执行地法院可以拒绝承认和执行该裁决。

④ 比如参见宋连斌：《国际商事仲裁的契约性》，载《国际私法问题专论》，武汉大学出版社 2004 年版，第 332—334 页；杜新丽：《论国际商事仲裁的司法审查与立法完善》，载《现代法学》2005 年第 6 期；姜霞：《论仲裁证据制度的独立性》，载《湘潭大学学报》2007 年第 5 期。

择仲裁机构、仲裁员、仲裁地以及仲裁规则，包括证据规则。不过仲裁协议的效力、仲裁庭的权力以及仲裁裁决的效力都需要相关国家的认可和通过司法强制力予以保障。

由于国际商事仲裁兼具司法性，各国仲裁立法可以授权法院为国际商事仲裁提供取证的协助，甚至也可以赋予仲裁庭权力直接向仲裁外第三人发布提供书证或证言的命令，比如《英国仲裁法》第 34 条第 2 款 d 项和《美国联邦仲裁法》第 7 条，并由法院提供具有强制力的最终的执行保障。

（二）支持仲裁是各国国际商事仲裁的基本政策

国际商事仲裁作为一种私人争议解决机制，具有民间性，依据当事人的指定而组成的仲裁庭，以及作为民间组织的仲裁机构都没有强制性权力。这和法院代表国家行使公权力，其作出的裁定与判决有国家机器作为执行保障有明显不同。当控制证据的第三人因无切身利益关系不积极配合提供证据，或者当事人不遵守仲裁庭披露证据的命令，仲裁庭将难以获得所需的关键证据，造成查明事实的困难，影响最终裁决的准确性，因此国内法院的取证协助在国际商事仲裁实践中有时是非常必要的。

法院协助国际商事仲裁取证是支持仲裁理念与政策的体现，而支持仲裁是当今世界大多数国家的基本政策。这是因为一个国家或地区能否成为声誉良好和具有吸引力的国际商事仲裁中心，本地法院是否为仲裁提供必要协助（尤其是在取证方面）是其中关键因素。伦敦、纽约、巴黎、斯德哥尔摩这些仲裁地无不具备这一条件。《纽约公约》和《示范法》对各国采取支持仲裁的政策起了非常大的推动作用。这两个国际性的法律文件体现了支持仲裁的理念，加之它们在世界范围内的影响力，支持仲裁的理念得以被广泛地传播。

（三）法院协助取证制度符合国际商事仲裁的价值取向

1. 国际商事仲裁的价值取向：兼顾效率与公平

在理论上，存在着仲裁的效率优先论和公平优先论的争议。[1] 如果说仲裁具有效率价值取向的话，那是因为与诉讼相比而言，国际商事仲裁一般更注重它的效率价值而诉讼更注重它的公平价值。不过，即使如此，也很难说仲裁效率比仲裁公平更重要。因为，缺乏公平的裁决会使仲裁丧失"声誉"，或者因为可能面临撤销或拒绝执行而无效率可言。既然当事人意思自治是国际商事仲

---

[1]　有些学者将效率作为首要价值目标，比如参见宋连斌：《国际商事仲裁的价值取向》，载《国际私法问题专论》，武汉大学出版社 2004 年版，第 335—341 页；也有学者将公平作为首要价值目标，比如参见于喜富：《国际商事仲裁的司法监督与协助——兼论中国的立法与司法实践》，知识产权出版社 2006 年版，第 80 页。

裁的基本原则，不同的仲裁当事人完全可能有各自不同的价值目标。国外研究机构提供的实证资料表明，以公正作为价值目标的仲裁当事人和代理人所占比例明显高于以效率作为价值目标的仲裁当事人和代理人。① 另一方面，迟到的正义是非正义，而且，如果国际商事仲裁缺少效率，它则会丧失相比于其他争议解决机制的优势。因此，国际商事仲裁中的效率与公平应当兼顾。

法院为国际商事仲裁取证提供协助，本身追求的首先是公平价值，同时也兼顾了效率价值。

2. 法院协助取证制度的公平价值

证据所在地法院能否协助仲裁当事人从对方当事人或第三人那里获取它所寻求的证据，常常直接影响它是否能够获得必要的证据，进而影响案件的审理以及裁决的公平与否。另外，证据保全制度立足于防止证据的灭失和以后取得困难，保障当事人和法院能够最大限度地取得审理案件所需要的关键证据，实现实质公正。尤其是，当有些国家（如中国）的立法没有确立法院协助仲裁取证的依据，证据保全在一定情况下可以成为法院协助取证的替代工具，法院通过固定并获取证据，协助国际商事仲裁实现程序和实体的公正。

3. 法院协助仲裁取证制度的效率价值

仲裁界人士多少存在一些担忧，即法院协助国际商事仲裁取证可能会影响仲裁程序的进度，② 从而减损国际商事仲裁的经济、便捷以及高效的优点，阻碍仲裁效率目标的实现。

法院的介入本身会多少影响仲裁程序的进行，不过这是为实现仲裁基本的公平所必需的。当仲裁的效率与公平价值冲突时，无论如何，效率价值不可以无限度地受保护，公平价值也不可以无限度地被牺牲。即使是仲裁效率优先论

---

① 在由"争议解决全球研究中心"（Global Center for Dispute Resolution Research）进行的一项调查研究中，有120多名不同身份的仲裁参与人（主要包括仲裁申请人、被申请人、律师）被问及仲裁特质的重要性排位，明显多数的受调查者将公正列为第一位，远远高于效率、专家审案、保持商业关系、终局性等其他仲裁特质。See Richard W. Naimark & Stephanie E. Keer, International Private Commercial Arbitration: Expectationsand Perceptions of Attorneys and Business People, Int'l Bus. Law, Vol. 30, 2002, pp. 204 – 209.

② Shaughnessy 在《1999 年瑞典仲裁法之 5 周年》中指出，不应低估法院协助取证的不利方面，许多因素，比如国际仲裁与国内法院所适用的语言不同需要翻译，会造成仲裁程序的延误和额外费用。转引自 [瑞] 费恩·迈德森：《瑞典商事仲裁》（第三版），李虎、顾华宁译，法律出版社 2008 年版，第 166 页（脚注 198）。

的持有者也不能否认这一点。① 基本的公平，无论对于诉讼还是仲裁而言，都是必需的。

不过，并非当事人提出的所有协助取证申请都会引发法院的介入，而且，法院协助仲裁取证制度也有保持或促进仲裁效率的一面。

首先，是否寻求法院的协助一般由仲裁庭根据情况来决定。仲裁庭会考虑当事人所需要的证据是否与争议结果具有相关性及重要性，对案件的审理而言是否有必要；另外即使所需证据符合相关性和重要性要求，仲裁庭也仍然可能采取其他替代措施。比如，如果可能，仲裁庭会发布程序令要求对方当事人提供所需证据，当事人常会因为顾虑到仲裁员的权力，并担心对其不良印象会影响到裁决结果，可能会予以配合。如果被拒绝的话，仲裁庭还可以考虑对该当事人作出不利的推定。如果在仲裁框架内可以及时有效地解决的话，不必寻求法院协助。

其次，如果仲裁地法院能够提供及时、有力的取证协助，会对不愿配合的当事人或第三人产生一定的威慑作用，使后者选择配合取证，在许多情况下在仲裁的框架之下就可以解决取证的问题而不必去法院寻求协助。从这个角度看，它也可以促进和保障仲裁效率价值的实现。反之，如果仲裁地的法院不能提供或不能及时提供取证的协助，当当事人觉察到案情对自己不利时，有可能恶意拖延程序，采取不配合态度，而第三人也会因为不涉及切身利益而不愿参与其中，这反而会影响仲裁的效率。

最后，在国际商事仲裁中法院采取的证据保全措施（属于广义的法院协助取证）也一定程度体现了效率价值。通过将可能灭失或将来难以取得的证据及时保全下来，一方面会保障案件审理的顺利进行，推进诉讼程序的进度，减少未及时保全证据而作为弥补调查收集其他证据所额外耗费的司法资源；另一方面，保全证据的运用能够更好地固定关键证据，从而正确地认定案件事实、发现真实。同样地，如果有效的证据保全机制能够确立，对于不配合取证

---

① 也有学者认为，效率与公平分别可以区分为基本级、高级和理想级三个层次。首先，如果效率和公平处于同一层次上发生冲突，那么优先维护效率价值；其次，如果效率价值与公平价值在不同的层次上发生冲突，效率价值处于比较低的层次（比如基本级的效率与高级的公平），那么同样优先维护效率价值；最后，如果效率价值与公平价值在不同的层次上发生冲突，如果公平处于相对低的层次，那么优先维护公平价值，牺牲效率价值。而且，层次差距越大，次要的正义越应优先维护。这样就不至于过度保护仲裁的效率价值或过度牺牲仲裁的公平价值，而是兼顾效率与公平。这就是差序分析法，它具有心理学的依据，并且可以得到自然法的印证。胡启忠著：《契约正义论》，法律出版社 2007 年版，第 92—98 页。

的当事人或第三人来说也是一种震慑，而后者可能会更主动配合国际商事仲裁取证，而在保全了关键的证据后，当事人之间和解的可能性大大提高。①

二、法院协助国际商事仲裁取证：各国立法的考察与分析

联合国贸易法委员会《示范法》第 27 条规定，仲裁庭或当事人一方在仲裁庭同意之下，可以请求本国之有管辖权的法院协助获取证据。法院可以在其权限范围内并按照其关于取证的规则执行上述请求。许多国家的仲裁立法采纳或仿效了《示范法》，同时一般也采纳了《示范法》第 27 条的规定。

（一）各国仲裁立法的考察

1. 德国

1998 年德国通过了新《德国民事诉讼法》（ZPO），其中的仲裁一编全面借鉴了《示范法》。而且，在法院协助国际商事仲裁取证问题上，《德国民事诉讼法》采纳了比《示范法》更为自由的立场。

《德国民事诉讼法》第 1050 条规定，仲裁庭或仲裁庭同意之下的当事人可以要求法院协助那些仲裁庭没有权力实施的取证，除非法院认为请求不可接受，法院将依据其取证规则执行该请求。仲裁员有权参与任何司法取证并且进行询问。

依据《德国民事诉讼法》，法院协助仲裁可以采取的取证措施包括：强制那些拒绝出庭或作证的证人（包括专家证人）提供证言，协助执行证人、专家以及当事人的宣誓。法院可以命令不配合的证人承担因拒绝出庭或作证产生的费用，甚至处以罚金，如果仍得不到执行的话，对方将可能面临因藐视行为而受到监禁。在 2002 年修订《德国民事诉讼法》后，法院可以命令当事人或第三人提交在其控制之下的、任何仲裁当事人提及的文件或记录。②

对于协助请求，德国法院享有一定的自由裁量权，如果"认为请求不可接受"，可以拒绝提供协助。德国法院将审查协助请求是否由仲裁庭或者经仲裁庭同意后由当事人提出。除此以外，德国法院还将考虑的实质性标准包括：

---

① 在国际商事仲裁中，许多情况下，对关键证据的保全可以成功地导致当事人之间的和解。参见 Bryant Yuan Fu Yang and Diane Chen Dai, Tipping The Scale to Bring to Balanced Approach: Evidence Disclosure in Chinese International Arbitration, Pac. Rim L. & Pol'y, Vol. 17, 2008, p. 59。

② Reinmar Wolff, Judicial Assistance By German Courts In Aid of International Arbitration, Am. Rev. Int'l Arb., Vol. 19, 2008, p. 153.

（1）被请求的司法行为是否能为德国民事诉讼法所接受？比如，德国法院不能接受美国式的证据开示。（2）该仲裁庭是否没有权力实施被要求的司法行为？如果仲裁庭要求聆讯证人只是为了避免烦琐的程序，协助请求则不被允许。（3）仲裁的适用规则是否允许通过法院协助实施该行为？如果当事人已放弃《德国民事诉讼法》第1050条的使用，法院将拒绝该请求。另外，德国法院将不会考虑被要求的协助的有用性以及与仲裁庭裁决的相关性。①

法院将依据自己的规则执行请求；第三人在一定条件下享有拒绝作证的权利，比如，取证请求不合理，提交文件将便利他人对该第三人主张权利，或者基于商业秘密的保护，第三人与当事人之间特殊职业关系，比如律师与客户或医生与病人之间的关系。

从《德国民事诉讼法》相关条款来看，德国法院对国际商事仲裁的协助包括取证的协助持积极支持的立场，不过，《德国民事诉讼法》第1050条不是被经常援引的条款，自1998年以来，关于这个条款的判例还没有公布过。②这与外国仲裁庭对于直接向德国申请取证协助的程序通常还不是很熟悉是有关系的。

需要强调的是，德国法院在民事诉讼中向当事人作出的书证披露命令非常少见，而且即便要求当事人披露证据，在当事人未予遵守的情况下，法院一般也不会采取措施强制披露，而更愿意进行不利推定。③由于法院在执行协助请求时享有自由裁量权，并实际上受其自身程序规则的限制，因此德国法院对于国际商事仲裁中的取证协助请求的立场恐怕实际上会受到一定影响。

2. 法国

《法国民事诉讼法》（NCPC）允许仲裁员命令当事人出示证据。但是，《法国民事诉讼法》中缺乏关于仲裁庭请求法院协助从当事人或第三人那里获取证据的明确依据。有学者认为，由于缺少法律依据，仲裁庭无法获得法院的协助从不合作的当事人那里获取证据。④甚至有学者认为，法院协助仲裁庭从

---

① Reinmar Wolff, Judicial Assistance By German Courts In Aid of International Arbitration, Am. Rev. Int'l Arb., Vol. 19, 2008, p. 166.

② Reinmar Wolff, Judicial Assistance By German Courts In Aid of International Arbitration, Am. Rev. Int'l Arb., Vol. 19, 2008, p. 154.

③ Rolf Trittmann and Boris Kasolowsky, Taking Evidence in Arbitration Proceedings Between Common Law and Civil Law Traditions, UNSW Law Journal, Vol. 31, 2008, p. 336.

④ Bryant Yuan Fu Yang and Diane Chen Dai, Tipping The Scale to Bring to Balanced Approach: Evidence Disclosure in Chinese International Arbitration, Pac. Rim L. & Pol'y, Vol. 17, 2008, p. 51.

当事人那里获取证言或书证，是对仲裁庭管辖权的一种侵犯。①

关于从第三人那里获取证言或书证，法国法院是否提供协助呢？大多数学者认为，依据一般的法律原则，法院可以要求第三人提供书证。② 不过，也有学者认为由于缺乏明确的法律规定，法院不能强迫第三人提供证言或书证。③

可见，在法国，由于仲裁立法没有明确的规定，同时由于缺乏相关的判例，尽管有许多学者发表观点，甚至形成主流观点。不过，法院对国际商事仲裁的协助取证的立场仍然具有不确定性。

3. 英国

在英国，依据《英国仲裁法》，仲裁员可以命令当事人提交书证，可以指令当事人或第三人在宣誓或不宣誓的情况下作证。④ 另外，《LCIA 仲裁规则》第 22 条第 1 款 d 项和 e 项也肯定了仲裁员的这些权力。如果当事人拒绝承认仲裁庭的这些权力，仲裁庭或者当事人经仲裁庭同意后（或者依据已有约定）可以向法院提出申请，法院可以发出命令要求当事人遵守仲裁庭作出的强制性裁定。但前提是法院认为申请方已用尽了其可以利用的仲裁程序，否则法院不应作出命令。⑤

如果第三人拒绝出庭，仲裁程序的一方当事人可以采用如同诉讼中使用的法院程序保证证人出席开庭，以便其可以提供口头证言、文书或其他重要证据⑥；不过，当事人要求出示的范围是有限的。出示请求不能仅仅依据猜测。当事人仅当知晓文件的存在并且能够显示文件与仲裁程序相关时才能够请求这

---

① See e. g. , Philippe Fouchard et al. , Fouchard Gaillard Goldman on international commercial arbitration, Citic Publishing House, 2004, p. 728. Reinmar Wolff, Judicial Assistance By German Courts In Aid of International Arbitration, Am. Rev. Int'l Arb. , Vol. 19, 2008, p. 149.

② Philippe Fouchard et al. , Fouchard Gaillard Goldman on international commercial arbitration, Citic Publishing House, 2004, p. 728.

③ Bryant Yuan Fu Yang and Diane Chen Dai, Tipping The Scale to Bring to Balanced Approach: Evidence Disclosure in Chinese International Arbitration, Pac. Rim L. & Pol'y, Vol. 17, 2008, p. 51.

④ 1996 年《英国仲裁法》第 38（5）条规定，仲裁庭可指令当事人或证人以宣誓或不宣誓而作出的正式证词作证，为此目的，仲裁庭可以监督其必要的宣誓或取得任何必要的不经宣誓而作出的正式证词；第 34（2）（d）条明确规定，在不违背当事人的约定的情况下，仲裁员可以决定是否及在何种程度上提交口头或书面证据或材料。

⑤ 《英国仲裁法》第 42 条。

⑥ 《英国仲裁法》第 43 条，与第 38 条仲裁庭命令当事人或证人作证的权力衔接。

些文件的出示。① 为仲裁程序的目的，法院有权就仲裁程序事项包括获取证人的证据发布命令，如同它为诉讼目的对与诉讼有关的事项作出裁定，除非当事人另有约定。

4. 美国

《美国联邦仲裁法》第 7 条规定，美国仲裁庭可以书面传唤任何人参与仲裁程序，作为证人或提交可能被认为重要的作为证据的任何书籍、记录、文件等。法院将"任何人"解释为包括仲裁当事人以及第三人。如果他们不遵守仲裁庭披露证据的命令，将会被认定为藐视法庭。②

如果第三人不遵守仲裁庭的传唤，同样地，联邦法院可以将此认定为藐视法庭。法院可以施加同于联邦法院诉讼程序中对待不合作的证人那样的惩罚。③ 不过，关于法院协助审前证据开示（Pre–arbitration discovery），由于《美国联邦仲裁法》并没有明确规定，司法实践中出现了分歧：第八巡回法院、第六巡回法院执行仲裁庭针对第三人发出的审前书证开示的传票；而第四巡回法院对这样的命令或传唤在《美国联邦仲裁法》下只有证明了有"特别的需要"才予以执行。而在第三巡回法院，这样的命令在任何情况下得不到执行。关于针对第三人的录取证言（discovery deposition of non–parties），第四巡回法院至今拒绝执行仲裁庭的命令，而第八巡回法院和第六巡回法院的判例表明，针对当事人和第三人的录取证言的仲裁庭命令在一定条件下将得到执行。④ 巡回法院在这个问题上的分歧有待联邦法院的澄清。

5. 其他国家

《瑞典仲裁法》规定，仲裁庭不得采取宣誓不作伪证的方式获取所需要的证据，也不得采取有条件的罚款或其他强制性措施以获得所需证据；如果当事人要求证人或专家宣誓后作证，或拟对某当事人在宣誓不作伪证后进行盘问，则该当事人应在得到仲裁庭同意后向地区法院提交此类请求，前述规定在一方当事人要求某当事人或其他人提交书证或物证时也应适用；如果仲裁庭经考虑案件中的证据，认为上述措施是有正当理由的，则应同意当事人的上述请求；如果此类措施可以依法作出，则地方法院应当同意当事人的上述请求；法院采

---

① Nathan D. O'Malley and Shawn C. Conway, Document Discovery in International Arbitration: Getting the Documents You Need, Transnat'l Law, Vol. 18, 2005, p. 378.

② 9 U. S. C. § 7 (2006).

③ 9 U. S. C. § 7 (2006).

④ Paul D. Friedland & Lucy Martinez, Arbitral Subpoenas under U. S. Law and Practice, Am. Rev. Int'l Arb., Vol. 14, 2003, p. 228.

取上述措施应适用民事诉讼法的规定。①

《加拿大商事仲裁法》第 25 条 "法院在取证上的协助" 规定：仲裁庭或者仲裁庭许可的一方当事人可以请求加拿大的有管辖权的法院协助取证。法院可以根据它的职权并按照其取证规则满足此请求。

另外，《瑞士联邦私法典》②、《新加坡国际仲裁法》③ 都肯定了法院协助国际商事仲裁取证的实践。

（二）总结与分析

从以上各国的立法可以看出，各主要仲裁国大都规定了法院对本国的国际商事仲裁提供取证的协助，这些国家提供充分的仲裁取证协助，其立法目标在于通过支持仲裁，提升该国作为国际仲裁中心的吸引力。不过，各国法院对国际商事仲裁取证的协助力度有差异。比如在德国，法院可以提供证人或当事人宣誓方面的协助，不过受其法院自身取证程序的限制，它对于范围宽泛的书证披露要求尤其是美国式的证据开示会持排斥态度，并拒绝类似的协助请求。而法国由于缺乏明确的立法，法院对于国际商事仲裁中针对第三人尤其是当事人的取证协助，尽管学者们有各自观点，但仍有待立法进一步明确。在美国，尽管各巡回法院关于针对第三人的审前证据披露请求立场不一，鉴于美国法院对于证据披露范围相对宽松的态度，而且美国对拒绝合作的第三人或当事人规定了严厉的惩罚，比如以藐视法庭论处，美国法院对于国际商事仲裁取证的协助力度仍然相对突出。

从以上各国立法来看，各国法院协助国际商事仲裁取证制度具备以下共同特点：

首先，《示范法》第 27 条和大多数国家的仲裁立法都明确规定，法院申请取证协助，需要仲裁庭向法院提出申请或者当事人经过仲裁庭的同意后方可向法院申请，比如《德国民事诉讼法》第 1050 条，另外，《瑞典仲裁法》、《瑞士联邦私法典》、《加拿大商事仲裁法》也都有类似规定。

其次，注重对被申请人的利益保护。这首先体现在各国通常都规定了特免

---

① 1999 年《瑞典仲裁法》第 25 条和第 26 条。

② 《瑞士联邦私法典》第 184 条第 2 款规定，需要国家当局协助取证的，仲裁庭或者征得仲裁庭同意的一方当事人可以请求仲裁庭所在地的法院予以协助。该法院应适用自己的法律。

③ 2010 年《新加坡国际仲裁法》第 13 条和第 14 条。

权制度,① 允许被请求人免于就受特权保护的信息作证,比如德国法的规定。除此之外,各国立法大都试图平衡第三人的利益需要。比如,上述德国法之下,如果取证要求不合理,第三人享有拒绝作证的权利,另外,在英国法下,当事人要求第三人提供书证的条件之一是必须知晓文件的存在,这比从对方当事人那里获取书证的要求显然要严格。而在美国法下,当证据的持有人是对方当事人时,法院提供仲裁前取证的协助毫无疑问,而如果针对第三人,仲裁程序中的证据开示协助也没有问题,但是如果是仲裁前书证和笔录证言获取的协助,如上所述,有些巡回法院考虑到第三人利益的平衡,则选择对《美国联邦仲裁法》进行狭义解释,认为不能要求第三人以这样的方式提供证据。

最后,依据《示范法》以及各国仲裁立法,对于国际商事仲裁取证的法院协助,通常受到本国法院程序规则的影响。《示范法》第 27 条后半句规定:"法院可以在其权限范围内并按照其关于取证的规则执行上述请求。"许多国家的仲裁立法也都有这样的规定,比如《德国民事诉讼法》第 1050 条,并赋予德国法院自由裁量权,如果它认为协助请求不可接受,可以拒绝。这样的规定试图缓和各国民事诉讼制度与协助请求之间可能的冲突,给司法主权的行使留下足够的缓冲空间。依据《英国仲裁法》第 43 条,如果第三人拒绝出庭,仲裁程序的一方当事人可以采用如同诉讼中使用的法院程序。另外,上述《加拿大商事仲裁法》和《瑞典仲裁法》都规定了法院根据其职权并按照其取证规则满足协助请求。另外,《瑞士私法典》第 184 条第 2 款也规定,"法院协助仲裁取证,应适用自己的法律"。

三、我国国际商事仲裁取证的法院协助:制度的缺失与构建

(一)我国相关仲裁制度的缺失与原因分析

在我国,法院对于仲裁取证的协助没有法律依据。而缺乏必要的取证司法协助,势必影响国际商事仲裁公平与效率价值的实现,也影响着我国成为更有竞争力的国际仲裁中心。显然,这意味着我国法院协助仲裁取证方面存在着制

---

① 特免权是指证人因遇特殊的地位或身份而享有法律免除其作证义务的特别权利,从而保护某些更为重要的社会关系和利益,比如律师—当事人特免权,即是为鼓励当事人与其律师的坦诚沟通,限制该律师的作证。它几乎在每个国家都被承认,不过范围各有不同。在国际商事仲裁中主要涉及的特免权有商业秘密保护特免权、公共特免权、不受损害特免权等。关于特免权概念和种类的具体讨论,请参见 Richard M. Mosk and Tom Ginsburg, Evidentiary Privileges in International Arbitration, Int'l & Comp. L. Q. , Vol. 50, 2001, pp. 345–357;吴丹红:《特免权制度研究》,北京大学出版社 2008 年版。

度的缺失。

我国相关仲裁制度的缺失大致由以下几个方面造成：第一，立法本身对这个问题不够重视，支持仲裁的理念和政策没有真正确立或充分贯彻；第二，我国民事诉讼证据收集制度本身的不完善对我国法院协助仲裁取证产生了影响；第三，我国仲裁界对这一问题缺乏充分的认识和关注。

1. 没有真正确立支持仲裁的理念和政策

支持仲裁是现代仲裁的理念，支持仲裁的政策为主要仲裁地所在国所遵循。在我国由于对仲裁的不信任，仲裁更多地是作为被监督和被控制的对象，而缺乏法院的协助。在这样的情况下，国际商事仲裁取证得不到法院协助有一定必然性。

2. 民事证据收集制度的不完善，影响到立法者关于法院对国际商事仲裁提供取证协助的立场

我国民事诉讼证据收集制度本身的不完善包括诉讼程序中法院强制证人作证、强制（第三人或当事人）出示书证，以及鉴定人出庭等问题本身尚未形成完善及合理的制度。① 在法院"自家门前雪"未扫的情况下，根本无暇顾及"他人瓦上霜"。也很难想象，在民事诉讼程序中，当事人从对方以及第三人获取证据的权利仍然缺乏程序保障的情况下，法院会对仲裁中当事人的类似权利提供更充分的保障。而且如上文所述，依据各国现有仲裁立法，法院对于国际商事仲裁取证的协助，通常受到本国法院程序规则的影响，即法院会在其权限范围内并按照自身的程序规则执行取证协助申请。

3. 我国仲裁界对国际商事仲裁取证的法院协助问题没有给予充分的认识和关注

这也是我国立法与实践长期以来"抱残守缺"的一个原因。具体表现为：其一，对仲裁契约性的过分强调，而对仲裁的司法性认识不够，认为国际商事仲裁中对第三人强制取证，不符合仲裁的性质，第三人不是仲裁协议的当事人，没有义务协助仲裁提供证据，在仲裁领域强制第三人提供证据是对第三人利益以及正义的损害。② 其二，对仲裁效率的误解。有许多仲裁界人士认为法院的介入会影响到仲裁的效率，实际上这片面地夸大了仲裁的效率价值取向，忽略了

---

① 于喜富：《国际商事仲裁的司法监督与协助——兼论中国的立法与司法实践》，知识产权出版社 2006 年版，第 338 页。

② Bryant Yuan Fu Yang and Diane Chen Dai, Tipping The Scale to Bring to Balanced Approach: Evidence Disclosure in Chinese International Arbitration, Pac. Rim L. & Pol'y, Vol. 17, 2008, p. 58.

实现基本公平的重要性。其三，不利推定、证据保全等替代救济方式在一定程度上缓和了这个问题的严峻性。国际商事仲裁中对于遵守出示证据的当事人可以考虑进行不利推定，在可以进行不利推定下而直接认定事实，无疑可以高效地确定事实。而仲裁中证据保全措施的采取也可以在一定程度上满足证据收集的需要。两个方面一定程度缓解了仲裁需要法院协助取证的严峻性，使法院协助取证问题没有得到应有的关注。实际上，不利推定和证据保全都具有难以克服的局限性，难以完全代替法院对国际商事仲裁取证的协助。

（二）法院协助取证的替代措施及其局限性

在我国现有立法框架下，仲裁庭有权对拒绝提供证据的当事人作出不利推定，当事人也可以在符合条件的情况下申请证据保全。这些措施都具有各自的功能和价值，并在一定程度上可以作为法院协助取证的替代措施，不过它们同时都具有局限性，许多情况下法院提供的取证协助是必不可少的。

1. 不利推定作为替代措施及其局限性

不利推定是指事实裁判者从一方当事人拒不出示其所持证据的事实得出对其不利的推断。① 不利推定的依据是经验法则，即当证据的内容不利于证据持有人时，他通常不会积极提供。在国际商事仲裁中，对于不配合的当事人而言，不利推定会让其承受压力并提供仲裁庭所要求的证据，如果该当事人不予配合，仲裁庭可以通过不利推定而迅速地认定事实并推进仲裁程序，而且因为不利推定建立在高度盖然性的基础上，其结论常常是准确的。因此，它相比于法院的介入而言，它不仅在许多情况下同样能实现公平，也有利于实现仲裁效率和维持仲裁程序的自治性。

我国《仲裁法》没有明确规定仲裁庭有权对拒绝提供证据的当事人可以进行不利推定。我国有些机构仲裁规则对此进行了明确规定，比如《北京仲裁委员会仲裁规则》第 34 条第 6 款和《中国海事仲裁委员会仲裁规则》第 35 条第 3 款。不过，即使仲裁规则中没有明确规定，作出不利推定至少也应视为当事人默示授予仲裁庭的权力。因为当事人通过仲裁协议授权仲裁员审理案件，应当认为同时也默示地授权仲裁员为完成审理案件、查明事实职责所必需的措施，包括在适当情况下作出不利推定。② 在我国仲裁包括中国国际经济贸易仲裁委员会的仲裁实践中，仲裁庭因当事人拒绝提供仲裁庭命令的证据进行

---

① Bryan A. Garner. Black's Law Dictionary（8th ed.）Thomson West, 2004, p. 793.

② 参见拙文：《国际商事仲裁程序中的不利推定》，载《北京仲裁》2011 年第 2 辑。

不利推定是被认可的。①

作为救济手段的不利推定有诸多局限性，不能替代法院的协助取证。首先，它最大的局限性在于适用对象方面，即它一般只能适用于不遵守证据披露命令的当事人，通常不能适用第三人拒绝提供书证或证言的情况。其次，在仲裁程序中，当事人有可能经过权衡以后选择不遵守仲裁庭的命令而宁可面对不利推定，因为在许多情况下，披露文件比起不利推定对其可能更为不利。② 最后，不利推定的采取有时会过于主观，难以替代具体的证据。在 Chevron Transportation Corp. v. Astro Vencedor Compania Naviera 案③中，当被拒绝出示的文件是航海日志时，一般性的不利推定不能够替代航海日志的所能提供的信息。④ 而且在很多情况下，不利推定措施很难采取，比如就证据内容而言，一方当事人可能打算通过证据证明的是"数量"问题，比如欠款数额是 500 万元，而不是某个事实的有无或其性质，这时很难采取不利推定的方法。

2. 证据保全作为替代措施及其局限性

证据保全具有固定证据的重要功能，当仲裁所需要的证据可能灭失或以后难以取得，证据保全可以作为一种可以采取的重要措施。而且，很重要的一点是在仲裁程序开始之前，当事人可以向法院申请证据保全。如本文第一节论述的那样，在国际商事仲裁中的证据保全也具有一定的证据收集功能。

在我国法律框架下，在有些情况下，当事人可以向法院申请证据保全，间接地实现其收集证据的目的。依据我国《仲裁法》第 46 条和第 48 条，在中国国际商事仲裁中，如果证据可能灭失或以后难以取得，当事人可以申请证据保全。当事人申请保全的，仲裁机构应当将申请转交给有管辖权的法院，即证据所在地的中级人民法院。不过，法院发布证据保全命令并不能完全发挥协助

---

① 参见汪祖兴：《民事诉讼证据规则与仲裁证据规则的差异性解读》，载《广东社会科学》2005 年第 4 期；Bryant Yuan Fu Yang and Diane Chen Dai, Tipping The Scale to Bring to Balanced Approach: Evidence Disclosure in Chinese International Arbitration, Pac. Rim L. & Pol'y, Vol. 17, 2008, pp. 54 – 55.

② 杨良宜、杨大明：《国际商事仲裁中的证据——问题领域与最新发展》，载《中国海商法年刊》（第 13 卷），法律出版社 2003 年版，第 88 页。

③ 300 F. Supp. 179 (S. D. N. Y. 1969).

④ Bruce A. McAllister and Amy Bloom, The Use of Evidence in Admiralty Proceedings: Evidence in Arbitration, J. Mar. L. & Com. Vol. 34, 2003, pp. 43 – 44.

仲裁收集证据的功能，因为我国国际商事仲裁中的证据保全受到以下限制①：

首先，证据保全措施的对象具有局限性。它是否可以针对仲裁外第三人持有的证据呢？仲裁界的资深人士依据其在中国国际贸易仲裁委员会仲裁的长期经验得出的结论是：证据保全的条件之一是证据必须属于对方当事人，② 即司法实践对我国《仲裁法》第 46 条和第 68 条采取狭义解释，法院采取的证据保全措施只针对当事人持有的证据。

实际上，这种解释是不适当的，不利于实现仲裁的公平与效率。尤其是在我国缺乏关于法院协助仲裁取证的法律依据的情况下，当关键证据在第三人控制下时，如果可以通过证据保全达到取证的目的可以一定程度作为替代性救济方式。这实际上过分强调了其契约性，忽视了仲裁的司法性一面。相比之下，在其他国家的立法中，法院不仅能够针对第三人采取保全措施，而且可以强制取证，第三人不遵从的话，可能受到惩罚。我国仲裁法应当明确规定，至少可以通过司法解释澄清，证据保全申请可以针对当事人和第三人控制下的证据，只要这些证据具有相关性和重要性。

其次，我国《仲裁法》只规定了仲裁程序过程中的证据保全。如上所述，在接到证据保全申请，仲裁机构应当转交法院。这在实践中被认为证据保全申请应当在仲裁程序进行过程中提出。只是在海事仲裁这一特殊领域，《海事诉讼特别程序法》第 64 条和第 72 条规定，当事人可以在仲裁程序开始之前或仲裁程序进行中向证据所在地的法院申请证据保全。

显而易见，仲裁程序开始前的证据保全对于仲裁而言具有很大的必要性。实践中，常常会有情况紧急的情形，比如关键证人病危，关键的文书可能被毁灭，如果证据保全措施不能及时采取，关键证据将可能此后无法取得，仅有仲裁程序进行中的证据保全可能起不到该制度应有的功能。我国仲裁立法应当修订，允许仲裁前的证据保全申请；并且允许当事人在情况紧急的情形下，当事人可以直接向法院提出证据保全申请。

最后，最重要的是，证据保全措施在证据收集方面的功能具有固有的局限性，这些局限性不是能通过修订法律可以解决的。其一，证据保全的基本条件

---

① 我国国际商事仲裁中包括证据保全在内的临时措施制度存在诸多问题，比如法院独占管辖权的不合理、缺少关于临时措施的担保等，详细的论述可参见任明艳：《国际商事仲裁中临时性保全措施研究》，上海交通大学出版社 2010 年版，第 185—191 页。本文对于国际商事证据保全的论述着重于它的证据收集功能，对于证据保全的其他问题不予展开论述。

② Bryant Yuan Fu Yang and Diane Chen Dai, Tipping The Scale to Bring to Balanced Approach: Evidence Disclosure in Chinese International Arbitration, Pac. Rim L. & Pol'y, Vol. 17, 2008, p. 56.

是申请人须证明证据有灭失或以后难以取得的可能性。其二，证据保全所针对的证据范围相对狭窄。在我国仲裁实践中，当事人申请证据保全的，需要明确提供相应证据的细节，比如所处位置、对于案件结果的重要性，该证据的自然状况的描述，如果法院无法找到证据，通常无法实际执行证据保全措施。其三，在各国仲裁实践中，申请人向法院申请证据保全通常被要求提供担保，这也会给该当事人带来经济负担，而这对于申请法院协助取证通常是不需要的。

（三）我国国际商事仲裁取证的法院协助制度的构建

法院协助本国国际商事仲裁取证是支持仲裁政策的体现，世界各国为提升本国国际商事仲裁的竞争力，加强本国作为国际商事仲裁中心的地位，都通过立法认可这种做法。作为我国仲裁实现现代化与国际化的必然选择，我国应当确立支持仲裁的政策，并构建我国国际商事仲裁取证的法院协助制度。

1. 法院为仲裁提供取证协助的前提是由仲裁庭或者经仲裁庭同意的当事人提出协助请求，当事人不能直接提出请求。这是程序自治以及防止仲裁程序出现不必要的拖延的保障。

2. 重视第三人利益的平衡保护。这首先包括第三人特免权的保护问题，世界各国对特免权制度普遍作出了规定，只有我国证据立法至今还没有确立完善的特免权规则；其次是法院应当考虑证据提供请求对于第三人来说是否过于苛刻，在德国、英国、美国等国家都有这样的立法考量。

3. 关于协助仲裁的取证程序，法院应当适用于自己的程序规则，以避免法院在协助取证时的不便。这也是各国立法遵循的一般原则，也是维护司法主权的一种需要。

4. 应当赋予我国法院审查请求的适当的自由裁量权。这方面可以借鉴《德国民事诉讼法》第1050条，它将"除非认为请求不可接受"作为法院拒绝取证协助的请求的例外情形。法院行使自由裁量权时考虑的因素包括，被请求的取证行为依据法院国的诉讼法或证据法是否能被接受，对于第三人来说取证的要求是否过于苛刻，主权与公共政策，证据的相关性，有无其他替代取证方式等。各国证据收集制度差异巨大，应当赋予法院这样的自由裁量权，以便能够灵活处理和应对。

必须特别强调的是，我国民事诉讼程序包括收集证据的制度亟待改革和完善，因为它与对仲裁取证的法院协助具有密切关系，是后一制度完善确立和顺利运行的基础。没有完善的民事诉讼规则与制度很难有完善的法院协助仲裁取证制度。

总之，只有完善仲裁取证的法院协助制度，才能使仲裁的公平和效率的实现更加有保障，也才可以吸引更多的国际商人将我国仲裁作为其解决纠纷的优先选择，使我国成为享有良好声誉的国际仲裁中心。

［国际经济法］

中美欧原材料出口限制案反思[*]

何志鹏　林美玲^{**}

目　　次

随着资源对一国可持续发展战略影响的日益重要，特别是在全球金融危机导致美元贬值的大背景下，我国开始从以出口资源换取外汇的经济发展战略逐步转向对资源出口的限制；而发达国家在积极储备战略资源的同时却反对发展中国家对资源的出口实施限制。① 从 2004 年备受关注的中欧焦炭贸易争端就可以看出，在稀有资源的出口问题上，中国政府的任何动作都会引起国际社会的强烈反应，其中的利益纠葛可见一斑。焦炭争端最终以中国政府的妥协和让步告一段落，并未开启 WTO 争端解决程序，而 2009 年中国政府再次对焦炭等一系列稀有原材料进行了出口限制，此次限制涉及的产品范围之广，种类之多，引起了多个国家的强烈反应和恐慌。

一、中美欧原材料出口限制争端的争议焦点

2009 年 6 月 23 日美国和欧盟联合向 WTO 争端解决机构提起申诉，要求

---

　* 本文系教育部社科基金后期项目"国际经济法治"（11JHQ015）研究成果。

　** 何志鹏，吉林大学法学院教授、博士生导师，法学博士；林美玲，吉林大学法学院硕士研究生。

　① 贺小勇：《WTO 框架下中美原材料出口限制争端的法律问题》，载《国际商务研究》2010 年第 3 期。

与中国就中国对某些稀有原材料的出口限制措施进行磋商。随后，加拿大、墨西哥、土耳其要求加入磋商。后因磋商未果，美国、欧盟、墨西哥于 2009 年 11 月 4 日申请成立专家组。11 月 21 日，DSB 依据《争端解决谅解》第 9.1 条建立了单一的专家组，对美国、欧盟和墨西哥对中国提出的稀有资源出口限制争端进行了审理。阿根廷、巴西、加拿大、智利、哥伦比亚、厄瓜多尔、印度、日本、韩国、挪威、中国台北、土耳其和沙特阿拉伯保留第三方权利。2011 年 7 月 5 日，专家组作出了裁决报告。2011 年 8 月 31 日中国通知 DSB 将针对专家组报告中的某些法律问题和法律解释问题提起上诉。2011 年 9 月 6 日美国、欧盟、墨西哥通知 DSB 提起交叉上诉。2012 年 1 月 30 日，上诉机构作出了裁决报告。2012 年 2 月 22 日 DSB 通过了上诉机构报告和经上诉机构修正的专家组报告，案件告一段落。

稀有原材料出口限制措施案涉及中国对一些原材料施加的四类出口限制措施，这些原材料包括各种形式的铝土矿、焦炭、氟石、镁、锰、碳化硅、金属硅、黄磷和锌。申诉方认为中国对某些原材料实施的出口限制措施，造成了此类原材料的稀缺，提高了此类原材料的国际价格。同时，通过充足的原材料的供应和低廉稳定的价格为中国国内产业提供了显著的比较优势。具体而言，依据中国在入世议定书中的承诺，中国有义务取消除议定书附件 6 明确规定适用外的适用于出口产品的全部税费，中国对铝土矿、焦炭、氟石、锌、黄磷、金属硅、镁和锰的出口征收关税的行为与 WTO 规则不符；① 中国承诺不实施出口数量限制，中国对铝土矿、焦炭、氟石、碳化硅和锌实施的出口数量配额限制的行为与中国的入世承诺不符；依据中国入世议定书中的规定，中国无权引用 GATT 1994 第 20 条规定的一般例外证明其所实施的与 WTO 规则不符的出口关税的正当性；即使中国能够依据 GATT 1994 第 20 条中规定的某项例外证明其所采取的出口关税的正当性，中国也没有满足这些例外的要求；中国试图依据 GATT 1994 第 20 条（g）款证明其所实施的一些出口关税和数量限制的正当性，但是中国无法证明其所实施的出口限制措施与国内限制原材料生产和消费的措施配合实施；中国指出其所实施的某些出口关税和数量限制措施是保护其公民生命健康的必要措施，但是中国未能证明其所实施的出口限制措施能在短期或长期内减少污染，提高其公民的身体健康。

从对案件争议焦点问题的总结中就可以看出，中国对某类稀有资源实施的出口数量限制和征收关税的行为明显与中国的入世承诺和中国在 GATT 下的义

---

① 胡家祥：《市场准出与多边贸易体制关系研究——简评"限制出口案"的抗辩思路》，载《世界贸易组织动态与研究》2011 年第 1 期。

务不符。然而，中国之所以对这些高能耗、高污染和稀缺原材料实施出口限制，一方面是深刻认识到以牺牲环境和稀有资源换取外汇所要付出的巨大代价，转变经济发展方式和经济结构迫在眉睫；另一方面，随着连年的混乱开采和慷慨出口，我国的稀有资源的存量正在逐年下降，长此以往将有碍我国国民经济的增长和国家安全的维护。① 此外，美欧等国封存本国的稀有资源转而从中国大量进口并控制我国稀有资源的国际定价，中国急需有所作为夺回稀有资源国际定价的话语权。② 所以说，我国限制本国稀缺战略性资源的出口于情于理都无可厚非。但是要想在 WTO 争端解决机构中证明我国所采取的与 GATT 下义务不符的出口限制措施的正当性，就应该以 WTO 的例外规则为突破口。结合本案，我国对稀缺自然资源的出口限制措施属于 GATT 1994 第 20 条（g）款规定的保护可用竭自然资源例外。

二、中国援用 GATT 1994 第 20 条一般例外：事实依据

中国限制本国稀缺自然资源的出口于情于理本无可厚非，但是一旦将争议提交到 WTO 争端解决机构，就要按照 WTO 的规则行事，寻找能够证明中国对稀有原材料所实施的出口限制措施正当性的法律依据。而 GATT 1994 第 20 条（g）款规定的正是保护可用竭自然资源的例外。结合 WTO 争端解决机构在先例中对 GATT 1994 第 20 条（g）款的分析可以看出，近年来 WTO 争端解决机构对 GATT 1994 第 20 条（g）款的解释逐渐宽松，放宽了对 GATT 1994 第 20 条（g）款规定的"可用竭的自然资源"、"相关"及"配合实施"的认定标准，倾向于在不构成贸易歧视和滥用例外的情况下，尊重成员方制定资源保护政策的权利。在本案中，中国所保护的原材料属于可用竭的自然资源无可非议，那么要想解决是否符合 GATT 1994 第 20 条（g）款规定的问题，证明的重点就落在了措施是否"与保护可用竭的资源相关"、是否"与国内生产或消费的限制措施配合实施"以及措施是否满足第 20 条前言的规定。

（一）措施与保护可用竭的自然资源相关

第一，中国的基本立场与争端解决机构的意见。中国指出，GATT 1994 第 20 条（g）款应被解释为承认 WTO 成员对其自然资源的永久主权，此类主权的实施应与成员的社会经济发展相适应，要想实现社会经济的可持续发展就必

---

① 贺小勇：《WTO 框架下中美原材料出口限制争端的法律问题》，载《国际商务研究》2010 年第 3 期。

② 刘敬东：《打赢稀土案要做三件事》，载《经济参考报》2012 年 3 月 28 日第 6 版。

须享有对本国稀缺资源的有效管理，"保护"也就是对可用竭自然资源的管理，中国对稀缺资源所实施的出口限制措施正是管理可用竭的自然资源的重要部分，所以出口限制措施与保护可用竭的自然资源相关。申诉方认为，中国满足其国内使用者对原材料的使用，而对其他 WTO 成员原材料使用者进行歧视的做法不符合 GATT 1994 第 20 条（g）款的规定。专家组认为，GATT 1994 第 20 条（g）款中的"保护"是维护和保持可用竭自然资源的现存状态的行为，包含以保护资源并促进经济发展的可持续的方式对资源进行的使用和管理行为，同时，GATT 1994 第 20 条（g）款尊重 WTO 成员对其自然资源享有的主权权利，但是，此种主权权利的行使必须与成员在 WTO 项下的义务相符。在对 GATT 1994 第 20 条（g）款规定的"相关"进行解释后，专家组审查了中国的出口限制措施和国内限制措施。专家组认为，中国一再强调其所保护的稀缺资源对其发展的重要性，必须得到保护和管理，对此类资源的出口限制是中国资源保护政策的一部分，但是在专家组看来，与限制出口相比，限制对稀缺资源的开采更加符合稀缺资源的保护政策，要达成资源保护的目的，重要的不是资源在国内还是国外使用，而是资源的开采速度。从中国提交的材料足见争议的稀缺资源在中国国内使用量的实质性增长，这显然不符合中国提出的保护稀缺自然资源的目的。此外，中国也没有证明出口数量会对争议资源的开采寿命产生有意义的影响。对专家组来说，很难认为中国增加外国再生产商成本而降低国内生产商成本的行为与保护可用竭的自然资源相关。①

第二，中国失利的主要原因。本案在措施相关性上的判断显然不利于中国，其原因可以归结为两方面：

（1）中国所提出的抗辩理由的侧重点有误。中国一再强调稀缺资源在发展中国家经济和社会发展中的重要作用，出于对稀缺资源的保护中国必须对其进行管理，而对稀缺资源的出口限制就是管理的一部分。可是，对发展中国家发展需要的强调并不会博得任何的同情，只会为申诉方的反驳和专家组对"相关"的误解提供口实。这是因为，中国不能以发展需要为借口而损害 WTO 其他成员的利益，违背中国本应承担的 GATT 下的义务，这也是专家组否定中国对稀缺资源实施的出口数量限制与保护可用竭的自然资源相关的基础性原因。中国应该参考先例中 WTO 争端解决机构对"相关"的认定标准，强调出口限制措施本身与保护可用竭资源之间的实质性关系，并不是附带的保护稀缺资源，强调出口限制与保护资源之间具有手段与目的的真实而密切的联系，强

---

① See WT/DS394R/DS395R/DS398R, Report of Panel: China – Measures Related to the Exportation of Various Raw Materials, paras. 7. 369 – 7. 386.

调专家组审查的应是出口限制措施本身与保护可用竭自然资源之间的关系，而不是违背中国在 WTO 下义务的出口限制措施对贸易造成的影响与保护目的之间的关系。

（2）本案专家组对"相关"的审查不符合其所引用的先例中确定的审查标准。美国汽油标准案和第一海虾案的上诉机构曾反复强调：其一，GATT 1994 第 20 条（g）款中的"相关性"标准与（b）款中的"必要性"标准存在区别不能混用；其二，不能用违背 GATT 义务的法律结论代替争议措施进行相关性的审查；其三，从 GATT 和第 20 条的目的和宗旨出发，不能预先假定只要对国内外相关利益方实施了不同的措施就不符合 GATT 1994 第 20 条的例外规定，因为这些不同正是第 20 条规定的共同特征，WTO 之所以要设立一般例外，就是承认 WTO 成员可以为了保护某些重大利益而违背 WTO 下的义务。反观本案专家组的分析，其一，专家组没有将分析重点放在出口限制措施本身，而是强调出口限制措施不是保护可用竭资源的最优措施，而"最优、损害更小的措施"恰恰是"必要性"标准的要求；其二，强调中国对国内外生产商提供不同待遇的歧视性结果，而这正是中国的措施违背 GATT 义务的法律结论；其三，强调中国增加外国再生产商成本而降低国内生产商成本的行为与保护可用竭自然资源不相关，而此种类似行为也是 GATT 1994 第 20 条所有例外规定的共同特征。

（二）与国内生产或消费的限制措施配合实施

第一，中国的基本观点与争端解决机构的意见。在申辩中，中国提到先例在确定"配合实施"时所建立的"不偏不倚"标准，强调这并不意味着对国内和国外利益相关方所实施的资源保护措施必须一致，指出依据国家自然资源主权原则，中国可以通过相关保护措施管理这些资源的供应和使用。虽然申诉方也承认"不偏不倚"标准并不意味着对国内外实施的措施完全一致，但是其反对中国对"不偏不倚"的解读。申诉方认为，倘若措施仅对国外利益造成消极影响而未对国内利益产生任何不利影响，则不满足"不偏不倚"的要求。对于中国提出的，GATT 1994 第 20 条（g）款允许 WTO 成员只要对其国内施加某种程度的限制就可以以牺牲他方利益为代价而满足本国利益的观点，申诉方不予认同。专家组指出，结合先例（美国汽油标准案）的分析，"配合实施"意味着出口限制和相应的国内限制要平行实施，且国内的限制措施应主要旨在保护可用竭自然资源，而不是以保护可用竭自然资源的名义使本国的生产商免受外国生产商的竞争。在对 GATT 1994 第 20 条（g）款规定的"配合实施"进行解释后，专家组审查了中国 2009 年对争议原材料的出口措施和国内措施及中国在 2010 年保护争议原材料的国内措施。专家组指出，中国所提供的证明对争议原材料的国内生产和消费已经采取限制措施的法律文件，或者不包含对争议原材料的国内生产或消费进行限制的具体规定；或者虽然包含对争议原材料进行限制的具体规定和限制目标，但是只提到了最终或未来的限制，并不是指当前的有效限制；或者虽然规定了限制争议原材料国内开采的资源税和补偿费，但是不能证明资源税的税率和补偿费的费率能够对争议原材料的开采产生有效的限制；总之，中国提供的法律文件不能证明中国对争议原材料的出口限制与其国内的生产和消费的限制平行或类似实施，仅对外国的原材料使用者进行限制也不能被认为是"不偏不倚"的，更不是主要旨在实现保护可用竭自然资源的目标，即中国对争议原材料的出口限制措施不是与此类原材料的国内生产或消费限制配合实施。①

第二，中国失利的主要原因。中国在"配合实施"问题的证明失利，原因也可以归结为两方面：（1）虽然中国意识到先例在确定"配合实施"时所建立的"不偏不倚"标准并不意味着对国内和国外利益相关方所实施的资源保护措施必须一致，但是中国确实没有向专家组提交有利的证据证明中国是如何对争议原材料的国内生产和消费进行限制的。犹如专家组所指出的那样，中国所提交的法律文件有的不包含对争议原材料的国内开采和使用进行限制的明确规定，有的虽然进行了规定但是措辞模糊缺乏可操作性，中国也没有提供对国内生产和消费进行限制的有力数据证明。可以认为，证据上的失利重创了中国在"配合实施"标准上的证明力度。（2）专家组在对是否构成"配合实施"进行分析时，虽然援引了美国汽油标准案中所确立的认定标准，但是却未按照该标准行事，并最终导致被上诉机构纠正。② 美国汽油标准案中，上诉机构已经对判断"配合实施"的效果标准进行了批驳，指出因果关系的判断本身就是困难的，尤其在保护可用竭的自然资源领域，也许要经过很长的一段时间才能观察到早前所采取的措施的效果，所以，将一项措施的法律定性问题依赖于其后可能发生的事件是不合理的。而本案的专家组却反复攻击中国不能证明其对争议原材料的国内生产和消费的限制是一种有效的和现实的限制，从而否定国内限制与出口限制的配合实施。专家组注意到美国汽油标准案的上诉机构在讨论"不偏不倚"的判断要素时指出，限制措施要不偏不倚的适用于国内外，虽不要求措施所提供的待遇一致，措施立即达到保护的效果，但是如

---

① See WT/DS394R/DS395R/DS398R, Report of Panel: China - Measures Related to the Exportation of Various Raw Materials, paras. 7. 386 - 7. 466.

② See WT/DS394/AB/R/DS395/AB/R/DS398/AB/R, Report of the Appellate Body: China - Measures Related to the Exportation of Various Raw Materials, para. 361.

果某一具体措施在任何情况下都不会对环保目标产生积极的效果，那么很可能是因为此项措施从一开始就不是为环保目标而设立的，也就不可能主要旨在保护自然资源。专家组随即指出，中国仅对外国的原材料使用者进行限制不能被认为是"不偏不倚"的，更不是主要旨在实现保护可用竭自然资源的目标。但是，美国汽油标准案上诉机构所强调的是虽然不要求保护效果的实现，但是如果没有任何保护效果同样不能认为是满足了"配合实施"的标准，但是，专家组仅强调了中国所提供的材料不能证明有效的限制性保护，并未指出中国的国内限制措施在本质上就不是为了保护资源而设立，其在任何情况下都不会对环保目标产生积极的效果，单从中国对争议原材料的开采提高资源税税率一项而言，显然是有益于稀缺原材料的保护的。

三、GATT 1994 第 20 条一般例外与中国入世议定书：法律解释

条约与相关法律规范的解释是包括 WTO 在内的国际司法、准司法机制的关键方面。WTO 的争端解决机构如何理解规范、解释规范，在很大程度上决定着案件的结果。[①] 本案处理结果不利于中国，与条约解释有着密切的关系。

（一）争端当事方的观点

专家组认为，中国对焦炭、氟石、锌、金属硅、镁和锰征收临时出口关税的行为与中国入世议定书（以下简称议定书）第 11.3 条的承诺不符。中国认为不符的措施可以依据 GATT 1994 第 20 条（b）款或（g）款获得正当性。而申诉方认为，中国无权引用 GATT 1994 第 20 条规定的一般例外来证明与议定书第 11.3 条不符的出口关税的正当性。这是因为议定书第 11.3 条规定："中国应取消适用于出口产品的全部税费，除非本议定书附件 6 中有明确规定或按照 GATT 1994 第 8 条的规定适用。"附件 6 仅列明 84 个税号的商品不承诺取消适用于出口产品的全部税费，并注明："中国确认本附件中所含关税水平为最高水平，不得超过。中国进一步确认将不提高现行实施税率，但例外情况除外。如出现此类情况，中国将在提高实施关税前，与受影响的成员进行磋商，以期找到双方均可接受的解决办法。"因此，从议定书第 11.3 条字面含义并结合中国加入工作报告书的相关条款来理解，中国无权引用 GATT 1994 第 20 条作为其所实施的出口关税的抗辩。申诉方还指出，只有在两种情况下可以援引

---

① 参见陈欣：《WTO 争端解决中的法律解释》，北京大学出版社 2010 年版；尹德永：《试论 WTO 争端解决机构的法律解释权》，载《河北法学》2004 年第 4 期；陈欣：《论 WTO 宪政对争端解决机构法律解释的影响》，载《西南政法大学学报》2008 年第 6 期。

GATT 1994 第 20 条作为争议措施的抗辩理由，一是违反 GATT 下的义务；二是涉及的其他 WTO 协定的相关部分提及将 GATT 1994 第 20 条作为可参考的抗辩理由之一。

（二）专家组的分析①

在这一问题上，专家组的观点是：首先，WTO 成员的加入议定书是 WTO 协定的组成部分。加入方通过与其他 WTO 成员谈判而完成加入。每个 WTO 成员的加入条件都列明在其加入议定书和附随的工作组报告书之中。这些文件中所载的每一项具体的承诺都反映出加入方与 WTO 成员方之间权利与义务的微妙平衡。中国入世议定书第一部分第 1.2 条也规定：本议定书，包括工作组报告书第 342 段所指的承诺，应成为《WTO 协定》的组成部分。所有的当事方也承认中国入世议定书是 WTO 协定的组成部分，WTO 成员可以将中国对入世议定书的违反提交 WTO 争端解决机构，并且包含在相关工作组报告书中的承诺可以通过交叉引用的方式成为入世议定书的一部分，并通过 WTO 争端解决机构而赋予其约束力和执行力。因此，专家组会像解释 WTO 协定一样对中国入世议定书进行解释，即依据《维也纳条约法公约》中条约解释的一般规则。

其次，中国能否引用 GATT 1994 第 20 条规定的一般例外来证明与议定书第 11.3 条不符的出口关税的正当性。要想回答这一问题就必须理清入世议定书在 WTO 协定体系中的地位及其与 WTO 其他协定的关系。上诉机构曾经在中国出版物与音像制品案中对这一问题作出过解释。在此案中，中国援引 GATT 1994 第 20 条作为其实施的违反入世议定书第 5.1 条的措施的抗辩。在其评估中，上诉机构并未对入世议定书的规定与 GATT 间的关系问题进行讨论，而是将重点放在了对议定书相关条款的审查上，包括特定条款的具体含义及其上下文和议定书的结构。上诉机构指出，议定书第 5.1 款中的"在不损害中国以与符合《WTO 协定》的方式管理贸易的权利的情况下"，意味着通过提及参考的方式将 GATT 1994 第 20 条规定的一般例外纳入了议定书之中，成为了中国入世承诺的组成部分，也就可以作为抗辩理由进行援引。结合本案，专家组认为应对议定书第 11.3 条进行解释。议定书第 11.3 条的通常含义是，在中国加入 WTO 时，中国与 WTO 成员达成协议，中国应取消适用于出口产品的全部税费，除非议定书附件 6 中明确列明的 84 个税号的商品可以征收的最高税费或按照 GATT 1994 第 8 条的规定适用。因此，专家组认为议定

---

① See WT/DS394R/DS395R/DS398R, Report of Panel: China - Measures Related to the Exportation of Various Raw Materials, paras. 7.107 - 7.160.

书第 11.3 条并未以任何方式提及 GATT 1994 第 20 条或是一般性的指向 GATT 1994 整体，也不包含类似议定书第 5.1 条中指向 WTO 协定整体的一般性指引条款，所以 GATT 1994 第 20 条规定的一般例外未被纳入议定书，不构成中国入世承诺的组成部分，不能作为抗辩理由进行援引。即议定书第 11.3 条在规定例外情况时的特殊措辞——并未包含对 WTO 协定或 GATT 1994 一般性提及，意味着 WTO 成员和中国并不意图将 GATT 1994 第 20 条作为违反议定书第 11.3 条的抗辩理由。在对议定书第 11.3 条的通常含义进行解释后，专家又考察了议定书第 11.3 条的上下文，即议定书第 11.1 条和第 11.2 条的规定。与议定书第 11.3 的规定不同，议定书第 11.1 条和第 11.2 条都明确提及"符合 GATT 1994"，在专家组看来，从这几款规定的不同措辞就足以证明中国和 WTO 成员在中国权利和义务设定上的特定安排，中国无权援引 GATT 1994 第 20 条规定的一般例外来证明与议定书第 11.3 条不符的出口关税的正当性。此外，专家组还对中国提出的依据中国入世工作组报告书第 170 段的规定议定书第 11.3 条包含对 GATT 1994 第 20 条援引进行了反驳。专家组认为，报告书第 170 段是对进出口产品征收税费的总括式规定，并未特指中国在出口税上的具体义务，不能作为议定书第 11.3 条包含 GATT 1994 第 20 条的证明。

因此，专家组在这一问题上的最终结论是，议定书第 11.3 条的措辞排除了中国援引 GATT 1994 第 20 条作为其违反议定书第 11.3 条所载义务的抗辩的可能。一方面，议定书本身的规定不存在援引 GATT 1994 第 20 条的基础；另一方面，允许此类援引就会改变中国入世议定书中所建立的中国与 WTO 成员间权利与义务的平衡，损害国际贸易体系的可预见性和法律确定性。虽然，专家组也意识到这样的解释会使中国与 WTO 其他成员在出口税这一问题上承担不同的义务，然而，从议定书的文字本身来看，此种不同正是中国与 WTO 成员谈判所达成的结果。虽然议定书第 11.3 条所设定的情况可能会导致权利与义务的不平衡，但是专家组却无法找到中国可以援引 GATT 1994 第 20 条作为抗辩理由的法律基础。①

（三）对专家组法律解释过程的质疑

在中国能否援用 GATT 1994 第 20 条规定的一般例外的分析中，专家组的核心观点是，议定书第 11.3 条未明确将 GATT 1994 第 20 条作为可以援引的例外之一，所以不构成中国入世承诺的一部分，这也反映了中国和 WTO 成员达

---

① See WT/DS394R/DS395R/DS398R, Report of Panel: China - Measures Related to the Exportation of Various Raw Materials, para. 7.160.

成中国入世议定书时的意图，虽然此种规定创设的情况造成了中国与其他WTO 成员间权利与义务不相平衡的结果，可是专家组对这一结果无能为力。令人遗憾的是，最终上诉机构也支持了专家组在这一问题上的分析思路和最终结论。①

对于专家组在这一问题中的法律解释和所得出的结论，笔者存在以下几点质疑：

首先，专家组无限扩大了文本解释的作用，并未合理运用《维也纳条约法公约》中确定的条约解释的一般规则。按照专家组的分析思路，中国入世议定书是 WTO 协定的组成部分，包含在相关工作组报告书中的承诺可以通过交叉引用的方式成为入世议定书的一部分，并通过 WTO 争端解决机构而赋予其约束力和执行力，因此，专家组会像解释 WTO 协定一样对中国入世议定书进行解释，即依据《维也纳条约法公约》中条约解释的一般规则。但是，综观专家组对议定书第 11.3 条和相关报告书中的规定的解释，专家组过分强调条文本身措辞的字面含义，拘泥于不同条文的不同措辞，玩起了文字游戏，并从对条文措辞含义的分析中直接推演出缔约方的意图所在，没有按照《维也纳条约法公约》中确定的条约解释的一般规则，即"条约应以其用语按其上下文并参照条约之目的及宗旨所具有之通常含义，善意解释"，② 对争议所涉及的条款进行解释。文本解释虽然是条约解释的初始步骤，但并不是最重要的解释方法，过分纠结于所涉条款的措辞，很容易忽略当事方拟定条约时的真实意图，背离条约的目的和宗旨，只见树木不见森林。专家组已经意识到对议定书第 11.3 条解释的结果会造成中国与 WTO 其他成员在出口税这一问题上权利与义务的不平衡，但是专家组将这一切归咎于当事方的意图如此，寻找不到合适的法律基础进行其他的解读，此种解释不能认为是善意的。一方面，专家组并未充分运用目的解释和意图解释的方法，探寻中国在议定书第 11.3 条上的意图，专家组既未分析议定书的目的型条款也未获取可表明中方意图的资料；另一方面，在专家组发现解释造成了权利与义务的不平衡时也没有按照条约解释的一般规则寻求辅助性的解释材料，专家组将这一切归咎于当事方的意图，可是当事方的意图到底是什么。专家组始终局限于条款措辞的本身，并未尝试更多的条约解释方法，从措辞推出意图，再将措辞所造成的不合理结果归结于

① See WT/DS394/AB/R/DS395/AB/R/DS398/AB/R, Report of the Appellate Body: China - Measures Related to the Exportation of Various Raw Materials, para. 307.

② 尹雪萍：《论"中国原材料出口限制措施案"中 GATT 1994 第 20 条的可适用性》，载《世界贸易组织动态与研究》2012 年第 2 期，第 20 页。

意图，殊不知意图正是由措辞推演而来又怎能再去证明措辞，由此陷入了循环论证。WTO 争端解决机构在分析争议问题所涉 WTO 协定时的词典化趋势，历来被各国国际法学者所诟病。专家组在对中国能否援引 GATT 1994 第 20 条的分析中，延续了先例中刻板的文本解释风格，缺少对所涉条约目的和宗旨的解读，缺少对当事方真实缔约意图的探寻，不符合善意解释的规则。

其次，考察中国入世议定书的目的和 GATT 1994 第 20 条的宗旨，中国完全有理由援引 GATT 1994 第 20 条作为其违背议定书义务的措施的抗辩。从中国入世议定书的目的来看，议定书第 1 条已经明确规定：本议定书，包括工作组报告书第 342 段所指的承诺，应成为《WTO 协定》的组成部分。中国应履行《WTO 协定》所附各多边贸易协定中的、应在自该协定生效之日起开始的一段时间内履行的义务，如同中国在该协定生效之日已接受该协定。可见，议定书是中国对其应履行的 WTO 协定义务的细化和强调，着重于具体义务的细化履行而不是整体性权利的排除；具体到本案，中国入世工作组报告第 170 段中"中国将保证其与对进口产品和出口产品征收的所有规费、税费有关的法律和法规将完全符合其 WTO 义务"的规定已经说明，在出口税的问题上中国履行义务的基础和前提是 WTO 协定。同时，结合 GATT 1994 第 20 条设立的初衷，即平衡 WTO 成员国内的重要政策和履行 WTO 义务之间的矛盾，承认成员方采取相关措施实现本国某些重大利益的权利，赋予成员援引 GATT 1994 第 20 条规定的一般例外证明其所实施的违背 GATT 项下义务的措施的正当性。既然中国入世议定书是 WTO 协定的组成部分，案件争议的出口税问题属于中国在 GATT 下的义务，在没有明确规定排除适用的情况下，中国当然可以在违背议定书中规定的义务时，援引 GATT 1994 第 20 条证明此种违背的正当性。WTO 成员在与中国进行入世谈判时也应该预见到此种权利的适用，如果其反对中国享有此类权利，那么就应该在议定书中明确说明。这样的解释才符合议定书的目的，符合当事方的缔约意图，符合 GATT 1994 第 20 条的设立初衷，同时避免了 WTO 成员间不平衡的权利义务结果的产生，符合 WTO 多边贸易体系非歧视的宗旨和目标。

最后，从法理的角度分析专家组的解释不符合法学的一般理论。① 正如秦娅教授所指出的那样，如果在出口配额和许可证问题上成员方可以援引 GATT 第 20 条等例外条款作为抗辩理由，那么不允许成员方在出口税问题上援引 GATT 第 20 条作为抗辩理由的依据又何在呢？毕竟，出口税不仅是出口限制

---

① 黄志雄：《从"市场准入"到"资源获取"——由"中国原材料出口限制措施案"引发的思考》，载《法商研究》2010 年第 3 期，第 39 页。

的一种形式，而且相比数量限制措施而言，征收出口关税更具透明度。① 造成了法律允许重行为却不允许轻行为的悖论。

四、结论与启示

从上文对中美欧原材料限制出口案的分析中可以看出，中国在案件中的失利，有自身抗辩不到位、证据不充分的原因，也有专家组和上诉机构对法律问题分析的偏差。对于中国能否援引 GATT 1994 第 20 条规定的一般例外来证明其实施的与《中国入世议定书》中第 11 条第 3 款不符的出口关税的正当性问题，专家组和上诉机构仅通过文本解释就得出了否定的结论，笔者认为这并不符合《维也纳条约法公约》所确定的条约解释的一般规则，无论是从法律规则还是从法学基础理论的角度都难以自圆其说。然而，在这一问题上中国抗辩失利的结果已成事实，理性的做法是：一方面总结经验据理力争，最大限度争取利益；另一方面谨慎使用出口税这一出口限制措施，加强对 GATT 1994 第 20 条的研究。② 在对 GATT 1994 第 20 条（g）款的证明问题上，上诉机构纠正了专家组对"与国内生产消费的限制措施配合实施"的错误解释，支持了中国的观点。但是专家组对 GATT 1994 第 20 条（g）款的分析偏差不仅如此，中国既没有对专家组对（g）款其他条件的法律分析提出申诉，也没有质疑专家组所得出的中国无法证明（g）款的法律结论。在这一问题上的失误提醒我们要加强对 GATT 1994 第 20 条（g）款的研究，尤其是 WTO 争端解决机构在先例中对这一条款所形成的较为成熟的分析思路和解释体系，有理有据地对我国所实施的原材料的出口限制措施提供合法性证明。

由于本案专家组认定中国对争议原材料的出口限制措施不能满足 GATT 1994 第 20 条（g）款的规定，所以没有对出口限制措施与第 20 条前言的相符性进行判断。但是，中国如果要想在今后打赢稀缺自然资源的保护之战，就必须有能力证明出口限制措施与第 20 条前言相符。GATT 1994 第 20 条前言规定："本协定的规定不得解释为禁止缔约国采用或加强以下措施，但对情况相同的各国，实施的措施不得构成武断的或不合理的歧视，或构成对国际贸易的变相限制。"第一海虾案的上诉曾经对 GATT 1994 第 20 条前言进行过细致的

---

① See Julia Ya Qin, The Challenge of Interpreting "WTO – Plus" Provisions, in 44 Journal of World Trade (2010), p. 158.

② 彭德雷、龚柏华：《WTO 专家组有关中国原材料出口限制措施案中 GATT 第 20 条例外援引评析》，载《国际商务研究》2011 年第 5 期，第 19 页。

分析，即歧视必须发生在情况相同的国家间，既包括不同的出口国之间，也包括出口国和进口国之间；构成不合理的歧视的因素有：强制性的（mandatory）、严格的（rigid）、僵化的（unbending）、缺少灵活性的（inflexibility）、单一的（sigal）标准，无视措施对出口国自身情况的适应性，缺少严肃全面的谈判，情形类似国家的不同待遇。对于武断的歧视，可以认为构成不合理歧视的种种僵化不灵活的因素也是一种武断的表现，此外还包括不透明不正当的程序；判断相符性的最核心的判断标准是第 20 条前言的目的和宗旨——防止例外措施的滥用或误用。① 以本案为参考，其一，由于本案涉及的是出口限制措施，表现为出口关税和数量限制配额，所以不涉及对不同进口国之间的歧视问题，需要考虑的是在进口国与本国之间是否存在歧视。其二，与以往涉及 GATT 1994 第 20 条（g）款的案件不同，本案所涉及的是出口限制措施，而不是进口限制措施，在认定限制措施是否构成歧视时要充分认识到这一不同，作出正确的判断。这是因为，考虑到国家对本国自然资源的永久主权原则，不能僵硬地认为国家要像考虑到本国资源利益那样考虑到外国的资源利益，国家可以就即将要实施的对稀缺自然资源的出口限制措施与相关 WTO 成员方进行谈判和磋商，但是不能像要求实施进口限制措施的国家那样，要求实施出口限制的国家充分考虑相关国家的国内情况，因为不能野蛮地要求一国无私的贡献本国的自然资源去满足其他国家的发展，这与先例中没有充分考虑利益相关国家的情况而武断地实施本国的环保政策是不同的，即保护本国稀缺自然资源本身就限制了保护国可以采取的措施的灵活度。其三，要想满足判断相符性的核心标准，即限制措施不构成对例外措施的滥用和误用，就要充分的摆事实和讲道理。用充足的、有力的证据证明为了实现中国保护可用竭自然资源的目标，需要减少对稀缺资源的开采，出口限制作为限制使用的必要环节，是为了实现保护可用竭自然资源的目标，而不是意图滥用例外措施，歧视外国使用者，保护国内使用者。因此，中国所实施的出口限制措施只要证据充分并且援引得当完全可以被证明为是合理适用的，因为出口关税和配额本身就已经排除了武断和不合理的适用，关键的证明在于国内限制措施的类似适用，所要达到的目标就是实现对可用竭自然资源保护。

总而言之，我们要理性地看待案件的审理结果，切忌自乱阵脚和过度恐慌。2012 年 3 月 13 日，中国又收到了美国、欧盟、日本在 WTO 争端解决机

---

① WT/DS58/AB/R, Report of the Appellate Body: United States - Import Prohibition of Certain Shrimp and Shrimp Products, para. 150 - 183.

制下提出的有关稀土、钨、钼出口管理措施的磋商请求,① 可见，新一轮的稀缺资源争夺战正在拉开序幕，中国必须做好充足的准备，一方面从源头上加强监管治理完善我国的资源保护体系；另一方面加强对 GATT 1994 第 20 条中资源保护条款的研究和运用，合理地运用 WTO 规则，据理力争，积极应诉。

① DS431 – 433, "China — Measures Related to the Exportation of Rare Earths, Tungsten and Molybdenum", (Complainant: Japan, European Union, and United States), consultations requested on 13 March 2012, panel composed, 有关评论，参见柳方秀：《论道中国稀土出口 WTO 之诉》，载《中国冶金报》2012 年 4 月 10 日第 3 版，第 1 页。

论 SCM 协定中严重侵害的认定[*]

欧福永　伍丹文[**]

目　次

一、严重侵害概述

（一）严重侵害的含义

在反补贴调查程序中，只有补贴的实施对其他成员的利益造成了不利影响才能对其采取反补贴措施。严重侵害另一成员利益是 SCM 协定第 5 条规定的三种不利影响的情形之一。SCM 协定第 6 条对严重侵害作出了专门规定，但没有对严重侵害的含义作出直接说明，而只是在脚注 13 中规定："本协定使用的'严重侵害另一成员利益'的措辞与 GATT 1994 第 16 条第 1 款使用的意义相同，且包括严重侵害的威胁。"[①] 而 GATT 1994 第 16 条第 1 款也没有对严

*　本文系湖南省高校科技创新平台建设项目"WTO《补贴与反补贴措施协定》中严重侵害的认定"（12K038）和湖南省社科基金项目"反倾销和反补贴调查中产业损害形态的认定"（09YBA103）的阶段性成果。

**　欧福永，湖南师范大学法学院教授，博士生导师，副院长；伍丹文，湖南师范大学国际法硕士，湖南长沙芙蓉区法院法官。

①　参见 SCM 协定脚注 13。

重侵害的含义作出正面解释，只是规定可诉性补贴被判定对另一缔约国的利益造成严重侵害或严重侵害威胁时，给予补贴的缔约国，应在接到其他方要求后与有关的其他缔约国或缔约国全体讨论限制这项补贴的可能性。① 在实践中，澳大利亚诉欧盟食糖案和巴西诉欧盟食糖案这两个案件的裁决援引了 GATT 1947 第 16 条第 1 款②，且还对严重侵害进行了解释说明，韩国商用船舶贸易措施案中的专家组认为 SCM 协定中严重侵害的含义包含了这两个案件对该词所进行的分析③。所以，这两个案件裁决的相关分析，是探析严重侵害含义的基础。

澳大利亚诉欧盟食糖案中，专家组发现在一段时期内，涉诉补贴不断增加而同时食糖的世界市场价格却大幅降低，并据此确定涉诉补贴已造成食糖的世界市场价格削低，从而间接产生了 GATT 1994 第 16 条第 1 款中的严重侵害，④此外，专家组指出，欧盟的出口补助计划中对补助给予的条件没有设定产量、价格、获得的补助数量方面的限制，会使世界食糖市场陷入长期的不确定性中，因此这也进一步造成了 GATT 1994 第 16 条第 1 款中的严重侵害威胁。⑤

在巴西诉欧盟食糖案中，专家组首先也根据涉诉补贴在一定程度上造成了食糖的世界市场价格削低这一事实而裁定出现了 GATT 1994 第 16 条第 1 款中的严重侵害，然后也因欧盟的出口补助计划中对补助给予的条件没有设定产量、价格、获得补助数量方面的限制而认定出现了 GATT 1994 第 16 条第 1 款中的严重侵害威胁。⑥

可见，这两个案件都将补贴造成产品世界市场价格大幅降低作为严重侵害的一种情形，且严重侵害还包括严重侵害威胁。严重侵害是不利影响的一种情形，SCM 协定第 6 条第 3 款是规定了四种严重侵害的情形，是认定严重侵害的核心标准，这四种情形均属于补贴对另一成员在价格、市场地位、销售情况等市场状况方面造成了损害。所以，笔者将严重侵害界定为：一个成员通过授予可诉性补贴在补贴实施方或其他方市场上对另一个成员的相似产品在价格、市场地位、销售情况等市场状况方面造成的不利影响。

严重侵害的含义可以从这几个方面理解：（1）严重侵害作为不利影响的

---

① 参见 GATT 1994 第 16 条。

② GATT 1947 第 16 条第 1 款与 GATT 1994 第 16 条第 1 款的内容是一致的。

③ WT/DS273/R，para. 7. 590.

④ L/4833，BISD 26S/290，sec. V，para.（g）.

⑤ L/4833，BISD 26S/290，sec. V，para.（h）.

⑥ L/5011，BISD 27S/69，sec. V，para.（f）.

一种，是对可诉性补贴进行规制的必要条件之一。SCM 协定将补贴分为可诉性补贴和禁止性补贴①，所有禁止性补贴都是绝对禁止的，可以通过反补贴措施进行规制的；而并非所有的可诉性补贴都被绝对禁止，只有产生了 SCM 协定第 5 条规定的不利影响的可诉性补贴，才能对其采取反补贴措施。严重侵害本质上是不利影响的一种情形。（2）严重侵害是对成员相似产品的市场地位、价格、销量等市场状况方面造成的不利影响，在上述两个案例中，专家组依据涉诉补贴导致了申诉方产品世界市场价格削低这一事实而认定严重侵害的出现，这反映出严重侵害指的是对成员产品价格方面的不利影响，同时，从 SCM 协定第 6 条将"取代或阻碍产品进入特定市场、市场份额变化情况、价格抑制或削低、销售损失"等情形作为严重侵害的认定标准可以看出，严重侵害指的是涉诉补贴对成员产品在价格、销量、市场份额等方面的不利影响。（3）严重侵害作为一种不利影响，通常发生在特定的市场区域内，如补贴方成员市场、第三国市场和世界市场。（4）严重侵害包括严重侵害和严重侵害威胁这两方面，这点和 SCM 协定第 5 条规定的第一种不利情形："损害（injury）另一成员的国内产业"一样，也包括损害和损害威胁。

　　SCM 协定第 5 条规定的不利情形有三种：（1）损害另一成员的国内产业；（2）使其他成员在 GATT 1994 项下直接或间接获得的利益丧失或减损，特别是在 GATT 1994 第 2 条下约束减让的利益；（3）严重侵害另一成员的利益。②严重侵害必须与前两种情形相区分。从字面含义上讲，侵害（Prejudice）和损害（injury）没有本质上的区别，权威的《牛津现代高级英汉双解词典》将 Prejudice（侵害）的其中一种意义解释为 injury（损害）。③但在 SCM 协定中，二者有不同的含义，其区别主要有：一方面，侧重点不同，严重侵害指的是化解了其他成员相似产品的竞争优势，是对产品的市场状况造成了不利影响；损害是指补贴产品对进口同类国内产业的不利影响，是指对国内产业的破坏，虽然损害某一产业必然会对产品市场状况造成不利影响，占有一产品国际市场份额必然会产生对该产业产生的不利影响，但二者的侧重点还是明显不同。另一方面，损害是对补贴产品进口方相似产品的损害，非补贴产品进口方不能够提出损害诉求，而严重侵害则不同，其可能是对其他任何成员方相似产品的侵害，任何相似产品受到严重侵害的成员方都可以提出严重侵害诉求。

---

① SCM 协定有关"不可诉补贴"的规定已于 1999 年 12 月 31 日失效。

② 参见 SCM 协定第 5 条。

③ 根据《牛津现代高级英汉双解词典》的解释，"prejudice"有"to hurt or weaken sth"的意思。

严重侵害与 GATT 1994 第 16 条第 1 款下直接或间接获得的利益丧失或减损也有区别。在某种情况下，这两类不利影响都会产生在相同的场所，特别是当严重侵害发生在补贴方成员市场内，而利益丧失或减损与一国在 GATT 1994 下的减让义务有关时。即使在这种情况下，两者也是有区别的，利益的丧失或减损与改变补贴方成员市场准入条件，从而影响国内产品和进口产品的竞争条件，而严重侵害注重的是补贴在市场上的实际影响，而不考虑补贴对进口产品和国内产品竞争条件的影响。

（二）历史背景

SCM 协定第 5 条（c）项和第 6 条中的严重侵害最早规定在 GATT 1947 第 16 条第 1 款中，且这个规定被 GATT 1994 所保留，其内容是："任何缔约国如果给予或维持任何补贴，包括任何形式的收益支持或价格支持在内，以直接或间接增加从它的领土输出某种产品或减少向它的领土输入某种产品，它应将这项补贴的性质和范围，这项补贴对输出、输入的产品数量预计可能产生的影响以及这项补贴的必要性，书面通知缔约国全体。如这项补贴判定对另一缔约国的利益造成严重侵害或产生严重侵害威胁，给予补贴的缔约国，应在接到其他要求后与有关的其他缔约国或缔约国全体讨论限制这项补贴的可能性。"① 如上所述，GATT 1947 没有对严重侵害进行定义，只有在欧盟对澳大利亚的食糖出口案和欧盟对巴西的食糖出口案两个案件中对判断是否出现了严重侵害提供了指引，这两个案例中报告均指出补贴造成食糖世界市场价格受抑制属于 GATT 1947 第 16 条 1 款中的严重侵害。②

在《东京回合反补贴守则》中对严重侵害规定得较为详细，SCM 协定第 5 条的前身——《东京回合反补贴守则》第 8 条第 3 款规定，"签约方一致同意避免使用补贴造成：（a）损害另一签约国的国内产业；（b）使其他签约国在通常协定中直接或间接获得的利益丧失或减损；（c）严重侵害另一签约国的利益"。③ SCM 协定第 6 条第 3 款的前身——《东京回合反补贴守则》第 8 条第 4 款规定，"严重侵害另一签约国的利益要求通过以下情况证明丧失或减损或严重侵害：（a）在进口签约国市场内受补贴产品的进口受影响；（b）补贴的影响是取代或阻碍相似产品进入补贴方市场内；（c）补贴是影响是取代另

---

① GATT 1947 第 16 条第 1 款。

② L/4833, BISD 26S/290, sec. V, para.（g）；L/5011, BISD 26S/69, sec. V, para.（g）.

③ 《东京回合反补贴守则》第 8 条第 3 款。

一签约国的相似产品从第三国市场内出口"。①

与 GATT 的规定相比,《东京回合反补贴守则》中规定了严重侵害的认定标准,但其规定的标准本身也较为模糊,所以许多签约国对这个规则不满,因为它没有对严重侵害的含义进行很好的表述,也没有一个很好的机制或标准去判断严重侵害的发生。在 SCM 协定中,对《东京回合反补贴守则》中严重侵害的认定标准进行了一些修改,使其更具有操作性,同时,还增加了严重侵害推定、严重侵害信息收集程序等内容,涵盖了严重侵害认定的实体问题和程序问题,内容也更为丰富全面。

在多哈回合中,有关严重侵害认定方面争论得较多的议题就是是否恢复 SCM 协定第 6 条第 1 款的问题。中国、印尼等发展中国家持反对意见,因为如果恢复该条,则会使严重侵害的举证变得相对简单,导致反补贴措施滥用的可能性增大,这与目前发展中国家处于反补贴调查的守势这一形势不符。反之,美国、加拿大等国则主张恢复该条。②

二、严重侵害推定

(一) 严重侵害推定规则

一般而言,申诉方提出严重侵害的诉求,需证明涉诉补贴对其利益造成了不利影响,但在特定情形下,申诉方只要证明涉诉补贴具有某些特性,不需提供不利影响方面的证明,即可初步推定该补贴造成了严重侵害,这就是严重侵害的推定。但同时被申诉方可依法对这种推定进行抗辩,所以严重侵害推定又称为"可予反驳的推定"(rebuttabfe presumption)。与原 GATT 有关补贴的规则及《东京回合反补贴守则》相比,这是 SCM 协定新规定的内容。③ SCM 协定第 6 条第 1 款对这种严重侵害推定作了专门规定,其内容如下:"在下列情况下,应视为存在第 5 条(c)项意义上的严重侵害:(a)对一产品从价补贴的总额超过 5%;(b)用以弥补一产业承受的经营亏损的补贴;(c)用以弥补一企业承受的经营亏损的补贴,但仅为制定长期解决办法提供时间和避免严重社会问题而给予该企业的非经常性的和不能对该企业重复的一次性措施除

---

① 《东京回合反补贴守则》第 8 条第 4 款。

② 宋和平:《多哈回合反倾销和反补贴规则谈判研究》,法律出版社 2011 年版,第 78 页。

③ 李本:《补贴与反补贴制度分析》,北京大学出版社 2005 年版,第 47 页。

外；（d）直接债务免除，即免除政府持有的债务，及用以偿债的赠款。"①

可以看出，SCM协定第6条第1款以补贴的性质或总量为标准，界定了四类不同的补贴，只要申诉方能证明涉诉补贴符合其中一类补贴的标准，则可以推定该补贴的实施严重侵害了申诉方的利益，我国有学者将其称为严重侵害认定的"表面证据测试法"。② 严重侵害推定制度只注重补贴特征，这与严重侵害注重补贴产生的不利影响这一根本特性似乎是相违背的，其存在的正当性又何在，美国陆地棉案进行了相关分析。该案的专家组报告这样分析："严重侵害被赋予了特定含义，该含义与不同类型和特点补贴在质或量方面的标准有关，只要补贴被认定为符合这种质或量方面的标准，严重侵害被视为肯定会出现的。正如SCM协定第5条标题'不利影响'、第6条标题'严重侵害'所暗示的，这些条文的潜在依据是补贴所产生的不利影响，由此，第6条第1款所列举的这些补贴会产生这种不利影响。"③ 从这些分析可以看出，严重侵害推定的正当性依据在于SCM协定第6条第1款所列举的这四类特殊可诉性补贴在质或量方面比普通的可诉补贴更为严重，推定其会产生不利影响，从而被推定为严重侵害。下面对这四类特殊补贴一一进行分析：

（1）对一产品从价补贴的总额超过5%。这里关键是产品补贴率的计算，对此，SCM协定附件4进行了专门的规定。产品补贴率的计算公式为：产品补贴率＝产品补贴金额／产品价值。④ 可见，产品补贴率的计算取决于补贴金额和产品价值的计算，依附件4第1条和第8条规定，补贴金额的计算应以政府授予补贴的费用为依据，同时，不可诉补贴不得计入补贴金额；对于产品价格，该附件将补贴分为三种情况进行了不同的规定：①不与特定产品相联系的补贴；②与特定产品相联系的补贴；③接受补贴公司属于投产状态下的补贴。对于第一类补贴，产品的价值应按接受补贴公司在被给予补贴之前可获得销售数据的最近12个月的公司销售总额计算，对于与税收有关的补贴，产品的价值应按接受补贴公司在获得与税收有关措施的财政年度内的总销售额计算。⑤对于第二类补贴，产品的价值应按接受补贴公司在被给予补贴之前可获得数据的最近12个月接受补贴公司该产品的总销售额计算，⑥ 这类与特定产品有联

① 参见SCM协定第6条第1款。

② 单一：《WTO框架下补贴与反补贴制度研究》，法律出版社2009年版，第32页。

③ WT/DS267/R，para. 7. 1378.

④ 王永杰：《补贴与反补贴协议下可申诉补贴之研究》，苏州大学2003年硕士学位论文，第40页。

⑤ 参见SCM协定附件4第2条。

⑥ 参见SCM协定附件4第3条。

系的补贴与前类不与特定产品有联系的补贴产品价值计算方法的差别在于前一类是以公司的总销售额为准，而这类是以公司与补贴有关的产品总销售额为准，所以，实质上不与特定产品相联系的补贴所允许的补贴水平比与特定产品相联系的补贴允许的补贴水平要高。对于第三类补贴，在接受补贴公司处于投产状态的情况下，如总补贴率超过投资总额 15%，即被视为存在严重侵害。同时，投产期将不超过生产的第一年。投产状态包括虽然生产还未开始，但已作出产品开发的财政承诺或已建设用于制造从补贴中获益产品的设施的情况。① 如果同一成员领土内在不同计划下，由不同主管机关给予多项补贴，则在计算一定年度的总补贴率时，这些补贴应综合计算。② 此外，SCM 协定还规定："对本附件（附件 4）未作规定的事项或就第 6 条第 1 款而言需要进一步澄清事项，各成员之间应在必要的时候达成谅解"，③ 所以各成员之间在必要时可对补贴率的计算达成谅解。

在印尼汽车案中，申诉方欧共体和美国都提供了补贴率方面的证据，欧共体提供的数据表明印尼对本国装配汽车的补贴是 40%—60%，对进口汽车的补贴达到了 156%—460%；欧共体使用了另外一个计算方法，TPN 处于创建阶段，对它的补贴达到了 219%—225%，超过了 15%。美国计算出印尼对进口汽车的补贴达到 54%—116%，对在印尼装配的汽车补贴为 49%。专家组认为美国和欧共体的计算方法都有一些问题，但在本案中不需要再作计算，因为印尼自己计算的从价补贴仅从韩国进口汽车就达到 29.54%，在印尼装配的汽车（不同工厂）达到 26.20% 和 18.68%。因此各方都同意，从价补贴超过了 5%。④

（2）用以弥补产业经营亏损补贴。对于产业（an industry）的含义应如何理解，如何区分弥补一产业内部分生产商经营亏损的补贴与弥补该产业经营亏损的补贴，SCM 协定没有作出明确规定，WTO 实践中也没有裁决对该问题作出专门分析。⑤ 笔者认为，对于此处"产业"的理解应参考 SCM 协定第 16 条对"国内产业"（domestic industry）作出的解释，其判断也应以国内产业的相关材料为准。原因主要有：其一，用以弥补产业经营亏损的补贴，是针对国内

① 参见 SCM 协定附件 4 第 4 条。
② 参见 SCM 协定附件 4 第 6 条。
③ 参见 SCM 协定脚注 62。
④ 朱榄叶：《世界贸易组织国际贸易纠纷案例评析（1995—2002）》，法律出版社 2004 年版，第 98 页。
⑤ 单一：《WTO 框架下补贴与反补贴制度研究》，法律出版社 2009 年版，第 45 页。

产业进行的，所以"产业"应理解为国内某一特定的产业；其二，"产业"与"国内产业"的界定的重点都是产业与产业内部分经营者的区分，而 SCM 协定第 16 条，正是针对这方面作出了详细的规定。根据 SCM 协定第 16 条的规定，国内产业主要有以下几种：①相似产品的国内生产者全体，这种类型相对较为容易判断。②总产量构成相似产品国内总产量主要部分的国内生产者。对于何为主要部分，一般认为是指占国内相似产品总量的 50% 以上即可，但也有学者对此提出反对意见，认为 50% 不是必要条件，应该依据个案情况区别对待。① ③在生产者与进出口商有关联，或他们本身是自其他国家进口被指控的补贴产品或相似产品的进口商这种情况下，"国内产业"一词可解释为指除他们外的其他生产者。④对所涉生产，一成员方可以分成多个竞争市场，如果某一市场内的生产者在该市场内出售他们生产的全部或几乎全部产品；且该市场的需求基本上不是由该成员方其他地区该产品的生产者所提供的，则每一市场内的生产者可以被视为一个独立的产业。②

（3）弥补企业的经营亏损补贴。这类补贴是针对特定企业实施的，而上述第二类补贴是针对产业实施的，这点上两者是有区别的。此外，这类补贴还有一个例外情况，即仅为制定长期解决办法提供时间和避免严重社会问题而给予该企业的非经常性的和不能对该企业重复的一次性措施。这种例外情况有着严格的要求，其目的必须是为制定长期解决办法提供时间和避免严重社会问题，且必须是非经常性的和一次性的。

（4）直接债务免除。直接债务免除就是政府免除了对产业或企业持有的债务，包括用以偿债的赔款。这种免除可以是全部的，也可以是部分的，但部分免除应当不是极小的，如果非常少，达到了可以忽略不计的程度，则应视为没有免除。至于免除的债务少到什么程度可以忽略不计，这要由专家组根据情况个案确定。这类补贴在民用航空器领域也有一个例外情况，即因民用航空器的实际销售低于预测的销售，而使以专利权使用费为基础的民用航空器计划的筹资不能得到全部偿还。③

正因为是根据补贴在质或量方面的特征来推定其会造成严重侵害，而严重侵害认定的根据在于补贴对另一成员造成的不利影响，因此，如果实践中出现补贴的特征符合 SCM 协定第 6 条第 1 款所规定的标准，但实际上却未对申诉

---

① 侯敬媛：《WTO 框架下反补贴规则比较研究》，北京工商大学 2011 年硕士学位论文，第 46 页。

② 参见 SCM 协定第 16 条。

③ SCM 协定脚注 16。

方造成不利影响的情形，这时仍推定其造成了严重侵害，则有失公正。所以，SCM 协定第 6 条第 2 款规定，虽然涉诉补贴符合 SCM 协定第 6 条第 1 款所规定的标准，但能够证明该补贴并未产生 SCM 协定第 6 条第 3 款所列举的不利影响，则其不会对申诉方的利益造成严重侵害，但这种举证责任需要由被诉方来承担。可见，SCM 协定既规定了严重侵害推定规则，同时又赋予被诉方对严重侵害推定进行抗辩的权利，即其只要证明涉诉补贴未造成 SCM 协定第 6 条第 3 款所列举的不利影响，则其不会对申诉方的利益造成严重侵害。实质上，SCM 协定这样规定是在特殊情形下将补贴是否造成严重侵害的举证责任由申诉方转移给了被申诉方，申诉方只需证明存在第 6 条第 1 款规定的四类补贴其中的某一类，就完成了初步的证明责任，被申诉方需证明涉诉补贴没有造成第 6 条第 3 款规定的不利影响，否则，就可推定构成严重侵害。

严重侵害推定的适用范围有一定限制，依 SCM 协定第 27 条第 8 款规定，不得依第 6 条第 1 款推定一发展中国家成员给予的补贴造成严重侵害，即如果被诉方为发展中国家成员，申诉方不能对其给予或维持的可诉补贴依第 6 条第 1 款进行严重侵害推定，这是 SCM 协定对发展中国家成员的特殊待遇。①

（二）SCM 协定第 6 条第 1 款的失效后的价值

SCM 协定第 6 条第 1 款有关严重侵害推定的规定已失效但仍有价值。SCM 协定第 31 条规定："临时适用第 6 条第 1 款的规定及第 8 条和第 9 条的规定应自《WTO 协定》生效之日起适用 5 年。委员会将在不迟于该期限结束前 180 天审议这些规定的运用情况，以期确定是否延长其适用，或是按目前起草的形式延长或是按修改后的形式延长。"基于这个要求，在 1999 年 11 月举行的会议上，WTO 补贴与反补贴委员会主席宣布对有关第 6 条第 1 款延期事项存在分歧，并且指出，如果没有一致同意延期，第 31 条规定的相关条款将于 1999 年 12 月 31 日失效。各成员至今仍未就延期问题达成协议，所以 SCM 协定第 6 条第 1 款规定已失效。② 但是该条文仍存在于 SCM 协定中，是整个协定不可分割的一部分，对严重侵害的认定乃至整个协定都有重要的价值，最主要的是该条对 SCM 协定其他条文的解释有参考价值，如 SCM 协定第 27 条第 8 款"不得按照第 6 条第 1 款推定一发展中国家成员给予的补贴造成按本协定规定的严重侵害……"第 27 条第 9 款"对于一发展中国家给予或维持的、不同于第 6 条第 1 款所指补贴的可诉补贴……"该两个条文属于援引性法律规范，其解释均必须依赖于 SCM 协定第 6 条第 1 款。这点正如美国陆地棉案中的专家组

---

① 参见 SCM 协定第 27 条第 8 款。

② 王贵国：《世界贸易组织的反补贴机制》，载《法学家》2002 年第 6 期，第 32 页。

所言："虽然 SCM 协定第 6 条第 1 款已失效，但并不意味着就无任何意义……对于理解整个协定条文有重要意义。"①

（三）严重侵害认定分析路径

严重侵害认定依被诉方是否为发展中国家成员而要求不同，故其分析路径相应地分为两种情况：其一是对发展中国家成员给予的补贴进行严重侵害认定的分析路径，其二是对发达国家成员给予的补贴进行严重侵害认定的分析路径。

1. 发展中国家成员给予的补贴严重侵害认定的分析路径

SCM 协定第 27 条第 8 款规定："不得按照第 6 条第 1 款推定一发展中国家成员给予的补贴造成按本协定规定的严重侵害。此类严重侵害，如在第 9 款的条件下适用，应依照第 6 条第 3 款至第 8 款的规定以肯定性证据加以证明。" SCM 协定第 27 条第 9 款规定："对于一发展中国家给予或维持的、不同于第 6 条第 1 款所指补贴的可诉补贴，除非被认定由于该补贴而使 GATT 1994 项下的关税减让或其他义务的利益丧失或减损，从而取代或阻碍另一成员的相似产品进入补贴发展中国家成员的市场，或除非发生对进口成员市场中国内产业的损害，否则不得根据第 7 条授权或采取措施。"根据这两条规定，对发展中国家成员给予的补贴进行严重侵害认定分析，第一步确认涉诉补贴为可诉性补贴；第二步依 SCM 协定第 6 条第 1 款对涉诉补贴进行分析；如属于该款所列举的补贴之一，则进入第三步分析是否存在 SCM 协定第 6 条第 3 款规定的不利影响，且这种不利影响存在的认定必须依第 6 条第 3 款至第 8 款的规定用肯定性证据予以证明；如果存在，第四步是分析涉诉补贴不利影响存在因果关系，只有这种因果关系存在，才能认定构成严重侵害。在第二步分析时，如果涉诉补贴不属于 SCM 协定第 6 条第 1 款所列举的补贴，则需分析是否该补贴而使 GATT 1994 项下的关税减让或其他义务的利益丧失或减损，从而取代或阻碍另一成员的相似产品进入补贴发展中国家成员的市场，或是否造成对进口成员市场中国内产业的损害，两者情形只要存在一种，则可认定构成严重侵害，否则不能。

在印尼汽车案中，印尼是发展中国家，专家组分析了是否可以以严重侵害这一理由起诉发展中国家。② 根据 SCM 协定第 27 条第 9 款，要指控发展中国家成员方授予或维持的补贴，必须证明补贴造成了下列情况之一：取消或损害

---

① WT/DS267/R，n. 1292.

② 朱榄叶：《世界贸易组织国际贸易纠纷案例评析（1995—2002）》，法律出版社 2004 年版，第 293 页。

减税减让或 GATT 1994 的义务，取代或阻止另一成员的产品进入实施补贴的发展中国家成员市场，或在进口成员方市场造成对其内国产业的损害，才可根据协议第 7 条授权或采取等到。也就是说，对发展中国家实施的补贴措施，仅仅说补贴损害了某个成员方的利益，还不足以起诉，必须证明取消或损害的是根据 GATT 能够得到的利益。对印尼是发展中国家这一点，各方都没有异议，但申诉方提出，印尼的补贴超过了产品价值的 5%，属于第 6 条第 1 款所指的补贴，此外，TNP 处于新建阶段，对其补贴超过了总投资的 15%，所以也属于第 6 条第 1 款（a）项规定的情况，处理这样的补贴应该按照第 27.8 条。专家组认为，由发展中国家成员方提供的补贴如果属于第 6 条第 1 款规定的情况，则可以适用协议第 27.8 条。根据该条规定，在一般情况下，一项补贴如果属于第 6 条第 1 款所指的补贴，就被认为会造成其他成员方的严重影响，但如果实施补贴是发展中国家，则不适用这种推定，提出申诉方必须提供受严重侵害的证据。

2. 对发达国家成员给予的补贴进行严重侵害认定的分析路径

SCM 协定第 6 条第 3 款规定："如下列一种或多种情况适用，则可能产生第 5 条（c）项意义上的严重侵害……"对于这个可能产生（may arise）如何理解，关系到严重侵害认定的要件和分析路径。对于此问题，在韩国影响商用船舶贸易措施案中，被申诉方韩国认为，证明严重侵害需要进行两步分析：一是存在第 6 条第 3 款（a）、（b）项列举的各项情形，这是认定严重侵害必须具备的先决条件；二是证明 SCM 协定第 11—15 条规定的各项要素，即对欧共体国内产业进行损害分析①。因为"严重侵害"与"实质性损害"相比性质类似，但更为严重，所以其国内产业损害的标准要更高。申诉方欧共体认为，第 6 条第 3 款（a）、（b）项列举的各项情形本身即构成严重侵害。专家组认为协定条文和背景资料均不支持韩国的上述观点。韩国的立论依据是认为"严重"比"实质性"的词义更为强烈，"严重侵害"比"实质损害"的同内产业损害标准要更高。专家组认为这两个词没有关联性，是两个独立的概念。SCM 协定第 5 条在列举不利影响时，将（a）项"损害另一成员的国内产业"与（c）项"严重侵害另一成员的利益"明确分离，这表明严重侵害并不是一种更为严重的侵害，否则这样的区分就没有必要了。严重侵害首先涉及一成员提供的补贴对另一成员某产品贸易利益产生了不利影响。第 6 条第 3 款表明补贴对利益的"不利影响"包括（a）、（b）项规定的情形。②

---

① WT/DS273/R，para. 7.576.

② WT/DS273/R，paras. 7.581 – 7.587.

根据专家组的这种分析，只要确认是否存在 SCM 协定第 6 条第 3 款规定的四项不利影响即可，但对于第（a）和第（b）项规定的"取代或阻碍"，如果申诉方证明存在法定的排除事由，则不构成严重侵害，对于第 6 条第 3 款规定的四项不利影响，每项的构成又有其具体的分析路径，笔者将在下文进行相关讨论。

三、实体规则（一）

SCM 协定第 6 条第 3 款是认定严重侵害的核心标准。与第 6 条第 1 款从补贴的性质和程度来规定严重侵害推定不同，这条是从补贴所造成的不利影响来进行规定。这个条文的内容是，如下列一种或多种情况适用，则可产生第 5 条（c）项意义上的严重侵害：（1）补贴的影响在于取代或阻碍另一成员相似产品进入提供补贴成员的市场；（2）补贴的影响在于在第三国市场中取代或阻碍另一成员相似产品的出口；（3）补贴的影响在于与同一市场中另一成员相似产品的价格相比，补贴产品造成大幅价格削低，或在同一市场中造成大幅价格抑制、价格压低或销售损失；（4）补贴的影响在于与以往 3 年期间的平均市场份额相比，提供补贴成员的一特定补贴初级产品或商品的世界市场份额增加，且此增加在给予补贴期间呈一贯的趋势。① 这四种严重侵害的情形的认定，都需要对因果关系进行分析，且前三种都需要对"相似产品"进行界定，此外，在认定严重侵害之诉前，还需分析申诉方资格的问题，故本文将这三个问题单独列出进行研究，再分别分析这四种情形的认定。为研究方便，下文对这四项内容分别简称为：取代或阻碍进入提供补贴成员的市场；取代或阻碍进入第三国市场；大幅价格削低、大幅价格抑制、价格压低或销售损失；世界市场份额增加。

（一）申诉方资格等关键词的认定

1. 申诉方资格

申诉方资格问题是指谁有资格就他方实施的补贴提出严重侵害的申诉。根据韩国影响商用船舶案的裁决，申诉方资格的条件是认为涉诉中的措施影响了自己的利益且想为此提出申诉。②但如何判断一项利益是否属于申诉方的利益是一个难题，这个与民事诉讼中具有诉讼利益是原告当事人适格的必要条件是一样的。如果一国公司在外国生产的产品受到了严重侵害，是否意味着该国的

---

① 参见 SCM 协定第 6 条第 3 款。

② WT/DS273/R，paras. 7. 49 – 7. 50.

利益受到损害，该国可否据此提出严重侵害诉求，答案是否定的。印尼汽车案中专家组对该问题进行了分析，该案中申诉方美国提出的严重侵害诉求的相似产品中有一部分产品并非其本国生产，而是由美国的公司在欧洲生产，这种情况下，美国是否有严重侵害申诉资格，对那部分非本国生产的产品提出严重侵害申诉，专家对此予以否认，认为一方不能对他方因涉诉补贴受到的不利影响而提出严重侵害的申诉，本案实际遭受了不利影响的是欧洲，而美国仅仅是因为其公司的利益被损害，美国也没有证明 GATT 第 16 条第 1 款或 SCM 协定第三部分暗示了生产者的国籍对于确定严重损害的存在是相关的，因此，专家组认为，美国不能单纯依靠受影响的产品是美国公司生产的这一事实而将这种对来自欧共体产品的影响转化成对美国利益的严重损害。① 笔者同意专家组的这种分析，并认为还可以从 SCM 协定的其他相关条文得出这种结论。SCM 协定第 7 条第 2 款要求一方提出磋商请求必须列出对请求国造成严重侵害的初步证据，这暗示着只有因涉诉补贴受到不利影响的一方才能提出严重侵害的申诉；② SCM 协定第 6 条第 7 款规定的是被诉方对 SCM 协定第 6 条第 3 款中"取代或阻碍"严重侵害申诉的抗辩事由，其（a）到（f）项规定的都是"申诉方的出口"或"申诉方的进口"被限制或禁止、自然灾害及限制出口安排等某些因素影响的一些情形，③ 这意味着与"取代或阻碍"严重侵害申诉的相关产品必须是来自申诉方领土内。

对已失效的措施授予的补贴能否提出严重侵害申诉。在美国陆地高棉案中，专家组分析，"已失效的措施授予的补贴可能会在其有效时产生不利影响，这种不利影响可能会在失效后持续"。④ 专家组的这种分析意味着如果一项授予某补贴的措施已失效，能否对这种补贴提出严重侵害申诉取决于这种补贴产生的不利影响是否还存在。

2. 相似产品的认定

相似产品这个概念涉及反补贴立案调查中申诉方资格、损害认定及反补贴措施的适用范围等重要问题，是反补贴调查中确定损害的根本前提。⑤ SCM 协定第 6 条第 3 款（a）、（b）、（c）项的认定也都涉及了对"相似产品"的理解。笔者将从 SCM 协定的相关规定及 WTO 的实践出发，同时结合欧美对此问

---

① WT/DS54/R，WT/DS55/R，WT/DS59/R，WT/DS64/R，para. 14. 202.

② 参见 SCM 协定第 7. 2 条。

③ 参见 SCM 协定第 6. 7 条。

④ WT/DS267/R，paras. 7. 1201.

⑤ 单一：《WTO 框架下补贴与反补贴制度研究》，法律出版社 2009 年版，第 82 页。

题的相关立法和实践，对"相似产品"的界定作出深入分析。

（1）SCM 协定的相关规定及 WTO 实践

对于相似产品，SCM 协定注释 46 规定："在整个协定中，相似产品一词应解释为相同的产品，即与考虑中的产品在各方面都相同的产品，或如果无此产品，则为尽管并非在各方面都相同，但具有与考虑中的产品极为相似特点的另一种产品。"① 可见，相似产品有两种类别：一是在各个方面都完全相同的产品；另一种是非常相似的产品。在实践中，申诉方主张产品完全相同的并不多见，因为难以举证证明，也很容易被对方否定。所以实践中主要是需要判断涉讼产品之间是否属于非常相似的产品。"相似产品"这一术语是肯尼迪回合时提出的，后来几乎原封不动地写进了《东京回合反补贴守则》，又写进了 SCM 协定中。② 但这些协议中一直没有对确定非常相似产品具体的分析方法、判断标准及考虑因素进行明确规定。到目前为止，对"相似产品"的认定做了最详细的分析的案件是美国、欧共体诉印度尼西亚关于汽车工业措施案（简称印尼汽车案）。根据该案的裁决，应从以下几方面对"相似产品"进行认定：

第一，考虑因素。认定相似产品，需在产品间进行特性的对比，必须考虑产品物理特性和非物理特性。物理特性主要指产品的大小、形状、组成等物理方面的特征，而非物理特性主要指认牌购买、品牌形象和声誉、销售价格、售后服务等因素，而且这两者地位并非是同等的，物理特性是主要的考虑因素，因为"虽然物理特性不同的产品也会有相同的用途，但用途的不同却主要是由于其物理特性的不同，而产品是否可代替也主要取决于其物理特性"。③ 在印尼汽车案中，专家组对申诉方美国和欧共体的几种涉诉汽车与被诉方印尼的 Timor 车从物理特性方面做了一个对比。在从车厢、动力、转向、悬置装置、安全性能这几方面进行对比后，发现除在引擎输出功率和动力转向方面略有差别外，其他方面都相同，故认定 Timor 车与其他车在实质特性方面无实质区别。④ 同时，被申诉方印尼还提出，除物理特性区别外，Timor 车在非物理方面也与其他车型不同，印尼没有明确提出哪些特点是非物理的，只提出了认牌、品牌形象、声誉、地位、售后服务等因素，专家组认为这也是需考虑的因

---

① SCM 协定脚注 46。

② 单一：《WTO 框架下补贴与反补贴制度研究》，法律出版社 2009 年版，第 71 页。

③ 朱榄叶：《世界贸易组织国际贸易纠纷案例评析（1995—2002）》，法律出版社 2004 年版，第 299 页。

④ WT/DS54/R，WT/DS55/R，WT/DS59/R，WT/DS64/R，paras. 8. 145 – 8. 150.

素，但印尼没有提供充分的证据来证明其主张，故专家组没有肯定该主张。①

日韩酒税案中，专家组利用"市场基准分析方法"（The Market - Based Approach）对相似产品进行分析，也综合考虑了产品的物理特性和非物理特性。② 这种方法强调以消费者认知决定的市场竞争作为确定"相似产品"的标准，因而将产品的相关市场竞争条件作为考虑"相似产品"的因素，如最终用途、物理特征、客户群、价格、销售渠道等。

第二，操作方法。实践操作中，海关的关税分类，行业自己对产品市场的细分也可以成为认定相似产品非常重要的参考依据，专家组有时依据这些分类来判断相似产品。但是，并非所有的行业分类或海关关税分类都能成为参考依据，只有其分类标准和方法与 SCM 协定对相似产品的规定一致时，才具有参考价值。在印尼汽车案中，美国和欧共体提出了 DRI 全球汽车集团亚洲汽车工业预测报告③将客车的分类，这个报告将客车具体分为 ABCDE 五类。其中 C 到 E 组下再做细分。专家组认为，将 DRI 对客车市场的细分标准用在本案的相似产品认定做参考是合适的。因为，DRI 是根据消费者认为属于相互竞争关系来对客车分类，考虑了汽车大小、价格、市场地位等因素，结合了汽车的物理特性和非物理特性。因此，专家组选择了在进行市场划分时考虑了所涉汽车的物理特点的分析方法；并认为"根据规模和价格/市场位置的组合划分市场的方法是一种明智的方法，该方法与 SCM 协定下分析'相似产品'的有关标准是一致的"。④

第三，整车与整车组件进口是否属相似产品。印尼汽车案涉及的另一重要问题是整车与整车组件进口是否属相似产品。因为关税的原因，几乎所有申诉方欧洲的进口车都是由以组件（completely knocked - down）形式运输到印尼，然后再在当地装配，这种情况下，如果这些组件组装后的整车与受补贴产品是相似产品，这些进口的组件是否同样构成相似产品。进口的组件最终用途和受补贴产品 Timor 整车没有差异，且这些车的国产化率很低⑤，其大部分组件的用途在最终产品中没有改变，其唯一的区别是组件没有装配的，整车是装配完成的。所以问题的实质在于未装配的组件与整车的区别是否足以造成它们是不

---

① WT/DS54/R，WT/DS55/R，WT/DS59/R，WT/DS64/R，para. 8. 152.
② 单一：《WTO 框架下补贴与反补贴制度研究》，法律出版社 2009 年版，第 82 页。
③ DRI 全球汽车集团亚洲汽车工业预测报告是汽车行业本身进行市场划分的方法。
④ WT/DS54/R，WT/DS55/R，WT/DS59/R，WT/DS64/R，para. 14. 177.
⑤ 欧共体出口到印尼的 CKD 组件包括几乎所有的部件，在印尼购买的只有低成本的通用件或配件。

同产品。专家组认为，仅凭未装配完成这一事实不能确定它们是不相同的产品。① 可见，进口的整车组件并不影响相似产品的判断，但进口的组件必须是绝大部分且是整车中重要的组件，如果只是少部分的组件进口或进口的组件是整车次要的零部件，则其不能和组装后的产品一样进行相似产品判断。

（2）欧盟关于"相似产品"的规定及实践

欧盟反补贴条例关于"相似产品"的定义与 SCM 协定的规定基本一致，且欧盟反补贴条例和反倾销规则中关于"相似产品"的规定是相同的，笔者在此部分引用欧委会在反倾销调查中所采用的相似产品的认定方法，以弥补反补贴调查实践的不足。

在欧盟的反补贴和反倾销调查中，通常将产品的物理、技术和化学等方面的基本特性和产品的使用性及其最终用途这些因素作为认定相似产品最主要的考虑因素，将生产工艺和投入物等其他因素作为辅助的考虑因素。因为其他要素的差异通常不能否定产品之间的相似性，生产工艺或投入物的不同可能会导致产品质量的差异，但被调查产品基本的物理特性和实际用途不受该差异的影响，而相似产品质量的差异并不妨碍被视为相似产品，但如果质量的差异能得到证明，则可作价格比较。② 近来，欧盟在认定相似产品时更为严格和谨慎，进一步考虑了以产品的可替代性和竞争性等因素来衡量相似产品的构成，以及市场和消费者对产品认知的特殊性，但产品的竞争性是确定相似产品的决定性因素。③

就"产品特性"这一因素而言，产品之间的特性差异，有的是"重大改变"（substantial change），有的只是细小的差异。对于前者，欧盟就会予以慎重考虑。而对于后者，欧盟一般认为微小的、对产品的基本技术特点和基本功能没有影响的、消费者无法觉察的物理差异，不影响将产品认定为相似产品。④

---

① WT/DS54/R，WT/DS55/R，WT/DS59/R，WT/DS64/R，para. 8. 238.

② Council Regulation No 1015/94 of 29 April 1994，Imposing a definitive anti – dumping duty on Imports of television camera systems originating in JaPan. 0. J. NoL111，30，April，1994，p. 106.

③ O. J. No L 111，9，April，1998，p. 19.

④ E. g. Hot – rolled steel Coils from India，Taiwan and South Africa，Commission Dee. 284/2000/ ECSC of 4 February 2000，O. J. L31/44，2000. 被申请人强调其出口的产品有较低的市场价值，二者并非相似产品。欧委会指出，总体而言，欧盟生产的产品和进口产品之间具有完全相同的物理特性和用途，即使产品之间不是完全相同，如工艺、质量、价格方面的细小差异不影响对于"相似产品"的认定。甘瑛：《国际货物贸易中的补贴与反补贴法律问题研究》，法律出版社 2005 年版，第 187 页。

就产品的最终用途而言,欧盟会考虑相关产品的用途和基本功能,来判断彼此间是否具有相似的或同等的功能。此外,产品之间的可替代性也是欧盟审查的一个重点,其会将消费可替换性及其可替代程度和市场及消费者对产品认知的特殊性作为判断产品相似性的一个重要指标,如果相关产品虽然在物理特征和技术标准上差异大,但在消费者眼里它们具有可替代性的,它们仍然可能属于"相似产品"。①

(3) 美国关于"相似产品"的规定及实践

美国反补贴税法采用了"国内相似产品"(domestic like product) 的概念,其含义是指:与被调查产品(同类)相似或不相似(同类)时,在特征和用途上相似的产品。② 该定义沿袭了《1979 年贸易法》的规定,没有提供具体的判断标准,仅仅笼统地说明"国内相似产品"是与被调查进口产品"同类"或"极为相似"的产品,这样给予了调查机关过宽的自由裁量权。

在实践中,由美国商务部(以下简称 Doc)决定涉案的接受调查的进口产品范围,由美国国际贸易委员会(以下简称 ITC)决定哪些国内产品与这些接受调查的进口产品相同。在确定相似产品时,ITC 一般要考虑一系列因素,包括:①物理特性和用途;②可替代性(interchangeability);③销售渠道;④制造设备、生产工艺和流程及雇员的使用;⑤消费者和生产者对产品的认知;⑥在适当的情况下,可考虑产品价格。③ 对这些因素的考虑被称为"横向比较"(horizontal comparison),但上述任何一个单独的因素都不是决定性的,ITC 可在特定调查事实的基础上考虑其他相关因素,一般来讲 ITC 不考虑被调查产品的细微差别而积极寻找可以区分相似产品的明确划分标准。

从美国对相似产品的定义可以看出,特性相似意味着生产上的可替代性,用途相似意味着商业上的可替代性。④ 在实践中的具体操作上,ITC 更加关注产品之间相互竞争性的"商业可替代性"。其在认定"相似产品"时,会比较

---

① Joined Cases 294/86&77/87, Technointorg v. Commission &Council, (1988) E. C. R. 6077, para. 39. 甘瑛:《国际货物贸易中的补贴与反补贴法律问题研究》,法律出版社 2005 年版,第 187 页。

② Section 771 (10) of the Act (19U. S. C. &1677 (10)) 规定:The term "domestic like product" means a product which is like or in the absence of like most similar in characteristics and uses with, the article Subject to an investigation under this Subtitle. ("国内相似产品"的概念是指一种与被调查产品相似或在缺乏相似性的情况下在特性和用途上与被调查产品最相近的产品)。

③ Timken Co. V. United States, 913 F, Sunn, 580, 584 (CIT1996).

④ 单一:《WTO 框架下补贴与反补贴制度研究》,法律出版社 2009 年版,第 137 页。

被调查的进口产品与特定的国内产品，根据国内产品与进口产品的直接关系确定中心产品范围，通过这种比较来突出审查二者间的消费可替代性。①

综上所述，在 GATT 和 WTO 法律体系下，对"相似产品"仅加以定义却并没有统一的认定方法，实践中认定的方法多样，考虑的因素也千差万别，专家组和上诉机构报告总体认为应该根据个案来加以判定并认为应该对"相似产品"进行狭义解释。在判定特性最相似的产品时，可考虑采用"市场基准分析方法"将产品的物理构成、制造方法、技术指标、化学特性、销售渠道和客户群、生产工艺流程、主要用途、商业可替代性和竞争性及价格多方面因素加以分析，但是在处理个案时，具体选择哪些因素进行分析及所选择的因素中，哪些是需要主要考虑的，这些问题调查机关都有充分的自由裁量权来决定，这就难免增加了反补贴调查的任意性和不确定性，增加了滥用贸易救济工具的可能性。因此，"相似产品"的界定标准有待进一步量化，使其更为准确，更具有操作性，以确保各国在调查程序上的一致性和公正性，防止贸易保护主义工具的滥用。

3. 因果关系的认定

SCM 协定第 6 条第 3 款（a）到（d）项都规定了"补贴的影响是……"（the effect of the subsidy is）。而影响（effect）的含义是："被引起、产生的东西；结果、后果。"② 所以，补贴与不利影响的因果关系是这四种严重侵害情形认定需要分析的问题。SCM 协定只是规定了需要进行因果关系分析，但却没有为此提供明确的分析思路和确定标准，而且相关的反倾销和保障措施的协定中也没有类似的规定。③ 实践中，因果关系的认定非常复杂，而且，确定严重侵害的因果关系的方法不是唯一的，每一具体案件中的补贴种类、产品、市场及严重侵害的形式都是独特的，相互作用的方式也是独特的。因果关系的分析必须在个案的基础上进行，要适应每一争议中的具体情形。④ 下文将结合相关案例，对实践中两种主要的因果关系认定方法进行分析：

（1）同时进行归因分析和非归因分析法

这种方法将因果关系分析分为两步：先进行归因分析，分析补贴的影响，

---

① See Nippon Steel Corp v. United States，19 CIT 450，455 n. 4（1995）. 甘瑛：《国际货物贸易中的补贴与反补贴法律问题研究》，法律出版社 2005 年版，第 185 页。

② WT/DS273/R，para. 7. 632.

③ WT/DS267/R，para. 1. 709.

④ 在韩国影响商用船舶案中，专家组指出确定严重侵害诉求的因果关系没有一个单一的方法，应当个案分析。See WT/DS273/R，para. 7. 619.

确定其是否造成了不利影响；再进行非归因分析，分析是否有其他因素割裂了这种因果联系。美国陆地棉补贴案中，专家组运用的就是这种分析方法。该案中，申诉方巴西提供了证据证明涉诉补贴造成了大幅价格压低，被申诉方美国对此否认，认为巴西相似产品的价格压低是其他因素造成的。专家组认为要确定此问题，应先分析补贴的影响，以确定相关不利影响是否补贴所产生，同时，再分析造成不利影响的其他因素，以确定其他因素是否割断了补贴与不利影响的因果联系，或是使补贴与不利影响的因果关系变得不重大。① 专家组基于四项原因认定在补贴和大幅价格抑制之间存在因果关系：首先，美国对世界陆地棉市场有实质性影响；其次，某些补贴措施直接与陆地棉世界价格和以价格为条件的补贴之间，存在可以辨认的时间上的一致性；最后，有可靠证据表明，自 1997 年以来，在美国生产者总生产成本和陆地棉销售收入之间存在差距。② 专家组接下来审查了有因果联系的其他因素，包括陆地棉的世界需求、美元的坚挺和 1999 年到 2001 年间中国投放政府陆地棉库存。专家组依次审查并最终认定，在美国提出的其他因素中，虽然有的因素的确有价格抑制影响，但没有割裂美国强制性补贴和大幅价格抑制之间的真实和实质联系。③

上诉中，美国主张专家组在认定因果关系时没有充分考虑影响因果关系的其他因素，如美国农民在决定种陆地棉还是其他农作物时所面临的经济环境。陆地棉种植面积主要取决于预期收获时的市场价格，而非种植时的价格，美国也承认，农民决定是否种植陆地棉同时受到预期市场价格和补贴的影响。然而，从 1991—2001 年，当农民做种植决定时，陆地棉预期收获市场价格比补贴带来的利益远远更大，所以补贴对种植决定的效果极少。④ 上诉机构认真考虑了陆地种植决定、预期市场价格、预期市场收益这几者的关系，通过分析发现，美国的贷款补贴占美国陆地棉收益的一半以上，评估影响时专家组已考虑了补贴对美国陆地棉市场收益的重要程度。虽然预期收获市场价格比实际收益价格要高，但补贴仍可影响到种植决定，因为，他们在作出种植决定时就已非常清楚，如果实际价格最终比预期价格低，他们会被政府授予补贴保护。⑤

这种分析方法与 SCM 协定第 15 条确定的补贴与国内产业之间因果关系分析要求是一致的。必须证明通过补贴的影响，受补贴产品造成了损害，此外，

---

① WT/DS267/R，paras. 1. 711 – 1. 712.

② WT/DS267/R，paras. 1. 713 – 1. 719.

③ WT/DS267/R，paras. 1. 723 – 1. 729.

④ WT/DS267/AB/R，para. 413.

⑤ WT/DS267/AB/R，para. 424.

还应审查除补贴进口产品外的，同时正在损害国内产业的任何已知因素，且这些其他因素造成的损害不得归因于补贴进口产品。①

（2）"若非"（but...for）分析法

实践中，分析因果关系的另一种常用方法是"若没有……则……"，即若没有补贴，则会怎样（不利影响是否会出现），如果不利影响仍然出现，则断定涉诉补贴和不利影响间没有因果关系，反之，则有因果关系。对此方法分析得非常全面的是韩国影响商用船舶贸易措施案。该案中，专家组认为，对于价格抑制或价格压低的因果关系，第6条第3款（c）项条文暗含了"若不是"标准，即如果没有补贴，则价格如何②。本案中，要回答的问题是：对于价格压低，若没有补贴，船舶价格是否就不会下跌或下跌的幅度要小于实际下跌的幅度；对于价格抑制，若没有补贴，船舶价格是否将会上涨或上涨幅度要高于实际上涨的幅度。③ 与此同时，还要分析影响特定市场情况的各种因素，如供需、生产成本、比较效率等可作为原因的其他因素，以确定这些因素是否削弱了因果联系，或使补贴影响不再那么重大。确定了基本的分析思路后，专家组对具体产品进行了分析，须确定欧共体是否已经证明，若不是这些接受了补贴的预付款还款保证和装船前贷款交易，涉案船舶的市场价格本应大幅高于现在的实际价格。专家组首先探寻有关接受补贴的交易与某一特定种类船舶当前市场价格之间存在联系的证据；如果发现存在证明两者之间有关联系的证据，专家组接下来将考虑更为细节的问题，诸如每一类产品的产品定义、地理市场、补贴的时间、价格走向、有关成本的证据等，以对严重侵害诉请进行完整全面的分析。

实质上，在 SCM 协定第6条第3款的因果关系认定中，上述两种方法只是认定的具体思路不同，其认定过程中考虑的主要因素是相同的，都是先分析补贴的影响，看其是否造成了第6条第3款所规定的不利影响。同时再分析造成不利影响的其他因素，看这些因素是否割裂了补贴与不利影响的因果联系或使这种因果联系变得不那么重要。

（3）因果关系认定的其他几个问题

一项补贴措施在其已执行完毕后是否仍会产生不利影响。在美国陆地棉案中，对此问题，被申诉方美国认为，每年支付的补贴的影响只能针对作出支付的那一年，补贴不能在随后的任何一年中造成大幅价格抑制。而上诉机构不同

---

① 参见 SCM 协定第 15 条。

② WT/DS273/R，para. 7. 612.

③ WT/DS273/R，para. 7. 615.

意这种观点，按年支付的补贴，其影响不一定也在该年份结束时消失。①

如果一项政策授予了数项补贴，是否应单独分析每项补贴的影响，答案是否定的。在韩国影响商用船舶贸易措施案中，被申诉方韩国强调 SCM 协定第 5 条和第 6 条"补贴"一词用的是单数，主张应单独确定每一项补贴可能造成的价格抑制和价格压低程度。专家组表示其的确单独审查了每一装船前贷款和预付款还款保证交易是否存在补贴，但认为协定第 6 条第 1 款（a）条和附件 4 表明，在计算某一产品的从价补贴时，不同项目下的补贴应当合并计算。②

评估补贴影响时是否需对补贴授予的利益进行量化。美国陆地棉案中，专家组认为，从已有的信息可以确定，从价补贴给予了美国陆地棉生产者大量利益，但在评估补贴的影响时，不需要对这些利益进行精确量化。对此美国不服，上诉主张应对这些授予的补贴利益进行量化。上诉机构承认补贴量对补贴造成的影响有重大关系，但这只是其中的一个因素，附件 5 同时提到了补贴的金额和其他因素，这表明补贴的金额和其他要素都与评估是否存在价格抑制有关。但是，上诉机构并不认为附件 5 要求在判断不利影响的时候对补贴进行精确量化。③ 因为，严重侵害的认定应先分析补贴的专向性，SCM 协定第 1 条第 2 款无补贴利益量化分析的要求，同时，SCM 协定第 6 条除从价补贴率的计算规定外，无其他需要对补贴利益进行量化的要求。SCM 协定第 5 部分有关于接受者所获利益的补贴金额计算的规定，但美国没有提出第 5 部分应适用于此，第 5 部分和第 3 部分的规定有明显不同，第 5 部分必须精确计算，因为 SCM 协定第 19 条第 4 款规定，反补贴税的征收不得超过认定存在补贴的金额，而第 3 部分中的第 7 条第 8 款规定严重侵害的补救措施是撤销补贴或消除不利影响。

（二）大幅价格削低、价格抑制、压低或销售损失的认定

SCM 协定第 6 条第 3 款（c）项规定："补贴的影响在于与同一市场中另一成员相似产品的价格相比，补贴产品造成大幅价格削低，或在同一市场中造成大幅价格抑制、价格压低或销售损失。"④ 这项规定包含了四种不同的情形，第一种是与同一市场中另一成员相似产品的价格相比，补贴产品造成大幅价格削低，后三种分别是在同一市场中造成大幅价格抑制、价格压低或销售损失，

---

① 朱榄叶：《世界贸易组织国际贸易纠纷案例评析（2003—2006）》，法律出版社 2008 年版，第 377 页。

② 朱榄叶：《世界贸易组织国际贸易纠纷案例评析（2003—2006）》，法律出版社 2008 年版，第 395 页。

③ 朱榄叶：《世界贸易组织国际贸易纠纷案例评析（2003—2006）》，法律出版社 2008 年版，第 377 页。

④ SCM 协定第 6 条第 3 款。

SCM 协定第 6 条第 5 款对大幅价格削低专门进行了进一步解释，其他情形 SCM 协定没有进一步的解释。因为这四种情形都有"同一市场"、"大幅"这两个关键词，所以先对这两个词进行分析，再分析具体的严重侵害情形。

1. 同一市场、大幅的认定

对于同一市场如何界定，市场的含义及市场的范围是认定的难题。美国陆地棉案中对此有详细的分析，在该案中，巴西主张第 6 条第 3 款（c）项的同一市场应理解为陆地巴西市场、棉世界市场、美国市场和 40 个接受巴西棉花出口且其市场上既有美国棉花也有巴西棉花的第三国。但美国认为，相关市场是某成员的特定国内市场，而且不能是世界市场。专家组认为，市场指的是买卖双方聚集在一起以及供需影响价格发生作用的经济活动的地理范围。尽管市场有地理含义，但第 6 条第 3 款（c）项中市场的内涵没有地理或概念上的限制，同一市场应包括世界市场。① 上诉机构也认为，同一市场是指受补贴的美国陆地棉和巴西陆地棉进行实际或潜在竞争的市场。只要两个产品参与实际或潜在的竞争，就是处于同一市场，而不一定在同一地点和同一时间销售。② 在韩国影响商用船舶贸易措施案中，专家组也认为，第 6 条第 3 款（c）项对"同一市场"是没有施加地理限制的，从协定文本来看，将该词解释为仅指"国家市场"是没有根据的。第 6 条第 3 款（a）项和第 6 条第 3 款（b）项明确将市场界定为特定国家市场，第 6 条第 3 款（d）项明确提及"世界市场"，但第 6 条第 3 款（c）项有更大的灵活性，可根据具体案情对"同一市场"作出宽泛或狭窄的界定。第 6 条第 3 款（c）项"同一市场"涵盖第 6 条第 3 款其他分段下的各种可能性，包括提供补贴成员的市场、申诉成员的市场、第三国市场以及世界市场。③ 根据这两个案件的裁决，第 6 条第 3 款（c）项中的"同一市场"没有特定的地理区域限制，可以包括提供补贴成员的市场、申诉成员的市场、第三国市场以及世界市场，其区域范围实际上取决于产品是否参与实际或潜在竞争，符合买卖双方聚集在一起以及供需影响价格发生作用的经济活动的地理范围这种属性。

这四种情形（大幅价格削低、大幅价格抑制、价格压低或销售损失）中都有"大幅"一词。SCM 协定第 6 条没有对"大幅"的含义提供任何指引，根据印尼汽车案中的裁决，"大幅"是用来筛选出虽由补贴造成，但对市场没

---

① WT/DS267/R, para. 7.564.

② WT/DS267/AB/R, paras. 144 – 148.

③ WT/DS273/R, paras. 7.561 – 7.565.

有真正影响的、非常小的、不重要的价格影响①，美国陆地棉案中，专家组也认为，只有价格抑制或价格压低的程度足以对供应商产生有意义的影响，才是SCM 协定第 6 条第 3 款（c）项所指的"大幅"。所以，"大幅"一词表明价格削低、价格抑制、价格压低或销售损失必须是严重的，能对市场产生真正的影响。②

2. 大幅价格削低的认定

在印尼汽车案中，专家组指出了对大幅价格削低认定的分析思路，具体分为三步：先分析是否存在价格削低，再分析价格削低是否"大幅"，最后分析大幅价格削低是否与补贴有因果关系。③ 对于大幅和因果关系的认定，前文都已进行分析了，所以下面将重点对价格削低的认定进行分析。

SCM 协定第 6 条第 3 款（c）项规定："补贴的结果是在同一市场上，与其他成员方相似产品的价格相比，受补贴产品的价格明显下降……"可见，价格削低认定的关键是将受补贴产品价格与同一市场上其他成员相似产品价格进行对比，看受补贴产品价格是否明显下降。但价格对比不是简单机械地将两者价格直接进行比较，SCM 协定第 6 条第 5 款对这种价格对此做了进一步的要求，"这一比较应在可比时期内同等贸易水平上进行，并应考虑影响价格比较的任何其他因素。若无法进行直接价格比较，则可以以出口单价作为判定削价的基础。"④ 所以，价格对比必须遵守三个原则：第一个是应在同一贸易水平上进行对比，何为贸易水平，SCM 协定没有作出具体解释，笔者认为可以理解为特定的贸易条件，比如在国际销售合同中普遍采用的特定交易标准，像Inco terms 的 Exw（EX works）、FOB（Free on Board）、CIF（Cost insurance and freight）等，这些交易规则不同，其价格当然不具有可比较性；第二个是应在可以比较的时间内进行，这意味着，价格削低必须发生在一个独立的有代表性的时期内；第三个是应当考虑影响价格可比性的任何其他因素，这种因素包括产品的物理性差异和非物理性差异，这种分析较为复杂，下文将结合案例进行分析。

在印尼汽车案中，申诉方欧共体提出的证据资料汽车价目表显示，印尼的受补贴产品 TIMOR 的价格比欧共体的相似产品 306 及 OPTIMA 要低许多。但

① 朱榄叶：《世界贸易组织国际贸易纠纷案例评析（1995—2002）》，法律出版社2004 年版，第 312 页。

② WT/DS273/R，para. 7. 570.

③ WT/DS54/R，WT/DS55/R，WT/DS59/R，WT/DS64/R，paras. 8. 385 – 8. 403.

④ 参见 SCM 协定第 6 条第 5 款。

306 和 OPTIMA 都是以组件形式出口到印尼的，这其中有一些影响价格的因素，欧共体认为不存在影响价格比较的其他因素，没有考虑影响价格的其他因素，他们提供的是整车的价格比较信息。印尼提出，欧共体应当把消费者对三种汽车不同的特性的偏好量化并调整价格。印尼提供了三种汽车具体的不同之处，还提供这三种汽车物理上和非物理上的差异（功率、技术、舒适程度、安全、工艺、品牌形象），将这三种汽车排序。专家组认为考虑这一问题时要看三种车的区别，包括大小、特点、引擎功率、轮胎大小、安全特性和其他附加特性（警报系统、可折叠后座、内部装潢）。这些区别虽不足以造成这三种汽车是不同产品，但会在一定程度上影响价格的比较。①

专家组分析了三种汽车在引擎功率方面的差异，TIMOR 的引擎功率比 306 和 OPTIMA 要小，并将这一因素考虑在内；同时 TIMOR 没有安全气囊，而 OPTIMA 有安全气囊，专家组注意到有安全气囊的 OPTIMA 比没有的相差 200 万卢比，在价格比较时，也将这一因素考虑在内②；还有一些其他区别，如 306 和 OPTIMA 的刹车系统不同，OPTIMA 有报警系统，306 和 OPTIMA 的油箱大一些，OPTIMA 和 306 后座可折叠，OPTIMA 和 306 轮胎大一些，而且都是合金轮子，这些因素都是消费者在购车时会影响其对价格的考虑的。

如上分析，"大幅"是排除价格差额小得不足以影响出口的情况。专家组认为，即使把其他物理因素考虑在内，TIMOR 和 OPTIMA 及 306 之间的价格差不可能被认为无关紧要。对于价格削低与补贴之间的因果关系，要求证明价格削低是补贴的结果，印尼承认，受补贴产品 TIMOR 的价格如此低的原因是由于免除了进口关税和奢侈品税，欧共体提供的资料表明，1998 年、1999 年装配的 TIMOR 车，国产汽车计划将其价格降低 7274—9158 美元，降价幅度达 33%—38%。③ 最后，专家组由此得出结论：根据国产汽车计划对 TIMOR 提供的补贴使其价格大大降低，严重影响了欧共体的利益。

3. 价格抑制、价格压低或销售损失的认定

美国陆地棉案中专家组的裁决揭示了 SCM 协定第 6 条第 3 款（c）项中"大幅价格抑制、价格压低或销售损失"的分析路径。在界定清"相关产品"、

---

① 朱榄叶：《世界贸易组织国际贸易纠纷案例评析（1995—2002）》，法律出版社 2004 年版，第 310 页。

② 朱榄叶：《世界贸易组织国际贸易纠纷案例评析（1995—2002）》，法律出版社 2004 年版，第 311 页。

③ 朱榄叶：《世界贸易组织国际贸易纠纷案例评析（1995—2002）》，法律出版社 2004 年版，第 312 页。

"市场"、"价格"后，专家组依次审查：（1）是否存在价格抑制；（2）价格抑制是否"大幅"；（3）分析补贴的影响，以确定补贴和大幅价格抑制的因果关系。① 被申诉方美国反对专家组的这种分析次序，认为应先分析补贴的影响再分析是否存在大幅价格抑制，因为如果不事先分析补贴所产生的影响，就难以认定价格是否比其本应该的更低。上诉机构认为专家组的分析次序没有错，因为，SCM 协定第 6 条中对价格抑制认定的分析步骤没有作出任何要求，专家组采用这样的分析次序，是考虑到如果不存在大幅价格抑制，就没有必要再对因果关系进行分析了。② 大幅、市场和因果关系的认定前文已经作出分析，下文笔者将依据该案中专家的分析路径，结合 WTO 的相关裁决，对其他问题进行深入分析。

（1）相关产品和价格的界定

第一，相似产品是否适用于价格抑制或价格压低。相似产品是否像价格削低那样，同样适用于价格抑制或价格压低是一个很关键的问题，如果适用，则说明价格被抑制或压低的是相似产品，需分析受补贴产品与申诉方相似产品的价格变化趋势，反之，如果不适用，则说明价格被抑制或压低的是同一市场上的整个产品，分析价格变化趋势的对象也会随之不同。在韩国影响商用船舶贸易措施案中，双方对这个问题有不同意见，专家组首先对协定的条文进行了分析，指出在 SCM 第 6 条第 3 款（c）项中，只明确规定了价格削低需与相似产品对比，而对于价格抑制、价格压低、销售损失却没有规定"相似产品"，而"同一市场"在这两类情形中都规定了；再分析虽没有明文规定，但条文是否暗含了这种意思，联系条文的上下文看，专家组认为，"同一市场"在两类情形中都出现了，而"相似产品"只出现在"价格削低"这种情形，说明并没有暗含这种意思，同时，综观 SCM 协定第 6 条第 3 款，其所规定的四项不利情形都明确规定了所适用的产品范围，比如第（a）和（b）项适用于相似产品，第（d）项适用于初级产品或商品，所以，专家组推定条文并没有暗含这种意思；③ 最后，专家组分析了该协定磋商的历史，发现在乌拉圭回合第一次草案中，第 6 条第 3 款（c）项原来的规定是："与同一市场中另一成员相似产品的价格相比，补贴产品造成大幅价格削低，由此导致了价格抑制、价格压低或销售损失。"④ 草案的这个规定与最终规定相比，最大的区别是，价格削

---

① WT/DS267/R，para. 7. 616.

② WT/DS267/AB/R，paras. 139 – 143.

③ WT/DS273/R，paras. 7. 548 – 7. 549.

④ WT/DS273/R，para. 7. 551.

低原只是价格抑制、价格压低或销售损失产生的原因，现与后三者并列成为一种独立的不利情形，如果草案中的条文被保留，则"同一市场"和"相似产品"都适用于价格抑制、价格压低或销售损失的认定，但条文改变后，"同一市场"出现了两次，在前后两大类情形中都规定了，而"相似产品"只出现了一次，只规定在价格削低中。综合上述分析，专家组得出结论，相似产品不是认定 SCM 协定第 6 条第 3 款（c）项中价格抑制、价格压低或销售损失的法律要件。

第二，价格。在美国陆地棉案中，专家组依据反映世界陆地棉市场变化趋势的指数 A① 认定大幅价格抑制。美国认为专家组对大幅价格抑制的这种分析存在错误，向上诉机构提出还需审查世界市场上申诉方巴西的陆地棉价格。上诉机构认为，该问题的实质是：专家组是否只需要分析世界市场上陆地棉的价格，或专家组是否也应分析世界市场上巴西陆地棉的价格，并由此认定存在大幅价格压低。② 上诉机构认为，专家组总体分析了世界市场上陆地棉的价格已足够了，专家组依据的是指数 A，指数 A 充分反映了世界市场上陆地棉的价格，并认定由于世界价格的性质、世界陆地棉市场的性质以及美国和巴西所占有的相对市场份额，不管巴西和美国陆地棉在哪里展开竞争，陆地棉世界价格的发展将不可避免地影响到它们的价格。在这些情形下，专家组没有必要再单独分析世界市场上巴西的陆地棉价格。③

（2）价格抑制、价格压低和销售损失的界定

第一，价格抑制、价格压低的含义。价格抑制和价格压低这两个词看似相近，实质上是有区别的。价格抑制通常是指与本应增长的幅度相比，价格没有上涨或实际上涨的幅度要低。而价格压低是指当价格本应保持稳定或上涨时却下跌了。在美国陆地棉案中，专家组对这两个词是这样分析的："价格抑制是指相关产品的价格（销量时的货币数量）或价值被阻止或妨碍上涨（它们本来应当上涨却没有上涨），或者是虽然确实上涨了但上涨的幅度低于本来应当上涨的幅度。价格压低是指价格下跌或减少了。"④

韩国影响商用船舶贸易措施案中，专家组指出这两个词的意思暗含着一种趋势评估（价格没有像预期那样增长或意外的下跌）和因果关系分析（若没

---

① 指数 A 是由设在英国的私人机构 Cotlook 根据主要陆地棉交易的 5 个最低报价平均得出的。

② WT/DS267/AB/R，para. 415.

③ WT/DS267/AB/R，para. 417.

④ WT/DS267，para. 7. 1277，quoted in WT/DS267/AB/R，para. 423.

有补贴，价格抑制和价格压低是否会发生），专家组这样分析："实际上，比预期价格增长要低或价格下跌的存在是证明基于补贴造成价格抑制或价格压低而产生严重侵害的一个必要条件。……然而，价格方面的趋势并不能单独证明价格抑制、价格压低……我们将这两个词视为包含因果关系证明的概念"；①"价格平缓或下降的趋势并非推断出价格抑制或价格压低的足够依据，要想推断出存在价格抑制或价格压低，还必须分析造成这种价格趋势的原因，换言之，价格压低不是单纯的价格下跌，而是价格被某些因素压低，价格抑制是价格被某些因素限制，进一步而言，为证明 SCM 协定第 6 条第 3 款（c）项中的价格抑制或价格压低，既要证明相关的价格变动趋势，又要证明这种变动趋势是补贴造成的，这种分析与 SCM 协定中价格抑制、价格压低这两个词的含义是相符合的"。② 根据这两个案件中的专家组报告，价格抑制和价格压低包含着两种含义：其一是他们指的都是一种价格趋势，价格抑制表现的是增长（价格虽然增长，但比本应增长的幅度要小）或持平（本应增长却没有增长）的趋势，而价格压低表现的是下跌（本应保持稳定或上涨却下降了）的趋势；其二是价格趋势的出现是涉诉补贴造成的，即补贴与价格抑制或价格压低存在因果关系。价格抑制和价格压低这两个词看似相近，实质上是有区别的。

第二，价格抑制、价格压低存在的认定。在美国陆地棉补贴案中，专家组依据指数 A 分析是否存在价格抑制，③ 并指出有三个要素是审查同一"世界市场"是否存在"价格抑制"必须要考虑的：①陆地棉世界市场上美国生产和出口的相对重要程度；②一般价格趋势；③补贴的性质，尤其是这些补贴的性质是否具有可辨别的价格压低影响。专家组经过审查后认为，这些补贴的结构、设计和操作强烈证明存在价格抑制，尤其是以价格为条件的补贴。在1999—2002 年销售年度之间，与平均水平相比，指数 A 下降了将近 30%。④ 基于上述考虑，专家组认定在 SCM 协定第 6 条第 3 款（c）项所指的同一世界市场内存在价格抑制。鉴于美国生产和出口的相对重要性、世界市场的整体价格趋势、补贴的性质等，专家组认为补贴造成了同一世界市场的"大幅"价格抑制。

上诉机构认为，价格抑制存在的认定离不开对补贴所产生影响的分析，动

① WT/DS273/R，para. 7. 537.

② WT/DS273/R，para. 7. 538.

③ WT/DS267/AB/R，para. 487.

④ 朱榄叶：《世界贸易组织国际贸易纠纷案例评析（2003—2006）》，法律出版社2008 年版，第 371 页。

词"抑制"的含义暗含了主语（被申诉补贴）和宾语（陆地棉世界市场价格）两者的关系。专家组在决定是否存在价格抑制时，分析了①陆地棉世界市场上美国生产和出口的相对重要程度；②一般价格趋势；③补贴的性质，尤其这些补贴的性质是否具有可辨别的价格压低影响。除第二项"一般价格趋势"与大幅价格认定有直接联系外，其他两项都是对补贴影响方面的分析。①

第三，世界市场份额增加的认定。SCM 协定第 6 条第 3 款（d）项规定："补贴的影响在于与以往 3 年期间的平均市场份额相比，提供补贴成员的一特定补贴初级产品或商品的世界市场份额增加，且此增加在给予补贴期间呈一贯的趋势。"② 在认定第 6 条第 3 款（d）项的"世界市场份额增加"时，有六个要素是必须要分析的：①补贴的影响；②世界市场份额的增加；③补贴实施方；④特定受补贴产品和商品；⑤此增加在给予补贴期间呈一贯趋势；⑥往年 3 年期间的平均市场份额相比。③ 补贴实施方和特定受补贴产品和商品比较容易界定，补贴的影响即是前面所分析的因果关系的认定，而世界市场份额的增加是个关键点，关系到其他几项的分析，笔者特结合相关案例对其进行分析。

对于世界市场份额的含义如何理解，美国陆地棉案中，申诉方巴西认为，第 6 条第 3 款（d）项的"世界市场份额"仅指一成员特定产品的出口市场；④ 而被申诉方美国认为，是指特定产品的所有消费，不仅指世界出口市场份额，还包括该成员自身的消费。⑤ 根据巴西的理解，那么世界市场份额的计算方式就是美国陆地棉出口额占世界陆地棉出口总额的比例。而根据美国的理解，世界市场份额的计算方式为美国的出口额加上美国国内自身消费额除以世界陆地棉总消费额。专家组最终同意了美国的意见，因为"世界市场"的一般含义是指买卖双方走到一起的经济活动和供需力量影响价格的全球地理范围。对"世界市场份额"的理解应当考虑到生产和出口两个方面，考虑世界市场份额时，应将国内消费计算在内。⑥专家组还指出世界市场份额的含义解释为特定产品的世界总消费中由补贴实施方所供给的比例。⑦ 巴西的有关证据和论据均建立在对"世界市场份额"的不正确的法律解释上，因此，专家组

---

① WT/DS273/R，para. 7. 573.

② SCM 协定第 6 条第 3 款。

③ WT/DS267/R，para. 7. 1420.

④ WT/DS267/R，para. 7. 1424.

⑤ WT/DS267/R，para. 7. 1425.

⑥ WT/DS267/R，para. 7. 1429.

⑦ WT/DS267/R，para. 7. 1454.

认为，巴西没有提出初步证据证明美国违反了 SCM 协定第 6 条第 3 款（d）项和第 5 条（c）项。①

四、实体规则（二）

（一）取代或阻碍进入补贴方市场的认定

SCM 协定第 6 条第 3 款（a）项规定："补贴的影响在于取代或阻碍另一成员相似产品进入提供补贴成员的市场。"② 认定"取代或阻碍进入补贴方市场"的分析思路是：先对相似产品进行分析，因为取代或阻碍的对象是申诉方的相似产品，只有对相似产品确定后，才能对"取代或阻碍进入补贴方市场"进行认定；相似产品确定后，再认定是否存在在补贴方市场申诉方相似产品被取代或阻碍；最后分析补贴与取代或阻碍的因果关系。

1. 取代或阻碍的含义

对于"取代或阻碍"这两个词的含义，印尼汽车工业措施案的裁决中已经进行了解释："取代是指销量减少，阻碍是指本来发生的销量被阻碍。"③"取代或阻碍进入补贴方市场"的具体构成条件与 SCM 协定第 6 条第 4 款的规定有关，该条是针对 SCM 协定第 6 条第 3 款（b）项中"取代或阻碍向第三方成员出口"而设定的，其是否同样适用于第 6 条第 3 款（a）项"取代或阻碍进入补贴方市场"，这一问题对于该情形的认定又至关重要。因为如果适用，则申诉方只需要举证证明受补贴产品的相对市场份额增加，就有了被取代或阻碍的初步证据；但如果该款不适用，则申诉方还须证明补贴的影响导致了相对市场份额的变化。在印尼汽车案中，申诉方美国和欧共体都承认，从表面上看这一款不适用于本案的情况，因为它们申诉的依据是第 6 条第 3 款（a）项，但它们争辩说没有理由不适用这一款分析问题的方法，而印尼则认为这一款与本案没有关系。专家组同意印尼的观点，认为在本案中第 4 款不适用。④ 所以，对取代或阻碍进入补贴方市场的认定，申诉方必须证明补贴的影响是排斥或阻碍向补贴实施方的出口，而且还要证明这种不利影响是因补贴而产生的。

2. 表现形式

对于取代或阻碍进入补贴方市场的具体表现形式，SCM 协定中没有进行

---

① WT/DS267/R，para. 7.1465.

② 参见 SCM 协定第 6 条第 3 款。

③ WT/DS54/R，WT/DS55/R，WT/DS59/R，WT/DS64/R，para. 8.280.

④ WT/DS54/R，WT/DS55/R，WT/DS59/R，WT/DS64/R，para. 8.284.

详细的规定，但实践中，以下几种情形被认定为取代或阻碍进入补贴方市场：

（1）补贴产品的市场份额变化

虽然 SCM 协定第 6 条第 4 款不适用于取代或阻碍进入补贴方市场的认定，但它是其认定的重要参考依据，其规定的相对市场份额变化的情形有：①补贴产品的市场份额增加；②补贴产品的市场份额保持不变，但如果不存在该补贴，市场份额则会降低；③补贴产品的市场份额降低，但速度低于不存在该补贴的情况。① 这三种情形也是取代或阻碍进入补贴方市场的具体表现形式。但同时需证明相对市场份额的变化和补贴存在因果关系。这正如印尼汽车案专家组裁决所指出的："市场份额的数据与分析非常有关，只不过它只是证明被排斥或阻碍的证据而已。"②

补贴产品的市场份额增加的认定。在印尼汽车案中，自从受补贴产品 Timor 汽车进入印尼市场以来，其市场份额迅速扩大，而欧共体的相似产品 306 和 Optima 市场份额却急剧下降，双方提交的数据建立了补贴与欧共体市场份额下降之间的联系，看起来欧共体在印尼 C 组车市场份额的下降与对 Timor 的补贴有关，而且时间上的吻合可以看出两者之间的因果关系。如果第 6 条第 4 款可以适用，这一点已经足以证明欧共体产品被排斥或阻碍进入印尼市场，但由于该款不适用，只有这方面的证据还不够。最终，专家组查出，尽管欧共体相似产品的市场份额下降，但其总销售量却没有多大下降，市场份额下降销售量未减的原因是印尼汽车市场的扩大，而这一扩大的主要原因是 Timor 车的销售，如在 1996 年第三、四季度，C 组车的市场增加销售了 6326 辆，其中 Timor 车就占了 4278 辆（占总销售量的 68%），总市场迅速扩大，相对稳定的欧共体销量形成了市场份额的下降，所以，从补贴产品市场份额变化方面而言不能认定取代或阻碍进入补贴方市场。③

（2）本来会产生的销售受到了阻碍

认定"取代或阻碍"，申诉人不一定要证明销售额下降，也可以证明本来会产生的销售受到了阻碍，即如果没有补贴，申诉方相似产品的销售额会更大。④ 在一般的情况下，市场扩大和市场份额下降，加上时间上吻合，可以推断说如果没有补贴，销售额会更大。特别是在受补贴产品引入市场前，没有补

---

① SCM 协定第 6 条第 4 款。
② WT/DS54/R，WT/DS55/R，WT/DS59/R，WT/DS64/R，para. 8. 318.
③ 朱榄叶：《世界贸易组织国际贸易纠纷案例评析（2003—2006）》，法律出版社 2008 年版，第 312 页。
④ WT/DS54/R，WT/DS55/R，WT/DS59/R，WT/DS64/R，para. 8. 303.

贴的产品销售处于增长状态。印尼汽车案中，印尼提出市场扩大的原因是引入了受补贴的 Timor，它车型新、价格适宜，吸引了许多第一次购车者。欧共体对此否认。专家组认为，在受补贴产品 Timor 车引入之前 6 个季度，欧共体的共同产品 306 和 Optima 并没有明显的增长趋势，也没有充分的数据证明这两种产品会有明显的增长，故得出结论：如果没有受补贴产品 Timor，欧共体共同产品市场将保持平稳或略有上升。①

（3）出口计划受阻

如上所言，阻碍意味着本来会发生的销量受到了阻碍。出口计划受阻也属于"取代或阻碍"的表现形式之一。在印尼汽车案中，申诉方还提出，如果不是受补贴的产品进入市场，他们本来计划向印尼市场推出新车型，这样也会增加其销售量和向印尼的出口。专家组对这一认定"取代或阻碍"的方式予以认可，但同时也指出，在确定这一问题时应考虑两个问题，一个是是否存在向印尼出口新车型以增加欧共体的销售量的实际计划，另一个是新车型未能出口，是否因为补贴的存在。②对于前一个问题，作为申诉人，应提出支持其主张的证据，如经营新车型的计划、政府批准的文件、公司会议记录和内部决定等。美国拟证明其存在向印尼出口新车型 NEON 的计划，但证据太笼统，除了报纸上的文章和信件，没有其他书面证据。因而该计划的存在未被专家组认可。对于后一个问题，本案中的几个出口计划都因不明原因中断，申诉方未提出相关证据证明如果没补贴，新车型会顺利出口，也未被专家组认可。③

（二）取代或阻碍向另一成员的出口

SCM 协定第 6 条第 3 款（b）项规定："补贴的影响在于在第三国市场中取代或阻碍另一成员相似产品的出口。"④正如上所言，取代是指销售已经减少，阻碍是指本应发生的销售被阻碍，但此处的"取代或阻碍"认定比前一项的认定相对要简单。SCM 协定第 6.4 条规定，就第 3 款（b）项而言，对出口产品的取代或阻碍，在遵守第 7 款规定的前提下，应包括已被证明存在不利于未受补贴的相似产品相对市场份额变化的任何情况（经过一段足以证明有关产品明确市场发展趋势的适当代表期后，在通常情况下，该代表期应至少为

---

① 朱榄叶：《世界贸易组织国际贸易纠纷案例评析（2003—2006）》，法律出版社 2008 年版，第 310 页。

② WT/DS54/R，WT/DS55/R，WT/DS59/R，WT/DS64/R，para. 8.326.

③ 朱榄叶：《世界贸易组织国际贸易纠纷案例评析（2003—2006）》，法律出版社 2008 年版，第 308 页。

④ SCM 协定第 6 条第 3 款。

1 年）。"相对市场份额变化"应包括下列任何一种情况：（1）补贴产品的市场份额增加；（2）补贴产品的市场份额保持不变，但如果不存在该补贴，市场份额则会降低；（3）补贴产品的市场份额降低，但速度低于不存在该补贴的情况。① 因为第 6 条第 4 款的这个规定适用第 3 款（b）项取代或阻碍进入另一成员市场，所以申诉方只要有证据证明存在第 6 条第 4 款列举的三种情形之一，就可以初步认定造成严重侵害。

相对市场份额应理解为受补贴产品的市场份额相对于申诉方相似产品的份额，相对市场份额变化的评估必须通过一个独立的有代表的时期，这个时期的选取有三个要求，必须足够长从而能够证明涉诉产品清楚的市场发展趋势，尽可能是最近的，至少为 1 年。这种要求给了争端解决者一个义务，即要求其必须在整个代表性时期内，而非与一个代表期的最后一个时间点做对比来确定这种市场趋势②。在美国陆地棉案中，上诉机构也指出，这个要求意味着对 SCM 协定第 6 条第 4 款规定的补贴影响的评估必须建立在一个足够长的时期内，且不低于补贴影响产生的那一年③。

（三）"取代或阻碍"之排除事由

SCM 协定第 6 条第 7 款规定了补贴和其他因素共同造成取代或阻碍申诉方产品进入补贴实施方市场或第三国市场时，被诉方从而可以对严重侵害诉求进行抗辩，其条文如下："如在有关期限内存在下列任何情况，则不产生第 3 款下造成严重侵害的取代或阻碍：（a）禁止或限制来自起诉成员相似产品的出口，或禁止或限制起诉成员的产品进入有关第三国市场；（b）对有关产品实行贸易垄断或国营贸易的进口国政府出于非商业原因，决定将来自起诉成员的进口产品改为来自另一个或多个国家进口产品；（c）自然灾害、罢工、运输中断或其他不可抗力影响起诉成员可供出口产品的生产、质量、数量或价格；（d）存在限制来自起诉成员出口的安排；（e）起诉成员自愿减少可供出口的有关产品（特别包括起诉成员中公司自主将该产品的出口重新分配给新的市场的情况）；（f）未能符合进口国的标准或其他管理要求。"④ 当 SCM 协定第 6 条第 7 款（a）、（b）项规定的相关认定标准具备时，就可能构成对申诉方相似产品的严重侵害，但专家组认定存在第 6 条第 7 款规定的这些事由时，就不能作出严重侵害的认定。

---

① SCM 协定第 6 条第 4 款。
② WT/DS121/AB/R，para. 129.
③ WT/DS267/AB/R，para. 478.
④ SCM 协定第 6.7 条。

第 6 条第 7 款列举的这些事由都与影响申诉方产品市场份额和销售等贸易形势的替代性原因相关（如禁止或限制出口，影响出口产品生产、质量、数量或价格的不可抗力因素）。笔者认为，SCM 协定规定这些条文的正当性依据在于，有一些不在任何一方可控制范围的事件影响申诉方产品在特定市场上参与竞争的能力，而这些事件才是造成取代或阻碍的真正因素，而非补贴产生的影响。

认定第 6 条第 7 款中排除事由的存在，不需要证明该款（a）至（f）中各情形与"取代或阻碍"的因果关系。这点与有些条文中要求的非归因分析法不同，故该条的认定仅需要证明这些排除事由与补贴在一个相关时期内同时存在即可，而不管其对严重侵害是否有实际影响。然而，正如 SCM 协定脚注 18 指出，第 6 条第 7 款规定的情形必须不是无关联的、偶发的或其他情况下无关紧要的。①

SCM 协定第 6 条第 7 款并不适用于第 6 条第 3 款（c）和（d）项，当然被告也不能依此条为自己提供抗辩，但当该款规定的排除事由是相关严重侵害的真正因素时，被诉方可用非归因分析法为自己寻求辩护，但在举证责任方面，除要证明这些抗辩事由存在外，还要证明抗辩事由和"取代或阻碍"之间的因果关系。目前还没有 WTO 裁决对这条分析过，但它能为被诉方抗辩提供一种方法，其举证责任应由被诉方承担，而且举证的难度依其所援引的事由不同而有别，如证明存在自然灾害等不可抗力的难度比存在出口限制安排的难度要小很多。

1. 禁止或限制申诉方出口或申诉方产品进入第三国市场

依 SCM 协定第 6 条第 7 款（a）项规定，不管是取代或阻碍进入补贴方市场还是取代或阻碍进入第三国市场，都有可能因申诉方自己限制或禁止出口的政策措施或第三国禁止或限制包括申诉方产品在内的进口政策措施而排除严重侵害，这是因为申诉方和第三国的这种贸易政策对第 6 条第 3 款（a）和（b）项中不利影响的产生有重大影响。

申诉方自己禁止或限制相似产品出口的政策措施可能会排除对第 6 条第 3 款（a）项中取代或阻碍申诉方相似产品进入补贴方市场这一情形认定为严重侵害，而第三国禁止或限制包括申诉方在内的相似产品进口则可能会排除对第 6 条第 3 款（b）项中取代或阻碍申诉方相似产品进入第三国市场这一情形认定为严重侵害。

---

① SCM 协定脚注 18 是对 SCM 协定第 6.7 条所作的解释，其内容如下："本款所指的这些情况——事实本身，并未授予这些情况在 GATT 1994 或本协定范围内的任何法律地位。这些情况不得为无关联的、偶发的或在其他情况下无关紧要的。"

政府行为禁止或限制出口的认定。必须注意的是，禁止或限制申诉方出口的是政府行为，而不是私人机构或私人机构和政府共同行为。申诉方政府的这种行为限制了自己产品在相关出口市场上的竞争力，而这才是涉诉中"取代或阻碍"的真实原因，进一步而言，一国政府主动作出禁止或限制申诉方出口的行为，会让对方产生信赖利益，该国再因此而提出申诉，损害了相对方的信赖利益。这与禁止反言原则相类似，即"一方的当事人作出某些言行，如果他方当事人合理地信赖其行为并根据其行为行事，那么该当事人的新主张可能损害他方当事人而使自己获得或者可能获得某些利益的行为将不被法律所允许"。①

政府行为禁止或限制进口的认定。这些措施也必须是由政府作出的，所以，除非是 SCM 协定第 6 条第 7 款（b）项中规定的进口国政府控制的或实行贸易垄断的公司作出的行为，私人决定不购买申诉方产品的行为不能被作为此类行为，如消费习惯改变等。这个规定的依据在于当实际原因是第三国政府造成时，取代或阻碍向第三国进口不能归因于补贴，至于第三国的这种行为，在 WTO 中有其他法律应对。

2. 进口国政府非商业原因政策

这项规定是对取代或阻碍向第三国市场进口这种严重侵害进行抗辩的。依这项规定，这种决定作出的主体是国营贸易或政府操控的贸易垄断体。而且，作出这种决定是基于非商业原因，至于何为商业原因，SCM 协定中没有详细解释，但是 GATT 1994 第 17 条第 1 款（b）项对商业原因做了可供参考的解释，② 依据这项规定，商业考虑包括价格、质量、使用性能、适销性、运输便利度及其他方面的考虑，非商业因素被理解为任何与商品或交易方面无关的因素，比如政治因素。

如果政府采购是基于商业原因，产品的价格是决定其是否购买的重要因素，而补贴可影响受补贴产品的价格，从而影响这种商业性政府采购，造成取代或阻碍向第三国的进口，这种不利影响是补贴造成的，故构成严重侵害，反之，如果政府采购不是基于商业因素，则产品价格不会成为影响购买的重要因素，因而，补贴对与造成取代或阻碍向第三国的进口这种不利影响就没有因果关系，所以，基于非商业原因决定将来自申诉方成员的进口产品改为来自另一

---

① 王文泳：《民事诉讼禁反言规则研究》，中国政法大学 2011 年硕士学位论文，第 5 页。

② GATT 1994 第 17 条第 1 款（b）项对商业因素的解释是："包括价格、质量、可获性、适销性、运输和其他购销条件。"

个或多个国家进口是取代或阻碍向第三国进口成为严重侵害的排除事由。

正如前面提到的,证明购买决定是基于非商业因素的举证责任由被诉方承担,要求国营公司作出的所有决定必须是基于商业考虑,但是实践中很难找到非商业因素决策的书面证据。

3. 不可抗力事件

SCM 协定第 6 条第 7 款(c)项将自然灾害、罢工、运输中断等对申诉方可供出口产品的生产、质量、数量或价格等有影响的不可抗力事件作为严重侵害的排除事由。且不可抗力事件与不利影响必须发生在同一时期内。不可抗力的意思是,即不能被告预料又不能被控制的事件影响,包括自然事件(如洪水、龙卷风等)和人的行为(如罢工、骚乱、战争等)。不可抗力的另一个显著特征是它的发生不依赖于任何一方的参与。这种不可抗力事件有两个要求:一是必须发展到一定程度,能对申诉方可供出口产品的生产、质量、数量或价格等产生影响;二是申诉方还需证明不可抗力事件和申诉方可供出口产品生产、质量、数量或价格受影响有因果关系。

这个条文的立法的正当性在于,有一些不在任何一方可控制范围的事件能影响申诉方产品在特定市场上参与竞争的能力,这些事件才是造成取代或阻碍的实际事由,而不是补贴产生的影响。举证责任方面,被诉方不但需证明存在不可抗力事件,还需证明不可抗力事件与申诉方产品生产、质量、数量或价格受影响有因果关系,对于前一项,证明的难度比 SCM 协定第 6 条第 7 款规定的其他情形要小些,对于后一项而言,此处因果关系的证明可参考前述的"若没有……则……"的证明方法,即若没有不可抗力事件,则申诉方产品的生产、质量、数量或价格等不会受影响。

4. 存在限制申诉方出口的安排

安排(arrangement)的含义是:"为将来做准备或处置……各方之间的协定或安排。"① 这种协定或安排是私营部门协同作出的或者是私营部门和政府部门共同作出的,它们都有一个共同的目标,限制出口。这个条文对于什么是"限制出口"没有详细的说明,但一般而言,限制出口通常通过价格和销量来实现。出口卡特尔是这种安排的典型例子。

这款规定的依据和本条第(a)项"禁止或限制来自起诉成员相似产品的

---

① 根据《牛津高阶英语词典》的解释,安排(arrangement)的意思是:"①plans or preparations for sth that will happen in the future;②something that you have agreed or settled with sb else;the act of doing this"。参见 Sally Wehmeier. Oxford Wordpower Dictionary. Oxford:Oxford University Press,2006:65。

出口，或禁止或限制起诉成员的产品进入有关第三国市场"和第（e）项"起诉成员自愿减少可供出口的有关产品"相同，但这款中的限制是申诉方私营部门决策造成的。限制申诉方出口的安排意在限制在相关出口市场上申诉方产品的供给。限制申诉方出口的安排与（a）、（e）项规定的情形是有区别的：（a）项中"禁止或限制来自起诉成员相似产品的出口，或禁止或限制起诉成员的产品进入有关第三国市场"中的"禁止或限制"是政府作出的，而"限制申诉方出口的安排"是私营部门之间或私营部门和政府部门共同作出的；限制申诉方出口的安排与（e）项"起诉成员自愿减少可供出口的有关产品"这两种情形都与私营部门行为有关，但限制申诉方出口的安排是指能影响贸易限制的协定或谅解（非正式协定），而自愿减少可供出口的有关产品与造成出口能力受限的决策（不管是不是私营的）。

证明存在"限制申诉方出口的安排"是困难的，这种安排通常与国内的某种贸易竞争政策相冲突，所以，这种安排在公开的文件里很难发现。

5. 起诉成员自愿减少可供出口的有关产品

如果申诉方成员自愿减少可供出口的有关产品，则 SCM 协定第 6 条第 3 款（a）、（b）项规定的严重侵害认定将被阻却，该款条文还明确列举了该款规定的典型情形：起诉成员中公司自主将该产品的出口重新分配给新的市场。

该款规定的依据与（a）项和（f）项相同，自愿减少可供出口的相关产品也可能影响申诉方产品在相关市场上的供给，从而成为相关相似产品被取代或阻碍的真正原因，而不是补贴。举证方面，该情形需证明存在申诉方出口商出口已减少的事实，一般而言，这方面的信息大都掌握在申诉方出口商手中，应该方要想获取这些信息比较困难，然而，出口分配显示出的销售和价格这方面的出口数据应该比较容易获得。

6. 不能达到进口国标准或其他贸易要求

该款规定将申诉方产品不能达到进口国标准或其他贸易要求作为排除事由，而不管是进口国补贴方还是第三国。SCM 协定第 6 条第 7 款（f）中没有明确规定"标准或其他贸易要求"的含义，然而，TBT 协定附件 2 中对"标准"含义的有相关规定。① 这个条文的依据在于与其管理价值相同，进口国政府会规定各种技术要求，如果不符合这些规定，那么，申诉方的产品供给会受影响，而不管补贴是否会在市场上对申诉方产品产生取代或阻碍。

根据该款条文规定，这些贸易管理要求是否受 WTO 同意不需审查，重要的是只要事实上发现产品不能进入进口国是因为不符合这些标准或贸易管理要

---

① 参见 TBT 附件 2。

求，这就可以，而不管 WTO 是否同意这些措施。至于举证方面，证明这种类型情况比 SCM 协定第 6 条第 7 款其他情形看起来要容易得多，由于有 WTO 条文中有关透明性的要求，实施于进口产品上的这些标准或贸易管理要求需在以允许每个成员或交易者获得的方式公开。

五、程序规则

认定严重侵害所应遵守的相关程序主要规定在《关于争端解决规则与程序的谅解》（以下简称 DSU）和 SCM 协定中，但这两者的地位是不一样的。DSU 是 WTO 争端解决程序的一般规则，其适用于所有依 DSU 附录 1 所列各项协定的磋商和争端解决规定所提出的争端及各成员间有关它们在《WTO 协定》规定和 DSU 规定下权利和义务的磋商和争端解决。认定严重侵害的相关程序问题，必须遵守 DSU 中的有关规则。此外，WTO 争端解决程序还有特殊和附加规则，具体列明在 DSU 附录 2 中。① SCM 协定中第 6 条第 6 款、第 7 条第 2 款至第 7 条第 10 款、附件 5 等有关可诉性补贴争端解决程序的规则属于附录 2 所列明的特殊和附加规则，依 DSU 第 1 条第 2 款的规定，DSU 规则和程序的适用应遵守 DSU 附录 2 所确定的适用协定所含特殊或附加规则和程序，在 DSU 的规则和程序与附录 2 所列特殊或附加规则和程序存在差异时，应以附录 2 中的特殊或附加规则和程序为准。所以，对于有关可诉性补贴争端解决程序，SCM 协定相关特殊规则与 DSU 有差异的，应适用 SCM 协定的相关规则，在进行严重侵害认定时，也应遵守这个原则。

SCM 协定相关特殊规则对于有关可诉性补贴争端解决规定了较为完整的程序，包括了磋商、专家组审理、上诉审议、裁决的实施和报复这几方面的内容，同时，SCM 协定还对严重侵害认定中的信息收集程序进行了专门规定，本文现仅对该程序的相关问题进行研究。

---

① DSU 附录 2 规定的适用协定所含特殊或附加规则与程序协定有：《实施卫生与植物卫生措施协定》11.2；《纺织品与服装协定》2.14、2.21、4.4、5.2、5.4、5.6、6.9、6.10、6.11、8.1 至 8.12；《技术性贸易壁垒协定》14.2 至 14.4、附件 2；《关于实施 1994 年关税与贸易总协定第 6 条的协定》17.4 至 17.7；《关于实施 1994 年关税与贸易总协定第 7 条的协定》19.3 至 19.5、附件 2.2（f）、3、9、21；《补贴与反补贴措施协定》4.2 至 4.12、6.6、7.2 至 7.10、8.5、脚注 35、24.4、27.7、附件 5；《服务贸易总协定》22.3、23.3；《关于金融服务的附件》4；《关于空运服务的附件》4；《关于 GATS 部分争端解决程序的决定》1 至 5。

（一）SCM 协定的规定

SCM 协定第 6 条第 6 款规定："被指控出现严重侵害的市场中的每一成员，在遵守附件 5 第 3 款规定的前提下，应使第 7 条下产生争端的各方和根据第 7 条第 4 款设立的专家组可获得、关于与争端各方市场份额变化以及关于所涉及的产品价格的所有有关信息。"① 同时，SCM 协定附件 5 还对关于严重侵害的信息收集程序进行了专门规定。

这些规定赋予了专家组（指定代表）信息调查权，其可以主动收集相关信息，对案件事实进行调查。规定这种信息调查权是保障专家组能履行其在 DSU 第 11 条中规定的职责，即对审议事项作出客观评估，包括对案件事实的客观评估。② 但是，专家组行使这样的调查权，不是为了在申诉方没有履行初步证明其主张的举证责任时，作出有利于申诉方的裁决，而是为了帮助专家组理解和评估当事方提交的证据和观点。③

专家组信息调查权的行使依赖于各成员国的配合，所以 SCM 协定附件 5 第 1 条规定了各成员国协助专家组信息收集的强制义务，同时规定"第 7 条第 4 款的规定一经援引，争端各方和任何有关第三国成员即应通知 DSB 其领土内负责管理此规定的组织和用于应答提供信息请求的程序"。④ 如有关成员国违反此义务，则起诉成员可依据其可获得的证据，将此严重侵害案件与给予补贴成员和/或第三国成员不合作的事实和情况一并提起申诉。⑤

负有协助信息收集义务的主体依申诉方提出严重侵害诉求的依据不同而有别。如申诉方是依 SCM 协定第 6 条第 3 款（a）项申诉的，则负有协助义务的主体是被申诉方及补贴实施方成员；如申诉方是依 SCM 协定第 6 条第 3 款（b）项申诉的，则负有协助义务的主体是"取代或阻碍"发生的第三国；如申诉方是依 SCM 协定第 6 条第 3 款（c）和（d）项申诉的，则负有协助义务的主体是"世界市场"所涉及的成员国。但第三国所负的协助义务并非是无

① SCM 协定第 6 条第 6 款。

② DSU 第 11 条规定专家组的职能："专家小组的职能是帮助争端解决机构履行本谅解书及各有关协议给它规定的责任。因此，专家小组应对其所要处理的问题作出客观的估价，包括对该案件的各项事实，各有关协议的适用性及与各有关协议的一致性作出客观的估价。专家小组并应提出其他将有助于争端解决机构制定各项建议或作出各有关协议所规定的各项裁决的调查材料，专家小组应定期地与争端各当事方进行磋商，并给予其足够的机会找到双方满意的解决办法。"

③ 参见日本农产品案中的机构报告：WT/DS76/AB/R, para, 129。

④ 参见 SCM 协定附件 5 第 1 条。

⑤ 参见 SCM 协定附件 5 第 6 条。

限制的，其存在两个限制：一是所请求收集的信息须是以其他方式无法自起诉成员或补贴实施成员处合理获得的信息；二是这种请求应以不给第三国成员带来不合理负担的方式进行，要求第三国提供的信息一般为该成员现有的或可容易获得的信息，如有关统计机构已经收集但尚未公布的最新统计数字，有关进口产品和有关产品申报价值的海关数据等。特别注意的是，不应期望第三国成员进行市场或价格分析，但如一争端方自费进行详细的市场分析，则第三国成员的主管机关应便利此人或该公司进行此项分析，且应给予此人或公司获得该成员政府通常情况下不予保密的所有信息的机会。①

关于可依严重侵害信息搜集程序所收集信息的范围，SCM 协定作了明确规定。附件 5 第 2 条规定："……自给予补贴成员的政府获得确定补贴的存在和金额、接受补贴企业的总销售额以及分析补贴产品所造成的不利影响所必需的信息……"② 附件 5 第 5 条规定："……此信息应特别包括有关所涉补贴的金额的数据（且在适当时，接受补贴公司的总销售额）、补贴产品的价格、无补贴产品的价格、市场中其他供应商的价格、对所涉市场供应补贴产品的变化以及市场份额的变化。此信息还应包括反驳的证据，以及专家组认为在形成其结论过程中有关的补充信息。"③

为了便利专家组的信息收集活动，SCM 协定还专门规定了指定代表制度，由指定代表专门来进行信息收集活动。指定代表对信息收集程序有独立的控制权，专家组无权干涉与附件 5 有关的程序问题。④ DSB 决定启动程序的同时需要确定一名指定代表。指定代表的产生有两种方式：一种是当事方协商产生；另一种是协商不能达成一致时，由 DSB 主席指定。⑤ 指定代表是为了使收集信息的程序更加便利，他的具体工作包括安排工作步骤与进程；制定调查问卷；

---

① 参见 SCM 协定附件 5 第 3 条。

② 参见 SCM 协定附件 5 第 2 条。

③ 参见 SCM 协定附件 5 第 5 条。

④ 在韩国影响商用船舶案中，韩国向专家组请求暂停信息搜集程序，被专家组拒绝，专家组认为："附件 5 第 4 条的意思是信息收集程序在 DSB 的代表控制之下。依据附件 5 第 4 段，专家组无权干涉与附件 5 有关的程序问题。"The Report of the Panel, KOREA—MEASURES AFFECTING TRADE IN COMMERCIAL VESSELS, Para. 7.1, WT/DS273/R (March 7, 2005).

⑤ 在韩国影响商用船舶案中，申诉方欧共体与被申诉方韩国不能就指定代表人选达成一致意见，最终由专家组指定。参见 Communication from the European Communities, KOREA—MEASURES AFFECTING TRADE IN COMMERCIAL VESSELS, WT/DS273/3, (July 11, 2003).

发放、收集与整理问卷；制定保密规则；决定有关争议以及向专家组提交报告等。在韩国商用船舶案中，指定代表与当事方协商后确定了如下工作步骤：第一步，当事方将问题提交给指定代表。第二步，指定代表制作调查问卷，并将问卷送达当事方和第三方。第三步，当事方和第三方答复问卷。第四步，对当事方和第三方答复的补充提问。第五步，对补充提问的答复。第六步，指定代表向专家组提交报告。①

此外，附件 5 还规定收集信息工作需要在 60 天内完成，时间从 SCM 协定第 7.4 条规定的"将此事项提交 DSB"起算，② 这是严重侵害信息收集程序的时限要求。

（二）实践操作规则

1. 严重侵害信息收集程序的启动和进行方式

申诉方有权请求 DSB 启动附件 5 程序。一般而言，申诉方向 DSB 请求启动严重侵害信息收集程序会得到允许。但实践中也有受到被申诉方反对的案例。在美国陆地高棉案中，申诉方巴西在成立专家组请求中要求启动严重侵害信息收集程序。这一要求遭到了被申诉方美国的反对。美国反对的理由是：第一，巴西没有确定第三方市场的范围，这会阻碍相关第三方履行向 DSB 提交信息的义务，也使得美国无法判断哪个国家的代表可以作为指定代表的适当人选。同时，美国也不同意第三方参与附件 5 程序，因为印尼汽车案就有此先例。第二，当日的 DSB 会议议程中没有包括启动附件 5 程序和确定指定代表。如果属于 DSB 议事日程的话，按照习惯做法 DSB 应当在会前 10 天发出通知，事实上 DSB 没有通知。第三，美国不同意 DSB 主席在之前协商中建议的 2 个指定代表人选。③ DSB 主席的态度是他为此事一直在与争端当事方进行协商。由于协商没有结束，因此他没法确定指定代表。最终在整个专家组审理过程中，DSB 始终没有启动附件 5 程序。DSB 主席的前述解释一旦在以后的案件中被遵循，则将会产生这样一种实际效果：通过赋予被诉方阻止适用附件 5 程序的机会，因而使得该程序受制于积极协商一致规则。

问卷调查是严重侵害认定中信息收集的主要方式，其主要包括问卷的制作

① Procedure under Annex V of the Agreement on Subsidies and Countervailing Measures, the Report to the Panel from the Designated Representative of the Dispute Settlement Body, AT-TACHMENT 1 to KOREA—MEASURES AFFECTING TRADE IN COMMERCIAL VESSELS, Para. 5 – 6, WT/DS273/R（March 7, 2005）.

② 参见 SCM 协定附件 5 第 5 条。

③ MINUTES OF MEETING, Paras. 25 – 37. WT/DSB/M/145,（March 18, 2003）.

和问卷的答复。严重侵害的信息收集程序中所收集的信息范围是限定的，所以问卷的内容不能超出所收集的信息范围。

实践中，问卷的制作流程主要是，当事人双方可制作问卷草案交给指定代表，列明向对方及第三方提出的问题，指定代表再与双方协商，最后由指定代表确定问卷的最终内容。在韩国影响商用船舶贸易措施案中，指定代表首先要求欧共体和韩国提出各自的问题，然后指定代表与双方协商，最后确定问卷内容。但在双方制作了各自的问卷草案后，韩国要求评议欧共体提交的问题，以便确认这些问题属于严重除涉及韩国提出的异议。指定代表认为这是为了确保欧共体的问卷内容没有超出附件 5 的范围。指定代表制定的问卷草案出台之后，欧共体评论了针对韩国的问卷草案。欧共体声称在这份问卷中，虽然指定代表已经将问题涉及关于商用船舶贸易的设立韩国出口银行法和项目，但与此有关的严重侵害诉求未能包括船舶建造部分或出口商。指定代表认为依据欧共体磋商请求和设立专家组请求，将基本问题集中在与商用船舶贸易有关的问题上是适当的。① 指定代表最终确定了调查问卷的内容，并将问卷送达当事方和中国、日本这两个第三方。

2. 保护商业机密信息

与严重侵害认定的相关信息许多属于商业机密，在信息收集过程中，如何保护好这些商业机密信息是一个非常重要的问题。对于这个问题，不管是 SCM 协定还是 DSU 中都只有原则性的规定，缺乏详细的操作规则。SCM 协定脚注 67 规定："DSB 的信息收集过程中应考虑保护属机密性质的信息，或由该过程所涉的任何成员以保密条件提供的信息。"② DSU 第 13 条第 1 款规定："……未经提供信息的个人、机构或成员主管机关正式授权，所提供的机密信息不得披露。"③ 根据这些原则性规定，实践中产生了一些具体的操作规则。

在韩国影响商用船舶贸易措施案中，在收集信息的工作展开前，韩国就要求指定代表通过附加程序保护商业机密信息，欧共体也认为有此必要。附件 5 没有此类规定，指定代表要求韩国和欧共体提交各自的程序草案。依据欧共体和韩国的程序草案，指定代表制定了《保护商业机密信息程序》。韩国和欧共

---

① Procedure under Annex V of the Agreement on Subsidies and Countervailing Measures, the Report to the Panel from the Designated Representative of the Dispute Settlement Body, ATTACHMENT 1 to KOREA—MEASURES AFFECTING TRADE IN COMMERCIAL VESSELS, Paras. 16 – 20.

② SCM 协定脚注 67。

③ 参见 DSU 第 13 条第 1 款。

体都认为该程序应当既适用于附件 5 程序，又适用于专家组的审理案件过程。指定代表认为附件 5 程序和专家组审理过程确实都应当保护商业机密信息，但将此程序适用于专家组审理过程还得专家组同意，他无权决定。于是韩国和欧共体要求指定代表将他们的意见提交给专家组。指定代表接受了这个请求。2003 年 9 月 4 日专家组同意在其审理案件的过程中适用该保护商业机密信息程序。① 《保护商业机密信息程序》主要规定了以下内容：

（1）概念的界定。《保护商业机密信息程序》详细界定了被认可人员、商业机密信息、专家组程序结束、商业机密的确定、秘书处雇员、便利人（DSB 的指定代表）、外聘咨询专家、专家组成员、当事方、常设专家组成员、代表、安全地方和第三方 13 个概念。

（2）商业机密信息的获取、使用和披露。只有被认可的人员可以获取商业机密信息，但要尽可能避免使用电子版；如果需要复印的话，复印的份数不得超过被认可人员的数量，且所有复印件都要按序编号。被认可人员只能在为了附件 5 程序的目的或者专家组审理程序和可能随后的上诉机构审理程序中使用商业机密信息，绝不能将之用于其他目的。被认可的人员可以向其他被认可的人员披露商业机密信息，不得向任何其他人披露。专家组在其报告中可以依据商业机密信息作出陈述或得出结论，但不应披露商业机密信息。

对于第三方是否有权利获取收集到的信息，附件 5 没有作出规定。在韩国商用船舶案中，欧共体要求指定代表将在附件 5 程序中收集的信息，包括商业机密，可以让第三方获取，至少参与附件 5 程序的第三方可以获取。韩国辩称这么做没有依据。指定代表认为在附件 5 程序中收集的信息不需要让第三方获得。因为依据 DSU 第 10 条第 3 款，到专家组第一次会议时，第三方才有资格接受所有当事方提交给专家组的意见书。在附件 5 程序中提交的信息还不构成向专家组提交的意见书，这些信息处于 DSU 第 10 条第 3 款规定之外。指定代表指出附件 5 程序对待第三方应当与 DSU 的规定保持一致。②

（3）被认可人员的指定。当事方应当事先向其他当事方、指定代表和专

---

① Procedure under Annex V of the Agreement on Subsidies and Countervailing Measures, the Report to the Panel from the Designated Representative of the Dispute Settlement Body, AT-TACHMENT 1 to KOREA—MEASURES AFFECTING TRADE IN COMMERCIAL VESSELS, Paras. 9 – 10, WT/DS273/R.

② Procedure under Annex V of the Agreement on Subsidies and Countervailing Measures, the Report to the Panel from the Designated Representative of the Dispute Settlement Body, AT-TACHMENT 1 to KOREA—MEASURES AFFECTING TRADE IN COMMERCIAL VESSELS, Paras. 13, WT/DS273/R.

家组提交一份代表和外聘咨询专家名单，以便这些代表和外聘咨询专家获取商业机密信息。同样，总干事或其指派的人员也应当向当事方、指定代表和专家组提交秘书处需要获取商业机密信息的工作人员名单。对于外聘咨询专家，只要没人反对，专家组就应当认可；如果有人反对，专家组应当立即对该反对作出裁定。如果专家组驳回反对，提出反对意见的当事方提交的商业机密信息不得披露给该人员；且可以撤回商业机密信息，指定代表、专家组和其他当事方应当立即返还包含商业机密信息的相应文件或其他记录。

（4）商业机密信息的确定。每个当事方都可以确定对问卷答复的哪些信息和意见书应当被作为商业机密信息。如果指定代表和专家组认为对商业机密信息限制范围确定不当，他们有权利以适当的任何方式进行干涉。一般情况下，商业机密信息应当作为附件 5 问卷答复或者意见书的附件。当事方或第三方若要在专家组会议上提交或参阅商业机密信息，就需要提前通知专家组。在专家组会议期间提交意见书和讨论商业机密信息时，专家组应当排除非被认可人员或非第三方指定代表。

（5）商业机密信息文件的返还和销毁。专家组程序结束之后，专家组和当事方应当返还包含商业机密信息的任何文件。当事方也可以向专家组出具书面证明，文件将会被销毁。事后当事方还要以书面的方式证明包含商业机密信息文件已经被销毁。有第三方参与的会议结束时，第三方应当返还包含商业机密信息文件。秘书处可以保留一份包含商业机密信息文件作为 WTO 的档案。如果专家组报告被上诉，秘书处应当将包含商业机密信息的文件送达上诉机构作为专家组诉讼记录的一部分。①

3. 反向推断

SCM 协定规定了各成员国协助专家组收集严重侵害信息的强制义务，若有成员国违反此义务不予合作时，专家组在作出确定时，应从信息收集过程所涉及的任何一方不予合作的事例作出反向推断。②

在加拿大航空器案中，加拿大没有提供专家组所要求的信息，巴西要求专家组作出反向推断，即推定加拿大没有提供的信息是对加拿大不利的证据，说明加拿大违反了补贴协议。专家组认为，在没有直接证据的情况下，专家组可以在有充分理由时作出这种反向推断。在该直接证据只有该当事方拥有的情况

---

① PROCEDURES FOR THE PROTETION OF BUSINESS CONFIDENTIAL ONFORMA-TION, ATTENMENT 2 to the Report of the Panel, KOREA—MEASURES AFFECTING TRADE IN COMMERCIAL VESSELS, WT/DS273/（March 7, 2005）.

② 参见 SCM 协定附件 5 第 7 条。

下尤为如此。但在本案中，没有充分的理由表明加拿大的有关措施属于补贴利益。特别是，巴西没有证明有关融资是低于市场条件的；而且巴西也没有证明这些融资产生了利益。因此，专家组认为，巴西没有初步证明该融资产生利益，构成了补贴；专家组不能支持巴西认为该融资构成禁止性出口补贴的主张。①

上诉机构提出，专家组在审理案件过程中进行事实或法律推断，属于专家组根据本谅解第 11 条承担的"任意性"（discretionary），专家组有权要求当事方提供信息，而当事方有义务提供这种信息。在没有有关信息的情况下，专家组可以根据现有信息进行推断；"反向推断"不是对不提供信息的当事方的惩罚，而是专家组在某些情况下根据现有事实作出的逻辑或合理推断。在本案中，专家组没有作出反向推断，其原因是不清楚的：专家组是拒绝考虑加拿大不提供信息这一事实，并且拒绝推断这些信息会支持巴西的主张，还是现有的所有事实，包括加拿大不合作本身，不能证明加拿大的融资产生了利益，构成了禁止性补贴？专家组应当说明这一点，因为当事方拒绝合作会潜在地影响争端解决机制的运作；该机制的生命力，决定于专家组要求当事方提供解决争端所必需的信息。尤其是，专家组应当明确告诉当事方，拒绝向专家组提供信息，可能会导致专家组推断这些没有提供的信息能够证明该当事方违反了义务。上诉机构称，如果是上诉机构面临专家组所要解决的问题，可能会认定，从专家组所拥有的事实中，可以推定加拿大没有提供的信息中，包括对加拿大不利的信息，即该融资产生了利益，构成了禁止性补贴。但上诉机构认为，专家组认为巴西做得不够，不能让专家组作出巴西所要求的那种推断，而现有资料不足以认定专家组错误解释了法律，或者滥用了专家组的自由裁量权。因此，上诉机构驳回了巴西的这一上诉请求。此外，上诉机构还提出，补贴协议附件 5 信息收集程序中的反向推断问题虽然是针对可诉补贴规定的，但没有理由认为这种反向推断不适用于本案所涉及的禁止性补贴。②

在美国面筋案中，欧共体认为，对于美国没有提供信息，专家组没有作出反向推断，因此专家组解释法律错误，违反了本谅解第 11 条。上诉机构指出，专家组应当根据所有事实作出推断；一个当事方没有提供信息，是一个非常重要的事实。但如果专家组不考虑其他相关事实，就没有按照本谅解第 11 条进行"客观评估"。在本案中，还有其他事实，因此专家组没有仅仅因为美国拒

---

① Canada – Measures affecting the export of civilian aircraft, WT/DS70/R, para. 9. 182.

② Canada – Measures affecting the export of civilian aircraft, WT/DS70/AB/R, paras. 197 – 205.

绝提供信息而作出反向推断，并没有错误解释法律。此外，上诉机构还指出，上诉不是对事实作出推断，而是确定专家组是否不适当地使用先例权力，没有根据事实作出推断。因此，上诉方应当清楚说明专家组适当地使用其权力的方式；上诉方应当至少指出专家组应当作出这种推断的事实，专家组从这些事实应当作出的事实或法律推断，以及专家组没有这么做如何错误解释了谅解第11条。而在本案中，欧共体只是泛泛提到专家组没有具体指明什么事实可以支持某一推断，没有说明专家组除了应当作出有利于欧共体的推断外，应当根据这些事实作出什么推断；欧共体没有解释为什么专家组错误适用了法律。因此，上诉机构驳回了欧共体的这一上诉请求。①

---

① UNITED STATWS – Definitive safeguard measures on imports of wheat gluten from the european communities, WT/DS166/AB/R, paras. 173 – 176.

"后 ECFA 时代"两岸投资关系
和谐发展的法律规制[*]

吴　智^{**}

目　次

引　言

在台商投资大陆方面，虽然台商对大陆的投资起步较晚，但是发展较快。[①] 大陆不仅是台湾最大的贸易伙伴，台湾第一大出口地和最大贸易顺差来源地，也是台湾对外投资金额最多的地区和台湾企业主要的生产基地。[②] 如截至 2012 年 12 月底，大陆累计批准台资项目 88001 个，实际利用台资 570.5 亿

---

　　* 本文系作者主持的教育部人文社科规划项目（11YJA820084）的阶段性研究成果。

　　** 吴智，法学博士，湖南师范大学法学院副教授，硕士生导师，研究方向：国际经济法。

　　① 参见滕家国：《外商对华直接投资研究》，武汉大学出版社 2001 年版，第 72—73 页。

　　② 参见李允杰：《两岸新形势下签署双向投资保障协议之分析》，载《展望与探索》（台湾）第 7 卷第 2 期（2009 年 2 月）。

美元。按实际使用外资统计,台资在我累计吸收境外投资中占 4.5%。① 且近年来,台商赴大陆的投资,出现了从以往的小规模转向大型化投资,② 投资项目从传统劳动力密集型已经走向技术密集型,投资区域从沿海和发达地区走向内陆地区的发展态势。③

在陆资赴台投资方面,2009 年 6 月台湾地区经济主管部门公布了《大陆地区人民来台投资许可办法》及相关政策与规范,启动有限度地开放陆资入台投资,两岸双向投资步入新的历史发展阶段。但是迄今为止,大陆资金赴台投资的项目和资金额远没有达到原来预期的效果。④ 这表明目前陆资赴台投资,还处于探索和起步阶段。这与目前台湾对于陆资入台投资仍有很多障碍,允许陆资入台投资的限制依然很多,且两岸政府都没有出台相关有效促进和保护陆资入台投资的政策与法律制度密切相关。

依据《海峡两岸经济合作框架协议》(ECFA)第 5 条的规定,两岸政府经由海协会和海基会(以下简称"两会")经过长达两年的艰难磋商,终于在 2012 年 8 月 9 日签署了《海峡两岸投资保护与促进协议》(以下简称《两岸投保协议》)。该协议的签署,不但为未来两岸投资关系和谐发展提供了制度化保障,也开启了"后 ECFA 时代"两岸经济全面合作新篇章。但是由于两岸政府各自规制两岸双向投资的政策与法律规范还存在不少与《两岸投保协议》条款不一致之处,所以在《两岸投保协议》签署之后,两岸政府各自应尽快出台和完善相应规范来配合实施《两岸投保协议》;同时,也需要在实施该协议的实践中,进一步检验协议条款,以便后续进一步对协议条款进行补充和修订,使协议能真正起到保护两岸投资者的合法权益,促进两岸投资关系和谐发展。为此,本文在简要阐述法律规制在"后 ECFA 时代"两岸投资关系和谐发展中的作用之后,对两岸政府各自现有的关于两岸投资的法律规范进行梳理,对《两岸投保协议》中的相关条款进行评析,也将对"后 ECFA 时代"两岸投资关系和谐发展所需要的法律规制进行展望。

---

① 商务部:《2012 年 1—12 月大陆与台湾贸易、投资情况》,http://tga.mofcom.gov.cn/article/d/201301/20130100016608.shtml,2013 年 2 月 10 日访问。

② 参见王治:《台商大陆投资发展成因研究》,载《现代管理科学》2009 年第 5 期。

③ 参见郑晓东:《台商大陆投资现状与趋势》,载《发展研究》2009 年第 8 期。

④ 截至 2012 年 12 月底,台湾"经济部"核准陆资入台投资件数为 342 件,核准投资金额计 5.03 亿美元。林祖嘉:《2013 年两岸经贸回顾与展望》,载海基会《两岸经贸》2013 年 2 月号。

一、法律规制在"后 ECFA 时代" 两岸投资关系和谐发展中的作用

法律规制在"后 ECFA 时代"两岸投资关系和谐发展中将起到什么样的作用?"后 ECFA 时代"两岸投资关系和谐发展需要什么样的法制保护两岸投资者的合法权益,促进和鼓励两岸投资发展?"后 ECFA 时代",未来两岸投资关系和谐发展需要什么样的法制加以指引? 由于两岸特殊的政治情势,未来如果面临政治风险时,投资者及其投资是否依然得到应有的法律保障等,这些都是"后 ECFA 时代"两岸投资关系是否和谐发展所面临的问题。

在两岸投资关系方面,由于中国大陆自改革开放初期即积极鼓励和推动台商投资大陆,自 1988 年开始即先后发布了《关于鼓励台湾同胞投资的决定》、《台湾同胞投资保护法》及其实施细则等一系列法律、法规,保护台商在大陆投资的合法权益,极大地鼓励了台商投资大陆。目前中国大陆不仅成为台湾对外投资最多的地区,也由于投资带动贸易发展,成为台湾第一大出口地和最大贸易顺差来源地。实际上对台湾地区而言,其对大陆的巨额贸易顺差也是其经济发展的最大动力,但是陈水扁执政时期的台湾不顾这种客观事实,忽视两岸经贸的内在紧密性,对两岸经贸往来予以限制和阻碍。在两岸投资方面,台湾不但对台商赴大陆投资持续采取紧缩态度,[①] 更是几乎限制陆资入台直接投资,所以导致两岸的投资发展出现"投资单向"的严重失衡的状况。例如,截至 2006 年底,中国大陆对台湾直接投资金额仅为 2000 万美元。已进驻台北 101 的陆企,全部是通过海外分支机构的名义承租。除了借由参访机会寻找投资台湾标的,大陆资金只能借由在香港设立公司的方式迂回进入台湾投资,或借由其他第三地私募基金模式进入台湾。[②]

随着马英九先生在台湾的执政,台湾发布了有限开放陆资入台投资的政策与相关规范,两岸投资的发展开始步入双向投资的良好开端。但是,两岸投资未来如果要走向持续、稳定的发展之路,台湾目前非常谨慎的有限开放显然无法满足两岸投资未来的发展需求,而且目前两岸既没有建立明确的促进和鼓

---

① 参见姚思远:《ACFTA 冲击下的两岸经贸关系》,载游劝荣主编:《区域经济一体化与权益保障研究》,人民法院出版社 2007 年版,第 12 页。

② 参见《陆资来台投资趋势研析》,载中国台湾"工业总会服务网",http://www.cnfi. org. tw/kmportal/front/bin/ptdetail. phtml? Part = magazine9804 – 469 – 2,2010 年 1 月 21 日访问。

励陆资入台直接投资的法律制度, 也缺乏有效保护陆资入台直接投资的法律制度。正如经合组织 (OECD) 发布的《投资政策框架》中指出, "投资政策的质量直接影响到所有投资者的决定"。① 陆资赴台直接投资能否受到台湾相关法律制度的保护以及受到法律保护的程度如何, 在一定程度上将决定大陆投资者赴台投资的意愿与投资信心。

二、两岸规制两岸投资关系的相关规范之现状与不足

(一) 两岸规制两岸投资关系的相关规范之现状

1. 大陆关于两岸投资关系的相关规范之现状

改革开放以来, 中国大陆对台商投资大陆采取的是鼓励和保护的政策。党中央、国务院始终高度重视和强调切实依法保护台湾同胞的正当权益。② 如 1988 年 7 月即由国务院颁布了《关于鼓励台湾同胞投资的规定》。为鼓励台湾同胞到大陆投资创业, 不断深化两岸经贸合作, 国务院台办、商务部等部门于 2011 年 12 月 27 日联合发布了《关于开放台湾居民申请设立个体工商户的通知》, 自 2012 年 1 月 1 日起, 大陆开放台湾居民依照国家有关法律、法规和规章, 在北京、上海、福建、重庆等 9 省市, 无须经过外资审批, 申请设立个体工商户, 开放的行业涉及餐饮、零售业。

在保护台商方面, 大陆已经建立了较为完善的保护台商的法律保护体系。③ 总体上, 大陆保护台商的法律保护体系涉及两个方面, 即中国外资法的

---

① OECD, policy Framework for Investment, 2006, p. 13.

② 陈云林:《国务院关于台湾同胞投资合法权益保护工作情况的报告》, 载中国台湾网, http://www.chinataiwan.org/tsfwzx/qybh/zywx/200905/t20090522_904900.html, 2009 年 12 月 12 日访问。

③ 关于中国大陆保护台商的法律保护内容的详尽阐述, 可参见陈云林:《国务院关于台湾同胞投资合法权益保护工作情况的报告》, 载中国台湾网, http://www.chinataiwan.org/tsfwzx/qybh/zywx/200905/t20090522_904900.html, 2009 年 12 月 12 日访问。以及李炳南 (台湾大学国家发展研究所所长、教授, 作者注)、茆晓燕:《台胞投资保护法之分析》, 载游劝荣主编:《区域经济一体化与权益保障研究》, 人民法院出版社 2007 年版, 第 45—71 页。

法律体系①为台商所提供的法律保护，另一方面是专门针对台商投资大陆发布的一系列法律、法规所提供的法律保护。如 1994 年全国人大常委会通过的《中华人民共和国台湾同胞投资保护法》（以下简称《台胞投资保护法》），1999 年国务院颁布了《中华人民共和国台湾同胞投资保护法实施细则》（以下简称《台胞投资保护法实施细则》）；国家主管机关和有关部门也发布了一系列鼓励台商投资大陆和保护台商利益的部门规章；我国一些直辖市、自治区、省结合当地的实际情况，也发布了实施国家有关外资和台商投资法律、法规的地方性法规和具体落实的措施。强调国家依法鼓励台湾同胞投资、国家依法保护台湾同胞投资者的投资、投资收益和其他合法权益；国家对台湾同胞投资者的投资不实行国有化和征收；企业经营管理的自主权不受干涉；依法获得的投资收益、其他合法收入和清算后的资金，可以依法汇回台湾或者汇往境外；依照国务院关于鼓励台湾同胞投资的有关规定，享受优惠待遇，等等。

特别是我国物权法的出台，对于加强台商权益保护的积极作用。正如有学者所评价，我国物权法能够"促使台商可以放心投资、努力发展，谋划长期的经济活动，从而使得他们走出对既得财产安全性的担心状态，解除了他们的后顾之忧"。②

为了保护台商的合法权益，最高人民法院于 2010 年 4 月发布了《关于审理涉台民商事案件法律适用问题的规定》的司法解释，不但确立了在审理涉台民商事案件中，"根据法律和司法解释中选择适用法律的规则，确定适用台湾地区民事法律的，人民法院予以适用"③的基本原则，也明确了"台湾地区当事人在人民法院参与民事诉讼，与大陆当事人有同等的诉讼权利和义务，其合法权益受法律平等保护"。④

同时，大陆方面也特别重视认真落实保护台商投资大陆合法权益的各项工作。目前，大陆已初步形成部门协调一致、上下密切联动的台商权益保障任务

---

① 中国外资法律体系可以划分为三个层次，即宪法性规范，全国性法律、法规及规章，地方政府制定的地方性法规和规章。具体参见姚梅镇：《外商投资企业法教程》，法律出版社 1989 年版，第 26—34 页；徐崇利、林忠：《中国外资法》，法律出版社 1998 年版，第 4—7 页；单文华：《欧盟对华投资的法律框架：解构与建构》，蔡从燕译，法律出版社 2007 年版，第 31—36 页。

② 刘莹：《物权法有利于开创台商投资新局面》，载《两岸关系》2007 年第 5 期。

③ 最高人民法院《关于审理涉台民商事案件法律适用问题的规定》（法释〔2010〕19 号）第 1 条。

④ 最高人民法院《关于审理涉台民商事案件法律适用问题的规定》（法释〔2010〕19 号）第 2 条。

网络,① 大陆还将继续加强研究, 不断完善和强化联席会议机制, 切实依法保护台商合法权益, 为台商在大陆的发展创造越来越好的环境与条件。② 实际上, 由中央和国务院 33 个部门共同参与的台商权益保障工作联席会议, 五年来推动各地各部门依法妥善处理了一大批涉及台商和台胞权益的案件, 出台了一系列富有开创性和实效性的政策举措, 有效地维护和增进了广大台湾同胞的利益和福祉。③ 中国大陆所建立的台商投资大陆的法律保护体系, 为大陆台商的投资、经营活动营造了良好的投资环境, 吸引了越来越多的台商积极投资大陆。如前所提及, 截至 2012 年 12 月底, 大陆累计批准台资项目 88001 个, 实际利用台资 570.5 亿美元, 即为例证。

值得注意的是, 为实施《海峡两岸投资保护和促进协议》, 保护台湾投资者合法投资权益, 鼓励台湾同胞赴大陆投资, 促进海峡两岸经济合作, 大陆商务部和国务院台湾事务办公室于 2013 年 2 月 20 日发布并实施了《台湾投资者经第三地转投资认定暂行办法》, 表明了大陆方面积极落实实施《两岸投保协议》的态度。

在陆资赴台投资方面, 为促进两岸双向直接投资, 实现两岸经济互利共赢, 大陆适时地出台了相关政策鼓励两岸双向直接投资发展。2008 年 12 月国家发展改革委、国务院台办发布了《关于大陆企业赴台投资项目管理有关规定的通知》, 2009 年 5 月商务部、国务院台办发布了《关于大陆企业赴台湾投资或设立非企业法人有关事项的通知》, 从中央政府层面确认了积极推动陆资入台投资的基本政策。从以上两个《通知》的规定来看, 中国大陆鼓励 "具备投资所申报项目的资金、行业背景、技术和管理实力" 且 "在大陆依法注册、经营的企业法人" 作为 "大陆投资主体赴台湾投资"。④ 且现有以上两个《通知》中明确规定: "鼓励大陆企业积极稳妥地赴台湾投资",⑤ "鼓励和支

---

① 参见《台商权益保障工作联席会议召开第三次全体会议》, 载中国台湾网, http://www.chinataiwan.org/tsfwzx/qybh/zuixindongtai/200912/t20091216_1175056.html, 2010 年 1 月 11 日访问。

② 参见王毅 (国台办主任):《大陆切实依法保护台商合法权益》, 载中国台湾网, http://www.chinataiwan.org/tsfwzx/qybh/zuixindongtai/200912/t20091216_1175402.html, 2010 年 1 月 11 日访问。

③ 商务部:《台商权益保障工作联席会议召开第四次会议》, 载 http://tga.mofcom.gov.cn/article/e/201209/20120908349028.shtml, 2013 年 1 月 20 日访问。

④ 《关于大陆企业赴台投资项目管理有关规定的通知》第 3 条。

⑤ 《关于大陆企业赴台投资项目管理有关规定的通知》第 1 条。

持大陆企业结合两岸经济发展和产业特点赴台湾投资或设立非企业法人。"①
2010 年 11 月 9 日国家发展改革委、国务院台办发布了《大陆企业赴台湾地区
投资管理办法》,② 进一步明确了大陆对陆资赴台投资的基本原则——应遵循
互利共赢和市场经济原则,以及陆资赴台投资的核准手续与程序等事项。

2. 台湾地区关于两岸投资关系的相关规范之现状

在两岸投资方面,台湾地区是以《大陆地区与台湾地区人民关系条例》
(以下简称《两岸人民关系条例》) 中的相关规定为基础③,并辅之以一系列
有关的配套法规。但是,李登辉当权时代和陈水扁执政时代的台湾当局不但采
取限制和禁止台商投资大陆的政策,阻碍台商在大陆投资的战略布局和扩大发
展;对陆资入台直接投资,更是以"国家安全"和"互不适用"为由重重设
阻,几乎限制或禁止大陆直接投资台湾。④ 所以,导致两岸经贸交流呈现出
"投资单向"、"投资带动贸易"的经贸格局。可喜的是,2008 年 5 月 20 日以
来,马英九执政的台湾当局强调"新政府所有的施政都要从全民福祉的高度
出发",坚持推动两岸经贸往来的立场,主张以"活水计划"取代以往的"鸟
笼政策"。针对两岸投资,台湾地区经济主管部门于 2008 年 8 月 29 日修订发
布了《在大陆地区从事投资或技术合作审查原则》(以下简称《在大陆投资审
查原则》) 和 2008 年 9 月 12 日修订发布了《在大陆地区从事投资或技术合作
许可办法》(以下简称《在大陆投资许可办法》) 等"命令",有限松绑台商
投资大陆的政策。主要表现在提高了台商投资大陆的投资比例上限,减少了禁
止台商投资大陆的投资或者技术合作项目,简化了审批程序和手续。这对于台
商投资大陆的投资布局和扩大投资等方面将产生积极的影响。

台湾地区关于陆资入台投资现行的法律规制主要以"两岸人民关系条例"
第 72、73 条的规定为基础。台湾地区"经济部"依据《两岸人民关系条例》
于 2009 年 6 月 30 日发布了《大陆地区人民来台投资许可办法》(以下简称
《来台投资办法》) 和《大陆地区之营利事业在台设立分公司或办事处许可办
法》(以下简称《在台设立分公司办法》),这两项《办法》都是自 2009 年 6

---

① 《关于大陆企业赴台湾投资或设立非企业法人有关事项的通知》第 2 条。

② 《大陆企业赴台湾地区投资管理办法》(发改外资〔2010〕2661 号)自发布之日
起生效,《关于大陆企业赴台投资项目管理有关规定的通知》和《关于大陆企业赴台湾投
资或设立非企业法人有关事项的通知》同时废止。

③ 如台湾调整台商投资中国大陆的法律制度是以《两岸人民关系条例》第 35 条的规
定为基础。

④ 参见吴智:《从 WTO 法角度审视台湾限制大陆直接投资的非法性与不当性》,载
《国际经济法学刊》2008 年第 15 卷第 1 期,第 223—226 页。

月 30 日起生效实施，并自同日起，正式受理陆资来台投资或设立办事处的申请案件。2009 年 7 月 6 日台湾地区经济主管部门公布了《大陆地区人民来台投资业别项目》（以下简称《陆资投资项目》），明确了陆资投资台湾的投资项目清单和陆资来台审批流程，初步确立了有限开放陆资入台投资的政策，掀开了两岸双向投资的新篇章。具体表现在：以正面表列方式明确开放投资项目①，逐步有限度开放陆资入台投资项目；在一定程度上简化了陆资入台投资的审查程序；适度开放大陆投资者资金入台投资；建立严格的陆资入台投资风险管理体制，如坚持开放陆资入台投资是以不冲击台湾产业为前提，同时，对陆资入台投资坚持事前许可制、对陆资设定严谨的管理门槛、设置严格的防御条款等。

（二）两岸规制两岸投资关系的相关规范之不足

1. 大陆关于两岸投资关系的法律规范之不足

如前所述，中国大陆已经建立了较为完善的保护台商权益的法律保护体系。但是，大陆在台商投资权益保障上仍然存在一些问题。② 如"一些地方和部门对台湾同胞投资合法权益保护工作重视不够"；"一些地方和部门保护台湾同胞投资合法权益工作未落到实处"；"有关政策规定与《台胞投资保护法》及其《实施细则》不尽一致"；"保护台湾同胞投资合法权益工作机制需要进一步健全"，等等。

从海基会举办的多场专家座谈会、苏北及广东地区的一些台商协会及有关台商协会领导的意见等整理来看，台商与专家对于大陆保护台商合法权益存在的问题主要集中在以下几个方面：③（1）台商对大陆 1994 年《台湾同胞投资保护法》有修订的需求，尤其针对征收补偿及人身安全规定部分。（2）投资

---

① 台湾"经济部"分别于 2009 年 7 月 6 日、2011 年 3 月 2 日、2012 年 3 月 19 日分三阶段公布了《大陆地区人民来台投资业别项目》，包括制造业部分，累计开放 204 项，开放幅度为 97%；服务业部分，累计开放 161 项，开放幅度为 51%；公共建设部分，累计开放 43 项，开放幅度为 51%。林秀玲、宋天祥：《陆资来台投资相关法令介绍》，载台湾并购和私募股权协会：《投资台湾——陆资来台面面观》，台湾并购和私募股权协会，2012 年版，第 50—51 页。

② 参见陈云林（时任国务院台办主任）：《国务院关于台湾同胞投资合法权益保护工作情况的报告》，载 http://www.china.com.cn/policy/txt/2007-04/25/content_9252692.htm，2009 年 12 月 12 日访问。

③ 参见海基会：《探讨大陆台商投保法实施细则修法内容座谈会纪实》（2009 年 8 月 13 日），载海基会《两岸经贸》（台）2009 年 9 月号；林震岩：《〈台湾同胞投资保护法实施细则〉修订之研议》，载海基会《两岸经贸》（台）2009 年 12 月号。

合法权益保障实施较严重的问题主要在地方具体落实不足方面，特别表现在当地政府的重视程度影响台商的投资保障，认为《台湾同胞投资保护法》的具体落实，完全依系当地首长对台商的重视程度。在解决台商投资纠纷方面，台商对中国大陆还有不少的期许。① （3）过去台商无法以个人或本来的名义进行投资，需借中国大陆人的身份名义进行投资，产生"隐性台商"的问题，② 让台商的投资或权益造成不必要的损失或伤害。③ （4）人身安全保障，主要针对大陆现有法令将经济案件当成刑事案件处理。（5）仲裁执行问题，主要针对台商在大陆仲裁胜诉后，因还有地方复议执行的问题，往往造成台商虽已取得仲裁裁决，但不被执行的情况产生。从台湾方面的有关资料显示，近年来台商对于大陆地方政府针对台商土地拆迁补偿、地上物及机器设备补偿基准方面权益的保护异议也比较大，成为台商强烈希望未来列入两岸投资协议中的内容之一。④

对于陆资入台直接投资，大陆及时出台了两个部门规章并后续进行了修订，确立了鼓励陆资入台投资的基本政策，表明大陆政府对于推动两岸双向直接投资的积极态度，但是从现有规定来看，中国大陆出台的调整大陆企业赴台投资的法规过于原则性和程序性，没有明确具体的鼓励措施、促进方式。由此，将使得现有关于鼓励陆资入台直接投资的规定变得停留在更多具有宣示性和指导性，难以发挥实际推动或者促进陆资入台直接投资的作用，而且已有关

---

① 如台湾商业总会在 2007 年针对上市公司进行"中国大陆投资争端借金额机制调查"问卷调查显示，在中国大陆协助台商投资纠纷处理满意度，仅 23.8% 选择满意，选择差强人意为 70.66%，相对不满意度仅 1.99% 来说，满意度远大于不满意度，但高达 7 成的台商选择差强人意。参见李允杰：《两岸新形势下签署双向投资保障协议之分析》，载《展望与探索》（台）第 7 卷第 2 期（2009 年 2 月）。

② 关于"隐性台商"投资的法律问题，详见莫世健：《台商隐名投资产生的法律问题思考》，载《时代法学》2009 年第 6 期；姚若贤：《台商隐名投资权益的法律保护》，载《福建法学》2009 年第 3 期。

③ 为鼓励台湾同胞到大陆投资创业，不断深化两岸经贸合作，国务院台办、商务部等部门于 2011 年 12 月 27 日联合发布了《关于开放台湾居民申请设立个体工商户的通知》，自 2012 年 1 月 1 日起，大陆开放台湾居民依照国家有关法律、法规和规章，在北京、上海、福建、重庆等 9 省市，无须经过外资审批，申请设立个体工商户，开放的行业涉及餐饮、零售业。这在一定程度上有助于减少过去因台商不能以个人的名义在大陆投资，往往借当地的"人头"来进行，由此衍生出很多不必要的纷争。当然，目前台湾居民在大陆设立个体工商户的具体登记办法有待后续另行颁布。

④ 姜志俊：《两岸投资保障协议架构趋向初探》，载海基会《两岸经贸》（台）2010 年 10 月号。

于鼓励大陆企业赴台投资的通知仅仅属于部门规章，其法律地位在我国法律体系中的位阶过低，无法全面、系统地解决中国大陆企业赴台直接投资所面临的诸多问题。同时，对于如何保护赴台直接投资的陆资，中国大陆也缺乏相应的法律规范。

尽管2010年11月9日国家发展改革委、国务院台办发布了《大陆企业赴台湾地区投资管理办法》，[①] 但是，该《管理办法》除了进一步明确大陆对陆资赴台投资的基本原则——应遵循互利共赢和市场经济原则和宣示性地表示鼓励和促进陆资赴台投资之后，更主要是从"投资管理"角度进行规定，如进一步明确了陆资赴台投资的核准手续与程序等事项，并没有针对如何鼓励和促进陆资赴台投资作出相应的规定。

2. 台湾地区关于两岸投资关系的相关规范之不足

关于台商投资大陆，在审批台商投资大陆的某些类型的投资上，台湾地区主管机关受理审查原则没有任何变化。对于未经台湾地区主管机关批准在中国大陆从事投资或技术合作，其产品或经营项目经主管机关公告列为一般类和禁止类的情形，台湾地区依然采取非常严格的处罚措施，等等。

关于陆资入台投资，尽管目前陆资入台直接投资已经取得一定的成绩，其积极意义不容忽视，但是台湾地区对于进一步开放两岸直接投资非常谨慎，开放的程度仍然非常有限，甚至在很多方面依然停滞不前。同时，台湾地区不仅对陆资入台投资依然采取较为严格的事前许可制、对陆资设定严谨的管理门槛、设置严格的防御条款和建立后续查核机制，而且台湾继续保持了非常重视陆资和入台大陆人民对台湾的"国家"安全方面的防范。[②]

整体上，台湾地区对于陆资入台投资，不但"与台湾目前对外国人投资的开放程度相比较，仍有不小的差距"[③]，且表现出依然过于强调突出"台湾主体利益"，因而忽视了开放两岸直接投资"互惠互利"的本质；过于强调管

---

① 《大陆企业赴台湾地区投资管理办法》（发改外资〔2010〕2661号）自发布之日起生效，《关于大陆企业赴台投资项目管理有关规定的通知》和《关于大陆企业赴台湾投资或设立非企业法人有关事项的通知》同时废止。

② 如现行《来台投资许可办法》第2款第3项规定，对于大陆投资者的投资申请，如果在政治、社会、文化上具有敏感性或影响"国家"安全，台湾主管机关将禁止其投资。台湾"内政部"修正《大陆地区人民申请进入台湾面谈管理办法》第14条第5款中规定，经查大陆地区人民有影响"国家"安全、社会安定之虞情形的，其申请案不予许可；已许可者，应撤销或废止其许可。

③ 参见谭瑾瑜：《陆资来台效益评估》，载海基会《交流》（台）第106期（2009年8月号）。

制陆资入台，因而忽视了应该如何促进和鼓励陆资入台投资；过于强调陆资入台投资可能对台湾地区的所谓"国家"安全之影响，因而忽视了应该明确对入台投资的陆资提供必要的法律保护。目前台湾地区不但没有出台任何具体性的促进和鼓励陆资入台投资的政策与法律，而且缺失陆资入台投资的法律保护制度。这与台湾自 20 世纪 50 年代即着手开放引进外资，并采取一系列促进和鼓励侨外资投资台湾以及保护侨外资合法权益的做法①形成了鲜明的反差。

笔者认为，虽然台湾地区对于开放陆资入台投资政策的原则中首先提到的原则是"以台湾为主，对人民有利"原则，但是，笔者认为，台湾地区目前关于开放陆资入台直接投资的具体政策与规范制度却表现出过于强调"以台湾为主"，没有真正落实"对人民有利"，也忽视了两岸经贸合作的深入应该是建立在"互利合作"的基础上。

三、《两岸投保协议》——两岸双向投资发展的制度化保障

尽管《两岸投保协议》的磋商被称为 ECFA 后续协议谈判中"最难啃的骨头"，但是该协议的签署不但为未来两岸投资关系和谐发展提供了制度化保障，也开启了"后 ECFA 时代"两岸经济全面合作新篇章。②

《两岸投保协议》既参照了常规投资协议所包括的要素和内容，也突破性地规范了一些体现鲜明两岸特色的事项和内容。

（一）《两岸投保协议》的基本内容

《两岸投保协议》由正文和附件组成。协议正文部分包括 18 个条款，分别为：定义、适用范围和例外、投资待遇、透明度、逐步减少投资限制、投资便利化、征收、损失补偿、代位、转移、拒绝授予利益、协议双方的争端解决、投资者与投资所在地一方争端解决、投资商事争议、联系机制、文书格式、修正、生效等条款。此外，在《两岸投保协议》的附件部分，对投资补偿争端调解程序作了具体规定。

（二）《两岸投保协议》的特点

《两岸投保协议》在具备常规投资协议的一般内容的同时，又充分体现了

---

① 参见吴智：《全球化背景下两岸直接投资法律制度研究》，中国检察出版社 2012 年版，第 117—128 页。

② 2013 年 1 月 31 日，海协会与台湾海基会互以书面通知对方，表示《海峡两岸投资保护和促进协议》已各自完成相关程序，将于 2 月 1 日正式生效。

两岸特色，具有以下几个特点：①

其一是有效保护。一方面遵循一般投资保护协定的体例设置相应条款，体现投资保护的传统内容；另一方面注重两岸现实需要，增强《两岸投保协议》的可操作性，针对投资者经第三地投资、人身保护、投资者与所在地一方的争端解决等问题，作出了符合两岸特色的灵活处理和适当安排。

其二是双向促进。大陆资本赴台投资自 2009 年 6 月启动至今，时间较短，尚处于起步阶段，经过海协会的积极努力，在《两岸投保协议》中纳入了涵盖投资促进含义的条款②，尽可能体现了相互促进投资的原则，达到权利、义务的平衡。

其三是减少限制。按照《海峡两岸经济合作框架协议》第 5 条规定，《两岸投保协议》文本中明确规定了投资待遇、投资便利化、减少投资限制等条款，真正体现促进双向投资的目的。

四、"后 ECFA 时代" 两岸投资关系和谐发展的法律规制之展望

正如《两岸投保协议》序言所明确其意旨："促进相互投资，创造公平投资环境，增进两岸经济繁荣"，可以预见的是，随着两岸双向投资更深、更广地发展，两岸投资纠纷也将会越来越多。如海基会公布其协处台商投诉的财产法益类案件中，2008—2012 年达到 1764 件，占 1990 年至 2013 年 1 月总量 2456 件的 71.8%，③ 显示近年来随着台商投资大陆发展，投资纠纷快速增加。由于台商过去对大陆单方面所提供的法律保护和救济途径诟病不已，对于签署《两岸投保协议》期盼已久。台商未来要求大陆按照该协议提供投资保护待遇，利用该协议来解决投资人与投资所在地一方（P to G）投资争端以及其与大陆商人之间（p to P）的投资商务纠纷的可能性非常大。从笔者受邀赴台访问研究期间，在海基会和台商联合服务中心调研获知，在签署《两岸投保协议》之后的当月，即有一些台商专程返台询问并希望就协议前进行的投资得到该协议的保护即为例证。另一方面，由于台湾开放陆资投资的时间较晚，规

---

① 参见商务部：《商务部条约法律司负责人解读〈海峡两岸投资保护与促进协议〉》，http：//tga. mofcom. gov. cn/article/e/201208/20120808279322. shtml，2012 年 11 月 16 日访问。

② 《两岸投保协议》第 5 条第 2 款规定："双方同意，逐步减少或消除对相互投资的限制，创造公平的投资环境，努力促进相互投资。"

③ 海基会两岸经贸网：《海基会协处台商经贸纠纷案件处理统计表》，载 http：//www. seftb. org/download/% E7% B6% 93% E8% B2% BF% E7% B3% BE% E7% B4% 9B% E7% B5% B1% E8% A8% 8810201. xls，2013 年 2 月 15 日访问。

模也较小，相关的规范仅有《两岸人民关系条例》和依据该条例由经济部门发布的用来监管或控制陆资入台投资的"命令"，台湾保护赴台投资陆资的规范机制付之阙如。有关调查显示，陆资赴台投资最为担心面临"政治风险"，[①]所以对于赴台的陆资投资者而言，对《两岸投保协议》所能提供的保护也是期许良多。

（一）大陆方面完善促进和保护两岸投资的法律规范

1. 在促进两岸投资方面，对于台商投资大陆，大陆方面至今出台的法律法规主要围绕着保护台商合法利益方面，而对于如何促进台商投资大陆的法律，无论从中央一级的立法到部门规章都没有专门性的规定，由此导致地方政府所采取的一些优惠措施可能成为促进台商投资的主要措施。这种政策性的鼓励措施自然具有双面性，至少可能随着地方政府官员的变动而导致投资环境的变化，进而影响台商的整体投资布局和大规模投资。因此，大陆方面至少应出台能够覆盖全国效力范围的促进台商投资大陆的专门性规范。同时，对于陆资赴台投资，如前所述，从现有规定来看，大陆出台的调整大陆企业赴台投资的法规过于原则性和程序性，难以发挥实际推动或者促进陆资入台直接投资的作用，而且已有关于鼓励大陆企业赴台投资的《通知》仅仅属于部门规章，其法律地位在我国法律体系中的位阶过低，无法全面、系统地解决中国大陆企业赴台直接投资所面临的诸多问题。因此，笔者认为，应该以国务院行政法规对促进台商投资大陆和陆资赴台投资进行统一规范，明确主管部门，具体的鼓励措施、促进方式等内容。

2. 在保护两岸投资方面，对于台商投资大陆，大陆应该尽快修订《台商投资保护法》及其《实施细则》，"认真清理与台湾同胞投资合法权益保护工作有关的地方性法规和规章"[②]，针对"后 ECFA 时代"两岸投资发展的新特点和新形势，进一步明确台商的投资主体、投资形式、投资领域、投资便利化等。并进一步落实台商权益保护工作，健全保护台湾同胞投资合法权益工作机

---

① 就陆资入台投资问题，台湾的《Money 钱》杂志曾特地横跨中国大陆北京、上海、深圳 3 大城市，分别对该三大都会区的中国本地基金公司进行最完整的《陆资投资台湾关键报告》大调查。在关于"大陆投资者投资台湾最怕遇到什么风险？以政治变动的 41.3% 最高，其次是不熟悉产业变化 25.3%、各类信息纷乱有 13.6%"。参见杨伶雯：《陆资投资台湾关键报告，82% 的陆资都想投资台湾》，载《商业周刊》（电子版），http：//smart. businessweekly. com. tw/webarticle2. php？id = 12305，2009 年 10 月 21 日访问。

② 参见陈云林：《国务院关于台湾同胞投资合法权益保护工作情况的报告》，载 ht-tp：//www. china. com. cn/policy/txt/2007 - 04/25/content_ 9252692. htm，2009 年 12 月 12 日访问。

制，完善台商权益保护救济机制。对于台商权益保护救济机制中存在的主要问题：涉及台商权益保护救济与地方保护主义冲突问题，应该建立确保台商合法权益保护救济程序中的行政复议程序的畅通与及时答复以及司法判决和仲裁裁决及时、有效执行的机制。同时，如果将来允许台商选择台湾的法院提起诉讼，关于诉讼管辖权的问题应该在相关法律中予以明确。

（二）台湾地区应尽快出台促进和保护两岸投资的相关规范

1. 出台促进两岸投资发展的相关规范

对台湾地区而言，关于促进两岸投资发展的相关规范，实际涉及两个层面上的内容，其一是逐步废除限制两岸投资发展的相关规范；其二是尽快出台促进两岸投资发展的相关规范。

关于废除限制两岸投资发展的法律规范，既是为了减少或消除两岸投资正常化发展的障碍①，也是台湾地区全面遵守其"入世"承诺的必要内容。如"在服务贸易具体承诺减让表中，关于投资的市场准入限制，有关商业存在方式，台湾承诺，除了在具体服务部门中的特定限制措施之外，外国商人和个人可以在台湾直接投资"，② 且"台湾不会对任何处于从典型计划经济转为自由市场经济进程中的发展中成员方在 WTO 协议下获得的权利提出任何主张"。③ 也即台湾"必须遵守 WTO 规范，恪遵入会承诺，善尽作为 WTO 会员的责任"。④ 同时，《两岸投保协议》不但在第 3 条中规定："本条第三款及第四款不适用于一方现有的不符措施及其修改，但一方应逐步减少或消除该等不符措施，且对该等不符措施的任何修改或变更，不得增加对另一方投资者及其投资的限制。"且第 5 条规定："双方同意，逐步减少或消除对相互投资的限制，创造公平的投资环境，努力促进相互投资。"

然而，对于开放陆资入台投资，与"台湾目前对外国人投资的开放程度相比较，仍有不小的差距"。⑤ 即使自 2009 年 6 月 30 日开始经过三次逐步放

① 参见吴智：《全球化背景下两岸直接投资法律制度研究》，中国检察出版社 2012 年版，第 180—185 页。

② See WTO, Report of the Working Party on the Accession of Chinese Taipei, Part II – Schedule of Specific Commitments on Services List of Article II MFN Exemptions, WT/ACC/TP-KM/18/Add. 2, p. 2.

③ See WTO, Working Party on the Accession of Chinese Taipei, WT/ACC/TPKM/18, para. 6.

④ 参见"陆委会"：《台湾加入 WTO 相关政策说明报告案》，载 http://210.34.17.178:809/Article/1993 – 08 – 06/239. html, 2009 年 3 月 12 日访问。

⑤ 谭瑾瑜：《陆资来台效益评估》，载《交流》（台湾）第 106 期（2009 年 8 月号）。

宽，目前台湾开放陆资入台投资的产业和项目依然有限，特别是对陆资入台投资依然采取较为严格的事前许可制、对陆资设定严谨的管理门槛、设置严格的防御条款和建立后续查核机制，且台湾继续保持了非常重视陆资和入台大陆人民对台湾的"国家"安全方面的防范。① 因此，台湾一方面应逐步废除限制两岸投资发展的法律规范，进一步放宽台商投资大陆的限制，进一步开放台商投资大陆的项目，改变某些投资类型项目的严格审查制度，给予台商投资大陆更大的自主权，减轻对台商的处罚措施等；另一方面，为落实《两岸投保协议》序言中所明确意旨"促进相互投资，创造公平投资环境，增进两岸经济繁荣"，应尽快出台促进两岸投资发展的相关规范。

2. 尽快出台保护赴台投资陆资的相关规范

尽管台湾地区对侨外资的保护基本上提供的是不低于台湾内资的保护待遇，但是由于两岸关系的特殊性，其一直对于中国大陆事务实施的是独立、专门性的法律制度，显然，台湾地区保护侨外资的相关规范制度并不能自动适用于入台投资的陆资。就陆资入台投资问题，如前有关《陆资投资台湾关键报告》调查显示，一方面有高达82%的陆资都想投资台湾地区；另一方面，大陆投资者投资台湾地区最怕遇到的风险是政治变动。② 该调查有力地说明了入台直接投资的陆资能否受到台湾相关法律制度的保护以及受到法律保护的程度如何，在一定程度上将决定着大陆投资者入台投资的意愿与投资信心。正如有台湾学者所指出的，"尤其是在张铭清事件与陈云林会长所遭遇的抗争事件之后，未来陆资与陆商势必对台湾的政治环境产生不确定感"③。此外，尽管台湾有限度开放陆资入台投资已逾3年，但至今陆资入台投资还处于探索阶段，这与台湾保护陆资的规范机制付之阙如不无关系。因此，台湾应该尽快出台相关的规范，明确陆资入台投资所享有的待遇标准、征收保护、"保护伞条款"保护、争端解决保护等投资者特别关注和重视的问题，以切实的态度吸引陆资入台直接投资。

---

① 参见《来台投资许可办法》（2009年6月30日发布）第2款第3项、2009年8月20日经台湾"内政部"修正的《大陆地区人民申请进入台湾地区面谈管理办法》第14条第5款。

② 在如前所提及的《陆资投资台湾关键报告》中，关于"大陆投资者投资台湾最怕遇到什么风险？以政治变动的41.3%最高，其次是不熟悉产业变化25.3%、各类信息纷乱有13.6%、公司规模太小有10.7%、股市波动太高占7.5%"。杨伶雯：《陆资投资台湾关键报告，82%的陆资都想投资台湾》，资料来源：《商业周刊》，载 http：//smart. businessweekly. com. tw/webarticle2. php? id＝12305，2009年10月21日访问。

③ 李允杰：《两岸新形势下签署双向投资保障协议之分析》，载《展望与探索》第7卷第2期（2009年2月）。

（三） 在实践中检验和完善《两岸投保协议》的内容

尽管两岸投资者对于《两岸投保协议》期待良多，然"徒法不足以自行"，协议签署之后，更重要的是如何发挥协议保护和促进两岸双向投资良性发展的积极作用。由于《两岸投保协议》既参照了常规投资协议所包括的要素和内容，也充分照顾到了台湾地区各界的实际需求，对两岸投资者尤其是台商释放了诸多善意和利好，所以该协议突破性地规范了一些体现鲜明两岸特色的事项和内容。但是，正因为两岸特色的体现，导致该协议所涉内容也有不少与两岸各自保护投资的法律规范、争端解决机制等存在冲突与矛盾之处。例如《两岸投保协议》第 13 条针对投资者与投资地（P to G）项下的争端，创设了多种机制，包括协调、调解、协处等机制，如何将其融合进大陆既有的争端解决模式中，正确处理其与仲裁、非诉讼调解的关系问题，即为一个亟待解决的问题；对大陆人民法院而言，如何通过正确适用《两岸投保协议》，平等保护台商利益问题，无疑将涉及正确处理该投保协议与现行保护台商的法律法规的关系问题，为此有必要厘清哪些是一致的，哪些是不一致甚至冲突的，从而在甄别的基础上予以正确适用。①

在《两岸投保协议》实施中，还有一些问题需要予以明确，如协议第 2 条第 2 款将协议效力溯及至"一方投资者在另一方于本协议生效前或生效后的投资"，但同时也明确"不适用于本协议生效前已解决的本协议第十三条第一款所指的'投资争端'"，但是，此时之效力的限制，是否是限制投资争端或投资之适用？又如何解释所谓的"已解决"之投资争端呢？投资者如果主张原投资争议之和解协议，具有受欺诈、胁迫等瑕疵时，可否被认定为未解决？以上均仍需进一步厘清与明确。

《两岸投保协议》第 3 条将"正当程序原则"、"公正与公平审理"等宪法层次的原理原则性地纳入"公平与公正待遇"内涵。如何正确理解与适用？且协议及共识对人身自由保障所提供待遇已超出大陆最新刑事诉讼法中的相关规定。大陆是否需要同意无条件通知家属，有关部门如何认定、执行通报家属机制，落实人身自由与安全保障？

《两岸投保协议》中关于投资争端解决方面体现了较多的两岸特色，但是两岸投资者（P to P）投资商务纠纷解决中，关于依"相关规定及当事人意思自治原则"约定争议解决方式和途径。这里所谓的"相关规定"应如何理解？

---

① 参见王彦君：《两岸民间投资人与投资地政府间（P to G）的争端解决》，载《"第十二届海峡两岸经贸仲裁研讨会——两岸投资保障协定与 ADR 争议解决机制之作用"论文集》，2012 年 10 月 26 日（台北）。

"当事人意思自治原则"是否要受"相关规定"限制？如果是，又在何种程度及范围内受到限制？关于两岸间判决（裁决）承认与执行问题：台湾"最高法院"认为大陆地区民事裁判，在台湾仅具执行力而非既判力。[①] 这种见解对协议实施有何影响？另外，如何解决大陆目前并未承认临时仲裁的效力，台湾所作的临时仲裁自然无法申请到大陆法院认可的问题？关于 P to P 纠纷调解规则：目前两岸调解机构已建立的相关调解规则是否适合处理两岸间 P to P 纠纷？两岸的调解机构可否订立相同调解规则？可否考虑以两岸的联合调解机构进行联合调解？

《两岸投保协议》中 P to G 项下调解，也需要进一步明确如下问题[②]：如何启动调解机制；P to G 项下调解协议的效力是与仲裁调解性质相同，还是与人民调解协议效力类似？法院在进行调解协议的司法审查时，是仅审查程序还是同时审查实体？就审查结果，如法院认为调解违反了法定程序，是不予执行还是予以撤销？

加之，两岸分治已超过 60 年，两岸法制水平与执法理念已经存在一些差异，两岸政府与各级司法机关在实施《两岸投保协议》过程中对协议条款的理解不可避免会存在分歧，两岸投资者对协议所提供的法律保障也可能存在一些偏差，这些都有待后续针对《两岸投保协议》实施中存在的问题进行全面、系统研究，也需要针对该协议实施的具体情况进行跟踪调查与实证分析，以便作出正确解释或及时对条款内容进行调整。

结　语

两岸投资关系的发展是两岸经贸关系发展中非常重要的方面，两岸投资发展也经历了由"投资单向"步入"双向投资"的发展阶段，而且两岸间也签署了《两岸投保协议》这一制度化的规则来保护与促进两岸投资关系的发展。在"后 ECFA 时代"，随着《两岸投保协议》的生效，摆在两岸政府面前的不仅仅是如何理解和实施该协议的问题，而且也需要两岸各自完善和出台相关保

---

① 李家庆、陈纬人：《两岸判决及仲裁判断（裁决）之认可与执行》，载陈长文、李家庆主编：《两岸投资保障和促进协议与两岸商务投资纠纷解决机制》，五南图书出版公司 2012 年版，第 109 页。

② 参见王彦君：《两岸民间投资人与投资地政府间（P to G）的争端解决》，载《"第十二届海峡两岸经贸仲裁研讨会——两岸投资保障协定与 ADR 争议解决机制之作用"论文集》，2012 年 10 月 26 日（台北）。

护与促进两岸投资关系和谐发展的相关规范，同时也需要在后续实施《两岸投保协议》过程中，进一步确保该协议的条款是否真正符合两岸投资关系发展的需要。毕竟现有的《两岸投保协议》仅仅是开始，如何及时解决协议实施中出现的各种问题才是关键；《两岸投保协议》的内容也应该是动态发展的，未来成熟的《两岸投保协议》条款及其配套措施应该以着实解决两岸投资者的后顾之忧，有效保护两岸投资者的合法投资权益，有力促进两岸投资关系和谐与良性发展，积极"增进两岸经济繁荣"为最终目标。

《中日韩投资协定》评析

——兼论东北亚区域投资法制环境建设

王彦志　　侯　婧[*]

目　　次

一、东北亚区域投资合作的经济现实及其前景

目前，全球外国直接投资（FDI）增长非常迅速，已经远远超过全球贸易增长速度。外国直接投资已经成为世界经济增长和经济一体化的最重要的动力和引擎之一。同样，外国直接投资也是东北亚区域经济增长和区域经济一体化深化发展的最重要的内容和驱动因素之一。

（一）外国直接投资的积极作用

从一般外国直接投资理论来说，外国直接投资对于东道国、母国、区域乃至世界经济具有复杂多重的综合影响。在资本、人员、劳动、技术、资源（包括能源）、制度乃至文化等相互影响、协同作用和配套安排的发展要素之中，资本包括外国直接投资具有举足轻重的作用。一般而言，在开放经济和全

　＊　王彦志，经济学博士，吉林大学法学院副教授，厦门大学法学院博士后流动站研究人员。侯婧，吉林大学法学院 2010 级国际法专业硕士生。

球化的语境之中，对于一个国家乃至一个多国家组成的区域而言，外国直接投资是其经济发展（从而社会发展）的重要组成部分，乃至构成其经济发展的重要发动机。

就东道国而言，从积极影响来看，外国直接投资能够为东道国提供经济增长所必需的生产要素——资本，能够为东道国提供社会发展所重视的劳动力就业，能够为东道国提供重要的技术和管理经验，能够推动东道国市场发育和市场竞争，能够促进东道国的产业结构调整和升级，能够促进东道国的对外贸易发展，能够增加东道国消费者的选择和福利，能够增加东道国税收和财政收入，进而能够促进东北亚区域各国土地、资本、劳动力、技术等各种生产要素的自由交易和优化配置，促进东北亚区域产业互补、贸易自由、市场整合、经济增长、社会发展、文化交流、法治建设，乃至有助于东北亚区域政治互信、和平共处和区域安全共同体的构建。与此同时，外国直接投资对于东道国经济与社会发展也可能带来消极影响，这包括：对于东道国幼稚产业带来冲击，对于东道国造成市场垄断，因为享受外国直接投资优惠和国际投资条约保护而对于东道国本土企业享有不对称的竞争优势，对于东道国市场占有、资源开发和廉价劳动力利用有余，而对于东道国技术转移、技术外溢和技术创新贡献不足，因其资本转移和转移定价等策略而可能对于东道国金融监管和税收管制带来挑战，对于东道国劳动、人权、环境、资源、健康和可持续发展带来一定的不利影响，乃至可能导致东道国经济发展的外资依赖问题。

对于母国而言，对外直接投资也同样具有正负两方面的影响。一方面，对外直接投资可以有效利用外国东道国丰富和低成本的资源、劳动力和市场，为母国企业及其剩余资本找到具有比较优势的投资区位，促进本国企业生产经营的延伸、扩张、整合或者转移，增加母国的财政收入和对外贸易输出，但另一方面，对外直接投资也可能导致母国有关产业就业机会的转移和重要技术的扩散。

但是，总体上，外国直接投资对于东道国、母国、区域和世界经济的影响利大于弊。外国直接投资对于东道国和母国的积极影响和消极影响都不同程度地存在于东北亚区域投资流动和区域投资合作之中。这就要求，在政策和法律层面，需要审视利弊，因势利导，趋利避害，形成一个健康良好的区域投资环境，使得外国直接投资对于东道国、母国和整个东北亚区域各国带来更加互利互惠、多赢共赢的积极效应。

（二）东北亚区域投资合作的经济现实

从东北亚区域各国经济现实条件来看，东北亚各国经济体之间确实存在着巨大的经济互补优势，具有促进区域投资流动和形成区域投资合作的有利条件。"东北亚经济体的互补性经常被认为是东北亚经济合作的主要潜力之一。鉴于日本巨大的资本和高科技、中国丰富的劳动力和巨大的潜在市场、韩国的动态成长和发展经验以及俄罗斯远东地区巨大的未开发自然资源,这种乐观主义看起来是有保障的。于是,自从"冷战"结束以来,对于区域内投资合作的期待一直特别高。"① 这种乐观预期是有一定基础的。随着经济全球化趋势的纵深发展,各国经济相互依赖的领域不断拓宽、程度不断加深,区域经济一体化已经成为世界经济发展的重要潮流。中日韩三国都是世界主要大经济体和贸易国,其国民生产总值(GDP)的总和和贸易总额分别占世界 10% 以上,它们彼此地理相邻、文化相似、优势互补,被认为是天然的经贸伙伴,而且近年来三国在没有正式制度安排的市场规律驱动下,已经形成事实上的中日韩经济圈,中日韩加强合作被认为是不可逆转的大势所趋。②

从世界范围内来看,在吸引外国直接投资方面,中国自从 1992 年开始外国直接投资流入快速增加,并且多年以来一直是世界上最大的资本输入国之一;日本输入外国直接投资的流量一直非常少;韩国吸引外国直接投资数量也相对较少,但韩国近年来正在进一步放宽外国直接投资限制;俄罗斯、蒙古和朝鲜虽然属于大量需要外国直接投资的国家,但是其吸引外国直接投资的数量仍然相对很少。在对外输出直接投资方面,日本是世界上重要的资本输出国,在 1990 年之前日本对外直接投资数量较大,但是此后数量有所减少;韩国近年来对外直接投资数量开始增加,正在成为重要的资本输出国;中国经济实力的增长和外汇储备的增加也促使其正在增加对外直接投资,进而在将来也可能成为世界重要的资本输出国,中国香港特区一直是世界上重要的资本输出地区;俄罗斯有少量对外资本输出;蒙古和朝鲜则基本上没有对外资本输出。

从东北亚区域内部外国直接投资流动来看,目前,在东北亚投资合作中,中、俄、日、韩、朝、蒙六国的现实情形存在着复杂的多样性和差异性。多年以来,中国一直是世界上吸引外国直接投资最多的国家之一,近年来,随着经济发展和外汇储备增多,中国也逐步开始增加对外直接投资,其中包括在俄、朝、蒙三国的直接投资,中国对日、韩两国海外直接投资不多。日本和韩国尽管也存在一定数量彼此之间的外国直接投资流动,但它们主要向海外进行外国

① Joon - Kyung Kim and Chang Jae Lee(eds.), Enhancing Investment Cooperation in Northeast Asia, Korea Institute for International Economic Policy, 2004, p. xii.

② 参见秦亚青主编:《东亚地区合作:2009》,经济科学出版社 2010 年版,第 91 页;Joon - Kyung Kim and Chang Jae Lee(eds.), Enhancing Investment Cooperation in Northeast A-sia, Korea Institute for International Economic Policy, 2004, p. xvi.。

直接投资，很少吸引区内其他国家和地区的外国直接投资流入，其中，日、韩两国对外直接投资主要流向中国，这些外国直接投资主要集中在中国东北、山东等地。俄罗斯也是一个吸引外国直接投资和进行海外直接投资都较多的国家，但是，俄罗斯在东北亚区域的吸引外资和对外投资都相对较少，俄罗斯在朝鲜和蒙古都有对外直接投资。中俄两国之间的外国直接投资流动仍然有限，但近几年开始逐步有所增加。蒙古是一个重要的外国直接投资流入国。朝鲜近年以来也开始以设立经济开放区的方式吸引外国直接投资，但其吸引外资数量非常有限，其中，俄罗斯在朝鲜有汽车部件厂投资等，而中国则正在加大对朝基础设施和贸易公司领域的直接投资。

总体来看，与区内贸易相比，与该地区主要国家在世界经济总量的份额相比，东北亚区域六国相互之间的外国直接投资流动和区域投资合作明显滞后，不够繁荣，而且其分布的集中度很不均衡，区域内外国直接投资主要体现为作为资本输入国的中国和作为资本输出国的日本、韩国之间的外国直接投资流动。"实际上，东北亚总体外国直接投资流动仅占世界外国直接投资流动总量相对较少的比例，它们彼此之间的外国直接投资流动仍然相对不够活跃。"①这就与东北亚区域投资合作的乐观预期形成了明显的反差。

（三）东北亚区域投资合作的障碍因素

外国直接投资的跨国流动是要遵循赢利性（收益性）、流动性（可转移性）和安全性三项基本原则的。只有当一个国家或者区域的经济发展诸多要素符合了或者创造了有利的赢利性（收益性）、流动性（可转移性）和安全性有机结合的投资环境时，这个国家或者区域的外国直接投资流动或者区域投资合作才可能有一个好的现实和前景。

东北亚区域投资合作之所以不很繁荣和进展缓慢，其原因主要在于东北亚六国相互之间的区域投资环境总体上并不是很理想。就地缘因素和自然条件而言，东北亚六国彼此相邻，而且，蒙古和朝鲜具有丰富的自然资源，其他国家也有丰富的海洋资源，这是有利条件。

不过，投资环境是一个综合性的概念，投资环境良好与否，取决于多指标综合评价体系。"所谓投资环境，是指能有效地影响国际资本的运行和收益的一切外部条件和因素。这些条件和因素有自然的、社会的、政治的、经济的、法制的、文化教育的、科学技术的乃至民族意识、人民心理、历史传统、风俗

---

① Joon – Kyung Kim and Chang Jae Lee（eds.），Enhancing Investment Cooperation in Northeast Asia，Korea Institute for International Economic Policy，2004，p. xv.

等，它们相互联系，构成投资的综合环境。"① 投资环境可以分为有形的物质环境（硬环境）和无形的社会环境（软环境），前者包括自然资源、自然环境和基础设施，后者包括政治环境、法制环境、经济环境、社会条件和意识环境。② 对于投资环境应作综合评估，只有各项指标相互结合、综合作用，从而达到一个良好状态，才构成良好的投资环境，才能够真正有效促进外国直接投资流动。

从东北亚区域投资合作而言，可以看出，在自然资源、自然环境、经济环境和社会条件、意识环境等因素来看，东北亚区域投资环境具有一定的有利因素。东北亚区域各国地理位置相邻，地理条件和资源分布具有较好的优势，俄罗斯远东地区和蒙古具有丰富的自然资源。就经济条件和市场因素而言，日、韩两国都是经济合作与发展组织（OECD）成员，都属于发达经济体，都具有明显的资本优势和技术优势，中、俄两国都属于重要的转型经济体，也都具有一定的资本优势和技术优势，而朝鲜、蒙古和中国又都具有丰富的劳动力优势，东北亚区域及其人口也形成了具有巨大开发潜力的市场优势。

但是，东北亚区域投资合作也面临着许多重大的制约因素。其中，就最需要吸引外国直接投资流入的俄罗斯远东、蒙古、朝鲜、中国东北三省尤其是图们江区地而言，交通、城市和工业等外国直接投资配套的基础设施明显落后，如铁路、公路、航空等交通运输条件、港口码头、仓库、石油天然气管道、通讯设施、电力、商业服务设施等基础设施，已经构成了东北亚区域投资合作最大的制约因素。与投资有关的配套商业条件和市场环境却不够理想，从而使得资本、技术、劳动和市场诸多要素的潜在互补优势无法有效转化为现实，因此，有待进一步改善。为此，东北亚区域各国迫切需要通过单边、双边、区域乃至利用亚洲开发银行、世界银行等发展融资机构的资本，大力发展和改善它们相互之间经贸合作和直接投资的基础设施条件。③

就政治因素而言，东北亚六国彼此之间存在着错综复杂的历史、政治和利益上的冲突和矛盾，尤其是缺乏政治上的互信，这进一步限制了合作上的意愿。其中，日本和中国、朝鲜、韩国存在着第二次世界大战留下来的政治和历史矛盾尚未和解，晚近中国经济实力的增长也加剧了中日两国在东亚经济合作

---

① 参见姚梅镇主编：《比较外资法》，武汉大学出版社1993年版，第19页。

② 参见余劲松主编：《国际投资法》（第二版），法律出版社2003年版，第6—7页。

③ See Joon – Kyung Kim and Chang Jae Lee（eds.），Enhancing Investment Cooperation in Northeast Asia，Korea Institute for International Economic Policy，2004，pp. xv，xx – xxv，195 – 312.

的领导权竞争。朝鲜除与俄罗斯、中国存在一定的历史渊源和合作关系之外，与日本、韩国都存在着明显的矛盾，甚至时而转化为冲突。目前，东北亚六国之间虽有一定的合作意愿，但是总体上对于东北亚区域合作并不是很积极，不过，中国有所例外，中国是东北亚区域合作最为积极的倡导者和推动者。

总之，东北亚区域六国之间外国直接投资流动和投资合作具有很强的自然和经济条件上的比较优势互补的有利因素，但是，东北亚区域投资基础设施明显落后和不够完善的客观现实严重制约了自然和经济互补优势的充分发挥，进而东北亚六国相互之间政治上的矛盾和缺乏互信的现实从根本上决定了东北亚区域投资合作的有限程度。不过，随着东北亚六国彼此之间政治互信的逐步建立和不断增强，东北亚区域投资合作是具有优势潜力和发展前景的。

二、东北亚区域投资合作法律制度安排的现状及其障碍

在投资环境诸构成要素中，法制环境具有独特的重要地位。这是因为，构成投资环境的各种条件和因素都可以通过法律制度来发挥其作用。东北亚区域六国彼此之间影响外国直接投资流动的国内法和国际法的制度安排促进了东北亚区域投资合作的初步发展，但其不够完善之处则制约了东北亚区域投资合作的更好发展。在东北亚区域投资合作中，必须重视单边、双边、区域和世界范围的外国直接投资法制环境的考察、评估和改善。

（一）外国直接投资的法制环境

所谓法制环境，是指一切足以直接或间接影响外国投资者的投资权益、投资活动以及投资组织的各种法律、法规、规章和措施及其制定、实施和遵守的总体状况。[①]

广义来讲，法制环境包括一个国家或者多国区域的物权法、合同法、侵权法、知识产权法、公司法、证券法、票据法、担保法、保险法、破产法等各种民商法制度，也包括反垄断法、反不正当竞争法、税法、银行和其他金融机构监管法、产品责任法、消费者权益保护法、劳动与社会保障法、环境与资源保护法等经济与社会方面的法律制度，还包括对外贸易法、进出口商品检验检疫法、外国人出入境管理法、外汇管理法、外国投资法等涉外经济法律制度，以及民事诉讼法、仲裁法、行政复议法、行政诉讼法等争端解决程序法，甚至包括刑法、宪法等整个法律体系。此外，一个国家或者多国区域缔结和参加的各种国际组织和国际条约，例如，世界贸易组织及其法律、国际货币基金组织及

---

① 参见姚梅镇主编：《比较外资法》，武汉大学出版社1993年版，第42页。

其法律、国际复兴开发银行及其法律、双边或者区域投资协定、双边或者区域贸易协定乃至双边或者区域经济伙伴关系协定等，也都构成了一个国家或者多国区域外国直接投资的法制环境。

政府政策和行为是影响外国直接投资流动的最能动、最重要的影响因素，法制环境正是政府政策和行为的法律化和制度化。"政府政策和行为在型塑投资环境中扮演了重要角色。尽管政府对于地理因素等只能产生有限的影响，但是，它们对于产权保护、国内和涉外规制和税收方法、基础设施的提供、金融和劳动市场的运行、腐败等广义治理问题却具有决定性的影响。"① 法制环境虽然不能直接改变一个国家或者多国区域的自然资源、地理条件和其他自然环境，但是，法律能够使得政府的政策和行为具有稳定性和可预期性，法律能够改变和影响这些自然环境发挥作用的基础设施和社会环境，从而从整体上决定投资环境的优劣。

在影响外国直接投资流动的法制环境中，一个国家或者多国区域的总体法治水平具有最根本的地位，而专门的外国直接投资法律制度则具有最直接的影响。其中，总体法治水平可以从四个方面来衡量：政府及其官员和代理人在法律下问责；法律的明确性、公开性、稳定性和公正性，法律保护基本权利尤其人身和财产安全；法律制定、管理和实施过程中的公开性、公正性和高效率；法官、律师和司法人员等司法职业群体数量足够，有能力、独立、有德行，资源充分，具有代表性。② 法治水平也可以从更广泛的治理水平反映出来。所谓治理，是由一个国家行使其权威的传统和制度所组成的，它包括政府被选举、监督和更换的过程，政府有效制定和实施健全政策的能力，以及公民和政府对于管理其相互间经济与社会互动关系的制度的尊重。③ 专门的外国直接投资法律制度包括国内法和国际法。其中，国内法包括东道国专门的外国直接投资法律和母国专门的对外直接资本输出法律，前者主要是指东道国外商投资法，后者主要是指母国海外投资保险法。发展中国家一般都制定了专门的外商投资法，而发达国家除了外国投资所涉反垄断和国家安全审查方面的法律以外，一般很少制定专门的外商投资法。发达国家一般都制定了海外投资政治风险担保

---

① The World Bank, The World Development Report 2005: A Better Investment Climate for Everyone, The World Bank and Oxford University Press, 2004, p. 1.

② See Mark David Agrast, Juan Carlos Botero and Alejandro Ponce, The World Justice Project Rule of Law Index? 2011 report, The WJP, 2011, p. 1.

③ See Daniel Kaufmann, Aart Kraay and Pablo Zoido - Lobatón, Governance Matters, World Bank Policy Research Working Paper No. 2196, 1999, p. 1.

方面的法律。国际法包括双边、区域和世界层次的专门的外国直接投资方面的习惯、条约、软法和国际组织法律框架，其中，包括避免双重征收的税收协定、促进和保护投资的投资协定。目前，在国际法方面，最重要的是双边投资条约、自由贸易协定中的投资专章、世界银行《多边投资担保机构公约》（以下简称 MIGA 公约）、《解决国家与他国国民间投资争端公约》（以下简称 IC-SID 公约）以及世界贸易组织（WTO）框架下《服务贸易总协定》（GATS）、《与贸易有关的知识产权问题协定》（TRIPS）、《与贸易有关的投资措施协定》（TRIMs）。

（二）东北亚区域投资合作的国内法制环境的现状及其障碍

东北亚区域投资合作国内法环境是指东北亚六国各自促进投资准入、投资保护和管理、投资便利方面的国内法上的制度安排。

在投资准入方面，日、韩两国都属于经济合作与发展组织（OECD）国家，承担了 OECD 资本流动自由化的义务，投资法制都相对更加开放，对于外国直接投资准入的法律壁垒很少，不过，也在重要领域保留外资限制，并且通过外资反垄断和国家安全审查限制外资，由于市场体制和语言文化方面的限制因素，日、韩两国都很少吸引外国直接投资；同时，两国对于海外直接投资输出的法律壁垒也很少。中国制定和实施了从中央到地方多个层次的复杂的吸引外国直接投资的法律体系，尤其是制定实施了外商投资企业和外商开发自然资源方面的立法，近年来不断制定并更新有关外商投资产业政策和指导目录，并开始加强外资反垄断审查和国家安全审查，不过，中国总体上在非常广泛的领域大力吸引外资，鼓励外国直接投资流入。近年以来，中国也正在逐步开始审慎推动对外直接投资的不断增加，并且制定实施了专门的对外直接投资方面的境外投资管理部门规章。俄罗斯也比较积极吸引外国直接投资流入，制定并更新外商投资方面的法律法规，同时，俄罗斯也在逐步推动对外直接投资。蒙古积极吸引外国直接投资开发自然资源和能源，制定并更新有关外商投资的一般法律和外资自然资源和能源的专门法律；朝鲜则只在有限地区对外国直接投资开放，制定有专门的经济开发和开放区方面的法律。

在投资保护和管理方面，尤其在外国直接投资的实体待遇和程序救济方面，就法制环境和制度条件而言，除了日本之外，其他五国都具有专门的吸引外国直接投资的法律法规。日本、韩国对于外国直接投资和海外直接投资的法律限制都较少，一般实施国民待遇，其外国直接投资都具有更强的市场主导型的中立性特征，而且也都是采取更高程度的法治化外国直接投资管制。尽管中国对于外国投资曾经规定了非常广泛的优惠措施，但是，近年来，中国政府采取了一系列措施逐步改变内外资法律的双轨体制，逐步减少外资优惠待遇，赋予外资国民待遇，尤其是，企业所得税的统一和劳动法的实施增加了外国直接投资的成本，但是，也有不少限制性的规定，对于外国直接投资的法治化管理仍然有待于进一步完善。俄罗斯的外国直接投资管理法治化水平不是很高，蒙古也在逐步改善其外国直接投资管理的法治化水平，两国外商投资的法治化管理都需要不断提高和完善。朝鲜还不是一个走向法治化的国家，其外国投资法律法规上的规定和承诺如何得到实施和遵守，还具有非常大的不确定性。

在投资便利方面，主要涉及政府采取行动和措施促进和便利外国直接投资的准入、运营和处置。增加投资便利是目前各国改善投资环境包括法制环境的重要努力方向，尤其是指增加政府法律、法规、规章、程序、措施和决定的透明性、简便性和可预测性，这实际上就意味着政府要为外国直接投资提供一个全面的良好的法治和善治的制度环境。就此而言，日、韩两国总体上具有比较完善的法治乃至善治的制度环境，两国政策和法律的透明度、便捷性和一致性程度都很高；中、俄两个转型经济体仍然处在建设法治的过程之中，而善治的目标就更是一个需进一步努力的目标；蒙古也正在逐步加强法治建设；朝鲜尽管在其经济开放区规定了投资便利措施，但尚未明确走向法治和善治的目标。总体而言，东北亚区域投资合作的法治、善治等投资便利建设都仍然存在着许多不完善之处，都仍然需要进一步努力。其中，中国近年来开始强调依法行政和公共服务，在区域投资合作方面，《东北地区振兴规划》（2007 年）和《中国图们江区域合作开发规划纲要——以长吉图为开发开放先导区》（2009 年）是中国在国内法层面为增加投资便利包括东北亚区域投资便利的两个重要的政策性文件。其中规定了加强各项基础设施建设、促进产业结构优化升级、加强企业自主创新能力、推进人才开发和培养计划等方面的目标和措施；还规定，"进一步清理修订完善现有政策和各类法规，建立稳定、规范和可预见的政策环境以及与国际通行做法相适应的法制环境。创新涉外经济和管理机制，提升和完善涉外管理和服务功能，创造良好的商务环境。实施出入境管理改革，简化人员出入境手续。进一步推进'大通关'工程，设立快速通关通道，加快推行海关与企业一对一的无纸化通关模式。区域内进出口货物的检验检疫，实行直通放行和大企业驻厂制度。按照国家有关规定，合理扩大区域内县级及以上政府的投资和贸易管理权限。改革开发区管理体制，增强服务功能。完善吸引外资特别是国外战略投资者参与东北老工业基地调整改造的政策，促进图们江地区产业提升"。"在现有的大图们倡议合作机制基础上，定期举办东北亚经济合作论坛、图们江区域城市论坛等专业性研讨活动，搭建互信互动的信息交流和人员往来平台"。这些都是增加投资便利（尤其透明性、便利性和可预测性）的重要举措。同时，俄罗斯和朝鲜也分别制定了配合中、俄、朝三国合作开发图们江地区的政策和法律措施。

从总体法治和治理水平来看，东北亚区域各国法治状况存在着较大的差别。在政府权力受到制约、政治秩序稳定、政府治理有效性、控制腐败和法治健全度的法治和治理指标体系方面，日本、韩国都属于发达国家行列，总体水平非常高；中国在立法、守法、执法和司法方面近年来取得了多方面的进步，但是仍然存在着不少问题，仍然尚在建设法治国家；蒙古和俄罗斯的法治水平也不是很高；朝鲜则尚未将法治作为治国方向。这一点在由美国律师协会等律师组织联合发起的"世界正义项目"（WJP）发布的世界法治指数报告①和由来自布鲁金斯研究所、世界银行发展研究组和世界银行研究所的三位学者联合

---

① 根据由美国律师协会等律师组织联合发起的"世界正义项目"（WJP）发布的2011年度66个国家和地区的世界法治指数报告，在政府权力受到制约方面，中国得分0.53，排名第37，日本得分0.78，排名第11，韩国得分0.59，排名第30，俄罗斯得分0.41，排名第55；在廉洁无腐败方面，中国得分0.60，排名第31，日本得分0.90，排名第5，韩国得分0.70，排名第20，俄罗斯得分0.49，排名第40；在秩序和安全方面，中国得分0.81，排名第25，日本得分0.92，排名第4，韩国得分0.83，排名第21，俄罗斯得分0.67，排名第45；在基本权利保护方面，中国得分0.40，排名第64，日本得分0.78，排名第16，韩国得分0.76，排名第17，俄罗斯得分0.54，排名第47；在政府公开性方面，中国得分0.54，排名第26，日本得分0.76，排名第7，韩国得分0.71，排名第14，俄罗斯得分0.41，排名第52；在有效实施法律方面，中国得分0.50，排名第43，日本得分0.80，排名第4，韩国得分0.69，排名第16，俄罗斯得分0.47，排名第49；在民事司法救济方面，中国得分0.52，排名第44，日本得分0.73，排名第7，韩国得分0.66，排名第17，俄罗斯得分0.54，排名第40；在刑事司法救济方面，中国得分0.61，排名第25，日本得分0.76，排名第12，韩国得分0.68，排名第21，俄罗斯得分0.64，排名第23。See Mark David Agrast, Juan Carlos Botero and Alejandro Ponce, The World Justice Project Rule of Law Index? 2011 report, The WJP, 2011, pp. 106 – 111.

发起的"世界治理指数项目"（WGI）发布的世界治理指数报告①以及由透明国际发布的世界腐败指数报告②的统计和排名中得到了一定程度的体现。这三份世界法治、治理腐败指数报告的统计指标、参数选择和数据来源本身难免有着不同程度的局限，但是，其统计结果在一定程度上还是粗略反映了东北亚区域各国法治、治理和腐败水平的总体状况和大体趋势。东北亚区域最需要吸引和利用外国直接投资的中国、俄罗斯、蒙古和朝鲜都属于法治化程度比较低的国家，可以说，东北亚区域资本输入国法治化水平较低对于东北亚区域投资合作也造成了较大的制约。

这种法治和治理水平的差距在东北亚区域内直接投资的实践中得到了一定程度的反映。中铝股份有限公司（以下简称中铝）弃购南戈壁资源有限公司（以下简称南戈壁）和永晖焦煤股份有限公司（以下简称永晖焦煤）就体现了蒙古外商投资法制环境的不确定性。2012年4月12日，中铝宣称与南戈壁大股东 Turquoise Hill Resources Ltd.（原名艾芬豪，Ivanhoe Mining Ltd.）签订了锁定协议，将以8.48加元/股（约65.97港元/股）收购南戈壁不超过60%，但不低于56%的普通股，总出资不超过10亿美元。但就在公布要约收购消息后，便很快遭遇来自蒙古政府的阻力。"蒙古矿产资源和能源部于4月16日在乌兰巴托召开新闻发布会，宣布要求暂停由南戈壁的全资附属公司 SouthGobi Sands LLC 拥有的若干许可证的勘探及开采活动。南戈壁旗下唯一一个已经运

---

① 根据来自布鲁金斯研究所、世界银行发展研究组和世界银行研究所的三位学者联合发起的"世界治理指数项目"（WGI）发布的2010年世界200多个经济体治理指数报告，在民间发声和政府问责方面，中国得分5.2，日本得分82.5，韩国得分69.2，俄罗斯得分20.9，蒙古得分48.8，朝鲜得分0；在政治稳定方面，中国得分24.1，日本得分76.9，韩国得分50，俄罗斯得分18.4，蒙古得分65.1，朝鲜得分30.2；在政府有效性方面，中国得分59.8，日本得分88.5，韩国得分84.2，俄罗斯得分41.6，蒙古得分32.1，朝鲜得分0.5；在规制质量方面，中国得分45.0，日本得分80.9，韩国得分78.9，俄罗斯得分38.3，蒙古得分42.6，朝鲜得分0；在法治方面，中国得分44.5，日本得分88.2，韩国得分81.0，俄罗斯得分26.1，蒙古得分41.2，朝鲜得分7.1；在控制腐败方面，中国得分32.5，日本得分91.9，韩国得分69.4，俄罗斯得分12.9，蒙古得分27.8，朝鲜得分3.3。See Kaufmann D., A. Kraay, and M. Mastruzzi, The Worldwide Governance Indicators, http://info. worldbank. org/governance/wgi/index. asp.

② 根据透明国际2011年度对世界183个国家和地区世界腐败指数统计，朝鲜得分1.0，排名并列第182位，俄罗斯得分2.4，排名第143位，蒙古得分2.7，排名并列第120位，中国（大陆）得分3.6，排名第75位，韩国得分5.4，排名第43位，日本得分8.0，排名并列第14位。Transparency International, Corruption Perceptions Index 2011, 2011, http://cpi. transparency. org/cpi2011/press/.

行的煤矿敖包特陶勒盖（OvootTolgoi）的许可证也在暂停之列。这一暂停举动针对的正是中铝的收购计划。""数天后，中铝宣布，在获得蒙古政府的监管批准之前，不准备收购要约南戈壁的股票。""暂停许可证只是开始，随后蒙古政府开始重新制定其外国投资法。多数业界人士认为，中铝的收购是修法的主要驱动力，尽管蒙古政府否认这种说法。5月17日，蒙古国家大呼拉尔（议会）通过了《关于外国投资战略协调法》，这项新法律将矿产资源、银行金融和新闻通讯三个行业确定为具有战略意义的领域。外国投资者及其利益相关方和第三方签订股份买卖或转让协议，需通过在蒙注册企业向政府提出申请；购买三分之一或以上的战略企业股份需政府同意；对于战略企业董事会的组成、对企业决议的否决、矿产品交易、矿产品价格等方面的相关协议需获政府同意；外资参股战略企业超过49%，外资投资超过1000亿图格里克（约合4.8亿元人民币）需政府提交国家大呼拉尔讨论决定。"① 7月12日，南戈壁发布公告称，其新加坡全资附属公司 SouthGobi Sands LLC，已根据新加坡与蒙古签订的双边投资条约，向蒙古政府提交投资争端通知。9月3日，中铝在要约时限到期前一天宣布弃购南戈壁，与南戈壁大股东的锁定协议亦告终止。中铝在此次弃购公告中给出的解释是这桩交易在可接受的时间内取得监管批准的可能性较低。9月28日，中铝公告因未能于9月30日前完成收购永晖焦煤（蒙古焦煤在中国的最大进口商之一）29.9%股权所需的境内外相关政府部门（中国和蒙古政府部门）的审批程序，股份买卖协议各方于9月28日同意终止股份买卖协议及其项下交易，至此，中铝原计划以23.9亿港元收购永晖焦煤29.9%的股份的交易也宣告失败。此外，中国辽宁西洋集团在朝鲜投资与朝鲜政府发生的纠纷也表明了朝鲜投资法制环境的不确定性。西洋集团称企业在朝鲜的铁矿精炼加工投资为一场"噩梦"，指责其在朝鲜的合作伙伴欺诈并恶意将该公司挤出朝鲜市场。朝鲜则称，尽管投资合约已经签署了四年，但西洋集团只"履行了50%的投资责任"，中方企业在投资中涉嫌欺诈和腐败，需为违约负主要责任。②

总体来看，东北亚区域各国在外国直接投资流动和区域投资合作的国内法制方面，目前仍然存在着一些较大的制约因素。日、韩两国虽然已经基本采取比较自由、开放的国民待遇体制并且具有健全的法治，但是仍然可以进一步采

---

① 参见财新《新世纪》记者蒲俊、特派香港记者王端：《中铝弃购南戈壁》，载财新《新世纪》2012年第36期。

② 财新实习记者李乐：《中国企业在朝鲜投资遇纠纷》，载 http：//international. caix-in. com/2012 - 09 - 06/100433867. html。

取措施，开放和便利外国直接投资流动。中国、俄罗斯和蒙古仍然需要进一步改善投资法制环境，进一步建立和完善外国直接投资国民待遇体制，走向比较自由、开放的法治国家。朝鲜则需要进一步加强对外开放，并且启动法治化。

（三）东北亚区域投资合作的国际法制环境的现状及其障碍

目前，在东北亚区域投资合作方面，各国之间已经形成了一些双边、区域和多边层面的条约安排或者软法安排。

在双边层面，东北亚六国之间已经缔结了 12 项双边投资条约，其中包括中日、中韩、中俄、中蒙、中朝、日韩、日俄、日蒙、韩俄、韩蒙、俄蒙、俄朝之间的双边投资条约，而日朝、韩朝和蒙朝之间尚未缔结双边投资条约。这12 项投资条约初步构成了一个区域性的双边投资条约网络。概括地说，这些双边投资条约一般规定了投资与投资者定义、投资准入、准入后投资待遇标准、汇兑与转移自由、征收与补偿、政治风险担保与代位求偿权、当地救济、投资者与缔约国间投资争端解决、缔约国间投资争端解决、保护伞义务、实绩要求、法律和规章措施的透明度、人员入境和停留等方面的便利等投资准入、投资保护、投资便利和投资争端解决条款。2009 年，中俄两国通过了《中华人民共和国东北地区与俄罗斯联邦远东及东西伯利亚地区合作规划纲要（2009—2018 年）》，可以说构成了双边层面促进和便利投资的政策文件。例如，其中规定，双方提出一批在本《规划纲要》框架内实施的地区间合作的重点项目；中国东北地区各省、自治区人民政府和俄罗斯远东地区联邦主体执行权力机关对项目实施情况予以特别关注，并向两国政府通报项目落实的进程；在经济技术、金融及其他合作方面协商一致的情况下，以市场需求为导向，这些项目由中俄对外经济活动参与者具体实施。此外，中国和韩国目前已经完成自贸区官产学联合研究，即将进入中韩自贸区谈判阶段。日本和韩国两国也已经完成联合研究，可能启动经济伙伴关系协定谈判。日本和蒙古之间也开始着手进行经济伙伴关系协定谈判的联合研究。韩国与蒙古之间也开始着手进行自由贸易协定谈判的可行性研究。

在区域层面，东北亚各国初步形成了一定的区域经济合作框架。在图们江地区，联合国开发计划署提出并推动了图们江地区国际合作开发的计划。1995年，在联合国开发计划署图们江地区开发项目管理委员会第六次会议上，中国、俄罗斯、朝鲜、蒙古、韩国政府代表签署了《关于建立图们江经济开发区及东北亚开发协商委员会的协定》和《关于建立图们江经济开发区及东北亚环境准则谅解备忘录》。2010 年，中俄朝三国旅游机构签署了《环形跨国旅游线路合作协议》，首次实现了三国间免签证环形游。中日韩三国最初是在"东盟＋3"的框架内合作，1999 年，三国领导人首次举行了非正式会议，此后，三国领导人年度举行领导人会议。2002 年 9 月，三国经贸部长会议启动。2003 年 10 月，第五次三国领导人峰会通过了《中日韩推进三方合作联合宣言》，初步确定了包括投资在内的多领域合作框架，并决定成立一个三方委员会，研究、规划、协调和监督现有的和本宣言提出的合作，并向年度领导人会晤提交进展情况报告，同时，中日韩三国领导人同意就三边投资安排的可能模式进行非正式联合研究。2004 年三国组成了由政府、企业界和学术界参加的联合研究组，并着手开始联合研究。2004 年 11 月，中日韩三方委员会通过了《中日韩三国合作行动战略》和《中日韩合作进展报告》，重申加强知识产权保护，促进三国研究机构正在进行的关于可能建立的中日韩自由贸易区经济影响的联合研究，适时举行磋商以探讨三国投资法律框架，并尽快落实联合研究组的建议以改善商务环境，加强三国之间的相互投资。2004 年底，联合研究组发布《关于中、日、韩三方可能的投资安排的报告》。2008 年 12 月，三国领导人首次在"东盟＋3"框架外举行领导人会议，开始形成三国领导人之间的独立合作框架。2008 年 12 月，《中日韩改善商务环境的行动计划》发布，内容涉及法律、法规的透明度，建立公众评议系统和关于申请情况的答复系统，知识产权保护，地方层面的争端解决机制，投资促进和相关服务，中央和地方政府管理的一致性等。2010 年 12 月，中日韩三国签署协议，决定建立三方合作秘书处，2011 年 9 月 1 日，秘书处正式成立，总部设在韩国首尔。2011 年 11 月，三国领导人会议决定在年底之前达成中日韩投资协议，并决定年底之前完成有关自由贸易协定的官产学联合研究。2011 年 12 月 16 日，中日韩自由贸易协定联合研究委员会第七次会议宣布，联合研究已经完成，并将于 2012 年年初发布联合研究报告，其内容涉及货物贸易、服务贸易、投资以及其他问题。2012 年 5 月 13 日，中、日、韩三国正式签署《中华人民共和国政府、日本国政府及大韩民国政府关于促进、便利和保护投资的协定》（以下简称《中日韩投资协定》）。此外，中、日、韩、俄罗斯也在亚太经合组织（APEC）框架内开展包括投资在内的经贸合作。

在多边层面，东北亚各国多数都参加了多边投资条约体制或者与投资有关的其他多边经济条约体制。中、日、韩、蒙四国加入了《解决国家与他国国民之间投资争端公约》，可以利用 ICSID 中心解决投资者与缔约国之间投资争端，俄罗斯于 1992 年签署了《解决国家与他国国民之间投资争端公约》，但是迄今尚未批准和生效，朝鲜则尚未加入《解决国家与他国国民之间投资争端公约》。中、日、韩、俄、蒙五国都是《多边投资担保机构公约》缔约国，而朝鲜则未加入该公约。日、韩、蒙、中、俄五国是世界贸易组织（WTO）成员，适用 WTO 框架下的《服务贸易总协定》（GATS）、《与贸易有关的知识产权问题协定》（TRIPS）、《与贸易有关的投资措施协定》（TRIMs），在商业存在的服务贸易投资方面，承担国民待遇、市场准入的特定承诺义务和透明度、最惠国待遇的普遍义务，在知识产权方面承担国际统一保护标准义务，在投资措施方面承担透明度和禁止某些实绩要求的义务。迄今为止，朝鲜仍然没有进行国内改革和申请加入 WTO 的意向。

　　总体来看，东北亚区域各国之间目前不同层次和不同形式的国际法制度安排既有促进区域投资合作的作用，也存在着一些重要的不足。一方面，既有国际法制度安排有利于吸引、保护、便利和促进东北亚区域的外国直接投资，积极促进了东北亚区域投资合作及其外国直接投资流动。双边投资条约的实体待遇条款和争端解决程序条款，尤其外国投资者国际直接出诉权条款，授予外国投资者依据投资条约实体待遇条款，在常设或者专设的国际仲裁庭，起诉被控违反投资条约的东道国。这种投资条约条款的规定在事前可以视为缔约国向外国直接投资者发出的确保投资者受到充分国际法保护的信号，在事后则可以成为外国投资者获得国际投资条约争端解决救济的充分事后救济保障。例如，俄罗斯国民 Sergei Paushok 及其两家俄罗斯公司于 2007 年底依据 UNCITRAL 仲裁程序规则和俄蒙双边投资条约，指控蒙古暴利税法和 2006 年矿业法以及据此采取的执法措施违反了投资条约，2008 年 9 月，专设仲裁庭作出针对蒙古的临时措施仲裁令，要求在实体仲裁裁决作出之前，蒙古暂停其依据该两法对原告投资者实施的执法和处罚措施，2011 年 4 月 28 日，专设仲裁庭作出裁决，驳回申请人基于暴利税法、外国员工费用和数量、稳定化协议、税务当局措施、司法救济措施等方面提出的请求，部分拒绝、部分接受了申请人基于安全监管和销售协议提出的请求。[①] 2010 年，中国黑龙江国际技术合作公司、秦皇岛市秦龙国际工业公司和北京首钢矿业投资公司也依据 UNCITRAL 仲裁程序规则和中蒙双边投资条约，对蒙古提起了投资条约仲裁。[②] 另一方面，六国之间只有各自相互之间的双边投资条约网络，这些双边投资条约更多考虑两国之间的特殊情况，存在着一定的差别性和非统一性，既有的区域性法制安排基本上都是非正式的、不具有严格法律约束力的软法性质的规定，而对于东北亚区域性投资合作的统一性国际法环境则缺乏必要的考虑，尚未形成东北亚统一的

---

　　① Sergei Paushok, CJSC Golden East Company and CJSC Vostokneftegaz Company v. The Government of Mongolia, UNCITRAL, Award on Jurisdiction and Liability, Apr 28, 2011.

　　② China Heilongjiang International & Technical Cooperative Corp, Qinhangdaoshi Qinlong International Industrial, and Beijing Shougang Mining Investment v. Republic of Mongolia, UNCI-TRAL, Jan 1, 2010Pending, 2010 (not public).

区域性投资协定。就 ICSID、MIGA 和 WTO 有关投资方面的多边统一国际法而言，它们并不是综合全面的多边投资条约，而且也并不是所有东北亚区域国家都已加入。总体而言，东北亚区域投资合作尚缺乏全部六国都参加的区域性和世界性多边统一的国际法制度安排。这种错综复杂但又不够全面的国际法制度安排对于东北亚区域投资合作及其外国直接投资流动存在一定的不利影响。

三、东北亚区内各国双边投资协定的比较及其评价

在东北亚区域投资合作的法律愿景中，在东北亚区域各国之间既有的双边投资条约网络基础上，结合双边投资条约和国际投资法最新发展趋势，订立东北亚区域投资协定，是最为重要的。因此，需要首先梳理、比较和评估目前东北亚区域各国之间既有的双边投资条约网络。

在东北亚区域六国之间，目前共有 12 个双边投资协定（日朝、韩朝和朝蒙之间无协定）。这 12 个双边投资协定在具体内容上虽然各有不同，但也呈现出许多的共性。除韩日协定外，其他 11 项协定所追求的目标一般均为促进投资和保护投资。但是即便目的相似，在投资的定义、投资待遇以及争端解决等问题上各协定的规定还是互有不同。而韩日协定比较特别，由于韩国和日本经济发展水平较高，对于投资，他们更多追求的是投资的自由化，这从韩日投资协定的名称就可以得知，该协定全名为《韩国政府与日本政府关于投资自由化，促进投资和保护投资的协定》。这就决定了韩国和日本之间的投资协定与其他 11 项协定相比开放更全面，规定更深入，这尤其体现在韩日协定中对于国民待遇的规定上。

表一

协定名称	缔结时间
中日协定	1988 年 8 月 27 日
韩俄协定	1990 年 12 月 14 日
韩蒙协定	1991 年 3 月 28 日
中蒙协定	1991 年 8 月 26 日
俄蒙协定	1995 年 11 月 29 日
俄朝协定	1996 年 11 月 28 日
日俄协定	1998 年 11 月 13 日
日蒙协定	2001 年 1 月 15 日

续表

韩日协定	2002年3月22日
中朝协定	2005年3月22日
中俄协定	2006年11月9日
中韩协定	2007年9月7日

（一）双边投资条约目标和宗旨比较

双边投资条约的序言一般都规定了条约的目的和宗旨。传统双边投资条约的基本目的和宗旨一般都是促进和保护投资，但是，实质上专门促进投资的内容并不多见，而主要是通过保护投资来实现投资促进目的。不过，传统双边投资条约一般也都特别强调促进和保护投资目的本身最终是为了促进两国之间资本流动、技术交流和经济合作、经济增长。因此，经济技术合作和经济增长是更深层的目的。中国、俄罗斯、蒙古和朝鲜对外签订的投资条约一般仍然规定比较传统的目的和宗旨。例如，2007年中韩投资条约序言规定，为了加强两国间经济和贸易合作，愿进一步促进投资；愿为缔约一方的投资者在缔约另一方领土内的投资创造有利条件，给予上述投资和相关的经营活动优惠的待遇和保护；认识到鼓励和相互保护此类投资将有助于促进两国间经济往来、贸易和技术领域的交流。但是，20世纪90年代以来一些新的双边投资条约已经开始规定投资自由化的目的和宗旨。美国和加拿大对外签订的双边投资条约虽未在其序言中明确规定投资自由化的内容，但具体谈判、具体承诺和附件清单都体现了投资自由化的目标。进入21世纪以来，日本和韩国对外签订的投资条约也开始注重投资自由化的目标。例如，2002年日韩投资条约序言规定，承认的不断发展的投资自由化对激励个人主动性和促进两国繁荣日益重要。此外，新一代投资条约也越来越强调环境、健康、劳工和可持续发展。中国、俄罗斯、蒙古和朝鲜对外签订的投资条约尚未规定此类考虑因素，而日韩对外签订的投资条约已经开始注重这方面的考虑因素。例如，2002年日韩投资条约序言规定，承认在不放松通常适用的健康、安全和环境措施的情况下，实现投资自由化、投资促进和投资保护，同时，承认劳资双方间的合作关系对促进两国间投资的重要性。

（二）双边投资条约的适用对象比较

东北亚区内双边投资协定对于各协定所适用的对象，协定本身大致从投资、收益和投资者三个方面予以明确规定。

1. 投资

各协定对于投资的定义都是基于资产的角度作出的，除韩日协定规定的定义比较特殊外，其他11个协定一般都规定，投资一词是指缔约一方的投资者按照缔约另一方的法律和法规在缔约另一方的领土内所投入的各种财产，包括但不限于：

（1）动产、不动产以及相应的财产权利，其中有些协定只作此规定并未列举这些财产权利（中日、中俄、日俄、日蒙协定），而有些协定则列出了相应的财产权利包括抵押（俄蒙、俄朝、中蒙、中朝、韩蒙、韩俄、中韩协定）、留置（韩蒙、韩俄、中韩协定）、质押（中蒙、中朝、韩蒙、中韩、韩俄协定）、用益物权和类似权利（中韩协定）。

（2）包括公司或商业组织的股份和其他形式的参股，其他形式在一些协定中有具体列举，包括股票、债券或该公司财产中的权益等形式。

（3）金钱请求权和根据具有金钱价值的合同的行为请求权。

（4）知识产权，一般包括著作权、商标、专利、专有技术、工艺流程、商名的权利，但是在中日和日俄协定中以议定书的形式明确规定该协定不涉及著作权问题，中蒙协定也未对商名作出规定，还有一些协定未对专有技术（日俄、日蒙、韩日协定）和工艺流程（中日、日俄、日蒙、韩日协定）作出规定。另外还有一些协定加入了商誉（中朝、中俄、中韩、韩蒙、韩俄协定）、工业设计（中韩、日俄、日蒙、韩日、韩蒙、韩俄协定）、集成电路外观设计（俄蒙、俄朝、日俄、日蒙、韩日协定）、商业秘密（中韩、日蒙、韩日、韩蒙、韩俄协定）、原产地名称（日俄、日蒙、韩日协定）。

表二

	著作权	专利权	商标权	商名	专有技术	工艺流程	商誉	工业设计	集成电路外观设计	商业秘密	原产地名称
中日		√	√	√	√						
中蒙	√	√	√		√	√					
中朝	√	√	√	√	√	√	√				
中俄	√	√	√	√	√	√	√				
中韩	√	√	√	√	√	√	√	√		√	
俄蒙	√	√	√	√	√	√			√		
俄朝	√	√	√	√	√	√			√		
日俄		√	√	√				√	√		√
日蒙	√	√	√	√				√	√	√	√
韩日	√	√	√	√				√	√	√	√
韩蒙	√	√	√	√	√	√	√	√		√	
韩俄	√	√	√	√	√	√	√	√		√	

（5）法律或法律允许依合同授予的商业特许权，包括勘探和开采自然资源的权利在内的特许权。在一些协定中还包括耕作、提炼的特许权（中朝、中俄、中韩、韩蒙、韩俄协定）。

在中朝、中俄、中韩、韩蒙、韩俄的协定中还规定作为投资的财产发生任何形式上的变化，不影响其作为投资的性质。

另外，日韩协定中对于投资的定义与其他协定有所不同。在日韩协定第1条第2款中，除包括前面所说的内容外，还规定投资一词是指任何由投资者所直接或间接拥有或控制的资产，而且还规定公司是指依照缔约一方法律法规成立的法人或其他实体，无论其是否以营利为目的，也无论是私有还是政府所有或被政府控股。

2. 收益

各协定中一般规定"收益"，系指由投资财产所产生的价值，特别是指利润、利息、资本利得、股息、提成费、使用费、手续费和其他合法收入。在中韩协定中还规定投资收益和若存在再投资时那些再投资收益享有与投资同样的保护。

3. 投资者

投资协定中的投资者包括两类，即自然人和公司。首先对于自然人，各协定都规定是指具有缔约一方国籍的自然人；而对于公司的定义，有些协定分别从不同缔约方的角度来定义，如中日协定中规定"公司"在中华人民共和国方面，系指企业、其他经济组织和社团。在日本国方面，系指社团法人、合伙、公司和团体，不论其是否有限责任、是否法人或是否以营利为目的，类似的还有中蒙协定。另外一些协定则统一规定在缔约双方间公司是指任何依据缔约一方的法律法规成立的实体，如中韩、韩日、韩俄协定。还有一些协定不仅要求公司应是根据缔约任何一方的法律和法规设立或组建，还要求该实体的住所应在该缔约一方境内（如中朝、中俄、日俄、日蒙协定）。除俄蒙、俄朝协定要求公司必须为法人之外，其他协定并未作此限制，该实体是否是法人，以及是否以营利为目的都不影响其所作为投资者的地位。另外，在中蒙、韩蒙协定中除要求公司应依缔约一方法律法规设立外，还要求依缔约另一方法律，该实体有权在缔约另一方领土内投资。

此外，日韩协定中还规定公司是私有还是国有或者由国家控股并不影响其作为投资者的地位，对国有公司或者国家控股公司是否可以成为投资者作出了明确的规定。

（三）投资待遇和投资保护比较

1. 准入阶段的待遇

这12项协定对于投资者在准入阶段的待遇总结起来大致分为三种：

第一种是未规定特定的待遇，只要求缔约方依照法律和法规接受投资。作出此种规定的协定包括中蒙、中俄、中朝、俄蒙、俄朝、韩蒙、韩俄协定。以中蒙协定为例，该协定第2条第1款规定：缔约一方应鼓励缔约另一方的投资者在其领土内投资，并依照其法律和法规接受这种投资。

第二种是对外国投资在准入阶段给予最惠国待遇。作出此种规定的协定包括中日、日俄、日蒙、中韩协定。以中日协定为例，该协定第2条第2款规定：缔约任何一方国民和公司，在缔约另一方境内，关于投资许可和与投资许可有关的事项，享受不低于第三国国民和公司的待遇。

第三种是对外国投资在准入阶段给予国民待遇和最惠国待遇。作出此种规定的协定为韩日协定。在韩日协定中实行全面的准入前国民待遇。该协定第2条规定在投资的设立方面，每一缔约方在其境内须给予缔约另一方投资者及其投资以不低于其本国投资者及其投资以及第三国投资者及其投资在类似情况下所享有的待遇。但是这种国民待遇和最惠国待遇不是绝对的，而是规定了一系列例外情形。

2. 准入后的投资待遇和投资保护

准入后的投资待遇专指准入后一国给予投资者财产、收益及与投资有关的业务活动所给予的待遇。这种待遇通常包括最惠国待遇、国民待遇以及公平和公正待遇。

表三

	最惠国待遇	国民待遇	公平和公正待遇
中日	√	√	
中蒙	√		√
中朝	√	√	√
中俄	√	√	√
中韩	√	√	√
俄蒙	√	√	
俄朝	√	√	
日俄	√	√	√
日蒙	√	√	
韩日	√	√	√
韩蒙	√	√	√
韩俄	√	√	

（1）最惠国待遇

在东北亚六国间签订的 12 个双边投资协定中无一例外地规定了要给予外国投资者财产、收益以及与投资有关的业务活动以最惠国待遇。一些协定规定在类似条件下给予最惠国待遇（中韩、韩日协定），而其他协定并未对条件作出规定。但是这种最惠国待遇并不绝对，协定中都规定了若干最惠国待遇的例外，这种例外包括：①缔约一方依照关税同盟、自由贸易区、经济同盟、货币联盟或类似机构而给予第三国投资者的投资的任何优惠待遇；②缔约一方为了方便边境贸易而给予第三国投资者的投资的任何优惠待遇；③缔约一方根据任何全部或主要与税收有关的国际协议或安排给予第三国投资者的特别税收优惠；④在俄罗斯所签订的双边投资协定中特别存在的例外——俄罗斯联邦与前苏维埃社会主义共和国联盟国家之间的与本协定项下投资有关的协定。在日俄协定中还规定这种例外需要俄罗斯在协定生效之日对不能给予日本投资者的范围通知日本。

（2）国民待遇

在 12 个协定中，除中蒙协定未规定国民待遇外，其他 11 个协定都规定要对外国投资者的财产、收益以及与投资有关的业务活动给予国民待遇。与最惠国待遇类似，只有中韩、韩日协定中明确了在相似条件下给予国民待遇。虽然大多数协定都规定了国民待遇，但是也大多对国民待遇作出了各种限制，进而呈现出不同程度的国民待遇。具体来说，第一，在韩蒙协定中，对国民待遇未作任何限制。第二，在中朝和中俄协定中都规定：在不损害其法律法规的前提下，缔约一方应给予缔约另一方投资者在其境内的投资及与投资有关活动不低于其给予本国投资者的投资及与投资有关活动的待遇。即给予国民待遇的前提是不损害本国的法律法规。第三，在中韩协定中规定国民待遇不适用于在中国领土内已经存在的不符合措施和将来对于该措施的修改，但是同时还规定"停止"和"回转"机制，即赋予投资的待遇一旦被接受，其后的修改不应比最初投资作出的时候更具限制性，同时中国将采取所有可能的措施进一步消除不符合措施。第四，在俄罗斯与蒙古、朝鲜和韩国签订的协定中规定缔约一方有权在自己的立法中建立或保留所给予的国民待遇的例外。这实际上对国民待遇构成了实质性的限制。第五，在中日协定中，对于国民待遇在协定的议定书当中作出了限制，即缔约一方根据有关法律和法规，为了公共秩序、国家安全或国民经济的正常发展，在实际需要时，给予缔约另一方投资者的差别待遇，不应视为低于该缔约一方投资者所享受的待遇。议定书还指出国民待遇的规定不应妨碍缔约任何一方规定关于外国人及外国公司在其境内活动的特别手续。但是，该手续不应在实质上损害投资者依照国民待遇所享有的权利。第六，在日俄协定中规定缔约方有权根据自己的法律法规决定在哪些经济领域与活动范围内外国投资者应当被排除或受到限制，在这些领域对外国投资作出限制是为保护国家安全所必须的。如果缔约一方作出了这种限制，应该在协定生效之日就此事项通知缔约另一方，如果缔约一方在协定生效后作出此种限制，应在确定限制的领域和范围后的 60 天内通知缔约另一方。缔约任一方可以就此问题发表意见。但是协定还规定缔约方应该尽力在最短的时间内消除这种限制。除前述限制外，该协定还规定在下列情况下，将对缔约另一方的投资者仅给予最惠国待遇，并不给予国民待遇：① 缔约方规定的关于航空器注册的条件，由这种注册产生的事项以及由船舶国籍所产生的问题；② 取得船舶以及任何关于船舶的利益。另外，本协定也规定国民待遇不妨碍缔约方对外国投资设定特别手续，只要这种手续不在实质上损害投资者依照国民待遇所享有的权利。第七，在日蒙协定中，除规定了前述的航空器注册和船舶的例外，以及关于特别手续的规定外，还特别规定，协定所给予的最惠国待遇和国民待遇不妨碍缔约方根据自己的税收法规对居民和非居民作区别对待。第八，为了实现投资自由化，韩日协定给予了最高水平的国民待遇。该协定第 2 条第 1 款规定：在投资的设立、获得、扩大、经营、管理、维持、使用、享有、出售及其他处分等方面，每一缔约方在其境内须给予缔约另一方投资者及其投资以不低于其本国投资者及其投资在类似情况下所享有的待遇。韩日协定的两个附录即为两类例外清单，通过"否定式"清单方式列出不适用于国民待遇的行业以及相关措施。附录一列举的产业例外清单主要涉及国防、国家安全、公用事业、政府垄断、国有企业等关系重要产业，对于附录一清单所列的产业，缔约国可以采取或维持与国民待遇原则不一致的措施，没有必须"停止"（或维持现状）或"回转"方面的要求。附录二列举的产业例外清单主要是应受保护的一些产业，包括农、林、牧、渔业、资源产业（石油、采矿业）以及某些服务业（如运输业、电讯业、金融服务业等），对于附录二清单所列产业，缔约国可以维持协定生效之日已存在的例外措施，同时还附有"停止"和"回转"方面的限制。

（3）公平和公正待遇

在这 12 个协定当中，有 9 个协定规定了对外国投资给予公平和公正待遇或是有公平和公正待遇的表述。但是除中蒙协定外其他协定本身并未界定公平和公正待遇的标准。在中蒙协定中规定公平与公正的待遇和保护应不低于给予任何第三国投资者的投资、收益和与投资有关的活动的待遇和保护，即以最惠国待遇作为公平和公正待遇的标准。另外，韩日协定中将公平和公正待遇放在征收及补偿的语境下，为其适用设定了前提。其他规定有此待遇的协定或者仅适用公平与公正待遇这一词语（如中朝、中韩、韩蒙协定），或者在公平和公正待遇下，规定缔约方不得采取任何可能阻碍与投资相关行为的歧视措施（如中俄、日俄、俄蒙、俄朝协定）。

（4）诉讼中的待遇

关于在东道国的司法程序或行政程序中投资者所享受的待遇在东北亚的协定中大致可以分为两种情形：一部分协定规定外国投资者在缔约另一方境内，为行使和维护自身的权利，在请求或接受法院审理和向行政机构提出申诉的权利方面的待遇，不应低于该缔约另一方给予其本国投资者或第三国投资者的待遇（中日、中韩、日俄、日蒙、韩日协定），也就是在司法程序和行政程序中对外国投资者给予最惠国待遇和国民待遇。而另一些协定（中蒙、中俄、中朝、俄蒙、俄朝、韩蒙、韩俄）则未对此进行规定。可以看出，日本在东北亚范围内所签订的四个投资协定都规定了诉讼中的国民待遇和最惠国待遇，由此可见，日本对于此规定的重视与坚持，相反，蒙古、俄罗斯和朝鲜对于此规定并没有完全接受。

（5）损害与损失赔偿的待遇

当东道国境内发生战争、骚乱、国家紧急状态或其他类似事件而使外国投资者的投资财产、收益或与投资有关的业务活动受到损害，东道国对于该损害进行恢复原状、赔偿、补偿或采取其他措施时，该投资者享受什么样的待遇呢？在俄蒙和俄朝协定中并未对这种情况作出规定，而在中日和中蒙协定中则规定在此种情况下投资者享有不低于第三国投资者的待遇。另外的一些协定均规定待遇，投资者所享有的待遇不应低于东道国在相似的情况下给予本国或任何第三国投资者的待遇，并从优适用。由此可见，对于因一国内部的突发事件给外国投资者造成损害的，对损害的补偿给予最惠国待遇和国民待遇已经被广泛地接受。

（6）保护伞条款

在东北亚各国间订立的双边投资协定中，只有日俄、韩俄、中朝、中韩四个协定中包含有保护伞条款，其中日俄、韩俄协定规定：缔约一方应恪守其就缔约另一方投资者在其境内的投资所承担的任何义务。中朝和中韩协定规定：缔约任何一方应恪守其与缔约另一方投资者就投资所作出的承诺。在其他协定中，并无此种规定。

（7）征收与国有化

关于征收与国有化以及具有类似效果的措施，各协定均作出了规定。根据各协定的规定，征收须是为了社会公共利益，经正当的法律程序，非歧视的，以及给予补偿。比较特殊的在于中韩协定中除依国内法律程序外还规定了法律正当程序的国际标准，另外一些协定并未对正当的法律程序作国内或国际的区分。关于征收的补偿问题，各协定的规定有所不同。被大多数协定所采纳的补偿是应等于采取征收或征收为公众所知的前一刻被征收投资的市场价值，并适用两者中更早者（中俄、中朝、俄蒙、俄朝、日俄、日蒙、韩蒙、韩俄协定）。另外，在中日协定中要求补偿应使该投资者处于未被采取征收、国有化或其他类似效果的措施时相同的财政状况。在中韩和韩日协定中规定补偿应等于被征收投资在征收前一刻的公平市场价值。各协定均规定补偿不得迟延。补偿应能有效地兑换和自由转移。

（8）汇兑与转移

各协定均规定缔约方应保证缔约另一方投资者的投资和收益在缔约双方境内以及该缔约一方境内和第三国境内之间自由地转移。一些协定对转移的投资和收益作了列举（如中蒙、中朝、中俄、日俄、日蒙协定等），一些协定明确规定投资者在履行了所有税收义务后可以将其转移（如中俄协定）。中韩协定对此规定得比较具体，不仅列举了转移的投资和收益，还规定了在一些情况下缔约方可以公平、非歧视、善意地适用法律迟延或组织转移，这些情况包括债权人权利保护，证券发行或交易，犯罪或保证遵照司法程序中的判决或命令，货币转移或其他金融工具的报告。另外还规定，缔约方在收支平衡和财政方面出现或可能出现严重困难以及资本转移引起或可能引起宏观经济管理的严重困难时，可以采取或维持与自由汇兑和转移不一致的措施，但是这种措施需要符合国际货币基金协定且是必要的，还应即刻通知缔约另一方并在条件许可时即取消。另外，中日协定规定此种规定不妨碍缔约任何一方根据本国有关法律和法规，施行外汇限制，还在议定书中指出前述规定不影响缔约任何一方作为国际货币基金协定的缔约国关于外汇限制具有或可能具有的权利和义务。

（9）代位权

除俄蒙、俄朝协定外，各协定都对缔约方或其指定机构的代位权作出了规定。另外，大多数协定还规定了代位权的范围，即不得超过该投资者的原有权利和请求权（如中蒙、中朝、韩俄协定等）。例如，中蒙协定第6条规定，如果缔约国一方或其代表机构对其投资者在缔约国另一方领土内的某项投资作了担保，并据此向投资者作了支付，缔约国另一方应承认该投资者的权利或请求权转让给了缔约国一方或其代表机构，并承认缔约国一方对上述权利或请求权的代位。代位权利或请求权不得超过原投资者的原有权利或请求权。

（10）限制实绩要求

日蒙、日俄和日韩协定还规定，禁止缔约方对外国直接投资规定某些实绩要求（performance requirements）。例如，日蒙协定第15条规定，任何缔约方都不得在其领土范围内适用构成当地成分要求、出口限制或者进口限制或者其他与建立世界贸易组织的《马拉喀什协定》附件《与贸易有关的投资措施协定》不符的与贸易有关的投资措施。日俄协定第 16 条作了类似规定，但是，日韩协定禁止的实绩要求更加广泛。日韩协定第 9 条规定，缔约各方均不应强加或强制实施任何下列要求作为另一缔约方投资者在其领土内投资和开展业务活动的条件，包括出口水平或比例要求、国产成分要求、当地采购要求、进出口平衡要求、当地销售限制、技术转让要求（但与其竞争法或者与 TRIPS 协议一致的除外）、限定投资者总部地点、当地研发要求、当地雇佣要求、出口地域限制。其他协定则未作此种规定。

（四）投资促进和投资便利

在 12 项投资协定中，大多规定了投资促进和投资便利条款。例如，中俄协定第 2 条规定，缔约一方应鼓励为缔约另一方的投资者在其领土内投资创造有利条件，并依照其法律和法规接受这种投资，在不违反缔约方法律法规的情况下，缔约方应对在本国境内从事与投资相关的活动的缔约另一方的国民在提供签证和工作许可方面予以优惠考虑。日俄协定、日蒙协定、中俄协定议定书、中韩协定、日蒙协定、日韩协定都规定了类似条款。

在中韩、日俄、日蒙、韩日协定中规定了透明度的规则，该规则要求缔约方应及时出版或通过其他方式使公众获得对缔约另一方投资者在其境内投资可能产生影响的法律、法规、程序、行政规章和普遍适用的司法裁决以及国际协定；或者应缔约另一方的要求公布这类信息。但是不要求缔约一方提供或允许获得任何机密或私人信息，包括与特定的投资者或投资有关的信息，对于这些信息的披露会妨碍法律的执行、违背保护机密的法律或损害特定投资者的合法商业利益。

（五）争端解决

1. 投资者与缔约方之间的争端解决

在允许提交国际仲裁解决的投资争端范围上，中国和苏联传统上对外投资协定一般只同意将征收赔偿数额的争议提交国际仲裁，而其他争议只有经争端当事方个案同意才可提交国际仲裁，中日协定、中蒙协定体现了中国传统的立场。但是，其他各项投资协定都规定可以将任何投资争端提交国际仲裁解决。

各协定均规定缔约一方与另一方的投资者之间的争端应尽可能通过友好协商解决。这种友好协商不妨碍投资者在东道国境内寻求行政或司法救济，但却是争端提交仲裁的前置程序，还有一些协定规定作为争议一方当事人的缔约方可以要求有关投资者在诉诸仲裁之前用尽该缔约方的法律和法规所规定的国内行政复议程序（中朝、中韩协定）。

如果争端在进行协商的 6 个月（中日、中韩、俄蒙协定等）或 3 个月（韩日协定）内未能解决，可以提交给作为争议一方的缔约方国内有管辖权的法院或根据投资者的要求（中日协定）或任何一方的要求（中蒙协定）将争端提交仲裁，此处可能包括几种情况：（1）提交专设仲裁庭（中蒙协定）；（2）提交参考《华盛顿公约》而组成的调解委员会或仲裁委员会（中日协定）或依照《华盛顿公约》的规则进行调解或仲裁（日俄、日蒙协定）（如果《华盛顿公约》已对双方生效）或依据解决投资争端国际中心附设机构规则进行（如果《华盛顿公约》未对缔约一方生效）；（3）提交 ICSID（中俄、中韩、韩日、韩蒙协定）；（4）提交斯德哥尔摩商会仲裁院（俄蒙、俄朝协定）或者提交双方同意的其他仲裁机构（韩日协定）；（5）提交根据联合国国际贸易法委员会仲裁规则设立的专设仲裁庭（如韩俄协定等）。

当然，一般在协定中都规定几种仲裁方式供当事人选择。但是这种选择是终局的。即选择了一种解决方式就排除了其他的解决方式。另外，有些协定还规定在将争端提交仲裁时，需要作为争议一方的缔约方（日蒙协定）或缔约双方（韩日协定）同意。

对于仲裁委员会，一般规定由 3 名仲裁员组成：当事双方各委任一名，该两名仲裁员在其后一段时间内一致同意确定首席仲裁员。如果当事各方委任的仲裁员未能就第三名仲裁员取得一致意见，当事任何一方均可请求当事双方事先所同意的第三者（中日协定）或解决投资争端国际中心秘书长（中蒙协定）委任与缔约双方均有外交关系的第三国国民为仲裁员，但也有些协定并未作出此种要求（如韩日、韩俄、俄蒙协定等）。

仲裁程序可以由仲裁委员会自行制定，也可以参考华盛顿公约（中日协定）或解决投资争端国际中心仲裁规则（中蒙协定）或联合国国际贸易法委员会仲裁规则（中朝协定）制定。一些协定还对裁决所依据的法律作出了规定，如中蒙协定中规定仲裁庭应根据接受投资缔约国一方的法律（包括其冲突法规则）、本协定的规定以及缔约国双方均接受的普遍承认的国际法原则和规则作出裁决。

仲裁委员会的裁决是终局的，具有拘束力。缔约双方根据各自的法律应承担强制执行裁决的义务。仲裁委员会应陈述其裁决的依据，并应当事任何一方的要求说明理由。当事各方应各自负担其仲裁员和参与仲裁过程的费用，首席仲裁员履行其职务的费用和仲裁委员会的其他费用应由双方平均负担。

在中韩、韩日协定中还规定若从投资者首次知道或应该知道其受到损失或损害之日起已经超过 3 年，则投资者不能提起请求。

2. 缔约方之间关于协定的解释和适用的争端解决

各协定均规定缔约各方对有关协定适用的问题应给予善意的考虑，并提供适当的机会进行协商，有些协定还设立了由缔约双方政府代表组成的委员会，就协定的适用及有关事项进行磋商并在必要时提出建议（中日协定）。缔约双方对协定的解释或适用发生争端，应首先通过外交途径协商解决，在通过外交谈判未能解决时，应提交仲裁委员会裁决。裁决是终局的，具有拘束力。

（六）东北亚区内双边投资条约评价

总体来看，东北亚区内 12 项投资条约反映了不同经济发展水平国家缔约双边投资条约的不同模式。中、俄、蒙、朝属于经济转型国家、发展中国家和不发达国家，也主要属于资本输入国，因此，其投资协定一般更强调东道国利益。中国传统上的投资协定比较保守和谨慎，一般不接受准入前待遇标准，也不接受准入后国民待遇标准，而只接受最惠国待遇和公平公正待遇。在投资者与缔约国间争端解决范围上，中国传统上只接受有关征收补偿数额争议交由国际仲裁管辖。俄、蒙、朝也都不接受准入前国民待遇标准，但接受准入后国民待遇标准。但是，近年来，随着中国经济实力增长和外汇储备的增加，中国在外国直接投资流动中的身份开始混合，不但仍然是大的资本输入国，也开始成为重要的资本输出国，再加上国内市场经济体制的建设和完善，中国近年来投资条约已经开始有条件或者无条件接受准入后国民待遇标准，在投资者与缔约国间争端国际仲裁管辖方面，也从征收数额争议放宽到任何投资争议。[①] 比较而言，随着双边投资条约和自由贸易协定投资章节的最新发展，[②] 日本和韩国在 21 世纪以来已经开始学习和借鉴美国、加拿大投资条约模式，强调投资自由化和准入前国民待遇。在区内双边投资协定中，由于其他国家传统上一般不接受准入前国民待遇，因此，日、韩两国与其他国家之间的投资协定总体上也属于传统的准入后国民待遇模式。但是，日韩两国之间的投资条约则明显属于美国和加拿大类型的投资自由化和准入后国民待遇模式。这些不同投资条约之间的差异一方面反映了不同国家发展水平和缔约立场的不同，另一方面也为东北亚区域投资协定的谈判和缔结奠定了基础，提供了借鉴。

---

① 参见陈安主编：《国际投资条约的新发展与中国双边投资条约的新实践》，复旦大学出版社 2007 年版，第 359—454 页。

② 参见卢进勇、余劲松、齐春生主编：《国际投资条约与协定新论》，人民出版社 2007 年版。

四、东北亚区域投资合作法律制度安排的完善及其路径

尽管受到东北亚六国相互之间政治经济现实格局的诸多限制，东北亚投资合作法律安排仍然有着较好的经济前景和法律前景。为此，必须对东北亚区域各国影响外国直接投资流动和加强区域投资合作的国内法制度和国际法制度进行完善和升级。其中，尤其需要努力改善东北亚区域投资合作的国际法制度，推动东北亚区域投资协定乃至区域自由贸易协定或者区域经济伙伴关系协定的研究、谈判和缔结。

（一）东北亚六国区域投资合作的国内法制度的完善

首先，东北亚六国应该各自进一步加强国内法层面的投资保护和促进。这要求东北亚六国尤其是俄罗斯、蒙古和朝鲜三国进一步放松外国直接投资管制，扩大对外开放外国直接投资市场准入，削减对内对外投资法律制度壁垒，加强外国直接投资法律保护和救济，不断改善和优化投资法律环境。中国也应该根据市场体制建设和经济发展形势，逐步放宽投资准入，促进投资自由化。同时，日、韩两国也应根据其经济发展形势，进一步对其传统保留和限制的领域逐步放宽投资准入。其次，东北亚六国应该进一步增强外国直接投资便利，提高与外国直接投资有关的政府政策的透明度，及时公开发布各种法律、法规、规章、政策、项目方面的信息，简化各种行政审批和许可程序，加强对人力资本建设和劳动力培训，为外商投资企业商务人员出入境、居住和工作提供便利，从而减少由于制度障碍或政策不当造成的投资成本上升。

（二）东北亚六国区域投资合作的国际法制度的完善——多层次推进

在完善和加强各国国内投资法治建设的同时，东北亚六国应该进一步加强相互之间投资保护、便利和促进的国际法制度建设。首先，应该进一步扩展双边投资条约网络，探讨如何可能促进朝鲜和蒙、日、韩三国分别缔结双边投资条约。就目前而言，蒙与朝鲜缔结投资条约的可能性更大一些，而日、韩与朝鲜缔结双边投资条约的政治难度和障碍很大。其次，应该进一步建立和加强东北亚六国相互之间的区域性投资保护协定体制。目前，东北亚区域性的投资法律安排多为软法性质的制度，而且，尚无六国普遍加入的区域性法律制度。基于东北亚区域六国之间在经济上存在着很强的互补性，考虑到目前世界范围内区域性自由贸易协定或者经济伙伴关系协定的兴盛，再加上东北亚区域各国之间需要超越历史和现实的政治矛盾，从长期来看，研究、谈判和缔结包括东北亚区域投资协定或者自由贸易协定或者经济伙伴关系协定，对于区域各国之间的贸易、服务、人员、金融、投资、技术等经济合作和共同繁荣，对于区域各

国及其人民之间的政治互信、安全共同体建设和迈向永久和平，将具有更加深远的战略意义。尽管亚太经合组织多年以前已经不再考虑增加新成员的事宜，但是，蒙古加入亚太经合组织仍然是值得认真对待的问题。此外，朝鲜一旦具备相应的条件，也应该被纳入亚太经合组织框架。最后，应该进一步加强东北亚区域各国在多边层次的深化合作。俄罗斯已经于 2012 年 8 月 22 日正式成为世界贸易组织第 156 个成员方。但朝鲜目前仍然有待于启动国内国际层面的经济改革和对外开放，为加入世界贸易组织创造条件。这样一来，六国将在世界贸易组织框架内推进更广泛的经济贸易和投资合作。在 ICSID 公约框架中，俄罗斯虽然早已签署但目前仍然没有批准 ICSID 公约。朝鲜也不是 ICSID 公约的缔约国，但是，ICSID 是多边层面加强投资保护的最重要的争端解决公约，因此，东北亚区域六国的投资合作离不开 ICSID 公约。

（三）东北亚六国区域投资合作的区域性法制的完善——模式选择

建立和加强东北亚区域六国相互之间的区域性投资保护协定体制具有独特的重要地位。区域性投资协定一方面统一了区域内各国之间相互投资的实体规范和争端解决程序，另一方面也将会为进一步建立和加强更广泛的区域性自由贸易协定或者经济伙伴关系协定创造条件。

就此而言，目前可资借鉴的区域性投资合作法制模式主要有三种。第一种思路是借鉴欧洲一体化的模式，通过建立少数成员之间的区域能源共同体并在此基础上进一步扩展成为六国经济共同体，从而建立一种超国家性质的基础条约和二次立法模式的投资保护国际法体制，但是，东北亚六国之间历史和政治矛盾极其复杂，目前明显不具备西欧国家建立煤钢共同体乃至经济共同体的历史和现实条件，这种思路在东北亚还不可行。第二种思路是借鉴北美自由贸易区的模式，通过建立区域性贸易委员会和争端解决机制，将区域性投资保护纳入自由贸易协定安排之中，但是，鉴于东北亚六国的政治和经济关系的现实考虑，在短期内，由于政治矛盾和经济发展水平的差异和分歧，这种模式的可行性也不是很大。第三种思路则是采取安第斯共同体和东南亚国家联盟的模式，采取从成员国间具体区域性项目或者公司合作协定到一般性的投资协定或者经济共同体协定发展的路径，但是，这种发展路径在安第斯共同体和东南亚国家联盟的实践表明，政府主导型的成员国间具体区域性项目或者公司合作协定往往并不是很成功，而采取市场主导加政府推动型的一般投资协定、自由贸易协定或者经济共同体协定则往往更有效。但是，政府层面的干预和合作在东北亚投资和经济合作的基础设施建设领域应该而且可以发挥更重要的作用。这是因为，基础设施建设投资大、建设周期长，各种风险也高，私人资本尽管可以进入基础设施建设领域，但是，政府介入尤其是政府间合作的或者区域和多边开发银行的政策性投资和贷款的加入将会形成公私伙伴关系性质的基础设施建设和运营模式。基础设施领域的区域性合作将为区域性投资合作乃至更广泛的经济贸易合作创造最重要的物质基础和经济条件。总体来看,安第斯共同体和东南亚国家联盟模式的区域性投资项目的合作思路不具有广阔的前景,而欧洲煤钢共同体和欧盟模式的高度一体化合作思路又只能是长期的理想目标,因此,投资协定或者自由贸易协定或者经济伙伴关系协定模式的合作思路是短期和中期内最具现实可行性的合作思路。

在投资协定和自由贸易协定或者经济伙伴关系协定之间的关系处理上,可以采取两种做法。一种是不订立单独的投资协定,而是将投资促进、保护和争端解决的内容作为投资专章,纳入自由贸易协定或者经济伙伴关系协定之中。这是目前各国包括东北亚区域内中日韩三国自贸区或者经济伙伴关系协定所采取的主要模式。另一种是沿用或者订立单独的投资协定,与自由贸易协定或者经济伙伴关系协定并行不悖,作为整体经济合作框架的一个组成部分。无论美国、加拿大、欧盟,还是东北亚区域内的中日韩,其对外经济合作也都采用这种分立模式。例如,中国与东盟之间的经济合作框架协定就是单独谈判订立投资协定。目前看来,在东北亚区域六国,无论把投资保护纳入自由贸易协定还是纳入经济伙伴关系协定,在短期内,都不具备现实可行性。即便将合作范围放在中日韩三国,为了更早收获投资自由化和投资保护合作的收益,也宜先单独订立投资协定,因为订立自由贸易协定所涉利益更加复杂,谈判也将花费更多时间。当然,将投资协定作为专章纳入自由贸易协定可能具有条约管理和解释上的优势。不过,对此,完全可以在事后达成的自由贸易协定之中订入相应条款,规定将投资协定的解释和管理纳入自由贸易协定的联合管理委员会职权范围内。这样,目前可行的思路就是,在东北亚六国政府间合作框架下,先单独缔结独立的区域性投资保护协定,再缔结自由贸易协定或者经济伙伴关系协定。

即便就东北亚区域性投资保护协定而言,也涉及一个缔约国范围的问题。理想的思路当然是将东北亚区域内六个国家一次性都纳入到一个统一的区域投资协定框架内。但是,由于目前俄罗斯和蒙古对此并不积极,而朝鲜又不具备相应的条件,因此,目前来看,很难一次性达成六国全部参加的区域性投资保护协定,而更可能的则是采取渐进的方式。这意味着,即便就投资协定而言,先缔结少数成员国参加的区域性投资保护协定,然后,在条件可行时,再将其扩展到其他尚未参加的国家。根据目前的条件和现实,最可行的就是首先在中日韩三国缔结投资协定和自由贸易协定或者经济伙伴关系协定,然后进一步将蒙古、俄罗斯和朝鲜纳入进来。这将是"3(中、日、韩)+3(蒙、俄、朝）"多层次渐进性的区域经济一体化合作模式。进而，就这种"3（中、日、韩）+3（蒙、俄、朝）"模式而言，最可行的也只能是类似于"10（东盟）+1"模式的分别进行、循序渐进的模式，这样，将会形成一种"3（中、日、韩）+1（蒙）"、"3（中、日、韩）+1（俄）"、"3（中、日、韩）+1（朝）"的合作模式，然后，当具备条件时，进一步整合为正式的东北亚区域六国区域性投资协定和自由贸易协定或经济伙伴关系协定。从迄今为止的实际做法来看，东北亚区域投资协定采取的就是投资协定与自由贸易协定分立、中日韩三国投资协定先行的多层次、渐进性合作模式。中、日、韩三国自由贸易区建设最初是民间倡导为主，后来进入了官产学联合推动阶段，已经有了三国经贸部长会议机制，并且已经完成中日韩投资协定谈判，可能将于 2012 年年底启动中日韩自由贸易协定正式谈判。看来可能的情形是，从中日韩三国投资协定发展到中日韩三国自由贸易协定，然后，在条件成熟时，进一步扩展到六国投资协定乃至六国自由贸易协定。

就中日韩三国乃至东北亚六国区域性投资协定本身而言，也存在着一个模式选择的问题。如果从订入投资者与国家间投资争端国际仲裁条款的投资协定算起，投资协定迄今已经经历了三代不同的条约模式。早期投资条约强调国家中心主义的经济发展目标，诉诸国家间争端解决机制和传统外交保护机制，而没有规定投资者与国家间投资争端国际仲裁条款，但是，自从 1968 年《印尼与荷兰双边投资条约》首次规定 ICSID 投资条约仲裁条款以来，尤其是 20 世纪 90 年代以来，迄今为止的绝大多数投资条约都规定了 ICSID 等投资条约仲裁条款，投资者与东道国之间投资争端尤其投资条约争端仲裁案件的数量也快速增加。但是，第一代投资协定属于传统类型的投资协定，主要强调投资保护，只规定有限制的国民待遇，而且只承诺投资准入后阶段的国民待遇。第二代投资协定强调市场中心主义的经济自由，强调投资促进、投资便利、投资自由化，规定了投资设立阶段的国民待遇，规定了东道国法律、法规、规章和措施的透明度条款，规定了禁止某些实绩要求的条款，给予投资者更高的保护。然而，传统的投资协定和第二代投资协定在其投资者与国家间投资争端解决的司法化（国际仲裁）实践中越来越表现出投资者与东道国之间权利义务失衡的局限，因此，各国纷纷修改投资条约范本，更新投资条约实践，第三代投资条约得以兴起。第三代投资协定更加强调国家、市场和社会之间在政府规制、市场自由和社会正义之间的合理平衡，强调东道国的合理规制和仲裁程序的公开透明。这种正在兴起的第三代投资条约通常保留了第二代投资条约的投资自由化和高标准投资保护条款，也规定了东道国公共利益规制的合理例外。具体来说，第三代投资条约通常规定如下重要条款：投资便利条款，旨在增加缔约国与投资有关法律和政策的透明度，增加与投资有关人员往来和商业活动的便利化；一般例外条款，旨在确保东道国为了公共健康、环境保护、国家安全、收支平衡或者紧急情势而采取必要的合理规制；社会责任条款，旨在通过软法条款促使缔约国鼓励投资者遵守国际认可的自愿性质的企业社会责任标准；发展合作条款，旨在特别考虑投资条约中发展中国家的发展问题，给予发展中国家更多的灵活例外、能力建设和技术援助。

东北亚六国在政治与经济体制方面存在诸多差异，尤其存在着重大的发展水平差异，这是探讨东北亚投资合作国际法制度安排必须考虑的前提和基础。在谈判缔结东北亚区域性投资保护协定过程中，尤其需要注意的是结合当代投资条约及其仲裁实践的新发展和新问题，在发达国家和发展中国家之间，在东道国权力和投资者权利之间，在投资者权利和东道国公众利害相关者权利（亦即投资者社会责任）之间，作出审慎平衡的实体法和程序法上的合理安排。目前来看，中日韩三国投资协定乃至未来可能的东北亚六国投资协定总体上将会采取第三代投资协定模式。这是因为，一方面，中日韩投资协定主要是对于中日、中韩两个双边投资协定的更新和升级，这种升级符合日韩两国对外直接投资的现实需要，也符合中国正在加快对外直接投资的发展需要。另一方面，新一代投资协定兼顾了投资自由化、投资保护、投资促进、投资便利和东道国基于环境、健康、劳工、国家安全等实施公共利益合法规制，因此，符合东道国主权规制的要求。

（四）东北亚六国区域投资合作的区域性法制的完善——具体构造

中日韩乃至将来可能的东北亚六国区域投资协定应该借鉴世界范围内兴起的第三代投资协定的实践，基于东北亚区域各国的现实条件，达成一个将投资自由、投资保护、投资便利和东道国投资规制、国家安全和公共利益平衡考虑的投资协定。中日韩乃至东北亚六国投资协定应该包括序言、投资和投资者定义、投资待遇和投资保护、投资便利和投资促进、争端解决等重要内容。[①] 从2012 年 5 月签署的中日韩投资协定来看，总体上属于第三代投资协定的版本。以下，从国际投资法尤其双边投资条约、自由贸易协定投资章节和投资者与缔约国投资争端仲裁实践和学说的最新发展，[②] 对中日韩投资协定的理想构造和现实构造作一比较分析。

---

① 参见史晓丽：《〈中日韩投资协定〉的构建》，载《东北亚论坛》2011 年第 1 期。

② See Rudolf Dolzer and Christoph Schreuer, *Principles of International Investment Law*, Oxford: Oxford University Press, 2008.

1. 序言

中日韩三国乃至东北亚六国区域投资协定的序言条款应该继承传统投资协定的目的和宗旨，仍然以促进和保护投资为主，也应该强调投资促进和投资便利，并强调促进和保护投资的目的是促进区域内经济技术合作、发展和共同繁荣。同时，由于环境、健康和劳工保护问题越来越突出，地位越来越重要，也应该加入考虑环境、健康、劳工、安全和可持续发展的因素。进而，还应该强调投资保护与东道国合法规制之间的平衡。

中日韩投资协定的序言强调，促进投资以增强三国间的经济联系，为缔约方投资者的投资创造稳定、优惠和透明的条件，相互促进、便利和保护投资并逐步推进投资自由化以激励企业商业发展和增进国家间繁荣，不应放松普遍适用的健康、安全和环境措施，投资者应遵守缔约东道国的法律法规以促进东道国经济、社会和环境进步，铭记缔约方在 WTO 和其他多边合作文件中的权利和义务。这是比较符合第三代投资协定的表述方式。

2. 投资与投资者定义条款

在投资定义方面，传统的投资条约一般采取开放式的、以资产为基础的宽泛投资定义，最广泛的定义方式是将投资定义为另一缔约国投资者直接或者间接投入到缔约东道国的非开放式列举的各种资产。在仲裁实践中，仲裁庭也往往基于这种宽泛的投资定义条款对于投资作出广义解释。晚近，投资条约实践开始限制投资定义，并对投资定义作出更加具体的详细界定，采取封闭式列举的方式界定投资，将某些类型的资产明确排除在外，尤其是引入定义投资的客观标准。例如，2008 年《美国与卢旺达双边投资条约》规定，投资是指投资者直接或间接拥有或控制的具有投资特征的各种资产，其中，投资特征包括：资本或其他资源的投入、收益或盈利的预期或者风险的承担等，进而，还对具体列举的投资类型作出了限制性的注释说明，例如，对于"公债、债券、其他债务证书以及贷款"，在注释中特别说明，诸如公债、债券以及长期票据等形式的债更具有投资的性质，而诸如货物或服务销售引起的即期支付请求则不太具有投资性质。2009 年《比/卢—哥伦比亚双边投资条约》也明确排除了纯粹的商事合同、贸易融资交易以及短期贷款。这种定义方式有助于促进真正外国直接投资目的的实现，也有助于将一些非投资性质的交易排除在投资条约及其仲裁保护之外。

中日韩三国乃至东北亚六国区域投资协定应该继续采取以资产为基础的开放式列举的定义模式，但是，应该进一步明确投资定义的限制性因素。对于"直接或者间接投入"的表述，应该删掉"或者间接投入"的表述，而只保护一缔约国投资者直接投入到缔约东道国的投资，这样可以减少投资者在投资筹划和投资争端解决方面"选购条约"（treaty shopping）引起的重叠管辖和多重争讼问题。对于投资的特征，应该规定资本或其他资源的投入、收益或盈利的预期或者风险的承担等投资特征限制，同时，明确将单纯的间接融资、非商业存在性质的服务贸易、货物买卖支付结算等非投资性质的交易和请求排除在外。

在投资者定义方面，传统的投资条约一般只规定是缔约一方的自然人或者在缔约一方设立的法人或非法人组织，同时规定利益拒绝条款，即经事先通知及磋商，一方可拒绝将本协议的利益给予：（1）另一方投资者，如果该投资是由非缔约方的人拥有或控制的法人进行的，且该法人在另一方境内未从事实质性商业经营；或者（2）另一方投资者，如果该投资是由拒绝给予利益一方的人拥有或控制的法人进行的。晚近投资条约实践除继续坚持传统的利益拒绝条款之外，越来越强调设立地和真实经济联系标准相结合定义企业投资者。例如，2006年《哥伦比亚与瑞士投资条约》第1条第2款b项规定，有资格成为缔约方投资者的法律实体必须是在该缔约方法律下设立或者组建、在该缔约方领土内有其本座并且与其具有真实经济联系的。这种规定有助于减少投资者通过改变企业设立地"选购投资条约"的问题。中日韩三国乃至东北亚六国区域投资协定应该借鉴这种新的做法，将符合条件的法人或非法人组织投资者限定在必须是在该缔约方法律下设立或者组建、在该缔约方领土内有其本座并且与其具有真实经济联系的法人或非法人组织。

《中日韩投资协定》第1条（定义）的"投资"定义仍然采取了以资产为基础的投资定义，仍然包含了投资者直接或间接拥有或控制的各种资产，而没有限制或者排除"间接拥有或控制"的资产。但是，规定了投资的特征，包括要有资本或其他资源的投入、要有收益或盈利的预期或者要承担风险。"投资者"定义也采取了广义的表述形式。但是，第22条（利益拒绝）规定，一缔约方（以下简称拒绝方）可以拒绝将本协定的利益给予另一缔约方企业及其投资，如果该企业为非缔约方投资者所拥有或控制并且该拒绝方与该非缔约方之间没有正常经济关系，或者将本协定利益授予该企业可能违反该拒绝方针对该企业所采取的禁止交易措施，或者该企业在该另一缔约方领土上没有实质性的商业活动。这种规定在一定程度上能够缓解投资者利用在缔约方领土设立壳公司套用投资条约利益的问题，但却仍然不能有效避免投资者通过设计投资结构利用有利的投资条约的问题。

3. 投资待遇和投资保护条款

在投资设立阶段，目前只有美国、加拿大、日本、韩国等少数发达国家的投资条约实践规定了投资设立阶段的国民待遇，其他国家和地区的投资条约实践一般都不规定投资设立阶段的国民待遇，此外，一些投资条约，包括中国的有些投资条约规定在投资设立阶段适用最惠国待遇。将国民待遇适用于投资设立阶段的好处在于可以实质性地推进投资自由化，同时，缔约国还可以通过消极保留和限制清单或者积极保留和限制清单的方式作出部门或者措施方面的保留和限制。但是，投资设立阶段的国民待遇对于东道国尤其发展中东道国而言，将会对其主权规制带来非常严格和广泛的限制和约束。比较而言，设立阶段的最惠国待遇更具有合理性和可行性。根据 2004 年年底联合研究组《关于中、日、韩三方可能的投资安排的报告》摘要，在准入前国民待遇方面，日本和韩国强调指出准入前的国民待遇原则对投资安排至关重要，近期达成的许多投资安排中包含了这一原则，三国之间可能的投资安排也应包含同样原则，另一方面，中国认为，由于三国经济发展阶段存在差异，将准入前国民待遇纳入可能的投资安排的时机还不成熟，联合研究组注意到，应适当考虑各国经济发展水平之间的差异，采取符合实际的方式，例如在投资安排中运用例外条款。中日韩三国投资协定乃至将来可能的东北亚六国投资协定中，应该特别考虑各国发展水平的差异尤其是发展中国家的利益，不订入正式的投资设立阶段的国民待遇，而将投资准入自由化的问题通过非正式的磋商合作予以推进。如果订入设立阶段的国民待遇，则最好应该采取积极清单的模式，由缔约国根据自身经济发展和社会、政治等综合考虑，决定将哪些部门和哪些措施纳入投资准入阶段的国民待遇投资准入特定承诺范围，并且具体规定必要的合理限制和例外。这种做法的好处是：既能够通过有约束力的条约承诺推动投资准入自由化，又能够兼顾缔约国发展水平差异和合理保留的权利。不过，与传统的设立后阶段的国民待遇模式相比，设立阶段的国民待遇仍然需要审慎考虑将哪些部门和措施纳入国民待遇承诺范围，否则可能对于缔约国政府规制和社会利益带来深远的约束和不利影响。

《中日韩投资协定》第 2 条（投资促进和保护）没有规定投资准入阶段的强制性法律义务和国民待遇标准、最惠国待遇标准，而只是规定缔约方应鼓励并为缔约方投资者投资创造优惠条件，并依据自身法律和规章的管制权（包括限制外资所有权和控制权）允许缔约方投资者投资。这意味着，缔约方在投资准入方面只承担依据本国法律和规章允许外国投资准入。

就设立后阶段而言，应该明确规定国民待遇和最惠国待遇。但是，在强调投资准入后的国民待遇和最惠国待遇的同时，允许缔约方通过附件列出例外，在此方面，新近投资条约实践对于国民待遇和最惠国待遇的例外作出了独立的，更详细、更广泛的规定（即非一致性措施条款）。借鉴美国和加拿大晚近投资条约实践，应该规定，国民待遇和最惠国待遇等义务不适用于缔约方在附件详细列举的部门、次部门或活动方面维持的任何现行的非一致性措施及其继续或迅速更新；不适用于 TRIPS 协定下的义务例外或减损；不适用于政府采购或者缔约一方提供的补贴或补助，包括政府支持贷款、保证和保险。除此之外，传统的最惠国待遇例外，例如区域经济一体化例外、税收协定例外等当然应该予以保留。

《中日韩投资协定》第 3 条（国民待遇）适用于投资准入后阶段。该条对国民待遇作了一定的限制。它允许缔约方保留本协定生效前存在的不一致措施，但要求缔约方应采取适当措施逐步消除这些不一致措施。进而，它要求，投资一旦被允许，那么，该投资所享有的待遇绝不能低于最初投资时所享有的待遇。这实际上就是通常所谓的"停止和回退"条款。该条款对缔约方的影响还有待于观察。《中日韩投资协定》第 4 条（最惠国待遇）也适用于投资准入后阶段。但该条规定了最惠国待遇的例外，包括区域经济一体化（关税同盟、自由贸易区、货币联盟或其他类似协定）例外，边境小规模贸易例外，双边或多边航空、渔业和海事协定例外。进而，最惠国待遇条款不适用于投资者与缔约国之间的投资争端解决问题。此外，本协定议定书第 1 条还规定，最惠国待遇不适用于缔约国土地的购买方面的问题。此外，《中日韩投资协定》第 16 条（特别形式和信息要求）规定，国民待遇要求并不禁止缔约国采取或维持与本协定一致的关于投资活动应采取的形式（例如，投资应依据东道国法律合法设立）要求，国民待遇和最惠国待遇也不禁止缔约国纯粹为了信息或统计的目的而要求外国投资者提供其有关投资的信息，缔约国应保护此种信息秘密，以防外国投资者处于不利竞争地位，但缔约国可以为了公正和善意实施其法律的目的要求获得或披露此种信息。第 19 条规定的国际收支平衡临时保障措施也构成了国民待遇例外。

在准入后投资待遇方面，也应该规定国际法最低待遇标准（包括公平公正待遇和充分安全与保障）条款。中国传统上只规定公平公正待遇而拒绝接受国际法要求或者国际法最低待遇标准的表述。但是，根据目前投资条约实践来看，独立的公平公正待遇条款反倒更容易被投资条约仲裁庭作出更加宽泛的解释和适用。因此，晚近中国投资条约实践已经接受将公平公正待遇与国际法要求或者最低待遇标准结合起来的表述方式。由于公平公正待遇标准具有非常不确定的宽泛内涵，加之投资条约仲裁庭实践中的解释实践对于东道国主权规制的限制，新近条约实践大多借鉴了 NAFTA 自由贸易委员会的解释和美国、加拿大各自 2004 年投资条约范本的界定，明确和限制了公平公正待遇和充分安全与保障的内涵和范围。中日韩乃至东北亚六国投资协定应该借鉴这种做法，明确规定，公平和公正待遇只是习惯国际法上的最低待遇标准，包括基于一般法律原则，确保投资者不会在任何与投资者投资相关的法律或行政程序中被拒绝公正对待，或受到不公平或不公正对待的义务，即按照体现在世界主要法律体系中的正当程序原则在刑事、民事与行政裁判程序方面不得拒绝司法的义务。充分保护与安全则要求缔约方提供国际习惯法要求的治安保护程度，在履行确保投资保护与安全职责时，采取合理的必要措施。

《中日韩投资协定》第5条（一般待遇条款）第1款规定了公平公正待遇和充分保护与安全。但该条强调，公平公正待遇和充分保护与安全并不要求多于或超过任何依据普遍接受的国际法规则赋予的合理和适当的待遇标准，进而，违反本协定其他条款本身并不意味着违反公平公正待遇和充分保护与安全。与中国晚近缔结的其他投资协定或者自由贸易协定投资章节的规定相比，该条款对公平公正待遇和充分保护与安全的表述仍然非常模糊，并没有更好地限定这种待遇的内涵和范围。此外，《中日韩投资协定》第6条（准入法院）还规定，在投资者诉诸法院、行政法庭或机构主张权利和抗辩方面，缔约国应为另一缔约方投资者提供在相似条件下的国民待遇和最惠国待遇。与有些条约所规定的缔约国应为另一缔约国投资者提供迅速有效的国内法院救济相比，本条规定本身没有对缔约国施加额外更高标准的当地司法救济义务。

在保护伞条款方面，应该废除保护伞条款，或者将其作为不可诉诸投资条约仲裁的条款。中国目前的投资条约实践仍然继续订入保护伞条款，但保护伞条款一般都规定在争端解决条款之后，这很可能被解释为不可诉诸投资争端解决机制。日韩双边投资协定没有规定保护伞条款。订入保护伞条款固然有利于增强对于投资者权益尤其是投资合同权益的实体和程序保护，但是对于缔约东道国将会带来非常广泛和深远的限制，而且目前许多发达国家也已不再订入保护伞条款，因此，尤其是对发展中国家包括中国而言，出于审慎的考虑，应该废除保护伞条款，或者明确其为不可诉诸投资争端解决的条款。

《中日韩投资协定》第5条（一般待遇条款）第2款规定了保护伞条款。该款规定在争端解决条款之前，因此，毫无任何疑问，该条可以诉诸争端解决。该款明确将保护伞条款的适用范围限定在缔约国就另一缔约方投资者的投资所缔结的协议或合同中的书面承诺。这对保护伞条款效力范围起到了较大的限制，对缔约国行使正当管制权是有利的。

在征收及其补偿方面，应该继续规定直接征收和间接征收条款，但是，应该借鉴美国、加拿大以及中国等最新条约实践，对于征收构成标准予以规定，并且对于间接征收作出明确的限定。例如，规定在具体情况下，在确定缔约一方的一项或一系列措施是否构成间接征收时，应该针对个案、以事实为基础进行考察，尤其要考虑政府行为的经济影响、政府行为对明显合理的投资期望的妨碍程度以及政府行为的性质等因素；除了在极少情况下，缔约方旨在保护诸如公共健康、安全和环境等合法公共福利目标的非歧视性规制行为不构成间接征收。此外，应该明确将根据 TRIPS 协定在知识产权方面颁发的强制许可排除在征收及其补偿之外。

《中日韩投资协定》第 11 条（征收和补偿）第 1 款规定了直接征收和间接征收，规定除非为了公共目的的，在非歧视基础上，依据其自身法律和法律正当程序的国际标准，并且给予公平市场价值（征收为公众所知时或征收发生时）的、包括利息在内的、毫不迟延的、可自由兑换的货币补偿，否则，不得实行征收。该条第 2 款规定，受征收影响的投资者应有权诉诸征收国的法院、行政法庭或机构，以获得依据前述原则对征收案件和赔偿数额的迅速评审，但是，这并不影响投资者可以直接诉诸该协定第 15 条规定的争端解决条款。该协定议定书第 2 条对协定第 11 条作了进一步解释，其中规定，直接征收是指通过正式转移所有权或者直接剥夺的方式进行的征收，间接征收是指具有直接征收效果的一个或一系列行动。进而，对于间接征收的认定，该条规定，一个或一系列行动是否构成征收，应该逐案地、以事实为基础地进行分析，主要考虑因素包括一个或一系列行动对投资造成的经济影响，侵犯基于投资的正当期待的程度，以及一个或一系列行动本身的性质、目标，包括行动与目标之间是否相称（合比例）。进而，该条还规定，除非在极少的例外情形下，例如，就其目的而言，一个或一系列行动极其严厉或者不成比例，否则，为了正当公共福利目的的非歧视性的规制行动并不构成间接征收。这意味着，基于公共福利目标的、非歧视的、依据正当程序的规制措施，只有极其严重或不成比例，否则，就构成间接征收，也就不存在补偿和赔偿问题。这种规定借鉴了美、加第三代投资协定的改进内容，也与晚近中国缔结的投资协定或自由贸易协定投资章节的内容基本一致。总体而言，这样的规定有助于维护东道国的合理行使正当规制权。此外，中日韩投资协定第 12 条还规定了投资条约中常见的武装冲突或紧急状态下的损失赔偿及其待遇和自由汇兑转移条款。

在汇兑与转移方面，应该继续规定汇兑与转移自由，但是，应该作出更加详细的限制和例外。例如，可以规定，在面临严重的国际收支困难或严重的国际收支困难之威胁时，任一缔约方可以暂时限制汇兑，只要该国是依照国际标准实施某些措施或方案，这些限制应在公平、非歧视和善意的基础上进行。此外，可以更详细地规定其他具体例外情形，例如，规定缔约方在公平、非歧视和善意实施其相关法律法规阻止或延迟某一项转移的情形，包括：（1）破产，丧失偿付能力或保护债权人权利；（2）未履行东道方的关于证券、期货、期权或衍生产品交易的转移要求；（3）未履行税收义务；（4）刑事犯罪和犯罪所得的追缴；（5）社会安全、公共退休或强制储蓄计划；（6）依据司法判决或行政决定；（7）与外商投资项目停业的劳动补偿相关的工人遣散费；以及（8）必要时用于协助执法或金融管理机构的财务报告或转移备案记录。

《中日韩投资协定》第 13 条（转移）一方面规定了广泛的汇兑和转移自由，另一方面也规定了与破产或债权人保护、证券或期货或其他衍生品的发行或交易、刑事犯罪、遵守判决或裁判令、货币转移的报告要求有关的法律的公平、非歧视和善意实施，还规定应该遵守投资时缔约国有关实施与对外投资、清算或所有权转让或注册资本减少、对外债务本金和利息的支付、对外担保等有关的外汇管理上的形式要求。这种规定考虑到了外国投资者自由汇兑转移和东道国外汇正当管制之间的平衡。

在政治风险担保的代位权方面，应该继续订入代位权条款。政治风险是外国直接投资面临的最重要的风险，尽管有多边投资担保机构（MIGA）及其公约体制，但是，缔约国国内政治风险担保机构的代位权还需要通过投资条约的代位权条款予以保障。因此，可以规定，如果缔约国一方或其代表机构对其投资者在缔约国另一方领土内的某项投资作了担保，并据此向投资者作了支付，缔约国另一方应承认该投资者的权利或请求权转让给了缔约国一方或其代表机构，并承认缔约国一方对上述权利或请求权的代位。代位权利或请求权不得超过原投资者的原有权利或请求权。《中日韩投资协定》第 14 条（代位权）的规定与此基本一致。

在限制实绩要求方面，《关于中、日、韩三方可能的投资安排的报告》摘要指出，限制业绩要求联合研究组就在投资安排中如何处理业绩要求问题以及最大限度避免扭曲投资的管制问题进行了讨论，日本和韩国认为近期达成的投资协定包括日韩投资协定中关于限制业绩要求的条款可以作为未来商议的基础，而中国则指出关于限制业绩要求的问题应作进一步的研究。就此而言，如果简单规定 WTO 框架内的 TRIMs 协议下与贸易有关的投资措施类型的实绩要求限制条款，可能效果有限。但是，如果规定美国、加拿大乃至日韩双边投资协定类型的广泛限制，则尽管只限于强制性实绩要求，但对于发展中东道国仍有许多不利之处，它将会限制东道国要求外国投资者对于东道国经济发展作出实质性贡献的合理实绩要求。因此，中日韩三国乃至东北亚六国投资协定应该排除限制实绩要求的条款。但从中日韩投资协定谈判来看，有可能订入一定的限制实绩要求条款。

《中日韩投资协定》第 7 条规定了禁止实绩要求。其中规定，WTO 体系下《与贸易有关的投资措施协定》（TRIMs）的条款应被并入并成为本协定的组成部分，且适用于本协定下的所有投资。这样规定的意义在于，一旦存在 TRIMs 下被禁止的实绩要求，根据 WTO 将诉诸成员方间 WTO 争端解决机制，而根据本协定则可以由投资者直接诉诸 ICSID 等投资者与国家间投资争端解决机制。此外，该条还规定，缔约方不得在其领土上对另一缔约国投资者投资实施关于技术出口或转让方面的不合理的或歧视性的实绩要求。与日韩投资协定、韩美自由贸易协定投资章节等的禁止实绩履行要求相比，这里的规定范围要小得多，有利于缔约国尤其中国实施灵活管理。

4. 投资促进和投资便利

在投资促进和投资便利方面，应该规定缔约一方应鼓励为缔约另一方的投资者在其领土内投资创造有利条件并对在本国境内从事与投资相关的活动的缔约另一方的国民在提供签证和工作许可方面予以优惠考虑的条款。同时，更重要的是，应该订入透明度条款，要求缔约方应及时出版或通过其他方式使公众获得对缔约另一方投资者在其境内投资可能产生影响的法律、法规、程序、行政规章和普遍适用的司法裁决以及国际协定；或者应缔约另一方的要求公布这类信息。但是不要求缔约一方提供或允许获得任何机密或私人信息，包括与特定的投资者或投资有关的信息，对于这些信息的披露会妨碍法律的执行、违背保护机密的法律或损害特定投资者的合法商业利益。

《中日韩投资协定》第8条（人员准入）规定，缔约方应根据其法律和规章尽可能为与投资有关的自然人入境、停留、居住和继续居住提供便利的程序。这是与一般投资协定的便利条款相一致的。

《中日韩投资协定》第10条规定了非常详细的透明性条款。其中规定：缔约国应立即出版或公布其影响投资活动的普遍适用的法律、规章、行政程序、行政裁决和司法判决和国际协定，并使之容易为公众获得；缔约国在引入或改变实质性影响本协定实施和运作的法律或规章时，应努力在其公布和实施之间提供合理的时间差，除非涉及国家安全、外汇汇率或货币政策以及其公布将会阻碍执法的其他法律或规章；应另一缔约方请求，每一缔约方应在合理期限内，通过现有双边渠道，对该另一缔约方就其实际或建议中的可能实质性影响到该另一缔约方及其投资者利益提出的特别请求作出回应，并提供信息；每一缔约方应根据其法律和规章事先公布其影响本协定管辖问题的普遍适用的规章，并且为公众对这些涉及投资的规章提供合理的评议机会并在通过这些规章之前对这些评议给予考虑；但是，本协定不得被解释为要求缔约方披露那些可能阻碍法律执行、抵触公共利益或者损害隐私或正当商业利益的保密信息。这种规定一方面加强了投资措施制定、修改、发布过程中的透明性义务，增强了投资者对投资措施制定的评议机会，从而增强了对投资者的保护，另一方面，也兼顾了缔约东道国在有关法律、规章和信息公开方面的正当理由例外。

5. 具体例外和一般例外条款

晚近投资条约实践开始借鉴 GATT/WTO 的例外规定，纷纷订入各种具体例外和一般例外条款。其中包括税收措施例外，规定除有关征收、汇兑与转移、有关征收的投资争端等外，投资条约义务不适用于任何税收措施。金融服务审慎措施例外，规定投资条约的任何条款都不得阻止缔约方出于审慎而采取或维持保护投资者等有关金融服务的措施。国际收支平衡保障措施例外，规定若发生国际收支严重不平衡、外部金融困难或威胁，一缔约方可采取或保留投资限制措施，包括与此类投资相关的支付和转移；认识到缔约方在经济发展过程中面临的保持国际收支平衡的特别压力，可在必要时采取限制措施或其他方式，确保维持适当的外汇储备水平以实施其经济发展计划；但是，这些例外必须符合非歧视、必要性、通知等限制和条件。重大安全与紧急情势例外，规定投资条约任何内容不得被解释为：要求缔约方提供或允许获得那些一旦披露将会违背其重大安全利益的任何信息，或者阻止缔约方为保护其基本安全利益或者为履行其维护或恢复国际和平与安全义务而采取其认为必要的措施，而且安全例外条款多规定排除投资条约仲裁管辖。一般例外，规定在此类措施的实施不在情形类似的缔约方、缔约方的投资者或投资者的投资之间构成任意或不合理歧视的手段，或构成对任何一方的投资者或其设立的投资的变相限制的前提下，本协议的任何规定不得解释为阻止任何成员采取或实施以下措施：（1）为保护公共道德或维护公共秩序所必需的措施；（2）为保护人类、动物或植物的生命或健康所必需的措施；（3）为使与本协议的规定不相抵触的法律或法规得到遵守所必需的措施，等等。这些具体例外和一般例外将在更大范围内尊重和保护缔约国的公共利益和公共规制措施。中日韩三国乃至东北亚六国投资协定应该订入这些具体例外和一般例外条款。

《中日韩投资协定》第 18—21 条规定了几种主要的例外条款。第 18 条（安全例外）规定，缔约国可以为了保护其关键安全利益而采取其认为必要的任何措施，包括在战时、武装冲突或该缔约国内或其国际关系中其他紧急情势中采取的措施，涉及武器不扩散的国内政策或国际协定的实施有关的措施，为履行《联合国宪章》规定的维持国际和平与安全义务有关的措施，但是，缔约方不得以此作为规避本协定义务的手段。该条与日韩投资协定的安全例外条款基本一致。这意味着，除非被指控为规避本协定义务，否则，缔约国有权采取其认为必要的安全措施，而投资条约仲裁机构不得对此进行国际司法（仲裁）审查。第 19 条（临时保障措施）规定，作为国民待遇例外，缔约国可以采取国际收支平衡目的的限制措施，但必须符合国际货币基金组织（IMF）义务、必要性、临时性、立即通知、非歧视、努力避免不必要损害等条件。这一规定是与目前投资协定平衡投资者与缔约国权利、义务的做法相一致的。第20条（审慎措施）规定，缔约国为了审慎理由可以采取与金融服务有关的管制措施，但不得借此来规避本协定义务。第21条（税收）规定，除非本协定另有明确规定，否则，有关国民待遇、最惠国待遇、一般待遇标准的条款不适用于税收措施；缔约方在税收条约下的权利和义务优先于本投资协定；本协定有关征收和补偿的条款适用于税收措施，投资者与缔约国间投资争端解决条款适用于税收措施的征收和补偿争议，但是，投资者向缔约东道国提出投资争端磋商请求时，应将税收措施的征收和补偿问题提交缔约东道国和投资者母国两国当局，以确定该税收措施是否构成征收，如果两国当局在该磋商请求提出后6个月内没有考虑此问题或经考虑后没有认定该税收措施不是征收，那么，投资者可以将其提交投资条约仲裁解决。这种规定与美国等推动的第三代投资协定的实践是基本一致的。

6. 环境、健康、劳工与企业社会责任条款

晚近投资条约实践也特别关注环境、健康、劳工以及企业社会责任。有的条约从消极的角度限制缔约国以降低环境、健康等保护标准的方式来鼓励投资，有的条约则积极地规定，投资条约的任何内容不得被解释为阻止一方采取、维持或实施在其他方面与本条约相符的任何其认为能确保其境内的投资活动健全地考虑环境与劳工，有的条约则进一步规定了企业社会责任条款。目前，中国对外缔结的投资条约并未规定此类条款，而日、韩各自对外缔结的投资条约以及它们之间的双边投资协定则规定了有关的环境条款等。从中国的角度来看，目前，随着经济的不断发展，环境、健康、劳工保护和企业社会责任问题已经越来越突出，也越来越重要，中国即使从自身发展的角度也必须认真对待环境、健康、劳工保护和企业社会责任问题，更何况投资条约晚近规定的环境、健康、劳工保护和企业社会责任都属于软法条款，因此，中国应该接受在区域投资协定中审慎订入有关环境、健康、劳工保护乃至企业社会责任条款。

《中日韩投资协定》第23条（环境措施）规定，缔约方都认识到，通过放松环境措施来鼓励另一缔约方投资者的投资是不适当的，为此，任何缔约方都不应为鼓励在其领土上设立、收购或扩张投资而放弃或减损此种环境措施。这一条款是与日韩投资协定相同的。与加拿大2004年双边投资条约范本相比，它没有规定就此发生争议缔约国有权磋商，与2004年和2012年美国双边投资条约范本相比，它没有规定劳工标准问题。因此，这是一种比较有限的社会条款。

7. 争端解决条款

争端解决条款包括投资者与国家间投资争端解决条款和缔约国围绕投资条

约解释和适用发生争议的争端解决条款。投资者与国家间争端解决条款对于促进和保护投资具有至关重要的意义，因此，应该予以保留。同时，也应该规定国家间争端的解决条款。但是，应该在程序上增强公开性，应该考虑将来设立可行的上诉仲裁机制，进而应该增强缔约东道国在投资者与国家间投资条约仲裁程序中的权利和地位。同时，也应该规定，投资条约仲裁庭必须接受投资条约缔约方或其下设的联合投资委员会对于投资条约联合作出的解释性规定。

《中日韩投资协定》第 15 条（投资者与缔约国间投资争端）规定，将投资争端限定在一缔约国投资者与另一缔约国之间因该另一缔约国违反本投资协定义务产生损失的争端，这就将单纯的投资许可或投资合同争端排除在外了。该条规定，争端当事方应首先尽可能友好协商解决争端（磋商期为 4 个月），然后，应投资者一方请求，投资争端可以由投资者选择提交缔约东道国国内有管辖权的法院、ICSID 公约下的仲裁、ICSID 便利规则下的仲裁、UNCITRAL下的仲裁或者经缔约东道国同意的其他仲裁规则下的仲裁，本协定缔约方都同意投资者提交仲裁（无须另行要求缔约方同意仲裁了）。但是，一旦投资者将一项投资争端提交缔约东道国国内法院解决或者其他国际仲裁解决，就不能再就同一争端提交其他几项争端解决机制了。这是通常所谓的在各种争端解决机制作排他性选择的"岔路口条款"。不过，如果投资者要想诉诸仲裁解决，那么，他必须首先向缔约东道国书面放弃就违反本协定的措施诉诸东道国国内法院救济。进而，一旦投资者提出投资争端磋商请求，缔约东道国可以毫不迟延地要求投资者必须首先依据东道国国内法诉诸东道国行政复议，行政复议应在提起复议申请后 4 个月内审结，否则，投资者可以提请仲裁解决投资争端。仲裁裁决应包括：认定缔约东道国是否违反本协定义务，以及一旦认定缔约东道国违反本协定造成了投资者损失，则裁定支付货币赔偿和利益、恢复财产原状，但应允许缔约东道国以支付货币赔偿和利益的方式代替恢复原状。仲裁裁决是终局的和有约束力的，裁决应根据执行地国家有关生效裁决的法律和规章予以执行。投资争端仲裁的诉讼时效是作为争端当事方的投资者知道或应当知道其已遭受了违反本协定造成的损失之日起 3 年。这里的规定仍然是第二代双边投资条约的版本，与美、加 2004 年双边投资条约范本相比，这里没有规定透明性和"法庭之友"可以提交书面意见的内容，也没有规定可能的上诉仲裁机制问题。

8. 机构条款

中日韩乃至东北亚六国区域投资协定应该规定比较强的机构条款，例如设立缔约方投资委员会，授权其对投资条约的实施进行管理，并负责有关投资条约的定期评审，负责促进投资和便利投资，以及推动投资自由化等方面的磋商等职能。

《中日韩投资协定》第24条规定，三方应设立联合委员会负责讨论和评审本协定的实施。这仍然是比较传统的机构管理条款，而没有授予联合委员会对本协定的解释权。

9. 知识产权保护

《关于中、日、韩三方可能的投资安排的报告》摘要指出，知识产权保护联合研究组强调知识产权保护是投资保护和促进的重要组成部分，鉴于此，日本和韩国主张三国可能的投资安排中应包含知识产权保护的条款，而中国指出知识产权保护应由三国知识产权管理当局来负责，并鼓励管理当局加强在知识产权保护方面的对话和合作。因此，在中日韩三国投资协定谈判中，知识产权保护条款主要是指向中国承担加强知识产权保护义务的，这将对中国知识产权立法、执法和司法施加更有约束力的义务。对此，中国应该予以拒绝，而只接受非约束性的知识产权合作条款。但从中日韩投资协定谈判来看，有可能将会订入强化知识产权保护的条款。根据《关于中、日、韩三方可能的投资安排的报告》摘要，有可能订入如下有效保护知识产权的条款：（1）建立专门法庭处理知识产权争端；（2）完善国家在版权、商标、专利等领域的法律和法规，防止发生侵犯知识产权的事件包括非法在线拷贝；（3）审查行政处罚（更新最低水平的非刑罚性罚金）、刑事处罚（扩大范围）以及对损失的补偿水平；（4）建立关于与跨境知识产权侵权问题的合作网络系统；（5）建立求助服务台接受外国投资者的投诉；（6）提高商业人员和消费者的知识产权意识；（7）建立委员会审议关于知识产权的特定问题。而据《日本经济新闻》2011年12月11日报道，投资协定包含保护知识产权的规定，各国可以根据国际法处理纠纷。

《中日韩投资协定》第9条规定的知识产权条款没有规定实质性的额外保护义务或保护机制，只是规定缔约国应根据其国内法保护知识产权，应建立并维持透明性的知识产权保护机制，并在现有知识产权协商机制下促进合作交流，本协定不应解释为背离现有知识产权保护国际协定的权利和义务，也不得被解释为将缔约国之间其他知识产权保护国际协定扩展到本协定缔约方之间的投资者及其投资，这意味着本协定不将最惠国待遇扩展适用到投资者及其投资保护。

结　语

东北亚六国各自内部或者相互之间存在着一些重大的历史、现实、政治乃至领土主权方面的矛盾和争议。但是，放眼全球化背景下区域经济乃至政治一体化的发展大潮，东北亚六国的人民和团体应该积极寻求和平理性的交流、对话、和解和互信，东北亚六国需要具有良知、勇气和智慧的领导人和政治家，正视现实矛盾，奉行普世价值，顺应历史潮流，引导健康民意，创造有利条件，逐步切实推进东北亚区域投资合作和自由贸易的法律制度化建设，进而走向关税同盟或者更高层次的经济一体化，乃至逐步开展东北亚区域内的社会和政治合作，探索东北亚共同体建设的可能性。

东北亚投资合作法律安排应该立足东北亚六国政治经济关系的现实基础和发展前景，积极审慎，渐进务实，公平互利，将市场主导和政府干预有机结合，在单边、双边、区域和多边多个层面国内法和国际法制度安排和法制建设方面，尤其是达成一个既高标准促进和保护投资又合理加强东道国公共规制例外的比较平衡的区域性投资协定，开放投资准入，加强投资保护，增进投资便利，促进公共政策，实现社会正义，推动南北合作。2012 年 5 月达成的中日韩投资协定尽管仍然存在一些不足，但可以说是一个比较先进的投资协定。中日韩三国应该及时定期评审该协定实施运作中的进展和问题，并借鉴国际投资法条约、仲裁和学说最新发展的合理因素，以使该协定得到良好有效的实施。在此基础上，应考虑逐步创造条件，扩大成员国范围，最终建立一个真正包括中、日、韩、俄、蒙、朝六国的东北亚区域投资协定和自由贸易区。

［国际法资料］

2010 年 12 月 20 日关于在离婚和法定分居法律适用领域内实施加强合作的欧盟2010 年第 1259 号理事会条例*

董金鑫**译

  考虑到《欧洲联盟运行条约》①，尤其其中第 81 条第 3 款的规定，考虑到授权在离婚和法定分居法律适用领域开展加强合作②的 2010 年 7 月 12 日欧盟 2010 年第 405 号理事会决定，③ 考虑到欧盟委员会④的提议，在立法草案传达国内议会后考虑到欧洲议会的意见，考虑到欧洲经社委员会的意见，欧盟理事会⑤基于如下考虑依照特别的立法程序制定本条例。

  一、联盟⑥已经制定了维持和发展确保人的自由流动的自由、安全和公正

  * 源自《欧洲联盟官方公报》2010 年 L 类第 343 号（OJ L 343/10）文件，根据英文文本翻译。

  ** 董金鑫，武汉大学国际法专业博士研究生。

  ① "The Treaty on the Functioning of the European Union"，为原《欧洲共同体条约》的修订版本，系 2009 年生效的《里斯本条约》（The Treaty of Lisbon）的重要组成部分——译者注。

  ② "Enhanced cooperation"，参见《里斯本条约》之《欧洲联盟条约》第 20 条的内容——译者注。

  ③《欧洲联盟官方公报》L 类第 189 号，2010 年 7 月 22 日公布，第 12 页（OJ L 189, 22.7.2010, p. 12. ）。

  ④ 下文使用的"委员会"都是指作为欧盟主要办事机构之一的"欧盟委员会"（European Commission），直译本为"欧洲委员会"，但考虑到习惯将"Council of Europe"这个与欧盟不存在隶属关系的人权国际组织称为"欧洲委员会"，故此将之译为"欧盟委员会"。——译者注

  ⑤ "The Council of the European Union"，也叫部长理事会（Council of Ministers），可简称"理事会"，不同于另一欧盟机构"欧洲理事会"（Eurpoean Council），即"欧洲首脑会议"、"欧盟峰会"。——译者注

  ⑥ 文中使用的"联盟"是指"欧盟"。——译者注

区域的目标。为了逐步建立该区域，联盟必须在有跨境影响的民事领域采取司法合作措施，尤其出于内部市场良好运行的必要。

二、依据《欧洲联盟运行条约》第 81 条的规定，上述措施将包括旨在确保冲突法领域成员国所适用的规则的协调一致。

三、在 2005 年 3 月 14 日，委员会通过了有关离婚事项法律适用和管辖权的绿皮书。该绿皮书就目前情况下可能发生的问题的如何解决掀起了广泛的公众磋商。

四、2006 年 7 月 17 日，委员会提议在婚姻领域内制定一项于管辖权问题上修改欧共体① 2003 年第 2201 号理事会条例②并引入相关法律适用规则的条例。

五、经 2008 年 6 月 5 日至 6 日的卢森堡会晤，理事会认为成员国就上述提议缺乏一致的意见。由于存在不可克服的困难，不仅此时而且在未来的一段时间内都不可能就此形成共识。它承认提议目标不能通过适用欧盟诸条约③的相关条款而在合理的时期内达成。

六、比利时、保加利亚、德国、希腊、西班牙、法国、意大利、拉脱维亚、卢森堡、匈牙利、马耳他、奥地利、葡萄牙、罗马尼亚和斯洛文尼亚等国随后向委员会提交了意在他们之间就婚姻事项的法律适用建立加强合作的请求。在 2010 年 3 月 3 日，希腊撤销了该项请求。

七、在 2010 年 7 月 12 日，理事会通过了欧盟 2010 年第 405 号决定，授权在离婚和法定分居的法律适用领域进行加强合作。

八、依据《欧洲联盟运行条约》第 328 条第 1 款的规定，加强合作一旦建立，只要遵从授权决定规定的任何参与条件，将向一切成员国开放。同时，加强合作在其他任何时候也向成员国开放，只是除遵守上述条件外，还要遵守在此框架下已经通过的法令。委员会和参与加强合作的成员国应保证推动更多的成员国参与合作。本条例依据欧盟诸条约仅对参与成员国具有完全的约束力并直接适用。

---

① 文中的"欧共体"指"European Community"（EC），由于 1991 年《欧洲联盟条约》将"欧洲经济共同体"命名为"欧洲共同体"，此处的"欧共体"仅指原"欧洲经济共同体"。——译者注

② 2003 年 11 月 27 日关于婚姻和父母责任事项的管辖权和判决的承认和执行的欧共体 2003 年第 2201 号理事会条例。《欧洲联盟官方公报》L 类第 338 号，2003 年 12 月 23 日公布，第 1 页（OJ L 338, 23.12.2003, p. 1.）。

③ "The Treaties"，根据《里斯本条约》之《欧洲联盟条约》第 1 条的规定，应指代《里斯本条约》下的《欧洲联盟条约》和《欧洲联盟运行条约》。——译者注

　　九、本条例应该在参与成员国的离婚和法定分居法律适用领域创设清晰、综合的法律框架，为公民提供关于法律稳定性、可预见性和灵活性的适当结果，并防止夫妇一方为确保诉讼适用某个他或她认为对其自身利益更有利的特定法律而在另一方起诉之前申请离婚的情形发生。

　　十、本条例的实质范围和法令术语应该与欧共体2003年第2201号条例一致。但本条例不应适用于婚姻无效。

　　本条例应该仅仅适用于婚姻关系的解除或松散。由本条例的冲突法规范确定的法律应该作为确定离婚和法定分居的依据。

　　诸如法定能力、婚姻有效性、离婚或法定分居对财产发生的效果、姓名、父母责任、抚养义务以及其他附带问题应由有关参与成员国施行的冲突规范决定。

　　十一、为了清晰界定本条例的地域范围，参与加强合作的成员国应该明确列出。

　　十二、本条例应该普遍适用，即其统一冲突规范可以指引参与成员国的法律，也可指引其他欧盟成员国的法律，还可指引非欧盟国家的法律。

　　十三、无论受案法院或法庭的性质如何，本条例都应该得以适用。当适用本条例时，应根据欧共体2003年第2201号条例确定受案法院。

　　十四、为允许夫妇选择与其有密切联系的准据法，以及没有选择时的准据法能够适用于离婚或法定分居，上述准据法即使不是参与成员国的法律也应该适用。如指引另一欧盟成员国的法律，在2001年5月28日由欧共体2001年第470号理事会决定①创立的欧洲民商事司法网应积极协助法院确定外国法的内容。

　　十五、公民流动性的逐步增加要求更多的灵活性和更大的法律稳定性。为了实现该目标，本条例给予当事人有限度的选择离婚和法定分居准据法的自由，以增强当事人在离婚和法定分居领域的意思自治。

　　十六、夫妇应该能够选择与其有特别联系国的法律或法院地法作为离婚和法定分居的准据法。所选择的法律应该与欧盟诸条约和《欧洲联盟基本权利宪章》所承认的基本权利相一致。

　　十七、在指引准据法之前十分重要的是，夫妇能有机会得到国内法和欧盟法以及规范离婚和法定分居的诉讼法的实质内容的最新信息。为了确保能获取适当的、高质量的信息，委员会将在由欧共体2001年第470号理事会决定创

---

　　① 《欧洲联盟官方公报》L类第174号，2001年6月27日公布，第25页（OJ L 174, 27.6.2001, p.25.）。

立的网络公共信息系统内定期进行更新。

十八、夫妇双方在知晓情况下的共同选择构成本条例的基础原则。任一方应该明白无误地知道准据法选择的法律及社会含义。通过共同协议的方式选择准据法的可能不应损害夫妇双方的权利以及平等的机会。因此，参与成员国的法官应该意识到知晓选择对关注所缔结法律选择协议的法律含义的夫妇双方的重要性。

十九、应界定关于实质有效性和形式有效性的规则，以此方便夫妇的知悉选择，且为了确保法律的确定性并更好地获取正义而尊重当事人的合意。就形式有效性而言，应引入必要的保障以确保夫妇意识到选择的含义。准据法选择协议应至少使用书面形式、标清日期并由夫妇双方签字。然而如果在协议缔结时，夫妇双方的惯常居所地位于的参与成员国的法律对协议施加额外的形式要求，则应该遵守此种要求。例如，当此种协议写入婚姻合同当中，额外的形式规则可能存在于参与成员国的法律。如果协议缔结时，夫妇双方的惯常居所地位于不同的参与成员国，且这些国家的法律规定了不同的形式要求，满足一国的要求足矣。如果在协议缔结时只有一方的惯常居所地位于参与成员国，且该国法律对该协议施加额外的形式要求，则应该遵守此种要求。

二十、旨在指定准据法的协议应能够在法院受理案件前的任何时间缔结或修改。如果法院地法有此规定，甚至在诉讼过程中也可指定准据法。在此情况下，此种指定应满足依据法院地法记录在案的要求。

二十一、当没有选择准据法时，为了确保法律稳定性和可预见性并阻止夫妇一方为了确保诉讼适用某个他认为对其自身利益更有利的特定法律而在另一方起诉前申请离婚的情形发生，本条例应引入包含一系列以夫妇和所涉法律间存在密切联系的连续连接点的调和冲突规范。所选的连接点应确保离婚或法定分居之诉受制于与夫妇有密切联系的法律。

二十二、当本条例引用国籍作为确定一国法律适用的连接点时，在完全遵守欧盟基本原则的前提下，多重国籍问题应留待国内法解决。

二十三、当法院受理由法定分居向离婚转化的案件时，如当事人没有就准据法作出选择，适用法定分居的准据法也应该适用于离婚。此种连续性能够促进当事人对法律适用结果的可预测性并增加法律的确定性。如果适用法定分居的准据法没有规定法定分居如何转化为离婚，离婚应该受当事人没有选择时应适用的冲突法规范的约束。但这不应妨碍夫妇基于本条例的其他规则寻求离婚。

二十四、在某些情况下，如准据法对离婚未作规定，或基于性别未赋予夫妇双方平等的离婚或法定分居机会，则应适用受案法院地的法律。然而，不应该损害公共政策条款。

二十五、基于公共利益的考虑，应在外国法的适用明显违反法院地的公共政策的例外情况时给予成员国法院排除外国法条款的机会。然而如果排除外国法的条款会违反《欧洲联盟基本权利宪章》，尤其其中禁止一切形式歧视的第21条规定，则法院不能适用公共政策例外。

二十六、当本条例指向受案法院所在的参与成员国的法律没有规定离婚的事实，这应解释为成员国的法律没有离婚制度。此时，该国法院没有义务因本条例的存在而作出离婚宣告。

当本条例指向受案法院所在的参与成员国的法律不会为离婚诉讼之目的而认定涉案婚姻效力的事实，这应该特别解释为成员国的法律不存在此种婚姻。此时，该国法院没有义务因本条例的存在而作出离婚或法定分居的宣告。

二十七、由于包括参与成员国在内的某些国家就本条例规范的事项同时存在两个或多个法律体系或不同种类的规则，因而应该设立一项规范本条例在拥有不同的领土单元或作不同人群分类的上述国家内如何适用的条款。

二十八、当选择法律所属国就离婚问题包括几个拥有不同的法律体系或系列规则的领土单元，此时如没有指引准据法的规则，选择其中一方国籍国法律的当事人应同时表明他们选择的是哪一个领土单元的法律。

二十九、在国际婚姻诉讼中增强法律的确定性、可预见性和灵活性，并以此在联盟内便利人的自由流动为本条例之目标。由于该目标不能由成员国充分实现，为了本条例的规模和效果能够在联盟层面上更好地实施，联盟可以依据《欧洲联盟条约》第5条规定的辅助原则在适当的时候通过加强合作的方式采取措施。依据该条规定的比例原则，本条例不应超出为实现上述目标的必要限度。

三十、本条例尊重基本权利并遵守《欧洲联盟基本权利宪章》中承认的原则，尤其其中禁止以诸如性别、种族、肤色、民族或社会起源、基因特征、语言、宗教或信仰、政治或其他观点、一国少数人群的成员资格、财产、血统、残疾、年龄或性取向等理由进行歧视的第21条。本条例应该在遵守上述权利和原则的前提下由参与成员国的法院适用。

第一章　范围、与欧共体 2003 年第 2201 号条例的关系、定义以及普遍适用

第一条　范围

本条例应适用于包含法律冲突的离婚和法定分居的情形。

即使下列事项仅仅在离婚或法定分居的诉讼中作为先决问题出现，本条例

也不适用之：

（一）自然人的法定能力；

（二）婚姻的存在、有效性或者承认；

（三）婚姻的无效；

（四）配偶的姓名；

（五）婚姻的财产效果；

（六）父母的责任；

（七）抚养的义务；

（八）信托或继承。

第二条 与欧共体 2003 年第 2201 号条例的关系

本条例不影响欧共体 2003 年第 2201 号条例的适用。

第三条 定义

为本条例的目的：

"参与成员国"是指经由欧盟 2010 年第 405 号决定或依据《欧洲联盟运行条约》第 331 条第 1 款第 2 项或第 3 项通过的决定而参与离婚和法定分居法律适用加强合作的成员国；

所谓"法院"应该包括就本条例范围内的事项参与成员国有管辖权的所有部门机构。

第四条 普遍适用

无论是否构成参与成员国的法律，本条例指定的法律都应予以适用。

第二章 离婚和法定分居法律适用的普遍规则

第五条 当事人选择准据法

夫妇可以合意指定离婚和法定分居所适用的法律，只要它构成下列法律之一：

（一）协议缔结时夫妇双方的惯常居所地国的法律；

（二）只要夫妇一方在协议缔结时仍居住在双方最后共同惯常居所地，则（可选择）最后共同惯常居所地的法律；

（三）协议缔结时夫妇一方的国籍国的法律；

（四）法院地的法律。

在不影响本条第三款的前提下，旨在指定准据法的协议可以在法院受理案件前的任何时间缔结或修改。

如果法院地法有此规定，夫妇双方也可以在诉讼过程中当庭指定准据法。

在此情况下，该指定应该依据法院地法记录在案。

第六条　同意和实质有效性

法律选择协议或其中的任何条款的存在及有效性应该由该协议或条款有效时依据本条例而应适用的法律来决定。

如果案情显示依据前款所指定的法律来决定其行为效力是不合理的，夫妇一方可以依据法院受理案件时其惯常居所地的法律来证实其未作同意。

第七条　形式有效性

第五条第一、二款下的协议应该使用书面形式、标清日期并由夫妇双方签字。任何能持久记录协议的电子通信方式都应该视同书面。

然而，如果在协议缔结时夫妇双方的惯常居所地位于的参与成员国的法律对该协议施加额外的形式要求，则应该适用此种要求。

如果在协议缔结时夫妇双方的惯常居所地位于不同的参与成员国，且这些国家的法律规定了不同的形式要求，则只要满足其中一国的要求，协议的形式即为有效。

如果在协议缔结时只有一方的惯常居所地位于参与成员国，且该国法律对该协议施加额外的形式要求，则应适用此种要求。

第八条　缺乏当事人选择时的准据法

如不存在第五条规定的选择，离婚和法定分居应受制于如下国家的法律：

（一）法院受理案件时夫妇双方共同惯常居所地的法律；

（二）在不满足第一项要求的情况下，如果法院受理案件前夫妇在最后共同惯常居所地国居住结束的时间尚未超过一年，且一方在法院受理案件时仍在该国居住，则适用夫妇双方最后共同惯常居所地国的法律；

（三）如仍不满足第二项的要求，则适用法院受理案件时夫妇双方共同国籍国的法律；

（四）如仍不满足第三项的要求，则适用受理案件的法院所在地国的法律。

第九条　法定分居向离婚的转化

除了当事人依据第五条另有约定，当法定分居转化为离婚时，离婚的准据法应该是法定分居的准据法。

然而，除了当事人依据第五条另有约定，如果法定分居的准据法没有规定法定分居如何转化为离婚，则适用第八条的规定。

第十条　法院地法的适用

当第五条、第八条指引的准据法对离婚未作规定，或以性别为由未赋予夫妇平等的离婚或法定分居机会，则法院地法应该适用。

第十一条　反致的排除

本条例规定所适用的一国法律是指除国际私法规则外的该国其他现行有效的法律规则。

第十二条　公共政策

只有依本条例指引的法律的适用与法院地的公共政策明显不符时，才得拒绝适用之。

第十三条　国内法的差异

本条例的任何规定都不应使那些其法律没有规定离婚或为了离婚诉讼的目的而不会认定涉案婚姻效力的参与成员国因本条例的适用而作出离婚宣告。

第十四条　拥有两个或多个法律体系的国家——地域法律冲突

当一国由几个领土单元组成，每个领土单元关于本条例规范的事项都拥有自己的法律体系或系列规则：

（一）出于确定本条例下准据法的目的，对此类国家法律的任何援引都应该解释为援引其相关领土单元现行有效的法律；

（二）对该国惯常居所的任何引用应该解释为引用相关领土单元的惯常居所；

（三）对国籍的任何引用指该国法律指向的领土单元；如缺乏此种规定，则指当事人选择的领土单元；如果当事人没有选择，则指与夫妇一方或双方有最密切联系的领土单元。

第十五条　拥有两个或多个法律体系的国家——人际法律冲突

当一国就本条例规范事项拥有适用不同人群的两个或多个法律体系或不同种类的规则，对该国法律的任何援引都应该解释为援引该国现行有效规则所确定的法律体系。如缺乏此种规定，则适用夫妇一方或双方有最密切联系的法律体系或系列规则。

第十六条　本条例不适用国内法律冲突

那些就本条例规范事项拥有不同的法律体系或系列规则的参与成员国无须就完全源自其不同法律体系或系列规则间的法律冲突适用本条例。

第三章　其他条款

第十七条　由参与成员国提供的信息

截至 2011 年 9 月 21 日，参与成员国应该就任何关乎如下事项的国内条款（如果有的话）向委员会报告：

（一）依据第七条第二款和第四款的规定适用于准据法选择协议形式的

要求；

（二）依据第五条第三款的规定指定准据法的可能性。

参与成员国应该告知委员会上述国内条款改变所产生的后果。

委员会应该通过适当的方式使依据前款所获得的信息能为公众所知晓，尤其应通过欧洲民商事司法网对外公布。

第十八条　过渡条款

本条例仅适用于自 2012 年 6 月 21 日开始的法律诉讼或依据第 5 条缔结的协议。

然而在 2012 年 6 月 21 日之前缔结的准据法选择协议也应该被赋予效力，如果它满足第六条和第七条的规定。

本条例不应损害依据参与成员国法律缔结的且该国法院在 2012 年 6 月 21 日之前受理的准据法选择协议的效力。

第十九条　与现有国际条约的关系

在不损害参与成员国依据《欧洲联盟运行条约》第 351 条承担义务的前提下，本条例不应影响那些在本条例或依据《欧洲联盟运行条约》第 331 条第 1 款第 2 项或第 3 项作出的决定通过时一个或以上参与成员国已经缔结的规定离婚或分居冲突规范的国际条约的适用。

然而在参与成员国之间，本条例应优先于那些完全由两个或多个参与成员国就本条例规范事项缔结的条约。

第二十条　评审条款

截至 2015 年 12 月 31 日以及之后的每 5 年，委员会应该向欧洲议会、理事会以及欧洲经济和社会委员会呈送关于本条例适用的报告。如有必要，该报告应该附上修订本条例的提议。

为此目的，参与成员国应该向委员会汇报该国法院适用本条例的有关情况。

第四章　最后条款

第二十一条　生效和适用时间

本条例应自《欧洲联盟官方公报》公布之次日起生效。

除了第十七条自 2011 年 6 月 21 日起适用，本条例应自 2012 年 6 月 21 日起适用。

对那些经由《欧洲联盟运行条约》第 331 条第 1 款第 2 项或第 3 项通过的决定而参与加强合作的参与成员国，本条例应该从有关决定载明的日期适用。

　　本条例应该根据欧盟诸条约的规定对参与成员国具有全面的约束力并直接适用。

　　2010 年 12 月 20 日于布鲁塞尔签订。

欧盟委员会对原产于中国的
晶体硅光伏组件及关键零部件
（即电池和晶片）发起反补贴调查的通知[*]

（2010/C 340/06）

朱 丹[**] 译

欧盟委员会已经接受根据《欧盟理事会 2009 年 6 月 11 日关于对来源于非欧洲共同体国家的补贴进口货物可采取的保护措施的第 597/2009 号条例》[①]（以下简称基本条例）第 10 条提出的申诉。申诉声称进口的原产于[②]中国的晶体硅光伏组件及关键零部件（也就是电池和晶片）受到了多种补贴，并因此对欧盟产业造成了实质损害。

1. 申请

欧盟光伏产业联盟 EU ProSun（申请人）代表产量占据欧洲晶体硅光伏组件及关键零部件总产量 25% 以上的生产商于 2012 年 9 月 26 日提出此申请。

2. 被调查的产品

此次被调查的产品为晶体硅光伏组件或电池板以及适用于晶体硅光伏组件或电池板的电池和晶片。电池和晶片的厚度不得超过 400μm（涉案产品）。

以下的产品类型被排除在涉案产品的范围内：

——由少于六块电池组成的太阳能充电器，此充电器是便携式的并且为设备或充电电池提供电力。

——薄膜光伏产品

---

* 本文系湖南省高校科技创新平台建设项目"WTO《补贴与反补贴措施协定》中严重侵害的认定"（12K038）和"国际典型反补贴调查案件研究"（10K036）的阶段性成果。

** 朱丹，湖南师范大学国际法学专业硕士生。

① OJ L 188, 18.7.2009, p. 93.

② 请见下文中第五节最后一段，是指从中国运送涉案产品的公司但也考虑到部分甚至所有的出口产品不是以中国海关为起始地的公司。

——永久集成于电子产品中的晶体硅光伏产品，此电子产品的功能不同于发电机设备并且这些产品消耗的电力来源于集成的晶体硅光伏电池。

3. 补贴的指控

申诉所指的涉案产品是指原产于中华人民共和国（涉案国）的关税编码为 ex 3818 00 10 = ex 8501 31 00 = ex 8501 32 00 = ex 8501 33 00 = ex 8501 34 00 = ex 8501 61 20 = ex 8501 61 80 = ex 8501 62 00 = ex 8501 63 00 = ex 8501 64 00 以及 ex 8541 40 90 的产品。以上编码仅供参考。

申诉中称涉案产品的中国厂商得益于来自中国政府的大量补贴。

这些补贴包括但不限于对太阳能电池产业的优惠贷款（如国有商业银行以及政府政策性银行提供的低息政策性贷款和信用额度、出口信贷补贴项目、使用离岸控股公司补助、政府偿还贷款），补助项目（如出口产品研究与开发基金、"驰名品牌"和"世界顶级中国品牌"补助、广东省对外扩张产业基金、金太阳示范工程），政府以不充分的报酬提供货物和服务（如提供多晶硅、铝挤出制品、玻璃、电力和土地），免征、减征直接税计划（如在"二免三减半"政策下的所得税减免，对出口型外商投资企业（FIEs）的所得税减免、基于地理位置对外商投资企业所得税减免、对生产性外商投资企业（FIEs）的地方所得税减免、对购买国产设备的外商投资企业的所得税减少、对外商投资企业的研究和开发税收抵消、对外商投资性企业利润再投资的出口导向型企业的退税、对高新技术型生产性外商投资企业的企业所得税优惠、对指定项目内的高新技术企业的减税、对东北地区的企业所得税优惠政策、广东省税收计划）和间接税及进口税项目（进口设备的增值税的减免、外商投资性企业购买中国产设备的增值税出口退税、购买对外贸易发展计划内的固定资产的增值税和关税减免）。

申诉人主张以上项目便是补贴，因为这些项目使得涉案产品的出口生产商得益于来自中国中央政府或者地方政府（包括公共机构）的财政资助，并因此授予接受者利益。上述补贴据称基于出口实绩和/或基于使用国产货替代进口货和/或限于特定企业和/或产品和/或地区，因此具有专向性和可抵消性。

4. 有关损害事实及因果的主张

申请人提供了证据证明，由中国进口的涉案产品在绝对数量和市场份额上都全面增加。

申请人提供的初步证据显示，除其他后果，调查中的进口货物的数量和价格对欧盟产业的销售额、价格水平以及市场份额有消极的影响，进而导致了欧盟产业绩效、财务状况以及就业状况的实质性不利后果。

5. 程序

在咨询咨询委员会之后，委员会确定该申请已经由欧盟产业提起或者代表欧盟产业提起，并且程序启动的正当性有着充分的证据。因而，委员会据此根据《基本条例》第 10 条发起的调查。

该调查将决定调查中的原产于涉案国的产品是否存在补贴以及该补贴是否对欧盟产业造成了损害。如果结论是肯定的，该调查将检验采取强制措施是否会违背欧盟利益。

中华人民共和国政府被邀请参加磋商。

目前有迹象表明，涉案产品包含来自各个不同国家的组建和零件。因此，考虑到有部分甚至所有的出口产品不是以中国海关为起始地的公司，此种公司以及从中国运送涉案产品的公司被邀请参加调查并且提供所有相关信息。出口来源于中国的涉案产品将根据上述信息以及调查中搜集到的信息遭受检查。在适当情况下，也许会采取特别规定，例如根据《基本法》第 24（3）条。

5.1 补贴认定的程序

调查中原产于涉案国产品的出口生产商①与涉案国家当局将受邀参与委员会的调查。

5.1.1 对出口商的调查

5.1.1.1 对涉案国被调查出口商的抽样程序

（a）抽样

考虑到来自中国潜在的数量众多的涉案产品出口商，为了在法定的时间内完成调查，委员会将会通过抽样的方法来使得需要调查的出口商在合理的数量内。抽样将会根据《基本条例》第 27 条实施。

为了让委员会能够决定抽样是否必要，以及如果必要，要抽取哪一个样本，所有的出口商以及他们的代表都要让自己为委员会所知。除非另有规定，这些当事人需要在本通知在《欧盟官方公报》公布后的 15 天内向委员会提供本通知附件 A 要求的与他们公司相关的信息。

为了获得对出口生产商进行抽样的必要信息，委员会同样将会联系出口国当局和其他已知的出口生产商的协会。

所有利益相关团体如果想提供任何关于抽样的除上述提到的信息，必须在本通知于《欧盟官方公报》公布后 21 天内交委员会，另有规定的除外。

如果抽样为必要，则将依据在有限时间内能合理调查的最大数目的代表性

---

① 出口生产商是指直接或通过第三方向欧盟市场生产及出口被调查产品的涉案国家的任何企业，包括其涉及任何涉案产品的生产、国内销售及出口的任何关联企业。

涉案产品对欧盟的出口数量来选择出口商。委员会将把被抽样的公司通知所有已知的出口生产商、出口国当局和出口商协会。

为了获得被认为对调查有必要的有关出口商的信息，委员会将会给被选为样本的出口商、任何已知的出口商协会以及涉案国当局送去调查问卷。

所有被选为样本的出口生产商以及涉案国当局必须在样本选择结果的通知发出后 37 天内完成调查问卷，另有规定除外。

出口商的调查问卷将会包括以下信息，特别是出口商公司结构、涉案产品相关的公司活动、公司涉案产品的销售总额、财政资助的数量以及来自于被申诉补贴和补贴计划的受益。

当局的调查问卷将会包括以下信息，特别是，受申诉的补贴以及补贴计划、负责操作它们的当局、此操作的方式和功能、法律基础、合格标准以及其他条款和条件、接受者以及财政资助和授予利益的数量。

在不影响《基本条例》第 28 条适用的情况下，同意被选为样本但是没有被选中的公司将被视作是合作的（非抽样合作出口生产商）。在无损于 5.1.1（b）款的情况下，可能对它们适用的反补贴税不会超过已为抽样的出口生产商确立的加权平均补贴幅度。①

（b）非样本公司的单独补贴幅度

依照《基本条例》第 27 条第 3 款，非样本合作出口商可以请求委员会确定它们的单独补贴幅度。有意请求单独补贴幅度的公司需索取问卷于抽样结果公布之日起 37 日内提交完成的问卷，另有规定的除外。

但是，此类出口生产商应当注意，即便如此，如果在此类出口生产商数量庞大，以致对其进行单独检查会带来不合理的负担并会妨碍及时完成调查的情况下，委员会可能决定不确定其单独补贴幅度。

---

① 根据《基本条例》第 15 条第 3 款，就本款而言，委员会应不考虑对零数量的、微量的可抵消补贴及按第 28 条规定的条件确定的可抵消补贴的金额。

5.1.2 对非关联进口商的调查，① 涉案国家的非关联进口商亦会被邀请参与此次调查

考虑到调查中潜在的数量众多的非关联进口商，为了在法定的时间内完成调查，委员会将会通过抽样的方法来使得需要调查的非关联进口商控制在合理的数量内。抽样将会根据《基本条例》第 27 条执行。

为使委员会决定抽样是否必要，以及如果必要则能进行抽样，据此，所有非关联进口商或其代表都将被要求向委员会公布身份。除非另有规定，这些当事人必须于本通知在《欧盟官方公报》发布之日起 15 天内，将本通知附件 B 要求的其公司的信息提交欧盟委员会。

为了获得非关联进口商样本选择的必要信息，委员会亦会联系任何已知的进口商协会。

所有利益相关团体如果想提供任何关于抽样的除上述提到的信息，必须在本通知于《欧盟官方公报》公布后 21 天内交委员会，另有规定的除外。

如果抽样为必要，则将依据在有限时间内能合理调查的最大数目的代表性涉案产品在欧盟的销售数量来选择进口商，委员会将会告知所有被选为样本的非关联进口生产商以及进口商协会。

为了获得需要的信息，委员会将会向被选作样本的非关联进口商和所有已知的进口商协会发放问卷。除非另有规定，所有当事人必须在样本选择结果的通知发出后 37 天内提交已完成的调查问卷。

这份问卷将会包括以下信息，特别是，公司结构与涉案产品相关的公司活动和涉案产品的销售额。

---

① 只有与进口生产商无关的出口生产商才可采样。与出口商相关的进口商和这些出口商一样须填写调查问卷的附件 1。根据《欧盟委员会关于实施共同体关税代码第 2454/93 号条例》第 143 条，仅下列情况当事人被视作是关联的：（a）他们是另一个公司的主管或主任；（b）他们从法律上来看是商业伙伴；（c）他们是雇主和雇佣的关系；（d）任何一方直接或间接拥有、控制或持有另一方公司的 5% 或超过优势投票权的股权；（e）一方直接或间接地控制另一方；（f）双方都直接或间接被第三方控制；（g）他们共同直接或间接地控制第三方；（h）如果有下列情况发生，他们被视作同一个家庭的成员：（i）妻子和丈夫；（ii）父母和孩子；（iii）兄弟和姐妹（不管是同父异母还是同母异父）；（iv）奶奶爷爷和孙子孙女；（v）叔叔阿姨和侄子侄女；（vi）继父继母和继子女；（vii）继兄妹和姐妹（OJ L 253，11.10.1993，p. 1）。在此文中任何人包括自然人和法人。

5.2 损害确定之程序及对欧盟生产商的调查

对损害的认定是根据确凿的证据来决定的，其包括对受补贴进口产品的数量，以及由它们带来的对欧盟价格的影响和随之而来的对欧盟产业的影响的客观审查。为了确认欧盟产业是否真的受到了实质性损害，欧盟有关涉案产品的生产者也被邀请参加委员会的调查。

5.2.1 对欧盟生产商的调查

考虑到数量众多的涉案产品欧盟生产商，为了在法定的时间内完成调查，委员会将会通过抽样的方法来使得需要调查的欧盟生产商控制在在合理的数量内（此程序下文也简称抽样）。抽样将会根据《基本条例》的第27条进行。

欧盟委员会临时于欧盟生产商中选取了一个样本。详情可在供相关当事人检查的文件中查询。相关当事人也可就此询问委员会（委员会联系方式在下文5.6部分）。其他欧盟生产商或者其代理人如果认为它们有理由被选为样本的须在本通知在《欧盟官方公报》发布之日起15天内与欧盟委员会联系。除非另有规定，所有想提交其他关于样本选择信息的利益相关方，必须于本通知在《欧盟官方公报》发布之日起21天内提交相关信息。

欧盟委员会将在最终选取样品后通知所有已知的欧盟生产商和/或欧盟生产商协会。

为了获得需要的信息，委员会将会向被选作样本的欧盟生产商和所有已知的欧盟生产商协会发放问卷。除非另有规定，所有当事人必须在样本选择结果的通知发出后37天内提交已完成的调查问卷。

这份问卷将会包括以下信息，特别是，公司结构、公司财务和经济状况。

5.3 欧盟利益的评估程序

如果补贴确实存在并且造成了损害，根据《基本条例》第31条，委员会必须考虑到如果采取反补贴措施是否会不利于欧盟利益。除非另有规定，欧盟的生产商、进口商和代表他们的协会、用户代表以及消费者组织代表都被邀请在本通知在《欧盟官方公报》公布后15天内让他们自己为委员会所知。为了能够参与到调查中，消费者组织代表必须在上述期限内表明其与涉案产品所存在的客观联系。

除非另有规定，在上述期限内已经让自己为委员会所知的当事人需要在本通知在《欧盟官方公报》公布后37天内，向委员会提供反补贴措施是否符合欧盟利益的信息。信息可以任意格式来提供也可以以完成委员会提供的问卷来提供。不管何种情况，根据第31条提交的信息只有在提交时有确凿证据支持才会被采纳。

5.4 其他的意见书

根据本通知的规定，所有有关当事人都被邀请发表他们自己的意见、提供信息和提供支持性证据。除非另有规定，这些信息和证据必须在本通知于《欧盟官方公报》公布后37天内送达委员会。

5.5 被委员会调查机构听证的可能

所有有关当事人都希望被会员会调查机构听证。任何听证请求都必须以书面形式递交并且陈述详细理由。有关调查初始阶段的问题的听证请求必须在本通知于《欧盟官方公报》公布后15天内提交。因此听证请求必须在委员会与当事人交流时确定的具体期限内递交。

5.6 制作书面意见和提交已完成问卷以及信件的说明

有关当事人递交的所有书面材料，包括本通知要求的信息、已完成的问卷和信件，如果要求进行保密处理，需要标明"受限制的"。①

根据《基本条例》第29条第2款，提交"受限制的"信息的有关当事人必须提供一份非机密的摘要。此摘要需贴上"有关当事人制作用于检查"的标签。这些摘要必须是足够详细能够让人合理的理解保密文件的实质信息。如果有关当事人提交保密材料而没有附带符合格式和质量要求的非保密摘要，这份保密材料将会被忽略。

利益相关方均应当以电子文档的形式提交所有书面意见和请求（非机密性文件通过电子邮件的形式，机密性文件则刻录于 CD 光盘/DVD 光盘上），并须指明利益当事方的名称、地址、电子邮箱地址、电话和传真号码。另外代理人的授权委托书和签署的证书及由于二者的更新所带来的一系列的变更与回答的问卷必须以纸质文档的形式通过邮寄或者当面递交的方式提交于下述地址。若利益当事方因技术原因不能提供意见书及请求书的电子文档，则该当事方须在遵守《基本规则》第18条第2款的情况下立刻通知委员会。若想了解欧盟委员会的进一步通信信息，利害当事方可以访问欧盟委员会贸易总司网站的相关网页：http：//ec. europa. eu/trade/tackling － unfair － trade/trade － defence。

委员会通信地址：

欧盟委员会的通信地址：

欧盟委员会（European Commission）

---

① 保密文件是指符合理事会第597/2009号条例（OJ L 188, 18. 7. 2009, p. 93）第29条和 WTO《补贴与反补贴措施协定》第12条的文件。同时也是受到欧洲议会和欧盟理事会第1049/2001号条例（OJ L 145, 31. 5. 2001，p. 43）第4条保护的文件。

贸易总司（Directorate – General for Trade）

H 处（Directorate H）

办公室：N105 04/092（Office：N105 04/092 ）

1049 布鲁塞尔（1049 Bruxelles/Brussel）

比利时（BELGIQUE/BELGI？）

传真：＋32 22985514（Fax ＋32 22985514EN）（仅供回复第 3 部分以及 5.1.1 部分和附件 A 的内容时使用）

　＋32 22956505（Fax ＋32 22956505EN）（用于其他问题）

E – mail：trade – solar – subsidy@ ec. europa. eu（仅供回复第 3 部分以及 5.1.1 部分和附件 A 的内容时使用）

trade – solar – injury@ ec. europa. eu（用于其他问题）

6. 不合作

如果有关当事人在指定的期限内拒绝调查机构利用必要的信息或不提供必要的信息，或者明显地阻碍调查的进行，那么肯定或者否定的临时或最终裁决可以根据《基本条例》第 28 条依据可获得的事实作出。

如果有关当事人提供了虚假的、有误导性的信息，那么这些信息将会被忽略，而适用可获得事实。

如果有关当事人不合作或者只部分合作，裁决根据《基本条例》第 28 条依据可获得的事实作出，该裁决的结果也许会差于该当事人进行合作的结果。

7. 听证官

有关当事人可以要求贸易总司听证官的介入。听证官就如同有关当事人和委员会调查机构之间的纽带。听证官审查查阅文件的请求、有关文件保密的纠纷、延长最后期限的请求和第三方请求听证的请求。听证官可以与个别相关当事人组织一场听证会并且确保相关当事人的辩护权的充分行使。

请求举行听证会需提交书面申请并且详细说明理由。有关调查初始阶段的问题的听证请求必须在本通知于《欧盟官方公报》公布后 15 天内提交。因此听证请求必须在委员会与当事人交流时确定的具体期限内递交。

在听证会期间，听证官必须给参加听证的当事人在补贴、损害、补贴与损害之间的因果联系以及欧盟利益等方面表达不同观点和反驳别人的观点的机会。通常，这种听证会最迟必须在初步裁决公布后的第四个周末前举行。

欲知更多详情和详细联系方式，有关当事人可以浏览贸易总司网站上听证官的网页（http：//ec. europa. eu/trade/issues/respectrules/ho/index_ en. htm）。

8. 调查进度

根据《基本条例》第 11（9）条，调查将会在本通知于《欧盟官方公报》公布后的第 13 个月内结束。根据《基本条例》第 12（1）条，临时措施的采取不得晚于本通知于《欧盟官方公报》公布后 9 个月。

9. 个人数据处理

所有在调查中收集的个人数据都会根据《欧洲议会和（欧盟）理事会关于与共同体机构和组织的个人数据处理相关的个人保护以及关于此种数据自由流动的第 45/2001（欧共体）条例》① 来处理。

---

① OJ L 8, 12.1.2001, p. 1.

稿　　约

《国际法与比较法论丛》于 2001 年下半年开始出版，今后计划每年出版 2 辑，每辑约 35 万字，刊登国际法和比较法方面的论文与资料。主要涵盖国际法、法理学和民商法等全部二级学科、案例研究、优秀硕士和博士论文摘登、国际法与外国法资料等栏目。本刊热切盼望海内外专家学者惠赐稿件，注意事项如下：

一、稿件应为未公开发表的作品，以 2 万字左右的中篇为主。但篇幅更大的专著和篇幅较小却具有学术价值的论文，也很受欢迎。文章选择的最根本标准在于质量和价值，对作者的学历、学位及职称原则上不予考虑。

二、论文引述、参考或评价他人学术成果务必请注明出处，引文、资料、数据务必核实，文责作者自负。翻译稿件投稿时须附原文和原著作权人的书面或电子授权。编辑对稿件有进行适当技术性加工处理的权利。主办方和出版社拥有本刊发表论文的信息网络出版权。凡经本刊刊发的文章侵犯他人著作权的，文章署名人应承担全部责任，本刊和出版社如因此而招致损害，依法保留相应的请求权。

三、来稿请于文章标题与正文之间附作者姓名和中文摘要及关键词。在稿件首页地脚处写明作者姓名、工作单位、职称或职务和学位，并在文后附作者通讯地址、邮编、电子邮箱和电话号码以及文章的英文标题与英文作者姓名。

四、来稿请把打印文本和电子版寄湖南长沙湖南师范大学法学院《国际法与比较法论丛》编辑部，邮编：410081；或者把稿件电子版发送至 gjfybjflc@163.com。每辑定稿后，将在李双元国际私法网（http：//lsypil. hunnu. edu. cn）上刊登目录。稿件采用后将寄送样刊若干本。

五、凡向本刊投稿者，均视为接受本稿约。

附：部分注释规范

所有注释采用脚注，全文用带圈的阿拉伯数字连续计码。注码置于引文结束的标点符号之后右上方。

一、中文注释规范

1. 著作类。韩德培：《韩德培文选》，武汉大学出版社 1996 年版，第 88 页。

2. 港澳台著作。林山田：《刑罚学》，台湾商务印书馆 1983 年版，第 159 页。

3. 译作类。［意］加罗法洛：《犯罪学》，耿伟等译，中国大百科全书出版社 1996 年版，第 139 页。

4. 辞书类。《辞海》，上海辞书出版社 1979 年版，第 743 页。

5. 论文类。李双元等：《趋同之中见差异——论进一步丰富我国国际私法物权法律适用问题的研究内容》，载《中国法学》2002 年第 1 期，第 137 页。

6. 报纸类。张慎思：《雅典归来话仲裁——访国际体育仲裁院仲裁员黄进》，载《法制日报》2004 年 9 月 13 日第 7 版。

7. 学位论文类。何其生：《电子商务的国际私法问题》，武汉大学博士论文，2002 年，第 67 页。

二、外文文献

引证外文文献原则上以该文种通行的引证标注方式为准。引证英文文献的标注项目与顺序与中文相同。责任者与题名间用英文逗号，著作题名为斜体，出版日期为全数字标注。例如：著作：Adrian Briggs, The Conflict of Laws, Oxford University Press, 2002, p. 140. 论文：David Thelen, "Transnational Perspectives on United States History", The Journal of American History, Vol. 66 No. 3 (December 1999), pp. 970 – 974.

三、其他

1. 非直接引用原文时，注释前应加"参见"；引用资料非来自原始出处时，应注明"转引自"。

2. 相邻两个注释一致的话，用"同上"表示；引文出自同一资料相邻数页时，应注明如：第 35—40 页。

3. 编著或主编作品为两个作者的话，应标明全部作者。三个或三个以上的作者可只标明第一个。如果英文编著作品有两个作者时，用"A & B ed."表示；三个作者时用"A, B & C ed."表示。

4. 中文网络文章的注释格式为：作者，文章名，网址名，某年某月某日访问。英文网络资料的注释格式举例：David R. Johnson, Law – making and Law Enforcement in Cyberspace, http：//www. eff. org/pub/legal. /, visited on March 1, 2002.